New Perspectives on English Language Teaching

英语教学新视角
发展与更新

左焕琪 著

Developments and Updates

华东师范大学出版社
·上海·

图书在版编目(CIP)数据

英语教学新视角:发展与更新/左焕琪著.—上海:华东师范大学出版社,2023
 ISBN 978-7-5760-4087-6

Ⅰ.①英… Ⅱ.①左… Ⅲ.①英语-教学研究 Ⅳ.①H319.3

中国国家版本馆 CIP 数据核字(2023)第 157090 号

英语教学新视角:发展与更新

著　　者　左焕琪
责任编辑　彭呈军
特约审读　朱晓韵
责任校对　刘伟敏
装帧设计　刘怡霖

出版发行　华东师范大学出版社
社　　址　上海市中山北路 3663 号　邮编 200062
网　　址　www.ecnupress.com.cn
电　　话　021-60821666　行政传真 021-62572105
客服电话　021-62865537　门市(邮购)电话 021-62869887
地　　址　上海市中山北路 3663 号华东师范大学校内先锋路口
网　　店　http://hdsdcbs.tmall.com

印 刷 者　上海商务联西印刷有限公司
开　　本　787 毫米×1092 毫米　1/16
印　　张　25
字　　数　401 千字
版　　次　2023 年 10 月第 1 版
印　　次　2023 年 10 月第 1 次
书　　号　ISBN 978-7-5760-4087-6
定　　价　88.00 元

出版人　王　焰

(如发现本版图书有印订质量问题,请寄回本社客服中心调换或电话 021-62865537 联系)

目 录

序 1
前言 3

第1章 语言观的起源与发展 1
    1.1 20世纪前对语言本质的认识 2
    1.2 20世纪有关语言本质的争议 5
    1.3 对语言与思维关系的再认识：维果茨基"思维与语言"理论 11
    1.4 当代研究语言本质的新发展 16

第2章 英语教学观的发展与更新 27
    2.1 国内外英语教学观的发展 29
    2.2 新兴跨学科英语教学观：生态英语教学观 42
    2.3 "生命·实践"教育学与英语教学观 50

第3章 英语教学计划与课堂管理 62
    3.1 制订英语教学计划的原则与课堂教学过程 63
    3.2 英语教学计划的制订与实施 70
    3.3 英语课堂管理原则及其实施 78

第4章 英语语言知识教学的发展与更新 90
    4.1 英语语音教学的发展与更新 91
    4.2 英语词汇教学的发展与更新 104

  4.3 英语语法教学的发展与更新 119

第 5 章 英语听力与阅读(语言输入)能力教学的发展与更新 132
  5.1 英语听力教学的发展与更新 133
  5.2 英语阅读能力教学的发展与更新 145

第 6 章 英语口语与写作(语言输出)能力教学的发展与更新 167
  6.1 英语口语能力教学的发展与更新 168
  6.2 英语写作能力教学的发展与更新 188

第 7 章 英语社会文化教学的发展与实验 204
  7.1 社会文化界定与英语社会文化教学的发展 205
  7.2 跨文化交际能力教学理论、策略与方法的发展 217
  7.3 中外社会文化教学融入英语教学实验 226

第 8 章 英语教学中思维能力、学习能力、情感与品格的培养 240
  8.1 英语教学中思维能力的培养 241
  8.2 英语教学中学习能力的培养 261
  8.3 英语教学中情感与品格的培养 278

第 9 章 英语教学手段与技术应用的发展 289
  9.1 英语教学中传统教学手段的运用 290
  9.2 从计算机辅助语言学习到以计算机为中介之交际 296
  9.3 英语线上语言知识教学与能力培养 307

第 10 章 英语教学评估与测试的发展与更新 327
  10.1 英语教学评估与测试的发展与回归 328
  10.2 英语语言知识测试的发展与更新 341
  10.3 英语语言能力测试的发展与更新 354

参考文献 373

序

20世纪90年代,当改革开放迎来了教育事业空前蓬勃发展之际,我取得了美国乔治城大学语言学博士学位后回国,华东师范大学校领导提出我半年在美国、半年在校教科院参加英语教学与科研工作的意见。我怀着对这一崭新工作安排作一尝试的心情,开启了每年往返于中、美两国的候鸟式生活与全新的工作模式。实践表明,这一工作模式行之有效,我将国内外领略的英语教学发展与更新,根据国情参与教学与科研,进行硕、博士生英语教学,兼顾全国及上海市、区英语教师培训与教科院"211工程"重点科研项目工作十余年,退休后每年仍不定期参加校、院英语教学与科研工作,使我有机会与教育和英语教学领域领军者、大量一线英语教师和学生共同探讨时代赋予英语教学的历史使命和当代英语教学规律,不断学习与研究国内外英语教学理论与实践的发展与更新。

不少教师与朋友建议我写下近20年来有关我们共同参与的探讨英语教学理论与实践的认识与体验,作为对这一阶段工作的小结。接受建议后,每当我撰写书中的英语教学理论、实践与实验时,参与教学与科研的教授、一线英语教师们孜孜不倦工作的敬业精神与学生们寻根追底努力学习的态度时时打动着我,国内外英语教学理论与实践的迅速发展与更新每每使我震撼。谨以本书献给为教育事业与英语教学发展辛勤耕耘的教育与英语教学工作者、研究者和刻苦学习英语的学生,以表对他们的敬意。

我愿借此机会感谢华东师范大学历届校领导与教科院领导对我工作的关心与支持,感谢叶澜、钟启泉、陈玉琨、丁钢等教授在完成教育部重点科研项目中的帮助与合作,其中尤以受邀参加叶澜教授创建的"生命·实践"教育学新基础教育研究中英语学科建设的时间最长,理论研究、实践与实验最多。所有上述教学与科研工作加深了我对英语教学理论与实践创新的认识,帮助我学习与更新了教育学理论及其与英语学科教学相关的内涵与意义,并与教学与科研项目团队人员、基地学校校长与英语教师结下了深厚的友谊,使我一生受益。

最后,我愿对华东师范大学出版社的长期合作深表谢意,本书出版得到彭呈军等出版社编辑的大力支持,在此表示衷心的感谢。

前 言

21世纪以来,世界发生了巨大的变化,接二连三的"黑天鹅"与"灰犀牛"事件已使之成为近百年罕见的大动荡、大变革、大改组时代。

推动当代巨变最瞩目的因素是:以中国为代表的新兴国家的崛起导致世界格局发生了重大变更。2008年国际金融危机以后,世界经济增长重心开始"由西向东"转移,与此同时,新兴国家在国际事务与全球治理方面发挥了越来越重要的作用。推动20余年巨变的另一重要因素是数字化与智能化时代的到来。互联网、云计算、大数据、人工智能等新一代信息技术的发展使传统经济从运行理念到结构组织形式与模式发生了全方位变革,使人们的社交、通讯、购物、出行、饮食等生活方式发生了极大变化,社会生活信息化程度迅速得到了提升。

1 时代巨变对英语教学的影响

作为全球普遍使用的语言,英语受到时代巨变极为深刻的影响。就英语本身而言,从全球使用的日常英语与网络英语中诞生了大量新鲜而生动的新生词汇与表达方式,出现了新的语言结构、句型与文体,极大地丰富了英语语言库;同时,各国交流的普及也使英语吸收了不少外来语,如近年来汉语中的"tofu(豆腐)"等词已在英语食品用语中广泛使用,"add oil(加油)"作为鼓励语被牛津英语辞典收入其中;一些英语词汇与表达方式亦被其他各国语种普遍吸收为常用词,如汉语中直接使用GDP、CPI、DNA等字母,采用英语音译的"粉丝(fans)""派对(party)",或运用英语语义的"微博(mini-blog)""智库(think tank)",以及音义兼取的"黑客(hacker)""奔驰(Benz)"等。英语词汇、语义、语言结构的拓展与广泛运用体现了巨变时代英语的迅速发展与通过英语的传播丰富了世界各地的语言。

然而,时代巨变与英语最为相关的是:它对"英语教学"这一涉及全球各国教育、经济、贸易、外交,甚至社会生活等领域所产生的巨大影响:

首先,使用英语的人数急剧增加。应用语言学界一般都认同应用语言学家凯奇鲁(B. Kachroo)的观点,即世界上使用英语的地区分为三类:第一类为以英语为本族语(ENL)的国家,亦称"内圈(the inner circle)";第二类是英语为官方、教育等方面语言(亦称英语为第二语言,即 ESL)的国家,或称"外圈(the outer circle)";第三类为英语作为外语(EFL)的国家,或称为"扩大圈(the expanding circle)"。据应用语言学家克里斯托(D. Crystal)2006 年统计,第一、二类地区人数各约为 4 亿,第三类地区说英语的人数为 6 亿余人,三类地区说英语总人数约为 14 亿(Crystal,2006)。2016 年,据英国文化教育协会统计,第一类地区的人口基本未变,第二类地区的人数上升至 6 亿左右;而第三类地区说英语的人数则增长至 7.5 亿,使全球说英语的人数上升至 17.5 亿。其中,以英语为非本族语的人数大量超过英语为本族语国家的人口,而前者获得英语能力的主要途径是英语教学,其重要性不言而喻。

其次,由于全球化环境下广泛使用了互联网与社交媒体,世界通用的英语迅速扩大了传播的范围:普及层面上,当前 90% 以上的互联网信息使用英语表达;专业层面上,在 1978—2015 年期间,SCI(科学引文数据库)中英语科学论文比例从 80% 升高至 98%;SSCI(社会科学引文数据库)中英语论文的比例则从 90% 左右上升至 97%。英语已成为自然科学与社会科学领域占绝对领先地位的学术交流语言,而且在这些领域,非英语为本族语的作者在数量上已超过了以英语为本族语的作者。此外,在国际政治、经济、外交、贸易、文化、旅游等领域,英语都是最常使用的通用语;全球绝大部分国家都将英语作为大、中学外语课程的首选语种。因此,英语不仅是某些国家使用的语言,而且是全世界人民交流信息的重要工具。

正是由于第二、三类地区说英语人数的大量增加与英语在各领域的普遍使用,对"英语"内涵的认识与态度也发生了变化。在 20 世纪相当长的时期内,只有以"伦敦音"为代表的英国英语才被认为是英语教学中的"标准英语"。20 世纪后期,随着美国在全球影响的扩大,美语也被认为是"标准英语",其他地区人们所说的英语都被视为"不纯正英语",时常受到歧视。然而,由于新兴国家的崛起与第二、三类地区说英语人数大量增加,以及这些地区英语教学的快速发展,使包括第一类地区在内的人们,特别是教育工作者,认识到理解第二、三类地区英语的重要性,极大地增强了人们了解这些地区使用英语的特点之愿望,在学术讨论中,遂将"世界通用英语"称为"World English"。同时,随着全球化与信息化的发展,使用英语进行交际时,经常一方为以英语为本族语、另一方为非英语为本族语的人群,在更多情况下交际双方都是非英语为本族语的人。因此,英语教学领域更加重视探讨第二、三类地区使用英语的特质及其社会与文化渊源,EFL教学目标是达到交际双方的理解与交流,而非过分强调以英语为本族语的语音。在这样的形势下,作为新兴国家 EFL 教学工作者,我们更应研究本国英语教学特质,提高英语教学质量,使之适应新时代国情的需要,并为国际英语教学发展作出贡献。

2 巨变时代的英语教学

巨变时代对英语教学最重要的影响,是推动了英语教学理论与实践的发展与更新。

首先,作为英语教学理论基础的"语言观"得到了更新。 以往语言学领域普遍认为,"语言是思维的工具"。然而,21 新世纪以来,各界更加关注维果茨基(L. Vygotsky 1896—1934)的观点,即语言与思维的发展是两个独立的过程,认知发展原因之一是语言内化的结果。当代脑科学与神经语言学的最新研究成果加深了对维果茨基理论的认识。因此,语言的功能远不仅是思维的工具,语言与思维互相依存、影响与促进。这一观点的更新不仅使语言的重要性得到了提升,而且指出了英语教学与培养思维能力相结合的重要意义。

同样的,以往人们公认"语言是社会现象"。而当代,随着语言在全球化过程中不断突显其重要作用,语言已成为重要的"社会行为",它影响并推动着社会的发展。与此相适应的是,英语教学更加关注了语言作为社会行为的功能和英语教学与文化的密切关联。

其次,国内外英语课堂教学理论与实践得到了更新。 近年来,国际上受自然与社会科学多学科影响,多种英语课堂教学观迅速发展,其中值得关注的新潮流之一是"生态语言教学观"。以生态语言学、应用语言学、心理学与教育学为理论基础的"生态英语教学观"视英语学习为学习者在教师指导下使自己的知识和经验与教师、其他学生及外界环境互动的过程,提出了增强课堂教学的能动性与保持英语课堂旺盛生命力的理论与实践,充分激发了师生的积极性,提高了教学效益。另一新理论与实践是英国教师与研究者们提出的双语教学"超越语言行动(Translanguaging)",该理论认为,人脑处理本族语与另一种语言系出于同一认知体系,颠覆了过去认为人脑存在处理不同语言互相干扰的两种认知体系的理论,因此,教学中同时运用本族语与非本族语有利于学生采用本族语资源提高运用外语的能力和提升学习者的自信心,这就颠覆了过去英语教学中视本族语为负面干扰的传统观念。

在国内,教育领域的改革推动了课堂教学观的更新,其中具有代表性的是由华东师范大学叶澜教授创建的"生命·实践"教育学在阐述当代教育目标、性质与改革大框架下论及的课堂教学观。该学派提出,课堂是教师与学生生命之间和他们与环境及其他教学元素之间动态交互作用的场所,学科教学是发挥教师创造性与激发学生学习内动力以掌握知识、培养能力与健全品格的过程,其目的是促使学生生命自觉与主动健康地成长。这一理论不仅明确提出了学科教学的目标、性质与实践纲要,而且指出了学校课堂教学的生命力所在,并论及科学的教师观、学生观与学科教学改革的实施途径,为英语教学的发展提供了理论与实践的重要依据。

再次,英语学科教学中更加关注新型人才素质教育与能力培养。由于英语学科具有人文性与工具性双重性质,英语语言教学必然是以一定的世界观与价值观育人的过程。国际上,20世纪90年代后,世界各地更加关注新型人才素质教育与能力培养,英语学科教学目标已从重视认知与交际能力发展至关注元认知与运用语义、语用与语篇的能力,欧美英语学科情感教学中明确提出,最佳学习动力是融入其社会;但国内英语学科教学目标与育人性质与此不同:21世纪义务教育英语学科核心素养包括语言能力、文化意识、思维品质与学习能力等方面,学生学习的主要动力是为振兴中华作出贡献。本书立足于国内英语教学,参照国内外英语教学理论与实践的发展,结合作者参与"生命·实践"教育学新基础教育对英语教学理论与实践的探究,讨论英语学科育人价值的含义与教学实践,认为当代英语学科育人价值涵盖英语语言知识与能力教学、思维与学习能力培养、异域与中国文化素养、情感与优良品格的培育等方面,探讨通过当代英语学科育人价值教学达到培养时代需要的新型人才的目的。

最后,计算机辅助语言学习与网络强化教学取得了新发展。20世纪60年代以来,计算机辅助语言学习经历了以词汇和语法单项练习为主的结构主义阶段、综合运用语言知识与能力的综合性阶段与强调交际功能的交际性阶段的发展,促进了学生自主学习能力的提高。随着数字化时代的到来,计算机辅助语言学习进入了网络强化教学与线上教学阶段,丰富了英语教学内容,并提高了英语教学效率。

3 撰写本书的四维视角

受新时代与英语教学发展的激励,本书拟以新视角探讨英语课堂教学基本理论与实践的发展与更新。在讨论与研究英语教学时,人们往往仅关注其语言学理论与英语教学本身的理论、策略及方法。本书将从时代需求、学科特质、国内外语言学与英语教学理论、策略与方法之新发展,英语教学与教育学、心理学、语义学、语用学和语篇分析等相关学科之关联等维度探讨英语教学的发展,试图比较全面地认识当代英语教学的特质、发展与更新。

首先,探讨特定时代的英语教学,必须明确该时代对英语教学的需求,使英语教学具有明确的目标与价值取向。 当前全球进入了世界格局大变革与高科技迅猛发展的时代,作为最大新兴国家的中国也进入了振兴中华的新时代,为时代发展与振兴中华培养新型人才已成为时代赋予教育事业的历史使命,英语教学理应投入其中,以培养新时代创新人才为教学目标,以时代精神为价值取向。然而,从当前英语教学的现状来看,在培养时代需要的新型人才方面还需作出努力:与其他学科相比,英语学习鲜少获得社会与家庭自然习得环境与充分运用的机会,英语教学资源相对较少;同时,以往教学与考试中较缺乏思考、质疑、在实践中体验与发挥思维想象的空间,受应试教育影响,教学中存在一定程度的仅注重知识与技能操练的倾向,在培养具有时代精神的思维和学习能力与人文素养等方面还需加倍努力,才能达到培养创新人才的要求。

其次,探讨英语教学理论与实践时,应明确英语学科的特质,才能有的放矢,切实提高教学水平。 人们认识英语教学特质经历了逐渐深化的过程:国际上,对英语教学本质的认识从19世纪语法翻译法的知识传授起,经过以行为主义与结构主义结合为理论基础的英语教学,发展到认知法与交际法将认知心理学与社会语言学等因素引入英语教学,21世纪以来沿着探讨应用语言学、心理学、生态语言学、语义学、语用学与语篇分析等多元理论的综合性方向发展。

在国内,自20世纪50—60年代英语教学从知识传授型转至重视学科的"工具性"教学后,90年代增加了素质教育的内容,进入21世纪以来确定了英语课程工具性与人文性的双重性质,继而提出了语言知识、语言技能、情感态度、学习策略和文化意识等方面教学的英语课程标准。近年来,在此基础上研究了英语学科应培养的语言能力、学习能力、思维品质与文化品格等学科素养。本书将根据新时代对英语学科的要求与英语学科的特质,以当代英语学科育人价值理念为指导,参考国内外英语教学的研究成果,从探讨语言观、英语教学观、英语语言知识与能力教学、思维与学习能力、人文素养、情感与品格培养等方面参与发展英语学科教学的讨论。

再次,讨论英语教学各部分理论与实践时,应探讨各自的规律与发展,才能取得成效。英语作为外语教学发展至今已逾五百余年,实践经验十分丰富;自19世纪以来,各种理论学派也经历了一个多世纪的更迭与发展,积累了大量有益资源。本书梳理了历年来英语教学领域各部分代表性的理论与实践,从中吸取行之有效的教学规律,供英语教师参考。但是,英语教学史中落后于时代与不适合国情的理念必须扬弃,不能照单全收。更重要的是,应当关注新时代出现的英语教学领域与科技发展及其体现有利于实践的规律,故本书在回顾历年的理论与实践后都评析了近年来国内外发展的新视角与实践,从中寻找英语教学理论与实践各部分的规律,目的在于以审慎的态度博取众家所长,更新教学理念,创新教学实践。

最后,本书将吸取教育学、心理学等多学科有关内容,以跨学科视角探讨英语教学理论与实践。传统的英语教学研究仅将其置于普通语言学理论基础的框架中,忽视了它与其他学科密切相关的理论与实践,使英语教学讨论失之偏颇。实践表明,英语教学是一个跨学科领域,其理论和实践不仅与社会语言学、语义学、语用学与语篇分析等语言学科相关,而且与教育学、心理学、生态学与计算机科学等社会与自然科学学科密切联系,吸取相关学科的成果是使英语教学具有丰富的生命力与持续发展的必由之路。特别值得注意的是,改革开放以来,国内教育界出现了体现时代发展与本土化的新理论,为我们拓宽视野、深入认识英语教学特质与进行英语教学改革提供了重要的启示;同时,英语教学与心理学的关系极为密切,不仅英语教学中"认知法"的理论基础是心理学,而且当代英语教学理论中的元认知理念与情感因素分析都来自心理学。因此,在讨论英语教学理论与实践时,本书将结合有关学科与英语教学相关部分进行探讨,以求更全面与深刻地认识英语教学的本质。

4　本书结构

本书由10章构成。

在前言中,本书将英语教学置于21世纪巨变的时代中加以观察与分析,阐述了国内外时代变化对英语教学的深刻影响与需求,并借此说明撰写本书的缘由与主要内容。

第1、2、3章讨论了语言观、英语教学观与整体英语教学的发展与更新,并论述了英语教学计划与课堂管理一般原则与过程及其发展,以给出英语教学理论基础与实施手段的框架;第4、5、6、7、8章根据英语学科教学特点、规律和当代英语学科育人价值的内容,讨论了英语课堂教学中语言知识(语音、词汇、语法)与语言能力(听、读、说、写)教学的发展与更新,社会文化知识教学与跨文化交际能力培养,以及思维能力、独立自主、合作学习与英语学习的能力、健康情感与优良品质培养等;第9、10章讨论了英语课堂教学信息技术手段的运用以及英语课堂教学评估与测试的发展与更新。前者是提高教学效益的重要手段,后者则是提高英语教学质量的重要保证,两者都是当前广大英语教师普遍关注的问题。在讨论英语教学理论与实践时,本书将介绍近年来本书作者与英语教师们在教学中共同进行的实验与改革实例,供一线教师参考,希望通过理论与实践的探讨参与当代英语教学的研究与改革。

当代英语作为外语教学是一个广阔的领域,其中多种学派林立,教师们与各路研究者对各种问题都有不同的看法,撰写本书的目的仅为与英语教学工作者与研究者们共同讨论教学中关切的议题。不妥之处,敬请教学工作者与读者们批评指正。

2023年6月

第 1 章　语言观的起源与发展

导言

　　15世纪后期,欧洲处于中世纪末资本主义萌芽时期。出于经济与贸易迅速发展的需要,英国开始对外国商人与旅游者教授英语。1483年,此类教学可使用的书面英语会话教材问世,标志着"英语作为外语的教学"正式诞生。五个多世纪以来,英语作为外语(EFL)教学不断发展,由英国辐射至世界各地,普遍成为各类学校的基础课程,并形成了一门学术界不可或缺的学科。

　　英语作为外语教学不同于其他学科。其独特性在于,它兼有文、理两科的特性:由于英语与思维密不可分,并与文化交融,强烈的人文性使其赫然蠹立于文科之列;但英语实质上是一种语言,即各种信息的载体与社会交际工具,其教学所具有的科学性、实践性与工具性又使它带有一些类似理科的特征,使人们不易掌握它内在的本质,在教学实践与研究中往往仅关注教学方法及其支撑的理论。然而,归根结底,各种理论与方法实质上都体现了人们对语言本质的认识,即它们建立在一定的"语言观"理论基础之上。事实上,任何一位英语教师在上课时,无论是否意识到,其教学都体现了一定的语言观。但是,以往有关"语言观"的讨论大多集中在哲学和语言学理论界,在英语教学领域,较少将其理论和实践与语言观密切结合,通过系统分析语言观加深对英语教学的认识,并以此改进教学。

　　有鉴于此,本章将首先讨论语言观及其与英语作为外语教学的密切关系,即认识语言的本质:语言与思维的关系和语言的社会性。

本章提要

1.1　20世纪前对语言本质的认识
　1.1.1　从柏拉图到洪堡特
　1.1.2　马克思、恩格斯论语言本质
1.2.　20世纪有关语言本质的争议
　1.2.1　认知学派对结构主义和行为主义的批判
　1.2.2　语言与思维关系问题上两种观点的争辩
1.3.　对语言与思维关系的再认识：维果茨基"思维与语言"理论
　1.3.1　维果茨基"思维与语言"理论的主要内容
　1.3.2　维果茨基对思维与语言理论研究的独特贡献
　1.3.3　维果茨基与皮亚杰"思维与语言"论述的主要分歧
1.4.　当代研究语言本质的新发展
　1.4.1　神经语言学有关"语言与思维"研究的新进展
　1.4.2　"语言相对论"研究的再起
　1.4.3　对语言与社会关系认识的深化

1.1　20世纪前对语言本质的认识

　　人类在社会生活中使用语言互相表达感知、认知、思想与情感，建立了各种人际关系。因此，很自然地，人们对语言本质的认识就涉及语言与思维的关系、语言的心理与生理机制和语言与社会的关系等方面。这些方面的问题都受到了语言学界与英语教学界的关注。

1.1.1　从柏拉图(427—347 BC)到洪堡特(1767—1835)
(1) 18世纪中期前对语言的看法

　　公元前五世纪，哲学家柏拉图有关语言的论述揭开了讨论语言本质的序幕。柏拉图以早期哲学观观察世界，认为感知与经验是认知的本源，思维是感知与经验的反映，语言则是其表现，两者为共生体，思维是无声语言，语言为有声思维。因这种等同论，柏拉图被后人称为思维与语言"同一论"鼻祖,但他却遭到其学子亚里士多德的反对。在亚里士多德看来,思维是通过语言得以实现的,但语言只是思维的符号,并不等同于思维。尽管柏拉图的观点不符合事实,他和亚里士多德都只是从哲学的角度论及语言,未对语言本质进行详尽分析,但他们是最先提出思维与语言关系的哲学家,为以后两千余年人们认识语言本质开创了先河。

古希腊后至18世纪初,有关语言本质的讨论并不多见,仅出现了法国的笛卡尔(R. Descartes,1596—1650)、英国的培根(F. Bacon,1561—1626)和洛克(J. Locke,1632—1704)等人有关语言的论述。但是,笛卡尔理性主义的语言观,即认为人类的理性与思维规律是一致的,任何语言规律本质上都相同,与培根和洛克认为思维独立于语言与先有观念后有语言名称等观点对以后语言学界认识语言本质都产生了一定的影响。特别是洛克认为,语言处在人们的理智与所要理解的真理之间,语言的本质是它与观念和客观事物之间的关系。这一观点发展成20世纪广为接受的"语言是交际工具"的共识。

18世纪末至19世纪,对语言本质的认识有了突破性进展,因为此时欧洲主要资本主义国家完成了工业革命,机器生产取代了手工业工场,自由资本主义发展很快,资产阶级力量日益壮大,1789年法国爆发了大革命,为各国改革运动奠定了基础。在经济和政治向前推进的同时,文化科学也迅速发展:德国的古典哲学、英国的政治经济学和法、英的空想社会主义学说都陆续诞生。与语言研究相关的是,随着历史比较语言学的形成,语言学脱离了哲学等领域,成为一门独立学科。在这样的形势下,德国出现了一位对语言研究与认识语言本质作出重大贡献的哲学家、语言学家与政治家——洪堡特。

(2) 洪堡特(Wilhelm von Humboldt)的语言观

洪堡特阅历十分丰富,早年从政,不仅活跃于外交界,而且曾在德国内务部等处任职,其间还创建了柏林大学。离开政界后,洪堡特投入学术界,主要研究语言学。洪堡特研究语言独树一帜:在历史比较语言学盛行的时代,他逆潮流而上,做了大量实地研究语言的工作。更可贵的是,他研究的语言不仅涵盖了母语所属的印欧语系,而且扩展至美洲的印第安语与亚洲的梵语和汉语,以宽阔的视野从理论与实践两方面探讨了语言本质、语言能力、语言结构和差异与语言分类等重要议题。虽然洪堡特的观点有局限与不妥之处,如他认为语言有优劣之分,这显然是错误的,但是,他在上述方面精辟的论述引发了语言学领域众多热议,影响了20世纪一些著名语言学家如乔姆斯基等人的观点,被公认为语言学发展的奠基人之一。

洪堡特对语言本质的分析与论述是他语言理论重要的组成部分。其主要内容为：

- **语言是"人的天赋属物"**(洪堡特著,姚小平译,2011:23),它是人脑的能力,也是创造性的精神活动,而不是僵死的"产品",因而是人在感性和精神活动中的直接表现(同上:14)。正因为语言具有这样的创造性与活动性,人们就能使用有限的语言规则创造无限的语言内容与行为。传统的语言观视语言为遵守固定不变的语法规则之符号系统,洪堡特揭示了语言的创造性与活动性的本质,是对当时传统语言观的批判。

- **语言是人类思想和感情的表达**,它又使宇宙万物明确化与有序化,是认识宇宙与揭示未来真理的手段。因此,洪堡特认为,语言远非仅为"交流工具",而是一种"世界观"。但是,事实上,世界观是客观世界在人们主观意识中的反映,语言在世界观的形成中会产生使意识明确化等影响,但不能起世界观的作用。显然,洪堡特夸大了语言的作用。

- **洪堡特剖析了思维和语言在人们表达思想与人际交流中的作用和两者关系**。他认为,思维是语言的基础,"语言一方面作为思维的形式陪伴,另一方面作为思想的物质表达。语言的这两种作用既相互促进,又相互约束"(同上:83)。这表明,思维是主轴,语言是"形式陪伴"。但他又认为,"智力活动与语言是一个不可分割的整体","人只能在语言中思维、感知和生活",思维必须始终与语言相联系,而且"语言从精神出发,并反作用于精神"(同上:303,302),并进一步说明,语言"影响着概念的形成,并将自身的特征注入了概念"(同上:267)。因此,虽然洪堡特的论述含有"思维是主轴"的内涵,但他并未明确指出思维是第一性的,却详尽地阐述了语言在与思维关系中的重要地位,甚至夸大了语言的作用。这些论述对语言学界产生了一定的影响,还被一些学者认为是"语言决定思维"的先行者。

- **有关语言与社会和民族的关系**,洪堡特指出,"语言只能在社会中发展"(同上:308),"各个民族和时代的特点与语言的特点极为密切地交织在一起"(同上:74),民族精神是民族语言的灵魂,民族的语言即民族精神。洪堡特提出的语言与社会和民族关系的观点为多年后语言学界讨论语言与社会的关系这一重大议题提供了启示。

1.1.2 马克思(1818—1883)、恩格斯(1820—1895)论语言本质

19世纪中期,马克思主义诞生了。马克思和恩格斯不仅创立了马克思主义学说,而且是卓越的语言学家。他们精辟地论述了语言的本质、语言与社会、语言与文化、语言与民族和宗教、语言的风格等重要议题。有关语言本质问题,他们也作出了科学的论断:

(1) 从语言起源看语言本质

恩格斯认为,"语言是从劳动中并和劳动一起产生出来的"(恩格斯,2009:553)。他以历史唯物主义的观点阐述了从猿到人的发展,并指出人是"一切动物中最爱群居的动物……劳动的发展必然促使社会成员更紧密地互相结合起来,因为劳动的发展使互相支持和共同协作的场合增多了,并且使每个人都清楚地意识到这种共同协作的好处。一句话,这些成长中的人,已经达到彼此间不得不说些什么的地步了"(同上)。马克思和恩格斯还认为,"语言也和意识一样,只是由于需要,由于和他人交往的迫切需要才产生的"(马克思,恩格斯,2009:533)。恩格斯和马克思的论述不仅科学地阐明了语言的起源,而且指出了语言的产生是出于劳动的需要,从本质上来说,语言是劳动中互相支持与共同协作必不可少的要素。

(2) 思想与语言都是现实生活的表现,语言是思想的直接现实

马克思和恩格斯在批判唯心主义哲学家时指出,他们使思维与语言脱离社会生活,变成了"独立的特殊的王国",而"无论思想或语言都不能独自组成特殊的王国,它们只是现实生活的表现"(马克思,恩格斯,1960:525)。也就是说,思想和语言都体现了现实世界与社会生活,这是它们的共同属性。另一方面,语言与思想也有所不同:"语言是思想的直接现实"(同上),即思想是抽象的思维活动的结果,只有通过语言它才变成了生活中具体的现实。

(3) 语言是思想的生命表现的要素

马克思认为,"观念不能离开语言而存在"(马克思,2009B:57),他更明确地说,"语言是思维本身的要素",并进一步说明,语言"是思想的生命表现的要素"(马克思,2009A:194)。这里值得注意的是,马克思将语言视为思想的生命表现的要素,而非仅为"思维的工具"。"思想的生命表现的要素"的作用远大于"工具",可见马克思充分肯定了语言与思维密不可分和语言在它与思维关系中的重要性。

综上所述,马克思和恩格斯对语言与思维的关系和语言的社会性作出了科学与原则性的论述。

1.2 20世纪有关语言本质的争议

1.2.1 认知学派对结构主义和行为主义的批判

19世纪末20世纪初是世界史上至关重要的时期,世界从"蒸汽时代"进入"电气时代",资本主义经济迅速发展,科学技术突飞猛进,社会科学领域涌现出多种思潮与学派。就在此时,随着现代语言学的诞生,出现了影响深远的语言学流派与语言学家,其中最重要的是瑞士语言学家索绪尔(Ferdinand de Saussure,1857—1913)。

(1) 现代语言学和结构主义语言学创始人索绪尔

索绪尔在瑞士上大学,未毕业就去了德国莱比锡大学求学并获语言学博士学位,后在巴黎高等研究院和日内瓦大学任教。他在讲授普通语言学时发表了很多重要观点。他去世后,学生们整理了课堂笔记,于1916年出版了《普通语言学教程》(*Cours de Linguistique Generale*)一书。该书是索绪尔的代表作,已成为普通语言学的经典著作。索绪尔阐述的语言学理论涉及面很广,与语言本质相关的部分主要有四方面:

- **他区分了语言(language)与言语(parole)的差别**:索绪尔认为,语言是一个语法系统,它存在于每个人的大脑中,群体的头脑就储存着完整的语法系统;言语是语言的运用和具体表现。这一区分不仅是对长期以来迷恋僵硬与刻板语法教条的批判,而且开启了语言学界既研究语言体系又重视研究实际生活中鲜活的语言及其运用的先河。

- **他区分了共时语言学(synchronic linguistics)与历时语言学(diachronic linguistics)的差别**:前者研究历史某一阶段的语言,后者则研究较长历史时期语言的演变。这一区分扭转了当时占主导地位的历史比较语言学沉浸于研究语言历史的方向,使语言学界逐渐将研究重心转向当代的语言,这无疑是语言学领域历史性的转折。

- 他认为"语言是社会存在",因而是语言学界最先提出"语言是社会现象"的语言学家。

- 他认为语言是一个符号关系系统,由互相关联的要素组成,这些要素互相依存,互相制约,它们只有在与其他要素构成关系时才能存在。他分析的要素,从总体来看可分成语音、词汇与语法三大类。这种分析模式后来成为结构主义方法论的基本组成部分。

在索绪尔之后,结构主义形成了布拉格、哥本哈根和美国结构主义三学派,其中以美国结构主义的影响最大。

(2) 布龙菲尔德(Leonard Bloomfield,1887—1949)与结构主义语言学

布龙菲尔德是美国结构主义语言学的奠基人。他在哈佛大学获学士学位后,又在芝加哥大学获语言学博士学位。此后便在美国大学任教,同时对马来语等语言进行调查与研究。

- 布龙菲尔德的主要著作是《语言论》(*Language*,1933),该书从语言史与语言变化谈到语音、词法、语法和语义等方面及其应用。布龙菲尔德并未对语言作出明确的定义,但他接受了索绪尔的观点,指出语言与言语的区别,并认为语言是一个复杂的信号系统。此后以美国结构主义为理论基础的外语教学理念更明确将语言知识分解成语音、词汇、语法三个组成部分,实践能力为听、说、读、写四个组成部分。

● **20世纪20年代,心理学界以华生(J. B. Watson, 1878—1958)为代表的行为主义学派向传统的主观心灵主义学派挑战**,认为取得知识靠直接经验,并认为语言与思维都是人的行为,把环境中物体的变化称为"刺激",把人在刺激下产生的行为称为"反应",形成了他的"刺激—反应论"。后来,心理学家魏斯(A. P. Weiss, 1879—1931)把行为主义心理学运用于语言研究,布龙菲尔德接受了华生和魏斯的行为主义理论,认为"思想"是一种语言形式,使用语言是刺激—反应的过程。这样,他就成为一位集结构主义语言学与行为主义心理学于一身的语言学家。布龙菲尔德十分关注外语教学,在他和他的支持者影响下,以结构主义语言学与行为主义心理学为理论基础的英语教学法"听说法"诞生了,并从二战期间开始盛行,直到20世纪50—60年代才失去了主导的势头。

结构主义语言学从纷繁的语言现象中系统揭示了语言内部的结构,为人们认识语言体系勾画了一个框架,为语言学习的有序化提供了基础;行为主义心理学则从一个侧面反映了语言运用的表面现象,但它们并未反映语言的根本属性。布龙菲尔德将思想定义为一种语言形式,这显然是不正确的,因为思想与语言是两个不同的概念,思想是人脑在记忆与储存客观事物的基础上所进行的分析、综合、选择、判断等思维活动的结果,思维才是人脑认识世界最重要的机能,这体现了结构主义与行为主义对语言与思维关系认识的局限性。

(3) 乔姆斯基(Avram Noam Chomsky, 1928—)与认知学派的语言观

乔姆斯基是20世纪最重要的语言学家之一,也是语言学界认知学派的代表人物。1957年,他撰写的《句法结构》(*Syntactic Structure*)一书出版,随后他与他的支持者发表了大量著作与论文,对结构主义语言学与行为主义心理学展开了猛烈的抨击,提出了转换生成语法(Transformational-Generative Grammar)及一系列相关理论,标志着语言学界从行为主义主导的时代转向了以研究认知为主的方向性转变。

乔姆斯基生于美国宾夕法尼亚州费城,在宾夕法尼亚大学取得语言学博士学位后,曾在麻省理工学院任教与从事研究工作。他从笛卡尔、洪堡特甚至结构主义语言学者索绪尔与哈里斯(Zellig Harris)的理论中吸取养料从而丰富了自己的理论,撰写了《句法理论若干问题》(*Aspects of the Theory of Syntax*，1966)、《语言知识：其本质、来源及使用》(*Knowledge of Language：Its Nature，Origin，and Use*，1986)和《语言与思维》(*Language and Thought*，1993)等重要著作。乔姆斯基的语言观与语言本质相关的观点主要为：

- **受洪堡特影响，他认为语言习得是人的天赋本能与创造性活动**。但他发展了洪堡特的理论，认为人之所以能习得语言，是由于人脑具有生来固有的内在机制(Language Acquisition Device — LAD)，而非行为主义推崇的"刺激—反应"过程。他把幼儿获得这种机制的时期称为语言习得的"初始阶段"，儿童成长后与经验相结合，构成了语言的发展阶段。

- **乔姆斯基发展了索绪尔区分"语言"与"言语"差别的理论**，提出了"语言能力(linguistic competence)"与"语言运用(linguistic performance)"的区别，前者指"在最理想的条件下说话人/听话人所掌握的语言知识"，后者指"对这种知识在适当场合下的具体使用"(刘润清，2013：223)。从形式上看，这一理论继承了索绪尔将语言分成"语言"与"言语"两类，都谈到语言系统与个人表达语言的差异，但实质上，他在定义中注入了人内在的认知能力和表达能力的概念：语言能力是稳定的、内化了的语言规则与知识；语言运用则是受个人能力与情绪影响而变化的具体语言表现，这是对结构主义忽视人的内在能力的批判。

- **乔姆斯基认为，语言由音位、语义与句法构成**，也体现了对结构主义语言学提出的"语言由语音、词汇、语法组成"的继承与批判。从表面看，"音位与语音"是近似的概念，语义是词汇最重要的部分，句法是语法的主要内容，似乎乔姆斯基的语言结构论与结构主义并无很大差异。但实际上，乔姆斯基还提出了语言知识及语言形式中"深层结构(deep structure)"与"表层结构(surface structure)"的区别：前者是人心理上的认知，后者是语言具体的表达形式。在他看来，在音位、语义与句法三要素中，音位是表层结构，语义才是深层结构，句法中则兼有两种结构。乔姆斯基对语义和深层结构作了详尽的论述，批判了结构主义重语言形式轻认知理解与语义的根本弊病。

- **乔姆斯基提出了"普遍语法(universal grammar)"，或"语言普遍现象(linguistic universals)"理论**。他认为人类一切语言具有共同的原则和规则系统，各种不同的语言都从中选择自己的特征，因此，使用不同体系的语言虽有不同的特点与表层结构，但基本上有着共同的深层结构，因而能互相沟通。乔姆斯基不同意语言决定思维的论断，他认为，萨皮尔—沃尔夫假设(见1.2.2)之所以不可信，就是因为它夸大了不同语言表层结构的差异,忽视了它们深层结构的同一性。然而,普遍语法理论引发了不少争议,反对的声浪中较多的看法是:有些不同语言间巨大的差异带来了深刻的误解,也有些学者认为,目前还有不少尚未发现或没有文字记录的语言,因此不能得出所有语言都符合"普遍语法"规律的结论。

1.2.2 语言与思维关系问题上两种观点的争辩

以上提及,洪堡特关于语言与思维关系的论述引发了语言学界的热议。不久,语言与思维的关系问题也引起了心理学界的关注。20世纪上半叶,瑞士心理学家皮亚杰(J. Piaget, 1896—1980)提出,"思维先于语言产生","思维决定语言";而美国人类学家萨皮尔(E. Sapir, 1884—1939)和他的学生沃尔夫(B. Whorf, 1897—1941)却提出了"语言决定思维"与"不同语言影响了不同思维"的论断,称为"萨皮尔—沃尔夫假设"。此后,语言学界围绕着皮亚杰与萨皮尔—沃尔夫假设两种截然对立的观点展开了激烈的争辩。

(1) 皮亚杰:思维先于语言产生,思维决定语言

皮亚杰对发展心理学作出了巨大贡献,是认知学派的创始人。他通过临床法(观察法与实验法)等科学方法收集与分析事实,研究了儿童认知建构和发展、智力发展阶段与语言习得和学习过程等心理学重要议题。语言与思维关系的论述是皮亚杰理论与实践的组成部分之一。他的主要观点如下:

- **思维先于语言产生**

皮亚杰的研究表明,初生婴儿通过自我感知与对周围环境的接触所产生的行动及其结果认识世界,思维产生于这样的行动。认知发展经历四个阶段:**感知运动阶段(0—2岁)、前运算阶段(2—7岁)、具体运算阶段(7—11岁)和形式运算阶段(12岁以后)**。婴儿出生时语言还没有产生,语言随着认知发展的四阶段产生与发展:第一阶段(感知运动阶段),为语言发生准备期,亦称"语言前阶段";第二阶段(前运算阶段),语言产生了,该阶段是语言与思维发展的关键期;第三阶段(具体运算阶段),是语言和思维发展的转折期;第四阶段(形式运算阶段),是语言和思维全面发展期(Papalia & Feldman, 2011)。由此可见,思维发展在先,语言发展在后,语言随着思维的发展而产生与发展。

- **思维决定语言**

从皮亚杰揭示的思维与语言发展的阶段来看,语言来源于思维,它是在思维发展到第二阶段才产生的。皮亚杰还发现,儿童语言发展的过程经历了三个阶段,即从"自我内心独白"发展到"集体独白",再发展到"社会化的语言"。不同阶段的语言标志着不同的思维发展阶段:第一阶段的"自我内心独白"反映了不成熟的思维形式,第二阶段的"集体独白"反映了思维发展的形式,而第三阶段"社会化的语言"则反映了更高层次的思维形式。

(2) 萨皮尔—沃尔夫假设:语言决定思维,不同语言影响了不同思维

萨皮尔是美国人类学家与描写语言学家。他不仅悉心从事语言教学与研究工作,而且实地调查了多种美洲印第安民族的语言与文化,从中分析语言本质与结构。1921年,萨皮尔在他的专著《论语言:言语研究导论》(*Language: An Introduction to the Study of Speech*)中详尽阐述了语言的定义、语言与思维及文学的关系、语言结构与分类、语法过程等问题,认为语言是工具,思维是产品,没有语言,思维是不可能的。1929年,在《语言学作为科学的地位》(*The Status of Linguistics as a Science*)一文中,他更清晰地阐明了有关语言与思维关系的观点,并指出"世界在很大程度上建筑在社团的语言习惯上"。显然,萨皮尔认为,人的思维、经验与行为都受制于语言。这一观点得到他的学生沃尔夫的赞同。

沃尔夫在他1940年发表的《科学与语言学》(*Science and Linguistics*)一文中指出,语言系统(即语法)不仅是表达思想的一种再现工具,而且是思想的塑造者,是思想活动的大纲和指南,这就是说"语言决定思维"。后来,美国语言学家卡罗尔(J. B. Carroll)第一次把他们两人的观点称为"萨皮尔—沃尔夫假设"(刘润清,2013:191 - 192)。

此后,在深入讨论"萨皮尔—沃尔夫假设"的过程中,一些语言学家根据这一假设的内涵将其分成"强式"与"弱式"两个版本:

- 强式"萨皮尔—沃尔夫假设"——"**语言决定论(linguistic determinism)**":语言决定思维。

- 弱式"萨皮尔—沃尔夫假设"——"**语言相对论(linguistic relativity)**":语言在一定程度上影响思维,使用不同语言的人,思维也有所不同。

长期以来,"语言决定论"因夸大了语言对思维的作用而受到大部分学者的驳斥,但"语言相对论"揭示了过去未重视的语言对思维的影响,因而受到语言学、心理语言学、社会语言学与哲学等学术界的关注,并得到很多学者的认同。

1.3 对语言与思维关系的再认识:维果茨基"思维与语言"理论

如果说乔姆斯基理论仅标志着语言学研究方向转向认知理论,那么,进入21世纪后,语言学进一步与认知科学结合,认知发展理论成为语言学和心理学领域重要的组成部分,将人们研究感知与认识世界、获取知识的过程与发展引向深入。在讨论思维与语言关系时,不仅进一步探讨了思维对语言的影响,而且对"语言相对论",即语言对思维的反作用及各种影响,也展开了热议。在这样的背景下,苏联心理学家、文化历史心理学派创始人维果茨基(Lev Semyonovich Vygotsky, 1896—1934)的理论,包括他有关语言与思维关系的论述,受到了心理学、哲学、语言学与教育学等领域广泛的关注。

维果茨基生于沙俄时代白俄罗斯一个犹太人家庭。他就读于莫斯科大学法律系和沙尼亚夫斯基人民大学哲学—历史系。毕业后,他先回家乡从事教学工作,1924年起专注于研究心理学,后受邀去莫斯科心理研究所等处工作,还创办了儿童心理实验室,并通过实验与研究文献撰写了大量著作。不幸的是,维果茨基在38岁就因病英年早逝。

由于苏联将巴甫洛夫学说尊为经典,维果茨基理论长期未能公诸于世。直到1961年,维果茨基的著作《思维与语言》被译成英文在美国出版,才引起国际心理学界与教育学界的重视。自20世纪60年代起,维果茨基理论在国际学术界逐渐被了解,并发展至形成了研究热潮。

维果茨基不仅创立了心理发展的文化历史理论,是文化历史心理学派的奠基人,而且影响了社会建构主义学说的兴起,引发了当代教育心理学的革命。近年来,随着西方心理学潮流逐渐由自然主义心理科学观向社会文化心理科学观发展,维果茨基理论更在世界上引起热议,维果茨基被誉为划时代的心理学家和"心理学的莫扎特"。

思维与语言关系问题是维果茨基理论重要的组成部分,《思维与语言》一书也是维果茨基的代表作之一。该著作集中体现了维果茨基在思维与语言及其关系问题上与皮亚杰等心理学家截然不同的观点与科学分析法。

1.3.1 维果茨基"思维与语言"理论的主要内容
(1) 他指出了"同一论"与"分离论"观点的错误

《思维与语言》第一章就开宗明义地指出,以往研究的根本问题,是对思维与语言两者"相互作用的关系尚未得到应有的注意"(维果茨基著,李维译,2010:1)。错误观点之一为"同一论",即视思维与语言本质上属同一物,或同一概念,认为思维是言语减去声音(speech minus sound),根据此认识不存在两者的关系;另一相反的观点是"分离论",即认为思维与语言是独立的两种元素,他们也谈两者的关系,但仅涉及表面现象,"排除了对两者内在关系的任何一种研究"(同上:3)。维果茨基运用科学分析法分析了两者内在联系,认为思维与语言是两物,各有独自的源头,但它们在不同的阶段有分有合,以人类特有的方式紧密联系,动态发展,互相依存、促进与制约,交织融合成一体,被用以达到人际交流的目的。

(2) 他采用了"单位分析法"与"发生学分析法"等科学分析法

维果茨基认为,以往在研究思维与语言关系中常用"元素分析法",即"把复杂的心理整体分解为许多元素(elements)。这种方法类似把水从化学上分解成氢和氧,两者都不具有水这个整体的特性,每一种元素具有的特性在水这一整体中也不存在"(同上:3)。这样的分析只能发现两种元素机械的互相影响,不能揭示物质整体的内在本质。

- **单位分析法(analysis into units)**

维果茨基使用的是"单位分析法",即"分析结果保留了整体的所有基本特性……就了解水的特性而言,关键不是了解水的化学组成,而是了解水的分子及其行为"(同上:5)。维果茨基认为,由于"言语的原始功能是交际与社交",但社交需要一种中介系统:言语,而言语的基本单位是既体现思维、本身又是言语的"词义"(同上:6-7)。因此,维果茨基就以词义作为基本单位来分析思维与语言及其关系。

- **发生学分析法(causal-genetic analysis)**

选择了词义作为基本单位后,维果茨基采用了发生学分析法对儿童思维能力成长及其与社会发展的关系作了系统的研究。发生学分析法最早由英国生物学家贝特森(W. Bateson)于1906年命名,分为"种系发生分析(不同生物种系发生之比较)"与"个体发生分析(个体生物起源与发育过程分析)"两种方法。维果茨基采用了人类与黑猩猩种系比较作为"种系发生分析",又采用从实验中获取的儿童思维与语言发展过程记录作为"个体发生分析",以词义为基本单位,全面分析与论述了人类思维与语言的发生、发展与两者的相互关系。

(3) 他发现了思维与语言起源于不同的源头

维果茨基采用上述"种系发生分析法",以实验与大量文献记载为依据,比较并分

析人类与黑猩猩两个种系产生语言和思维的相关因素,发现了人类思维与语言起源于不同的源头:

- **思维发生的根源**

维果茨基发现,与思维发生有关的因素是人的心理机能,它分为低级与高级两种。低级心理机能(lower mental function)包括感觉、知觉、情绪等,黑猩猩与人类都具有低级心理机能,但黑猩猩的低级心理机能仍处于相对简单的层次,如愤怒、恐惧等。人类的感觉、知觉、情绪等比黑猩猩复杂,但仍属低级心理机能。人类的思维,包括观察、记忆、分析、综合、判断、概括等能力与逻辑思维、抽象思维等,均属高级心理机能(higher mental function),它是由低级心理机能通过语言工具与符号并在人际交往过程中发展而来的。黑猩猩的低级心理机能未发展成高级心理机能,故无人类思维。

- **语言发生的根源**

维果茨基的实验与大量文献表明,人类语言来源于"表述性发声反应(expressive vocal reaction)",即人类对客观事物作出有声的表达式反应。黑猩猩与人类对客观事物都会作出有声反应。由于长期受思维成长的促进,又处于人际交往的环境中,人类的发声反应便不是简单的发声,而是人与人之间意愿的表达,这种"表述性发声反应"便逐渐发展,形成了语言。黑猩猩只有比人类低级的发声反应,更无思维与类似人际交往的环境,故无人类语言。

(4) 他阐明了儿童语言发展的四个阶段

维果茨基发现了与皮亚杰论述不同的儿童语言发展的阶段:

- **第一阶段:原始或自然阶段(primitive or natural stage)**,即语言的前智力阶段与思维的前语言阶段。儿童的思维处于萌芽状态,而言语开始发展,但此时言语是非智力的。

- **第二阶段:幼稚心理阶段(naive psychology stage)**,随着语言加快发展与掌握了语言的外部结构,思维也开始发展,智力与语言的相互作用明显了,但相对于语言发展来说,思维发展比较滞后。

- **第三阶段:外部符号阶段(external sign stage)**,用外部符号辅助解决内部问题,如用手指数数等。特点是出现自我中心言语(egocentric speech),思维发展较之前快,思维与语言相互作用的关系开始密切。

- **第四阶段:内部生长阶段(ingrowth stage)**,随着思维的发展,儿童开始用脑计数,外部运算向内部转化,形成了内部语言,即可以不依靠有声语言协助思维。在维果茨基看来,语言内化经历了由外部语言到自我中心语言,再到内部语言的发展过程,思维发展与人际交往的需要则是促进这一过程发展的重要因素(维果茨基著,李维译,2010:56-57)。

(5) 维果茨基思维发展观:"思维发展由思维的语言工具和儿童的社会文化经历所决定"(同上:62)。关于思维发展,维果茨基与皮亚杰的观点不同,他认为思维发展经历以下过程:

- **思维产生于低级心理机能**,第一阶段是前语言阶段,"最初,思维是非语言的"(同上:60)。
- **借助于语言工具和符号并通过人际交往,思维随着低级心理机能向高级心理机能转化而发展**。在与语言平行发展一段时间后,思维在某个时刻(通常为儿童2岁左右)与语言会合。思维与语言相交后有分有合,互相依存、促进与制约,互为发展动力,动态发展。
- **然后思维与语言形成了"两个相交的圆圈"**。在两个圆圈重叠的部分,思维与言语正好同时发生,产生了称作言语思维(verbal thought)的东西(同上:58)。然而,思维中还有一些部分是不与语言直接联系的,言语中也有一部分不涉及思维活动,只是间接地受到言语思维过程的影响(同上)。其图解如下:

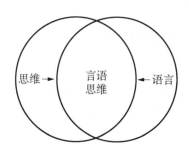

1.3.2 维果茨基对思维与语言理论研究的独特贡献

(1) 他将思维与语言的研究从哲学、心理学与语言学范围拓展至生物学与人类学领域,将心理学研究与种系分析的科学方法结合,寻找思维与语言发生的根源并取得了科学依据,为思维与语言的深入研究打开了宽阔的大门。

(2) 以往关于思维与语言的探讨局限于对人的个体心理研究,"我向思考被看作是思维的原始的、最早的形式"(同上:15);在语言研究方面,一般认为"学前儿童的大部分谈话是属于自我中心的"(同上:18)。即使论述以后思维与语言的社会化,也是以人的个体研究为主体。**但维果茨基却指出:"儿童的最初语言基本上是社会的"**(维果茨基著,李维译,2010:23),"言语的原始功能是交际和社交"(同上:6)。维果茨基还认为,低级心理机能向高级技能转化的重要条件之一是"人际交往",表述性发声反应发展成语言的必要条件是"交际需求"。在论及思维与语言的发展与关系时强调社会文化的重要性及其与他人的互相作用是维果茨基理论的特色,这也体现了维果茨基在思维与语言问题上文化社会学派的基本观点。

(3) 维果茨基反对众多学者以孤立与静止的方法讨论思维与语言的表面现象,辩证地分析了思维与语言的内在联系,即两者虽各有特质,起源于不同的源头,但以后有分有合,动态发展,相互作用、依存、促进与制约,甚至互为发展的条件与动力,以人类特有的方式融合一体。没有思维的发展,表述性发生反应就不可能发展成语言;而没有语言工具作为中介,低级心理机能就不可能发展成作为高级心理机能的思维。按照这一观点,就不存在"语言决定思维"或"思维决定语言"以及思维与语言孰先孰后的疑问。这样,维果茨基的论述就回答了长期以来争论不休的语言与思维关系的问题。

(4) 维果茨基将思维与语言比喻为两个圆圈相交的论述颇具创意。 以上提到,当思维与语言两个圆圈会合后,重叠部分变成了"言语思维",即思维与语言融合一体。但这仅为"重叠部分",那些非重叠部分,一种是没有语言的思维,另一种是没有思维的语言。这意味着,即使思维与语言会合了,仍存在着思维与语言融合一体的"言语思维"、没有语言的思维、没有思维的语言三种情况。第一种是常见的情况;第二种情况在生活中也会出现,如形象思维和维果茨基列举的"使用工具时表现出的思维"(同上:58),有些学者称之为"技术思维";此外,还有第三种情况,如人的感觉、知觉或情绪受突发刺激时未经思索的语言等,这就全面概括了思维与语言的关系,克服了分析思维与语言关系简单化的弊端。

1.3.3　维果茨基与皮亚杰"思维与语言"论述的主要分歧

(1) 他们揭示的思维与语言发生根源不同

维果茨基认为,思维产生于低级心理机能,借助于语言工具和符号的中介作用并通过人际交往,低级心理机能发展至高级心理机能才转化成思维,语言产生于表述性发生反应,由于智力进化与交际需求才发展成语言;而皮亚杰则认为,思维产生于婴儿的自我感知与行动,从第一阶段发展至第二阶段,即2岁左右,思维导致了语言的产生。

(2) 他们发现的儿童语言发展过程不同

维果茨基认为,婴儿的语言从开始起就是表述性交流,因而是社会性的,其发展过程是从社会性事物内在于个体的社会言语发展到自我言语,再内化成内部言语与外界社会交流;而皮亚杰则认为,儿童的语言产生于个体非语言的思维后,经过指向自己的自我中心语言,再通过与成人接触发展成社会化语言,故语言与社会的关系是儿童语言发展到后一阶段才发生的。但无论从思维或语言的发展来看,维果茨基都重视了社会与文化的作用,不过他说,婴儿时期在措辞上用"交流"来表达比"社会交往"更为确切。

(3) 他们提出的思维与语言的关系不同

维果茨基以辩证的观点分析思维与语言的关系,认为两者有分有合,互相作用,既指出思维对语言的形成与发展的重要作用,也分析了语言对思维所起的协调作用,因为两者都在社会文化环境中发展;而皮亚杰则认为思维决定语言,语言是认知发展到一定程度的标志。

(4) 他们的研究方法不同

维果茨基采用的是"单位分析法"与"种系发生分析法",而皮亚杰使用的是"临床法",即观察法和实验法的结合,两人的方法各有所长。

从上述比较中可以看出,在思维与语言问题上,维果茨基与皮亚杰代表了心理学界社会文化学派与日内瓦学派两种不同的观点。维果茨基以辩证唯物主义的观点从宏观上比较全面地论述了思维与语言的本质及其关系,关注了社会文化因素对思维与语言的影响,在心理学研究中引进了进化论与人类学知识;皮亚杰则比较细致地观察与分析了儿童思维与语言发展的具体认知过程,引进了生物学与逻辑学等学科知识,促进了认知发展心理学的发展。从互补的角度学习与考察这两派理论,就可以比较深刻地认识思维与语言的本质及其关系。

1.4 当代研究语言本质的新发展

21世纪以来,语言学领域发展的重要变化是:语言学与自然科学和社会科学结合后,交叉学科大量涌现并成为主流,如神经语言学、生态语言学、文化语言学、教育语言学、经济语言学等,对语言学理论研究与英语学科产生了深刻的影响;语言学界比以往更加关注社会需要与实际运用,语言学研究也已拓展至自然科学领域中语言理论的应用。这些特点也反映在对语言本质的研究中,其中引人瞩目的是:神经语言学在研究语言与思维方面的新进展、"语言相对论"研究的再起与对语言社会性的新认识。

1.4.1 神经语言学有关"语言与思维"研究的新进展

神经语言学是语言学、心理学、生理学、神经科学与认知科学等多学科交叉学科,它研究"人类语言的理解、产生、习得以及学习的神经和心理机制,探究大脑对于语言信息的接受、存储、加工和提取的方式与过程"(崔刚,2015:1),并以研究成果验证语言学理论的假设与观点。因此,神经语言学对思维与语言的研究为我们认识该问题提供了直观的参考。

19世纪下半叶,随着科技与医学的发展,人们开始触碰语言活动中大脑的奥秘,出现了多位研究语言神经机制的学者,如戴克斯(D. Dax)、布罗卡(P. Broca)、韦尼克(C. Wernicke)、戴杰林(J. J. Dejerine)等,其中以布罗卡和韦尼克对语言学影响最大,很多当代神经语言学有关思维与语言的研究都建立在他们发现的大脑语言区的基础之上。因此,在讨论神经语言学"语言与思维"研究前,需先了解这两个大脑语言区。

(1) 大脑语言区:布罗卡区与韦尼克区

- **布罗卡区**

1865年,法国医生布罗卡(1824—1880)在解剖失语症病人的尸体时发现,病人大脑左额下回后部严重病变,由此他推断,此区受损是导致丧失说话能力的原因,后经大量病例证实,该脑部位为语言运动中枢,遂被命名为"布罗卡区"。此后经病理学、神经科学与语言学研究发现,布罗卡区有一发音程序,人脑接收语言后该程序被启动,并被运送到相邻的运动区,激活嘴、舌、唇等语言器官,对接收的语言作出反应。这表明,布罗卡区主要负责语言产出与表达,布罗卡区受损的失语症便被称为表达性失语症或运动性失语症。

- **韦尼克区**

1874年,德国学者韦尼克(1848—1905)发现了另一个大脑语言区,该区位于大脑左半球颞上回处,通过听觉性言语理解、形成语义以接收语言,后此区被称为"韦尼克区"。其主要功能是接收语言后处理听觉语言和控制语言理解过程,与布罗卡区共同构成语言中枢的主要部分。此区受损后不能分辨语音与理解语义,因此被称为接收性失语症。韦尼克区通过顶下小叶的弓状束与布罗卡区相连。这两个语言区的发现为研究大脑语言机制奠定了基础。

近年来,随着高科技与医学的发展,神经语言学领域出现了两种趋势:一是质疑两个语言区理论,以新技术发现新的语言区或寻找已有语言区的新功能,取得了开发右脑语言功能的突破;二是建立在已发现语言区的基础上深入研究,但采用新技术,提出新思路,这两种趋势对进一步认识语言与思维的本质及其关系都产生了促进作用。

(2) 新发现的大脑语言区与已有语言区的新功能

- **大脑左半球新发现的语言区与已有语言区的新功能**

在认识了布罗卡区与韦尼克区之后,人们又发现了距韦尼克区很近的听觉区、稍远的视觉区、左半球上部的书写中枢和阅读中枢,它们与听(韦尼克区)、说(布罗卡区)中枢一起构成听、说、读、写四大语言中枢,形成了大脑左半球语言优势的功能。

同时,进一步研究已发现的语言区后发现,有的语言区除了处理语言功能外,还能进行非语言信息的加工,如它们对音乐的某些方面也能作出反应。这表明原先对一些语言区的界定不一定完整,其中部分原因是:由于一些语言区,例如布罗卡区与韦尼克区,是根据失语症病人的病情分析确定的,缺乏从正常人大脑语言活动中获得的信息作为依据,因此结论很可能是片面的,需要以当代的新技术加强对正常人大脑的研究,以获取有关语言神经机制全面的信息,才能全面认识大脑的语言功能,此时当代新技术为研究正常人大脑的语言机制创造了条件。

- **大脑右半球语言功能的开发**

20世纪80年代起,由于美国神经生理学家斯佩里(R. W. Sperry)提出"大脑两半球分工差异"而荣获1981年诺贝尔生理医学奖,促进了开发大脑右半球言语功能的研究。1986年,神经科学工作者发现两名只有大脑右半球的孩子与一名只有左半球的孩子相比,他们的言语智商相差无几(前者为94、91,后者为96),这表明右半球也能单独发挥相当程度的言语功能(王德春,2000:198)。此后很多研究表明,大脑右半球在处理语音、词义、句子、语篇等方面的加工和与语用能力相关的信息时也具有能力(崔刚,2015:247-252),其功能与左脑侧重点不同,形成左右脑互补的状况,这就颠覆了左脑在处理言语信息方面绝对优势的结论,证实了大脑两半球各有分工,紧密合作,共同完成言语功能的论述。

(3) 在已发现的语言区基础上,以新思路与新技术研究思维与语言的关系

神经科学工作者常研究运算、推理、顿悟(突如其来的灵感)等有代表性的思维活动在大脑中的反应。21世纪以来,一些学者研究了以新视角和脑成像等新技术在已发现的大脑语言区与视觉空间区(即非语言区)等大脑部位的反应,分析思维与语言的关系,使人们对该问题的认识加深了一步。

这些研究的基本逻辑是：如果某种特定的思维过程（比如简单的算术运算或者三段论推理）在本质上是"语言的"，那么，在进行这种思维活动时，大脑中负责语言信息处理的区域就会参与；反之，如果某种思维过程在本质上是"空间的"，则大脑中负责空间信息处理的区域就会参与其中。结合来自直观的脑功能图谱证据与其他的跨领域证据（如来自行为实验和脑损伤研究的证据），能使我们更深入地认识和理解思维与语言的关系（罗劲，应小萍，2005:454）。

这些研究发现，**在运算与语言的关系中**，粗略估算与精确估算的思维活动与语言的关系不同：前者被观察到激活的脑区为视觉空间信息加工区，即非语言区，而后者激活的脑区则更多伴随语义选择等语言活动区，这表明粗略估算涉及了视觉神经，但未涉及大脑语言机能比较复杂的思维活动，而后者却涉及语义等深层次语言活动的大脑区；**在推理与语言的关系中**，有些研究表明，推理思维主要由语言信息加工脑区负责，但在近年来的研究中，有时也发现借助于空间信息加工过程来实现，这可能是由于两者采取了不同的信息加工策略所致；**在顿悟与语言的关系中**，以前的研究较多认为这类思维是不依靠语言的，在近几年进行的研究中，结果也是顿悟采用更多的空间信息加工过程，但有时也会发生在脑语言加工区（同上:454 - 465）。

尽管这些研究并非完善，也有人质疑，仅根据脑成像表明的"语言区"或"空间区"是否就能揭示思维与语言关系的本质，但研究结果至少可以表明，复杂的思维涉及深层次语言活动，有些浅层次思维如粗略估算甚至不涉及语言，有些突发思维活动，如顿悟，却时而依靠、时而不依靠语言，而且在不同的情况下或有着不同的任务或内容时，不同的思维活动对语言的依赖程度也不同。这或许能说明，维果茨基的观点是有根据的：思维与语言有分有合，一旦结合即密不可分，互相依存、制约与促进，形成一体。总之，神经语言学的研究为认识思维与语言的关系提供了一定的科学依据。

1.4.2 "语言相对论（linguistic relativity）"研究的再起

近年来语言相对论研究的再起丰富了人们对语言与思维关系的认识。

"语言影响思维"的讨论起始于人类学领域，最初出现在欧洲，20世纪50年代时，因出现了对"萨皮尔—沃尔夫假设"立足于实际社会的实验而广受关注，当时主要的议题是：不同的语言导致思维与认知的不同。紧接着，心理学界就语言与思维两者的关联展开了研究，哲学界与语言学界也分别就两者中的思维与语言问题进行了研讨。自20世纪后期语言学界关注维果茨基思维与语言关系理论后，"萨皮尔—沃尔夫假设"

中的强式观点"语言决定思维(linguistic determinism)"基本上受到学界主流观点的否定,但是其弱式观点"语言相对论(linguistic relativity)",即"语言影响思维"的论断,仍时常发声。20世纪90年代后,特别是21世纪以来,在全球化进展中发现,世界上的语言居然多达7,000余种,使人们不得不思考:使用如此大量不同语言的民族都有相同的思维与认知形式吗?一些实验成果表明,语言在一定程度上影响思维,致使这一议题在半个世纪后引发了上述各界的热议。

迄今为止,各界研讨"语言影响思维"大致采取三种研究方法:一为"语言结构法(Structure-Centered Approach)",即通过分析语言意义与形式结构证实这一观点;二为"领域法(Domain-Centered Approach)",即从两者涉及的具体领域剖析"语言影响思维"的依据;三为"行为法(Behavior-Centered Approach)",即从社会行为的角度观察与分析语言对思维的影响(Lucy,1997:296-304),其中尤以第一、二种方法的研究成果在学术界产生了较大的反响。

(1) 采用第一种方法研究语言与理解、记忆数字的实验取得重要的研究成果

麻省理工学院脑与认知科学研究生弗兰克(M. C. Frank)团队以巴西亚马逊雨林地区一个名为Pirahã部落的语言与他们理解和记忆数字的关系为议题进行了多次实验。在Pirahã部落的语言中,没有具体表示数字系统的语言,只有三个词与数字有关:"hói"表示"1","hoí"表示"2左右","baagiso"表示"很多"。多项实验表明,Pirahã部落的人见到具体事物有数字多与少的认知,但因无具体的数字语言,理解与记忆数字很不确切(Frank et al.,2008)。这些实验显示,人类没有数字的语言仍然具有数字的思维与认知,否定了"萨皮尔—沃尔夫假设"的"语言决定思维"论,但该实验表明,语言能增加认知与加工信息的途径,使认知更为确切。

(2) 采用第二种方法研究语言与认知颜色的实验取得重要的研究成果

长期以来,就这一议题一直存在着"普遍论"与"相对论"两种对立的观点。前者认为,由于具有生物学与生理学的共同机制,不同语言的人们对颜色的分类、命名与认知发展普遍相同;但后者认为,虽然语言不能决定人类对颜色的认知,但认知颜色涉及语言与文化,必然受到语言的影响,两者争论的实质是语言与思维的关系。1969年,人类学家柏林(B. Berlin)与凯(P. Kay)发表了重磅著作《基本颜色词语:其普遍性与演化》(*Basic Color Terms: Their Universality and Evolution*),提出了"普遍论"的基本观点。他们通过大量调查选择了说20种不同语言的人参与认知颜色的实验,从中发现,说不同语言的人认知颜色有共同的规律,即都分成七个发展阶段:首先认知黑与白,再认知红,第三阶段为绿或黄,四也为绿与黄,五为蓝,六为棕色,最后为紫、粉红、橙或灰色(Berlin & Kay,1969),有的语言只有两种颜色用语,即黑与白,如有三种颜色用语,即黑、白与红,而英语发展至今已存在上述11种基本颜色的词语。该观点直接挑战了"萨皮尔—沃尔夫假设"中"语言决定思维"的论断,对认知颜色的辩论产生了很大的影响。然而,自20世纪80年代后期起,随着多项实验发现不同语言对颜色的认知不符合柏林与凯提出的规律,"相对论"学派再次兴起,该学派避免了早期"相对论"过分强调语言作用的诟病,其主要论点为"语言影响思维",被称为"新相对论"学派。这派学者认为,柏林与凯立论研究的根本弊端在于讨论抽象的颜色,将颜色与其体现的物体分离,这是英语国家与欧洲惯用的研究方式,而世界上大量说其他语言的人却常将颜色与其体现的具体物体结合认知颜色,对颜色的分类与命名也和不同社会与文化的发展有关,其变化不同于柏林与凯提出的抽象颜色发展的规律;一些学者还批评了柏林与凯依靠翻译而未采取直接体验与认识不同语言意义等实验方法。除了评析"普遍论"存在的问题外,持"新相对论"者还论证了语言对认知颜色的影响。如多项实验表明,由于俄语中的蓝色分别有"浅蓝"与"深蓝"两词之分,说俄语的人比语言中无此两词的人能更迅速区分浅蓝与深蓝的差异,并将两者分类;又如,实验显示,已有文字名称的颜色比无名称的颜色更易被人记忆。这些实验结果证实了语言影响思维,并有助于提高区别差异、分类与记忆能力。

21世纪以来,"语言影响思维"的观点得到更多实验的证实,使人们认识到,虽然语言不能决定思维,但语言会影响思维,从而更加全面地认识了语言与思维的关系。

1.4.3 对语言与社会关系认识的深化

以上通过对语言与思维关系的讨论,从人体内部的心理机制方面探讨了语言的本质;以下将展开语言与社会关系的讨论,从人体外部,即语言的社会性方面,认识近年来对语言与社会关系认识的深化,讨论语言本质的另一特性。

自古代起,人类已认识到语言存在于社会之中。但明确以文字表达语言与社会的关系并对后人产生影响,起始于18世纪后期。那时,德国语言学家洪堡特曾指出,"语言只能在社会中发展……之所以会如此,有一个一般的原因,即,没有一种人类能力能够在脱离群体的孤立状态下发展起来"(洪堡特著,姚小平译,2011:308)。19世纪时,马克思、恩格斯从语言的起源、发展及它与客观事物的关系等方面科学地论述了语言的社会性;继而索绪尔也表明,语言是"社会存在"。20世纪上半叶,著名的法国语言学家房德里耶斯(J. Véndryes,1875—1960)明确提出,语言是一种社会现象。此后,诸多知名的社会学家和语言学家陆续发表了有关语言与社会密切相关的著作与论文。不过,相较于语言与思维的研究,早期有关语言与社会关系的研究一般都在社会学与人类学领域进行,语言学界的研究相对较少。直到20世纪60年代,随着"社会语言学"形成一门学科,才将语言与社会关系的研究引向深入。

(1) 从认识"语言是社会现象"发展到"使用语言是社会行为"

"社会语言学"的诞生,标志着语言学界对语言社会性的高度认同,对"语言是社会现象"的观点达成了共识。20世纪60年代后,国际上民族独立运动风起云涌,在一些主要的资本主义国家,国内民权运动蓬勃发展,使人们用以交际的语言发生了很大变化。社会语言学家在观察与调查语言使用的基础上发表了大量著作与论文,表明同一个国家在使用同一种语言时,不同的民族、不同的阶层,甚至不同的性别之间都有着不同的特点,"语言是社会现象"的观点传播甚广。在国内,20世纪70—80年代,社会语言学研究出现了第一个热潮,从探讨的议题与著作及论文的内容来看,基本出发点也是"语言是社会现象"。但进入21世纪以来,随着全球化的深入与数字化时代的到来,人们认识到,语言社会性的本质还有更深刻的内涵:使用语言已成为推动社会向前发展的社会行为。

- **首先,在当代,语言作为交际工具的功能比以往任何时候更加强有力**:就个人而言,社会生活中人际交往的频率较过去成倍增长;从国际社会来看,各国间经济和贸易既合作又博弈的势头从未如此强劲;各国文化、科技、教育与艺术等领域的交流空前活跃。在这些社会活动中,准确、有力的语言能迅速把个人、团体与国家联系起来并变成行动,产生可观的社会效应,如中美经贸谈判,有时双方为了一个措辞要争议数小时,如此产生的报道立即引发全球股市的变动,甚至震荡;又如,新冠疫情期间,国际与国内信息交流产生了大量重要的新兴词语,事关生命与疫情发展,需要人们及时掌握。即使在日常社会生活中,使用得体的语言也能加速办成以往费时费力的事情,比较顺利地满足人们物质与精神需要。在当代,使用交际功能强大的语言已成为人际与国际交往中不可或缺的社会行为;

- **其次,在数字化时代,信息爆炸成常态,作为信息载体的语言,通过相当普及的网络与各种媒体,在社会上发挥的作用较先前强大得多**。无论从信息数量之多,还是信息传播之快、地域之广,以及从大多数信息交流之重要性来看,都是以往任何时代无法比拟的。数字化时代的语言所传递的大量信息还潜移默化地影响了人们的思想意识,促进了企业、事业,甚至政府管理模式的改进,导致人们社会生活与学习、工作方式的巨大变化,语言的使用已成为当代信息传播中重要的社会行为;

- **最后,当代层出不穷的新规则、新规定与新制度都需要人们使用语言准确地表达意义**。随着经济全球化席卷全球、政治多极化的发展与多边贸易与文化交流的大幅增多,各种国际组织需要修改旧规则或制定新规则,国际合作与交流需要拟定新协议与新备忘录,大量的跨国企业与外贸公司需要制定新规划与新规定,甚至在各国国内,不断涌现的大小新企业与事业单位也急需制定各种新制度。过去无论在工作或社会生活中,一再强调的是"遵守现有规章制度",但现如今,在遵守规则的同时,选择与使用确切的语言制定新规则与新规定已成为当务之急。当代语言的使用已成为保证经济、政治与文化生活正常运行的社会行为。

(2) 从强调社会对语言的影响发展到重视语言与社会的交互作用

21世纪前,有关语言与社会关系的阐述比较集中在强调社会对语言的决定作用。一般的舆论是:社会是语言存在与发展的先决条件,社会生活为语言注入了生命;新的社会生活方式改变了旧的语言要素;使用语言必须受到社会准则的制约,等等。这些观点无疑是正确的。但是,它们仅阐明了语言社会性的一个方面。在全球化不断深入与数字化时代到来后,人们逐渐认识到语言社会性另一方面的重要性,即语言对社会的反作用和语言与社会互相影响、互相作用、互相推动与互相制约的关系。

- **语言随社会的发展而发展,但加强语言交流对促进社会发展有重要作用**

社会发展会引起语言的变化,但语言的变化不仅能折射社会的变化,而且也会对社会产生积极或消极的后果。无数社会事件表明,弘扬健康、文明、积极的语言,制止传播低级、有害于社会的语言,具有推动社会前进的巨大力量;同时,语言的交流在国内能促进社会和谐,在国际上能增进各国人民之间互相了解,共同推动世界经济、贸易、文化向前发展,语言在国内与国际都是协调关系的重要手段。由于当代个人与国家之间的交流数量与形式都大量增多,语言规划与语言政策已成为很多国家战略国策的一部分,语言对于促进社会发展的重要性在当代比以往任何时候更为突出。

- **当代话语权的重要性凸显出语言对社会的影响**

"话语权"是指个人、团体或国家为维护自身权益在一定的组织或范围内就一定的议题所具有的发言权利。话语权与一般发言权不同,它的议题通常都有社会意义,受到舆论关切,因此,话语权中使用的语言对社会有着重要影响。在国际上,话语权是一国的国际地位与尊严的象征,如关切到国家利益,国家无论大小都在适当场合争取话语权,为维护本国权益发声;在各国国内,各种组织和团体也会在适当场合争取话语权,表达应给予关切的意愿。近年来,无论在国际上或国内,话语权越来越受到重视,原因就是话语权在当代具有较以往更大的力量,使用话语权不仅能为说话者所代表的一方发表意见与争取权益,更能对社会产生影响,为正义发声的话语权能推动社会向前发展。

- **从重视语言与社会关系的理论发展到将理论应用于社会实际生活中**

从理论上探讨语言与社会的关系已逾两个世纪,但它与社会实践联系甚少。近年来,出于社会需要,在理论研究深入的同时,出现了将理论运用于社会实际生活的趋势:数字化时代带来了运用人工智能的急切需求,由于语言是人类智能最高层的抽象表达,人工智能的开发需要正确理解语言的心理机制和语言与社会的关系,也需要处理不同社会语境中使用不同的语言,因此,发展人工智能需要计算机科学与社会语言学、认知语言学和心理语言学通力合作,将它们共同的研究成果运用到人工智能的设计与运作中;在经济学领域,也出现了经济学与认知语言学和社会语言学理论结合的研究,以制定更规范的经济领域的规则。随着语言与社会关系理论更多地应用于社会生活中,语言与社会的关系更加密切,语言对社会的作用也日益增强。

(3) 对语言与社会文化关系认识的深化

语言学与英语教学中讨论的"文化",指的是"社会文化",它存在于社会之中,与社会融合,是社会的组成部分。因此,讨论语言与社会的关系必然涉及语言与社会文化的关系。由于这是英语教学中的一个重要议题,本书将在第7章中专题讨论,这里仅简要讨论近年来认同的"社会文化"界定,和随之产生的对语言与社会文化关系认识的深化。

- **从"社会文化"的界定中认识"语言与文化"互相构成的关系**

21世纪以来,社会文化在世界上出现了空前多元与五彩斑斓的盛况,引起了全球的关注,也成为社会语言学与应用语言学热议的议题。

但是,社会文化包罗万象,是社会生活方式及其反映的社会观念之总和,过去人类学、社会学、社会语言学各界为"文化"给出的定义多达数百种。近年来,应用语言学与英语教学界就文化的界定逐渐达成了基本一致的认识:文化是群体的人们不断演变的生活方式,包括基于特定环境下产生的观点之共同的实践及共享的产品(Moran, 2001:Chapter 1)。换言之,文化涉及"群体的人们(地区、社区、团体组织等)""观点(信念、价值、态度)""实践(生活、社会行动、活动)""产品(衣食住行用品、文学、艺术、音乐、建筑)"等方面。但是,群体的人们必须使用符合他们特定环境中的语言进行交际才得以生存;语言使观点在思维过程中明确化并得以表达;实践需通过语言产生与发展;产品由各自特殊的语言产生。通过将文化内涵的具体化,就可以看到语言与文化不仅互相影响,而且"互相构成",语言中有文化的内涵,文化中有内在与外在的语言表述,语言与文化在社会中共生、共同发展,共同体现了时代的特征。

- **在跨文化交际中关注"语言与文化"的交互作用**

在全球化不断深入与数字化时代,国际交流频繁,跨国公司大批涌现,跨文化交际成为各国经济、政治、贸易、科技与教育等领域交流极为重要的手段,在跨文化交际中处理好语言与文化的关系对交际的成败至关重要。

跨文化交际的特点是交际双方存在着不同的语言与文化,在很多情况下,双方互相之间不甚了解,此时利用语言与文化的交互作用,谙熟本国文化、了解对方文化并使用恰当的语言进行交流就是交际成败的关键。中国文化博大精深,需要下功夫学习,外国文化不可能自然习得,也需要通过学习才能了解,因此,跨文化交际的前提是交际双方必须掌握本国与目标语国家的文化。过去中外双方在跨文化交际中都有偏重语言对话、忽视对方语言中不同文化含义的倾向,由此产生双方误解的情况时有发生。近年来,国内与国际都关注了跨文化交际中的语言质量与文化内涵,跨文化交际的水平逐年提高,增进了不同民族与国家之间的了解与互信。

通过以上有关语言与思维和语言社会性的讨论,本章就回答了起始时提出的 EFL 教师需掌握何种语言观的问题。我们应以科学的语言观指导教学,认识到当代科学研究与发展已揭示了语言与思维、社会、文化密不可分和交互作用的关系。在教学中,在将英语作为思维与交际工具进行语言练习时,应重视指导与帮助学生使用科学的思维方式掌握英语语言知识与能力的规律,而非简单地采用机械操练的教学方法。无论是在激发学生学习动力或进行语言项目教学时,都应根据 EFL 教学规律并从思维、社会与文化的高度促进学生掌握英语语言知识与能力,并从中培养思维与学习能力,掌握中外社会文化知识进行有效的交际活动,培育健康情感和优良品格,使自己成为时代所需要的新型人才。为此,EFL 教师在提高思想、教学与英语语言水平的同时,应注意培养自己的思维能力与跨文化交际能力,才能达到培养新型人才的教学目标。

结语

本章从语言与思维的关系和语言的社会性两方面讨论了语言的本质与语言观的

主要内容。

公元前五世纪,希腊哲学家柏拉图就论及思维与语言,但他将两者视为同一事物,未能认识两者关系的基本性质与语言本质。19世纪初期,德国语言学家洪堡特认为,思维活动与语言是不可分割的整体,语言是思想的"形式陪伴"与"物质表达",开始涉及语言本质。19世纪中期,马克思、恩格斯指出,语言是"思想的直接现实","无论思想或语言都不能独自组成特殊的王国,它们只是现实生活的表现",科学地论述了语言与思维的关系和语言的社会属性。

20世纪后,人类学与心理学界就思维与语言关系提出了三种不同的观点:萨皮尔—沃尔夫认为,语言决定思维;但皮亚杰的实验表明,思维决定语言;而维果茨基总结了多项实验成果后提出,思维与语言产生于不同的源头,它们有分有合,互相依存、制约、影响,以此回答了人类学、心理学、哲学与语言学各界长期争论不休的思维与语言关系与孰先孰后的问题。21世纪以来,神经语言学在研究大脑语言机制中取得了重要进展,发现了大脑新的语言区与新机制,特别是开发了右脑的语言功能,并以新思路和脑成像等新技术研究大脑的语言机制,有些实验还证实了维果茨基的论述,推动了语言与思维研究的深入发展;与此同时,虽然萨皮尔—沃尔夫"语言决定思维"的强势观点被否定,但由于发现了多种语言对思维的影响,其"语言影响思维"的观点被多项实验证实,使人们又认识到语言对思维的影响,在证实维果茨基理论的基础上丰富了有关思维与语言关系的认识。

自19世纪以来,"语言是社会现象"的观点一直延续至今。但在全球化深入与数字化时代的当今,语言在社会活动中的重要作用日益显著,它已成为推动社会行动的"社会行为"。作为社会重要内容的社会文化,在当代出现了空前多元的盛况,使文化与语言关系的重要性也较以往任何时候更为突出。

认识了语言与思维、社会、文化密不可分的本质,我们就能在英语教学中从思维、社会与文化的高度指导与帮助学生掌握英语学习的规律,提高语言知识与能力水平,同时注意培养思维与学习能力、中外文化素养、健康情感与优良品格。因此,认识科学的语言观不仅能加深理解英语学科特质,而且有助于在理论与实践中探讨英语学科素养的含义,全面提高英语教学水平。

第 2 章　英语教学观的发展与更新

导言

　　教学观是英语教学的又一理论基础。正如任何英语教学都反映了语言观一样，无论是否意识到，每位英语教师的教学也反映了一定的教学观。因此，英语教师们自觉地掌握科学的教学观并将之运用于实践，对于实现教学目标与培养时代新型人才都至关重要。

　　19世纪时，语言学成为一门独立学科后，系统的英语教学观也开始形成。19世纪后期首次形成了"语法翻译法"教学观，开启了此后长达一百余年各种英语教学观与方法更迭的"方法时代"。20世纪90年代后，国际英语教学界批判了"方法时代"追求教学方法变更的根本弊端，进入了"后方法时代(the Post-Method Era)"，英语教学观逐渐回归理性。

　　当代英语教学领域一个显著的特点是：在多学科交叉的语言学理论基础上产生了新的教学观。其中值得关注的是建立在"生态语言学"理论基础上的"生态英语教学观"。该教学观强调语言教学与自然、社会和语言等环境的互动，阐述了课堂多因素的动态交互作用，并指出由此产生的能动性是课堂教学持续充满活力的根本途径。英语教学一贯关注的师生互动被赋予了新内涵，课堂教学发生了重大变化。本章将讨论这一当代新型的英语教学观。

　　在国内，新中国成立前，中国人自办学校中的英语教学以中国传统教育观为主，吸取了一些西方教学方法，重视语法、阅读与翻译教学；在另一类由外国人办的教会学校中，英语教学观则以国外外语教学理念为指导。从新中国成立初期到改革开放前，英语教学内容发生了变化,加强了为政治服务的革命性,教学方法上基本上继承了过去国人自办学校的传统教学。自 1964 年起,加强了语言知识与技能教学;改革开放以来,英语教学观的发展有了质的飞跃,教学目标从注重英语教学的"工具性"发展到"工具性"与"人文性"结合,并要求培养学生情感态度、学习策略与文化意识的综合素质教育,再进一步发展到关注英语学科的核心素养,体现了英语语言知识与能力教学和育人的内涵随着时代的前进不断发展。

近年来,随着英语教学改革的深入,全国各地出现了探索具有中国特色的英语教学观。其中华东师范大学叶澜教授创建的"生命·实践"教育学以其创新的教育理念与鲜明的本土化而引人注目,该理论含有的教学观以全新的视角将关注人的生命成长作为基本出发点,视英语等学科教学为"人生中超越个体经验束缚、跨进人类文明宝库的捷径"(叶澜,2016),体现了当前行进在新时代的中国教育特色,本章将讨论吸取了该理论的英语教学观。

本书通过综合国内外英语教学观的发展与更新探讨当代英语教学观,希望有助于教师们吸取各家之长,科学地认识英语教学观,并将其付诸于日常教学的实践之中。

本章提要

2.1 国内外英语教学观的发展

 2.1.1 国际上"方法时代"英语教学观的发展

 2.1.2 "后方法时代"英语教学观的更新

 2.1.3 国内英语教学观的发展

2.2 新兴跨学科英语教学观:生态英语教学观

 2.2.1 生态学的来源、定义与基本观点

 2.2.2 生态语言学的形成与主要观点

 2.2.3 生态英语教学观的主要观点

2.3 "生命·实践"教育学与英语教学观

 2.3.1 "生命·实践"教育学的基本理念

 2.3.2 当代英语教学观探索

 2.3.3 英语学科育人价值涵盖的内容

2.1 国内外英语教学观的发展

国际英语教学观的发展经历了"方法时代"与"后方法时代"两个时期:从19世纪英语教学观形成至20世纪80年代是"方法时代",这一时期的特点是教学方法不断更迭,最后形成热潮,"方法时代"的名称即由此而来;20世纪90年代至今是"后方法时代",这一时期主流学派不再以变革教学方法为目标,而寻求认识英语教学的整体发展规律。在漫长的"方法时代",教学观又可分为"前期"与"后期"两个阶段。英语教学观的发展涵盖英语国家与世界各地英语教学发展,有ENL、ESL与EFL教学之分,本书主要讨论国内EFL教学观,但国内EFL教学一般称为英语教学,故本书将其统称为"英语教学观"。

2.1.1 国际上"方法时代"英语教学观的发展
(1) "方法时代"前期的传统英语教学观
"方法时代"前期最具代表性的传统教学观主要体现在四种教学方法的教学观中:

- **语法翻译法**(the Grammar Translation Method)

由于长期受到中世纪拉丁语教学的影响,又得到当时占主导地位的历史比较语言学的支撑,语法翻译法的教学观是19世纪形成的首个传统英语教学观。其教学目标是通过语法规则与范文教学培养学生阅读与翻译能力,有一些文化氛围;教学模式是教师权威、学生服从,教学是教师向学生灌输知识的单向行为。

- **直接法**(the Direct Method)

1880年,法国人高尹(F. Gouin)发表了《外语教学之艺术》(*The Art of Teaching and Learning Foreign Languages*)一书,反对外语教学中的语法翻译法,主张使用连贯的句子配合以行动学习外语,打响了挑战语法翻译教学观的第一枪。19世纪末20世纪初,语言学界出现了改革运动,以英国语言学家斯威特(H. Sweet)为代表的改革派强调口语和语音训练的重要性,其观点得到德国人伯利兹(M. Berlitz)推广后,形成了与语法翻译教学观针锋相对的"直接法"教学观。该教学观反对英语教学中使用本族语,通过听、说英语与动作、实物和图片进行口语教学。

- **口语法**(the Oral Approach)**与情景法**(the Situational Approach)

20世纪20—30年代,以帕尔默(H. Palmer)和霍恩比(A. S. Hornby)为代表的

英国语言教学专家既批评语法翻译观不培养口语的弊端,又指出直接法忽视词汇、系统语言规则与语境教学的缺陷,率先提出了"口语教学法"的语言观。1965年,澳大利亚英语教学专家皮特曼(G. Pittman)编写的英语教材《情景英语》(*Situational English*)出版,使情景英语教学观迅速在全世界流传。"情景教学法"语言观的特点是,它以语境与系统语法为纲,教材每课以"在机场""在饭馆""在电影院"和"在邮局"等场景为标题给出词汇,引导学生有步骤地进行操练,比"直接法"前进了一步。

- **听说法(the Audiolingual Approach)**

20世纪40—50年代,英语教学理论与实践接受了结构主义语言学与行为主义心理学的理论,发展成为一整套明确将语言知识分成语音、词汇与语法(含句型)三方面结构为体系,听、说、读、写为语言技能,以"刺激—反应"心理学为理论依据的"听说法"教学观。尽管"听说法"理论存在着忽视思维能力等缺陷,在师生关系方面也仍受制于传统教学的桎梏,但由于"听说法"有了较先前各学派更系统的理论作为依据与指导,实践目的性明确,方法也具有操作性,加强听说能力与句型操练等观念对英语教学的发展产生了较大的影响。

显然,传统英语教学观是一定历史时代的产物。每一时代的英语教学观都是英语教师与教学研究者实际工作经验教训的积累,有些教学观倡导的方法至今仍可用于课堂教学中。但传统英语教学观有严重不足:教师一言堂与学生被动学习比其他学科更为常见;教学内容总体脱离社会与学生生活实际;学生死记硬背等学习方法不利于健康成长与提高语言能力;教学方法上走极端,不利于全面掌握英语教学规律,当代英语教学中应注意克服这些弊端。

(2)"方法时代"后期的英语教学观

20世纪60年代后,随着心理学与语言学界认知学派的兴起,英语教学领域产生了认知英语教学观,随着社会语言学的形成产生了交际英语教学观,两者都激烈批判传统教学观的诟病,提高了学生的认知与交际能力。虽然它们仍然强调教学方法,故仍属于"方法时代"教学观,但是在师生关系、教学目标、内容与方法等方面都与传统英语教学观有本质的不同。因此,认知与交际两种英语教学观可称为传统与当代英语教学观的桥梁。

- **认知教学观(the Cognitive Approach)**

  ➢ 认知英语教学观的教学目标是培养学生的英语能力接近以英语为本族语人的水平。但是,这种能力不是直接法与听说法所推崇的模仿英美人的口语能力,而是培养学生内化英语语言规则后能"正确"使用口语与书面语的能力,因此,听、说、读、写都不能偏废。而且,认知英语教学观认为,语法是必须掌握的语言规则,但教学时间不应如语法翻译法时期那么多;

➢ **在师生关系方面**,认知英语教学观提倡教学必须"集中关注学生"的原则,教师是学生学习的促进者(facilitator),而非训导员,每堂课应让学生明确教学目标,与学生共同努力达到教学目标,课堂上除师生互动外,还应开展小组活动等生生互动,鼓励学生参与教学;

➢ **在教学过程中以发展学生的认知能力为主**,无论是新知或复习教学,都必须让学生在充分理解语言意义的基础上开展口语与书面练习活动,反对不理解意义的机械模仿,这就与"听说法"提倡的"刺激—反应"理论形成了鲜明的对照;

➢ **关注学生思维能力与智力的培养**,要求他们在思考中接受新知与通过思考进行语言练习。认知英语教学观批判了传统教学观忽视教育对象是"人"的根本属性,指出了教学中培养思维能力的重要性并进行了实践,但尚未形成系统与成熟的培养思维能力的策略与方法。

- **交际教学观(the Communicative Approach)**

社会语言学对语言学与英语教学的重要贡献是提出了"交际能力"概念。1972年,社会语言学家海姆斯(D. Hymes)向认知语言学的"语言能力"概念挑战,他在著名的《论交际能力》(*On Communicative Competence*)一文中指出,离开了使用语言的规则,语法规则是毫无意义的(Hymes,1972:278)。1976年,英国语言学家威尔金斯(D. A. Wilkins)发表了《意念大纲》(*Notional Syllabuses*)一书,尖锐地批评了传统语法大纲和情境大纲的局限性,列举了语言交际中的意念和功能项目。海姆斯与威尔金斯的论述受到语言学界广泛认同,为交际英语教学观奠定了理论基础。

➢ **英语交际能力的构成**:1980年,加拿大应用语言学家卡内尔(M. Canale)与斯温(M. Swain)发表了《第二语言教学与测试交际法的理论基础》一文,认为交际能力由三方面构成:掌握语音、词汇意义、词法与句法等方面语言知识;掌握语言的社会功能,包括使用语言时的社会文化规则与语篇规则;使用语言的策略,包括言语与非言语的交际策略等。卡内尔与斯温提出的构成交际能力的框架切合教学实际,比较简明地诠释了海姆斯交际能力理论的原意,后经不断充实与具体化,成为很多英语教学项目教学大纲参考的依据。

➢ **交际教学观的教学原则与方法**：交际英语教学观强调以学生为主体，每个项目开始前必须先调查学生的需要与水平，作为制定教学计划的依据之一；每个教学环节都让学生理解与积极参与，定期发放学生反馈信息表，并根据学生对教学的意见与建议改进教学；教学大纲基本上采用威尔金斯的功能—意念大纲，教材使用地道与真实的原文；教学方法主要是师生有意义的对话，具体采用角色扮演、模拟与实际参与的交际活动，并利用网络设计真实的情景，经常请以英语为本族语的人士与学生交谈；不设语法课，不系统进行语法教学，学生结合教学内容通过交际活动学习语法与词汇。

(3) "方法时代"前、后期英语教学观的差异

总体而言，"方法时代"后期英语教学观较前期前进了一步，主要表现在：

- **提倡"集中关注学生"**，改变了长期以来教师主宰课堂的旧惯例，关注学生的需求，提高了学生学习的主动性。但是有过分强调学生为课堂主体的倾向，削弱了教师的指导作用。

- **认知英语教学观以心理语言学为理论基础**，关注英语教学中思维能力与智力的培养，**交际英语教学观以社会语言学为理论基础**，关注教学中语言的社会性和语言与文化的密切关系，克服了教学观"方法时代"前期未从语言本质认识英语教学的弊端。

- **在"方法时代"后期英语教学观引导下，产生了"任务型教学"等影响较大的教学理论与方法**，促进了当代英语教学的发展。

在认知与交际英语教学观的影响下，20 世纪 70—80 年代，英语教学领域涌现了大量"新教学法"，如：自然法（the Natural Approach），沉默法（the Silent Way），提示法（Suggestopedia），社区式语言学习（Community Language Learning）和全身反应教学法（Total Physical Response）等，形成了英语教学史上的"教学法热潮（the Methods Boom）"。这些方法的教学观基本上都建立在心理语言学或社会语言学的理论基础之上，但因教学方法各有其特殊性而不易实施，因此，这些教学法的教学观影响十分有限。

2.1.2 "后方法时代"英语教学观的更新

20 世纪 80 年代，一些应用语言学家对教学方法变更的热潮提出了异议，如加拿大应用语言学家斯特恩（H. H. Stern）指出，教学方法仅为教学的一个方面，而且不是最重要的方面，迷恋于教学方法的更迭无助于英语教学的根本改革。1994 年，应用语言学教授库玛拉法代夫鲁（B. Kumaravadivelu）率先提出了结束方法时代与进入"后方法时代"的英语教学理论、策略与方法(Kumaravadivelu,1994:27-48),得到了应用语言学者与英语教学工作者普遍的支持。随后,自20世纪90年代至今,就被英语教学界广泛称为"后方法时代"。

(1)"后方法时代"对"方法时代"的反思

"后方法时代"对"方法时代"开展了全面的反思,标志着英语教学发展史上理论与实践更趋理性与成熟。

- **纠正"方法时代"的"唯方法论"**

在"后方法时代"对"方法时代"的反思中,教学工作者与研究者首先认识到,无论在理论上或实践中都必须纠正"方法时代"的"唯方法论",即明确英语教学的目的不是以一种教学法代替另一种教学法,而是探讨与创立根据时代需要与各地环境和社区实情确定教学目标、原则、方法与手段的理论,并通过实践达到预定的教学目标,这就使英语教学理论研究与实践发生了方向性的转变,并开拓了两者的广度与深度。

- **克服"方法时代"师生关系观的片面性**

对"方法时代"反思的又一重点是认识到"方法时代"在师生关系方面存在的片面性:"方法时代"前期是教师一言堂、学生被动学习,后期走向反面,强调学生为课堂教学的"主体"、教师指导作用被忽视,这两种片面性都不利于学生的发展、教师的成长与教学质量的提高。"后方法时代"提出了在"集中关注学生"基础上的"教师自主",既强调学生的主动学习,也重视教师的指导作用、经验与重任,并认为教师应参与理论研究,与语言学家共同发展教学理论,以提高自己的理论与教学水平,在认识英语教学中师生关系方面前进了一步。

- **理性认识与处理语言知识教学与能力培养的关系**

"方法时代"前期的语法翻译法教学观忽视语言能力培养,结构主义与行为主义教学观将听、说、读、写视为"技能(skills)",仍然未重视培养使用语言进行交际的能力;"方法时代"后期的交际教学观在关注交际能力教学时,忽视语言知识教学,几乎排斥语法教学,降低了教学质量。"后方法时代"教学工作者与研究者们注意到这两种极端教学观的危害,提倡既重视语言知识教学,又关注语言能力教学,促进了"后方法时代"语音、词汇、语法理论及其教学研究的发展。与此同时,听说法时期听、说、读、写技能教学被提高到语言能力培养的高度,更新了英语语言知识与能力培养的教学。

- **摈弃排斥不同理论的思维方式,吸取"方法时代"中合理部分,创设新理念**

在反思"方法时代"的过程中,教师们与研究者发现,"方法时代"有些理论与实践来自实际教学经验,有其合理与有效的一面,不能采取"方法时代"排斥不同理论的思维方式,而应分析各种教学观点的利弊,吸取其中合理部分,发展新理念。例如,语法翻译教学观主张在英语教学中使用第一语言,在进行抽象概念与词汇教学时适当利用第一语言能快速简要说明问题,有其可取之处;又如,结构主义与行为主义教学观提倡句型操练,在有些复杂的英语句型的教学中,采用句型操练与灵活运用结合的方法有利于学生掌握要点;特别是"方法时代"后期的认知教学观与交际教学观重视培养思维能力与交际能力,吸取其积极因素可创设新理念。正是在不断反思以往教学观中"后方法时代"才实现了对"方法时代"教学理论与实践的更新。

(2) "后方法时代"英语教学观的特点

"后方法时代"不同于"方法时代"之处不仅在于不再追求方法的更迭,更重要的是两者有着更深层次的差异:在"后方法时代",英语教学研究拓展至宏观课堂教学,理论研究不再被研究者垄断,教学工作者承担了理论研究与实施双重任务,促进了教学理论与方法的更新。

- **从强调教学方法向研究宏观课堂教学理论与实践的转化**

"后方法时代"拓宽了英语教学理论研究与实践领域,在宏观教学目标、原则与方法等方面全面展开了研究,并取得了重要成果。在教学目标方面,"方法时代"前期至后期都将英语教学目标确定为达到以英语为本族语水平,而在"后方法时代",随着全球化的发展,国际 EFL 教学界普遍提出以"交际双方互相理解"作为当代 EFL 教学目标,更新了这一重要的教学理念;在教学原则方面,"后方法时代"在认知、情感与语言教学原则的理论研究与实践中都有所突破:认知教学原则在探讨有意义的学习、内在动机、教学和学习策略的基础上提升到研究各领域元认知教学原则的高度,在研究情感教学原则中学习动机、态度、焦虑与自尊等因素的过程中,加强了对它们的重要性与克服其消极作用的探究,在研究语言教学原则中颠覆了"方法时代"强调本族语是 EFL 教学干扰因素的观念,主张合理利用本族语对 EFL 教学的促进作用;同时,"后方法时代"并未放弃探索英语教学方法,这一时期产生的"整体教学法"与"依托内容教学法"都较以往的教学方法更重视宏观教学目标与整体教学内容改革,根据认知、情感与语言等多方面教学原则确定符合客观实际需要的教学方法。显然,教学方法向研究宏观课堂教学理论与实践的转化使"后方法时代"英语教学观与教学都前进了一步。

- **教学工作者的地位从理论接受者向创建者与实践者的转化**

"方法时代"教学方法的更迭产生于少数研究者对教学理论的论述,广大教学工作者仅为理论的学习者与贯彻者。尽管有些方法的理论在实践中受到质疑,但只要理论研究者不认可,很难撼动已有理论。"后方法时代"出现了研究宏观教学的趋势,激发了大量教学工作者研究教学的潜能与激情,使他们加入了创建教学理论的队伍,涌现了大批既拥有实践经验又勇于探索新型理论的教师,不仅推动了教师教育的发展,而且拓宽与加深了教学理论与实践的研究,并导致教学内容研究从强烈的理论色彩转向密切联系课堂实践的转化。

- **关注英语教学的重要因素:特殊性、实用性与可能性**

提出"后方法时代"概念的库玛拉法代夫鲁教授指出,"后方法时代"教学观与教学的特征是"特殊性(particularity)""实用性(practicality)"与"可能性(possibility)"。

➢ **特殊性**:在"后方法时代",英语教学关注不同的教师群体、学生、教学目标与不同的社会文化情境的特殊性,提倡根据当时当地经济、社会与文化的特殊情境,采用适合学生与教师的策略与方法进行教学,主张世界各地的教学采用不同的策略与方法,而且同一地区的教师,甚至同一位教师面对不同的学生都可采取不同的教学策略与方法,以取得一定的教学成效;

➢ **实用性**:英语教学的实用性不仅是指日常课堂教学需具有实用价值,更重要的是指教学理论必须与课堂实际结合,理论工作者提出的原则策略与方法都应得到实践的检验,由教师通过实践加以修改或补充,教师应创造新理论,使英语教学理论具有真正的实用性和可行性;

➢ **可能性**:任何教育都与社会、经济、政治与文化密切关联。教师们来到课堂时都带来了他们在不同社会与文化中形成的各种看法、生活经验与教训,学生也把自己的想法和态度带进了课堂。为了实现教学目标,一方面需引导师生认识当时当地社会的情境与需求,另一方面也应重视教师与学生个人不同的生活经验、观点与态度,使教师们主动研究教学理论,学生们积极参与教学,才能实现教学目标。在制定教学大纲及计划与整个教学过程中,都应关注与处理好师生中出现的问题,防止有些隐性因素影响教学成效(Kumaravadivelu,2001,2006)。

"后方法时代"提倡根据各地的社会情境和教师与学生的特点进行英语教学,重视教师在理论与实践中的创建与经验教训,关注学生的想法与态度,增强了更新英语教学的动力。

- **接受跨学科理论,丰富英语课堂教学理论与实践**

20世纪后期,跨学科研究在学术界迅速发展。80年代末,心理学、社会学与教育学等领域兴起了建构主义思潮,被不少应用语言学者与英语教学工作者所接受,成为"后方法时代"英语教学的理论基础之一。建构主义提倡"新认识论",认为知识不是对外部客观世界的被动反映,学习是学习者主动构建知识的过程,这一过程是通过学习者自身新旧经验的互动实现的,因此,客观环境与学习者的互动是必不可少的条件。建构主义的知识观与学习观显然是对方法时代英语教学观的挑战:在方法时代,无论是传统或近代英语教学观,都将教学方法的设计与实施置于首位,试图通过教学大纲中规定的理想的教学方法建造客观与现实的知识,并使学生被动地接受知识。虽然在认知教学观中已开始注意"集中关注学生"与培养学生的思维能力,但尚未达到培养学生主动构建知识的高度;方法时代的英语教学也强调过"环境"的重要性和学生语言与环境互动的必要性,但那时谈论的"环境"仅指语言环境,与建构主义重视的社会、经济与文化的大环境相距甚远。正是在建构主义理论的基础上才诞生了以上提到的"后方法时代"的英语教学观的主要特征。就揭示英语教学的本质而言,无论在深度或广度上,建立在建构主义理论基础上的"后方法时代"教学理论比方法时代的理念都提升了一步。

2.1.3 国内英语教学观的发展

在中国近代教育史上,最早的英语教学始于1862年建立的京师同文馆,即清政府为了培养翻译官员而设立的外国语学校(1862年时仅设英文馆),但学生人数有限,教员亦少,于1900年停办(付克,1986:15-16)。光绪二十九年(1903年),清政府颁布"癸卯"学制,规定大、中学开设外语课。因此,一般认为1903年是全国范围内英语教学的起点(同上:23)。

总体而言,自1903年至1949年新中国成立是国内英语教学发展的第一时期,1949年至今是英语教学发展的第二时期,其间又可分为两个阶段:1949年至1977年是第一阶段,1978年改革开放开始至今是第二阶段。

(1) 英语教学发展第一时期(1903—1949年)的教学观

第一时期全国范围内有两类学校:一类是中国人办的大、中、小学,另一类是外国人办的教会学校,全国英语教学中主要就存在着这两类不同的教学观。同时,这一时期内,中国经历了抗日战争,其间出现了抗日根据地和西南联合大学的英语教学,这两地的英语教学观对新中国成立后的英语教学发展都产生了重大影响。

- **中国人办的学校之英语教学观**

在中国人办的学校中,虽然英语教学内容是外国语言文字,但课堂教学基本上仍保留中国教育传统,吸取了部分中国语文课程教学的特点:师训为主,学生接受知识,尊师爱生,课堂教学以课文为中心,课文多为文学作品节选或改写版本以及范文选篇,内容有一定的人文性。

清朝末年民国初期,"癸卯"学制影响仍然存在,如 1913 年中学英语教学的目的是:"旨在通解外国普通语言文字,具运用之能力与增进知识",高等师范院校英语教学要求是:"授以发音、拼字、渐及简易文章之读法、书法、译解、默写,进授普通文章及文法要略、会话、作文、兼课教授法"(付克,1986:25-26)。在实际教学中,除了阅读能力外,大部分学校在培养英语"运用能力"方面十分欠缺,教学观基本上是重视语法与翻译。1919 年后,很多留学归来的英语教学工作者参与了英语教学,编写了适合中国学生的教材和词典,为英语教学注入了新鲜的文学与范文内容,增强了人文性。1922 年颁布了"新学制",一直贯彻至 1949 年。初中阶段开始注意听、说、读、写技能训练,高中阶段加强了文学原著的学习与欣赏,大学中开始介绍与研究西方语言学与教学法(同上:56)。但是,从全国来看,教学中仍然重视语法与翻译,能力培养中最关注的始终是阅读能力。

- **外国人办的教会学校之英语教学观**

20 世纪以来,大批传教士来到中国传播宗教,同时开办大、中、小学教会学校。1921 年,仅基督教会在中国就办了 7,328 所学校,在校学生多达 214,174 人(同上:40),规模相当可观。教会学校的英语教学观是"全盘西化",不仅英语课采用"直接法",完全排除本族语,而且所有课程的教科书与参考书都以英文编印,以达到培养教会所需要人才的教学目的。

- **抗日战争期间的英语教学**

抗日战争期间,除了未被日军占领与骚扰的后方外,全国大部分地区英语教学都受战争影响,难以正常进行。但是,抗日根据地延安建立了外国语学校,坚持包括英语教学在内的外语教学,北京大学、清华大学与南开大学撤离至长沙,后移至昆明,组建了西南联合大学,在战乱中培养出大批杰出人才,延安外国语学校与西南联大的英语教学是中国英语教学的宝贵财富。

  > **抗日根据地的英语教学**:1944 年,在抗日根据地延安,原俄文学校改为外国语

学校,设俄文与英文两系,开办至抗战胜利。该校的教学目标是培养政治、军事与外事翻译人员,课程设置与教学内容"紧密结合培养目标,根据生活实际和未来工作的需要,强调听说读写译的实践训练,实用性较强,能做到学用一致。教学内容也比较精练,学生负担不重,只要完成规定的课程,人人都可根据个人兴趣和爱好阅读其他书籍"(付克,1986:53)。更为可贵的是,教师们不为旧教育思想所束缚,也不照搬当时苏联或英美的教学方法,根据学生实际水平与需要,采取综合性的教学方法,不断改进教学。在教学过程中始终发扬教学民主,做到师生合作,教学相长。在政治思想方面,延安外国语学校贯彻抗大"坚定正确的政治方向,艰苦奋斗的工作作风,灵活机动的战略战术"的教育方针,因此,虽然学习时间有限,但是学有成效。延安外国语学校的英语教学观对新中国成立时乃至今天的中国英语教学都有着重要意义,该校以这样的教学观培养出一批优秀的外语教学干部,他们在新中国成立后奔赴各地外语教育岗位,为中国外语教学发展发挥了重要作用。

➢ **西南联合大学(西南联大)的英语教学**:西南联大自1938年正式命名至1946年停办,在战争艰苦的物质条件下,培养出大批精英人才,毕业生中后来走出了两位诺贝尔奖得主,四位国家最高科学技术奖获得者,八位两弹一星功勋奖章获得者,171位两院院士与100余位各领域大师,堪称中国教育史上的奇迹!

西南联大的英语教学理念,从吴宓先生任英文系主任时起草的清华大学外文系"外国语文系学程一览"中得到了充分的体现。该"学程一览"提出,西南联大外文系的培养目标为:使学生成为博雅之士;了解西洋文明之精神;造就国内所需要之精通外国语文人才;创造今世之中国文学;会通东西之精神思想而互为介绍传布(查明建,2019)。

上述培养目标反映了西南联大外文系的英语教学观:培养目标中置于首位的不是英语语言文字,而是博学多才与具有高尚品德的人格素养;在此前提下,先要求学生"了解西洋文明之精神",然后才是"精通外国语文";学习英语远不够,还应创造"今世之中国文学",即学习外文时,中文仍然是"魂",应以创造当代中国文学为己任;最后还须介绍与传播东西方两方面的精神思想。人们从西南联大外文系毕业生、新中国成立后从事英语教学的许国璋、李赋宁、王佐良与周珏良等大师级人物身上,看到了西南联大英语教学观强大的生命力。许国璋先生曾说,"我教学生从来不以教会几句英语或教会一种本事为目标,而是教会怎样做人。英语教育是用英语来学习文化,认识世界,培养心智,而不是英语教学"(同上)。时至21世纪的今日,许国璋先生一席话仍然具有深刻的现实意义。

(2) 英语教学发展第二时期(1949—　)的教学观

新中国成立后,社会发生了根本的变化,与社会密切相关的英语教学也有了新发展。全国英语教学的发展可分为两个阶段:1949—1977年为第一阶段,1978年改革开放开始至今为第二阶段。两个阶段的结合,体现了一个不断探索适合中国国情的英语教学模式的过程。

- **第一阶段(1949—1977年)**

1949年新中国成立后至1956年,俄语教学迅速发展,全国英语教学减缩,英语教学研究乏善可陈。在开设英语课程的大、中学英语教学中,教学观的变化主要表现在清除了新中国成立前教材中观点错误与不健康的内容,但在教学模式与方法上与过去的传统教学并无显著差异。

自1957年起,英语教学得到恢复并受到重视,直至1966年"文化大革命"开始的十年间,总体来说全国英语教学前进了一步,出现了与形成英语教学观相关的两件大事:

> 一是实践给出了**"英语教学革命"的真切含义**。1958年全国开展教育革命,英语教学领域提出破旧立新,批判英语教学内容脱离政治与实际、厚古薄今和教学过程中未发扬教学民主等问题,其中有些观点有利于英语教学改革,如教学应理论联系实际与洋为中用等,但是有些批判言过其实,如:教材中减少了原著,选编了过多的政论性与汉译英文章,影响了教学质量的提高。1961年前后,英语教学界总结了教育革命中的经验教训,开始制定新的教学大纲并重新编写高质量教材。在此基础上,1964年制定了"外语教育七年规划纲要",在发展英语教学的同时,注意"育人"与保证教学质量,为教育与外事部门输送了大批合格人才。十年英语教学实践形成了"英语教学革命"的观念是:既要改革陈旧教学观,又应根据英语教学规律稳妥地创建新的教学理念,这一认识为后阶段英语教学观的发展提供了有益的经验与教训;

> 二是这一时期**开始引进国外英语教学理论,并在教学实践中对其加以改造**。1956年恢复大批高校英语专业后,改变了过去的课程设置,将英语专业主课定为"精读"与"泛读",语言教学精泛结合的理念成为英语课程设置改革的起点;1964年一些高校英语专业和外国语学校引进了以结构主义语言学与行为主义心理学为基础的"听说法"。采取这一教学法时,各校根据当地实际水平与情况,普遍运用与改进"听说法"的句型教学,后推广至全国英语教学。实践表明,自20世纪50—60年代起,英语教学

观中已添加了改造国外英语教学理念的元素。

- **第二阶段(1978—)**

1978年改革开放以来,随着社会的迅速发展,我国英语教学发生了质的飞跃。这一阶段英语教学观的发展可分为21世纪前后两个时期。

> **21世纪前(1978—1999年)**:自改革开放至20世纪80年代中期,英语教学处于修复"文化大革命"造成的破坏与进行改革的时期。1985年,在国家教委高教一司与中教司领导下,由华东师范大学牵头,全国26所高等师范院校、教育科学研究所、教育学院和15省市教委、教育厅(局)联合组成调查组,对我国中学英语教学进行了一次大规模的抽样调查(参加调查的有15省市139所中学,58,070名学生和1,614名教师)。调查结果表明,"大部分中学英语教学的重点放在语言知识方面,特别是语法单项知识的传授上"(左焕琪,1990:36),可见,改革开放初期,中学英语教学领域普遍存在着传统英语教学观。

然而,在高等院校已出现了交际教学观等近代教学观与实践。其中最具代表性的是1987年由广州外国语大学李筱菊教授主编的教材《交际英语教程》的问世。李筱菊教授将英美交际教学法理念结合中国教学实际,通过实验与实践,探索出一套具有中国特色的交际教学观与方法。她认为,"交际能力"就是要求学生"有所知、有所会、有所能","有所知"就是要掌握语言知识和语言功能知识,"有所会"就是要拥有听说读写译的技能,"有所能"就是能够运用语言规则和功能知识,通过听说读写成功完成交际任务(文秋芳,2019)。她以寥寥数语的中国化语言清晰地诠释了难以掌握的交际教学观,又以多年的实践将理论付诸教学实际,并总结于《交际英语教程》中。该教材出版后已被多所高校采用,为我国近代英语教学的发展作出了可贵的贡献。

在交际教学观形成的同时,涌现了一些根据中国英语教学实际创立的本土化英语教学观与实践,其中以张思中于20世纪80年代后期形成的中学"16字外语教学法"最为瞩目。张思中根据多种教育观、英语教学观与自己学习外语的体验,吸取解放军部队"集中识字扫盲"的教学经验,通过教学实验与实践,提出了涵盖10种教育观的英语教学观,即教育目标观、教育矛盾观、教育差距观、教育潜能观、教育心理观、教育策略观、教育方法观、教育评价观、教育艺术观、教育科研观,采取"适当集中、反复循环、阅读原著、因材施教"16字的英语教学策略与方法,具体落实到语音入门、口语入门、词汇集中、语法集中、课文整体教学的操作法中,并根据其理念与实践中获得的经验和教训,确定"一门外语基础过关"为教学目标,编写了"张思中英语教程"中学英语教材,受到教育领导部门与英语教学界的关注,并在一些学校实施(教育部师范教育司,2006)。张思中教学观立足于中国实际、吸取中外教育观长处,通过长期实验与实践,不断努力改革英语教学,为英语教学本土化作出了贡献。

> **21世纪起始至今(2000—)**:时代飞速发展,全国英语教学改革开放的力度也随之加大。教育领导部门从制订英语教学大纲发展至同时制订课程标准,培养目标内涵不断提升,体现了全国宏观英语教学观的发展:在高校英语专业方面,2000年制订了"高等学校英语专业教学大纲",提出了培养具有"扎实的英语语言基础、广博的文化知识与熟练应用英语的复合型人才";2017年颁布的"高等学校英语专业本科教学质量国家标准"中提出了素质、知识、能力三大要求,与2000年大纲相比,素质与能力要求大幅提高。这表明,高校英语专业培养目标在提出对英语知识要求的同时,正朝着提高素质与能力要求的方向发展;在大学英语(非英语专业)方面,1999年"大学英语教学大纲"提出了培养语言知识与综合运用语言能力的教学目标,同时要求学生具有学习方法、文化修养与自学能力等素质,重点在培养英语语言能力与相关学习能力上;2017年"大学英语教学大纲"首次指出,大学英语课程性质是人文性与工具性的有机统一,培养目标是提高学生的英语应用、跨文化交际与自学等能力与综合文化素养,提高了对学生跨文化交际能力与文化素养的要求;义务教育方面,2001年"义务教育英语课程标准"中的教学目标为涵盖语言知识与技能、学习策略、情感态度、异国文化体验等方面的"综合语言运用能力";2011年"义务教育英语教学大纲"明确将课程性质从工具型转变为工具性与人文性融合,基本理念中提出了注重素质教育与学生发展;2017年"义务教育英语课程标准"进一步提出,"英语课程承担着提高学生综合人文素养的任务",要求学生"开阔视野,丰富生活经历,形成跨文化意识,增强爱国主义精神,发展创新能力,形成良好的品格和正确的人生观与价值观"(中华人民共和国教育部,2017:前言)。在此基础上,此后又将英语课程教学目标提高到培养英语学科核心素养的高度,要求学生通过英语学习提高在语言能力、文化品格、思维品质与学习能力等全方位素养,英语教学目标的内涵朝着全面培养学生的能力与人文素养的方向不断充实与提高。

在这样的教学观指导下,全国很多地区开始改革英语教学中传统的英语教学观,如听、说、读、写教学中加强了语言能力培养,语法与词汇教学加入了联系实际的交际活动等;这一时期引进国外英语教学观与方法并将其改造成符合国情的实践活动非常活跃,如:"内容依托法"教学观(the content-based instruction)初见于澳大利亚的实验,

20世纪80年代后各国吸取了第二语言习得的研究成果与认知教学观理论,使之臻于成熟。2007年起,大连外国语大学引进并改造了"内容依托法"教学观,进行了"英语基础阶段内容依托式课程改革研究",根据教学目标与"以学科知识为核心,使用真实的语言材料,学习新信息,课程设置必须符合不同学生群体的需要"(常俊跃等,2008:37)等核心理念,通过不同的主题内容进行英语语言知识与能力教学,并指导学生学会使用英语获取信息。经十年实践,学生不仅提高了实际运用英语的能力,而且增强了自主学习能力、学习动力与兴趣(同上:38)。

综观国内英语教学发展史,传统英语教学观吸取了语文教学的一些特点,延安外国语学校注入了革命的教学内容与方法,西南联大体现了中西合璧的教育宗旨。新中国成立后,英语教学从重视语法与翻译转变成工具性与人文性结合的课程,并发展至关注综合语言能力与全面培养学科素养的高度,经历了一个英语教学观不断发展与指导实践探索适合国情的过程。

2.2 新兴跨学科英语教学观:生态英语教学观

国际上值得关注的当代英语教学观是以生态语言学为理论基础的生态英语教学观。生态语言学诞生于20世纪后期学术界多学科交叉的热潮中,它是语言学界少有的语言学与生态学、生物学、环境科学等自然科学学科和人类学、社会学、语义学等社会科学学科交叉形成的多学科领域。与自然科学和社会科学多学科交叉后,生态语言学不仅在内容上注入了新鲜血液,极大地充实了研究方法,而且为当代英语教学提供了崭新的理论与实践的基础。

纵观生态语言学的内容,与语言学交集最多、关系最为密切的是生态学。因此,为了认识生态语言学的本质及其观点,需了解生态学的来源与基本观点。

2.2.1 生态学的来源、定义与基本观点

简言之,"生态学"是研究有机物与其环境关系的一门学科。

(1) 生态学产生与发展的三个阶段

● **16世纪欧洲文艺复兴前是生态学思想的萌芽时期**。早在公元前1200年,中国古书《尔雅》就记载了170余种木本植物与50余种草本植物的形态与生态环境,秦汉时期农历确立的二十四节气亦反映了农作物、昆虫与气候的关系。公元前四世纪,柏

拉图的学生亚里士多德与其学子提奥夫拉萨图斯(Theophrastus，371—287 B.C.)探讨了人类及动植物与自然界的关系，前者研究动物，被誉为"动物学奠基人"；后者研究植物，被后人称为"植物学奠基人"。

● **16 世纪至 20 世纪 50 年代是生态学形成与成长期**。自 16 世纪起，世界各地出现了一些有关生态学的研究，为生态学的诞生奠定了基础。19 世纪后，有关植物学、动物学和有机物与环境关系的研究取得了重大突破：1859 年，达尔文发表了巨作《物种起源》(Origin of Species)，提出了"自然经济论(Economy of Nature)"。达尔文认为，整个自然界是一切动物和植物与它们环境之间互动的有序与相互协调的体系，该体系的构成是基于个体有机物生存竞争进化过程的自然结果。1866 年，德国生物学家海克尔(E. Haeckel，1814—1919)发表了《有机体普通型态学》(General Morphology of Organisms)一书，在该书中首先创造了"ecology"一词，并提出了"生态学"的概念。"ecology"源于希腊语"oikos"与"logos"二词，前者意为"一户人家(household)"，后者意为"研究(study)"。海克尔同意达尔文的观点，并提出了"生态学"的基本定义：它是就达尔文提及的自然界中作为生存竞争条件的有机物之间以及它们与环境之间复杂关系所进行的研究。海克尔关于"生态学"的定义得到了自然科学界认同，发展至 19 世纪末，生态学便形成了一门学科，并作为一门学科进入了 20 世纪。

● **20 世纪 60 年代至今是现代生态学时期**。20 世纪后期，由于环境污染与资源消耗等问题引起全球关注，生态学研究进入了成熟与蓬勃发展的阶段。不仅生态学内部发生了变化，从最初的植物与动物生态学发展至理论生态学与应用生态学等较大的分支学科，而且生态学还影响了其他自然科学与社会科学学科，涌现了大量与生态学结合的交叉学科。

进入 21 世纪后，一些新的研究成果对海克尔所作的生态学定义进行了修正：达尔文与海克尔在讨论有机物之间和它们与环境之间关系时注重于"生存竞争"，而当代研究表明，在健康的生态中，有机物之间"竞争"与"斗争"关系仅占微小的 10%，其他 90% 是"合作"关系(Muhlhausler, 2003:10)。这一修正对于正确认识宇宙间的生态与恰当处理生态系统中人类与动植物之间、人类和其他有机物与环境之间的关系都有着重要意义。

(2) 生态学的基本观点

首先，生态学视全球为多元与互相关联的整体，并形成一个体系，任何有机物及其群体，甚至一个地域或社会，其产生、存在与发展都是它们与物质的和人文的环境交互作用的结果,孤立地看待一个有机物或事物、一种文化、某个社会、某种自然现象都不能认识它们的本质;其次,生态学认为,任何一个有机物或事物内部都由多元因素构成,但它们不是简单地相加,而是通过既互相竞争、又密切合作才能得到统一,并求得存在与发展;再次,多元素的竞争与合作都有一定的规律,只有遵循这些规律,事物的发展才能保持平衡,但平衡并非呈静态,而是能动地不断向前发展,正是这种动态平衡推动了事物和谐地发展,一旦平衡遭到破坏,就会出现不安定现象;最后,任何事物的发展都经历一个自然与长期的形成、发展、消亡的过程。因此认识事物也需要采取长远观点,从长计议,反对只顾眼前利益的短期行为。

2.2.2 生态语言学的形成与主要观点

语言与生态关系历来十分密切。早在生态学形成以前,一些语言学家与人类学家在分析语言本质时就论及当代生态学关切的问题:18、19 世纪时,德国语言学家洪堡特讨论了语言的多样性,并探讨了语言受环境影响等问题;1912 年,美国人类学家萨皮尔在论及"语言与环境"时指出,分析语言本质不应仅考虑语言结构、语音体系与词义等语言内部因素,更应重视语言与外部物质和社会的关系,甚至包括与地理、地形、气候、动植物群与矿物资源等外部世界的关系,这些观点为生态语言学的产生奠定了基础(Fill & Muhlhausler, 2001:2)。当然,促使生态语言学产生的另一个重要原因是,20 世纪后生态学迅速发展及其对各学科的影响,加之语言与生态的密切关系,便使语言学很自然地与生态学结合,形成了一门崭新的交叉学科。

(1) 生态语言学的形成

20 世纪 50 年代末至 60 年代,正值生态学进入现代生态学时期,语言学界出现了以生态学观点分析语言本质的文章;1959 年,特里姆(J. L. M. Trim)在《语言与言语》(*Language and Speech*)杂志上发表了题为《历史的、描写的与能动的语言学》(*Historical, Descriptive and Dynamic Linguistics*)一文,首次从生态学的角度讨论了语言发展的历史与变化;1967 年,从事人类学与语言学研究的学者沃格林(C. Voegelin)等人发表了题为《作为西南文化地域一部分的亚里桑那之语言状况》(*The Language Situation in Arizona as Part of the Southwest Culture Area*)一文,其中使用了"生态学"一词讨论美国西南部地区语言之间的复杂关系。他们认为,对语言的认识需采取生态学的观点,即研究一个地区所有语言的状况,而不能孤立地分析一种语言的内部结构。但是,由于当时语言学界正关注乔姆斯基提出的生成转换语法理论,有关生态学观点的文章未能引起主流学派的重视。

- **1972 年,美籍挪威裔语言学家豪根(E. Haugen)发表了《语言生态学》(*The Ecology of Language*)一书**。他从生态学角度讨论了语言学的基本问题,并认为将语言视为一种"结构"或"工具"的看法都不能揭示语言的本质,因为语言与宇宙中的有机物一样,具有生命,遵循产生、发展、不用即死亡的过程。正如有机物与环境构成了生态关系一样,语言与周围环境(包括其他语言、自然与社会环境)也构成了互相作用的生态关系,这是语言存在的必要条件。豪根认为,"语言生态学"是特定的语言与其环境交互作用的研究(Haugen,1972)。豪根将语言与环境的关系比喻为有机物与环境的生态关系,并以此隐喻揭开了语言学界关于生态语言学讨论的序幕。

- **豪根之后,80 年代不少语言学家对生态环境下语言的变化与转移等问题展开了讨论**,90 年代涌现了大量有关生态语言学的理论研究与实践活动,其中最重要的是 1990 年韩礼德(M. A. K. Halliday)在希腊塞萨罗尼基国际应用语言学会议上的发言:"意义的新方法:对应用语言学的挑战(New ways of meaning: the challenges to applied linguistics)"。韩礼德以语言学与生态学相结合的观点分析了长期以来在语言结构和使用中人类对宇宙间生物的蔑视和对环境的伤害,反映了语言对环境的重要影响,开创了研究"语言影响环境"的先河,也使生态语言学是"语言与环境交互作用"的论断更为全面。1993 年语言学家麦凯(W. Makkai)在他的专著《生态语言学:迈向语言科学的新范例》(*Ecolinguistics: Towards a New Paradigm for the Science of Language*)中正式提出了"生态语言学(Ecolinguistics)"的概念,这些都标志着 20 世纪 90 年代生态语言学已形成了一门独立的学科。

(2) 生态语言学的主要观点

随着生态语言学的发展,豪根提出的生态语言学界定也得到了充实。近年来,国际生态语言学协会在肯定豪根界定的基础上更加明确地指出,生态语言学的目标是发展新型的语言理论,即它视人类不仅为社会一部分,而且为更大的人类赖以生存之生态系统的一部分;同时,它还表明语言学如何应对气候变化、生物多样化与环境保护等生态问题。

总体而言,生态语言学的主要观点,一是以生态观观察与认识语言,视宇宙生态为一整体,将语言放在宇宙生态系统中加以分析,认为传统语言观所持的"结构论""工具论"与"社会现象论"均不足以说明语言的本质;二是重视语言的多样性与动态平衡;三是注重语言与环境的交互作用。也正是由于认为语言与环境有"交互作用",自生态语

言学诞生以来,便产生了强调环境对语言的影响与强调语言对环境的作用两个分支:

- **以豪根为代表的一派强调环境对语言的影响**

正如生态学重视有机体的生态环境、生物多样性与竞争和合作互相影响的动态平衡关系一样,豪根与支持他观点的语言学家关注语言的生态环境,特别是社会环境对语言的影响;他们也关注语言的多样性与各种语言互相渗透、互相竞争与合作的关系,但是他们在分析语言与环境的交互作用时强调的是环境对语言的影响。

- **以韩礼德为代表的一派强调语言对环境的作用**

韩礼德指出,长期以来,人类语言的词汇、语法与结构中存在着"人类中心主义(anthropocentrism)""等级主义(classism)"与"增长主义(growthism)"等恶化环境与危害生态的现象。"人类中心主义"意为:在认识与处理与自然和其他生物的关系时将人类利益放在首位,这些观点也体现在词汇与语言结构中;"等级主义"指在宇宙中将人类视为最优越与最高等级,忽视生物物种性,漠视非人类事物;"增长主义"指语言中总是将"增长"作为褒义词,常用词组体现了利用与索取自然资源越多越好,消费水平高比低好等,这些都助长了环境恶化与生态失衡。韩礼德建议改变非生态语言,构建生态语言与"绿色语法(green grammar)",使语言学成为改进生态环境中的一支力量。显然,韩礼德与他的支持者注重的是语言对环境的作用。

有学者认为,豪根与韩礼德的观点涉及的是不同的概念,应分成两个学科。但从广义上说,这两方面讨论的重点都在于研究"语言学",而非"生态学",因此都属于生态语言学范畴,只是从不同角度体现了"生态语言学"的观点,是"生态语言学"中两个互补的分支,而非两个学科,认识两种观点都能加深对英语教学观的认识。

2.2.3 生态英语教学观的主要观点

生态语言学发展后,产生了以生态语言学为理论基础的生态英语教学观,当前它仍处于初级发展阶段。有些学者认为,生态英语教学观是继以豪根与韩礼德为代表的生态语言学两个分支产生后的第三个分支,其基本观点如下:

(1) 英语学习是学习者的知识和经验与外界环境交互作用的过程

如何认识英语学习过程历来是英语教学领域各学派争议的焦点之一。传统英语教学观视英语学习为学生被动吸取知识的过程;当代英语教学观从探讨学生内在的认知机制与其中各类互动寻求英语学习的规律。生态英语教学观指出,认识学习过程仅看到学习者内在认知机制与其中的互动理论还不够,因为英语学习是学习者的知识和经验与外界环境全面交互作用的过程。与互动派相比,生态英语教学观更重视学习者的知识和经验,并将互动的环境增加了自然、社会(包括人文)环境与所有周围的语言环境,使交互作用涵盖的内容更加丰富,意义也更为深刻。因此,在教学实践中,教师应明确学生的知识与经验是丰富的教学资源,鼓励学生利用已有知识和经验与教师、同学互动;另一方面,师生也应充分认识多种外界环境(自然与社会、学校与课堂、家庭等)对教学成效的影响。以往当教学效果不理想时,经常要求教师改进教学方法,或指责学生在学习中存在问题。实际上,很多教学中的问题都跟学生与环境互动相关,良好的互动产生积极的效果,不良的互动就会产生消极的后果。

- **自然与社会环境**:当前改革开放的社会为英语教学提供了十分有利的社会环境,高科技的发展使师生们能通过网络了解社会动态。在英语教学中,恰当地根据教学计划和内容与国际、国内社会信息相联结,开展英语语言教学与环境的互动对学生的成长与英语水平的提高都是有益的。例如:在一次美国某地地震引发全球关注时,上海曹杨二中一个班级在英语写作课上,教师给出了与美国地震地区一中学学生互通电子邮件的练习。通过这样的教学,既达到了英语教学在语言教学上的要求,又通过与外界社会的互动扩大了学生有关国际社会与自然灾害的视野,增进了国际学生间的了解,也增强了学生的全球意识。

- **学校与课堂环境**:这是对学生英语学习影响最大的外界环境,不同的学校可创设不同的人文与英语学习环境。有的学校设立了校史馆介绍学校的发展,鼓励学生发扬优良校风与学风;有的学校设立了与外国学生交流的专栏,增进了与世界各地学生的友谊,营造了良好的英语学习氛围。在课堂里,除了创设物质环境外,教师的举止言行和师生一起树立优良的学风是最重要的课堂环境,对学生的成长与英语学习有着重大影响。生态英语教学观认为,创设健康向上、具有高质量与优良品位的学校与课堂环境是提高英语教学质量的重要因素。

- **家庭环境**:家庭环境对学生的英语学习起着潜移默化的作用。这并不是说,父母必须具备很高的英语水平,实际上目前在大部分家庭中,父母都不会说英语,也不太了解英语学习规律。但是家庭的文化氛围、父母对孩子的期望、要求、鼓励与精神上的帮助而非压力,以及自己在教育方面的言传身教对孩子的学习态度与成效都有可观的影响。因此,学校与教师应重视学生家庭环境的现状,与学生家庭保持联系,共同帮助学生健康成长与学好英语。

生态英语教学观为人们认识英语教学的本质与提高英语教学效率提供了有益的

参考。

(2) 英语教学中多种因素互相依存、制约与促进，构成了一个生态系统的整体

数百年来，英语教学工作者和语言学家不断探讨英语教学的本质。以往不少理论往往孤立地认识英语教学中某几个问题，陷入了片面的陷阱。生态英语教学观将英语教学视为一个由多种元素构成的整体生态体系。各元素有自己的特点，但它们又互相依存与制约，并互相促进，通过协调达到动态平衡，推动英语教学向前发展；如失去平衡，则会使英语教学产生问题，甚至失败。因此，在实际英语教学中需恰当处理多元素之间的关系。

在师生、生生、师生作为读者与课文文本、教学内容与策略和方法以及师生与教学技术手段之间的关系中，师生关系是英语教学中最重要的关系，它是英语教学中其他关系的引领者；但另一方面，师生关系也受到其他关系的制约。例如，没有处理好生生关系，就不能使师生关系充分发展；没有处理好教学内容、策略与方法的关系，也会影响师生间的互相了解。英语教学其他各元素之间的关系也是互相依存、促进与制约。虽然英语教学界也指出师生互动的重要性，但未重视其他因素对它的制约，也未关注教学各元素间的制约关系，而生态英语教学观有助于师生比较全面地把握英语教学中诸元素的动态平衡，达到既定的教学目标。

(3) 能动性(Dynamics)使英语课堂教学产生并保持旺盛的生命力

生态英语教学观的另一特点在于，它与传统教学观对英语课堂教学状态的认识不同：传统英语教学观视英语课堂为静态的传授知识的完美圣殿，教师根据教学大纲按部就班落实教学要求，讲授的内容是唯一正确的新知，学生带进课堂的认识与想法无关紧要，他们的任务就是无条件接受教师的讲解，评估英语课堂教学是根据教师讲授与学生接受知识的程度；生态英语教学观则认为，英语课堂是生活中的现实，它是存在于人间与事物中的多种因素及其矛盾构成的生态系统，即使出现学生提问打乱了教学步骤等问题，只要正确处理好矛盾，使各种因素保持动态平衡，使教学具有不断发展的能动性并保持旺盛的生命力，就能取得英语课堂教学的成功。那么，如何正确认识与处理英语课堂教学中的多种因素，使之具有保持生命力的能动性呢？

● **正确面对学生英语学习中不同的观念、心态与水平的多样性**

正如生态学重视生物多样性、生态语言学重视语言多样性一样，生态英语教学观重视学生原有知识与能力的多样性，认为课堂是一个存在各种人生和学习问题又不断更新认知与提高能力的生态系统。学生中存在着各种不同的观念、心态、情绪、认知特点与水平以及对英语学习的看法、喜爱程度及实际水平。教师与学生都应平静地接受这一现实,平等地对待每一个学生,帮助每个学生在原有基础上提高,共同达到课堂教学目的,防止以往英语课堂上时常会出现的少数学生活跃、大部分学生观望、一些学习困难的学生放弃致使课堂失去生命力的局面,而正确认识与处理好学生观念、心态与水平的多样性,正是产生课堂能动性的前提。

- **英语课堂教学的节奏张弛有度,才能持续保持生命力**

生态英语教学观十分重视生态系统内各因素的平衡,认为一旦互相关联的因素失去平衡,就会产生不良后果。由于英语教学的特殊性,在英语课堂内需要平衡的因素在数量上比其他一些学科多,处理不当就会影响课堂教学的生命力,其中特别需要关注教学的"节奏"。

"课堂教学节奏"是指课堂教学有规律地推进。教学内容、策略与方法等属于英语教学的重要方面,它们的平衡与节奏比较容易引起注意,但还有一些英语课堂教学中蕴藏着的成对地影响教学节奏的问题却常被忽略。如:掌握英语需要理解语义与语言规则,理解后还需要练习与实践,于是就产生了教师讲解与学生理解和实践两者时间分配的教学节奏问题;又如:学生学习英语中有时需要个人平静地思考,有时需要开展多人动态的交流活动,静与动的长短就会影响教学节奏;又如:学生在教学中有个人、同桌对子、4—6人小组、全班等不同形式的语言实践活动,平衡与处理好个人、小集体与大集体之间合理的交替活动能使课堂教学产生完美的节奏;再如:英语课堂教学包括口语与书面语两部分教学,如何在不同的课型中根据教学目标正确处理口语与书面语的交替,也是影响英语课堂教学节奏的因素。生态英语教学观重视英语教学各方面的教学节奏,目的是使教学始终保持旺盛的生命力,达到预期教学目标。

总之,生态英语教学观以生态学与生态语言学的观点诠释英语教学。以往的英语教学观基本上都从英语教学内部寻找规律,即使联系外部环境,也仅与外部语言环境相联。但生态英语教学观不仅将英语教学与自然界、社会、学校与家庭等整个外界相联,而且指出学生的知识和经验与外界的交互作用是英语教学的本质。同时,生态英语教学观并未否定英语教学内部的规律,它指出了英语教学内部多种因素构成了一个生态体系,各因素的互动推动了英语教学的发展,能动性使它具有旺盛的生命力持续推进,为改革英语教学提供了参考。

当前生态英语教学观仍处于初级发展阶段,其理论与实践仍有待进一步充实与提高。我们在教学中如能将它与其他科学的英语教学观结合,就能产生较好的教学效益。

2.3 "生命·实践"教育学与英语教学观

1994年,在国际全球化、信息化和后现代的背景与国内社会转型和振兴中华的大格局中,为推动学校教育从"近代型"向"现代型"转型,培养时代需要的新型人才,叶澜教授组建团队,开启了中国基础教育改革的"新基础教育"研究。历经十年的探索性、发展性与成型性等阶段,"新基础教育"理论与实践从上海发展至全国多个省市。在此基础上,2004年正式提出了"生命·实践"教育学派,继续深入研究理论,并进一步将其运用于教育实践中。截至2019年,"生命·实践"教育学理论与实践活动已发展至全国12省市200余所学校。

2.3.1 "生命·实践"教育学的基本理念
(1) "生命·实践"教育学论教育本质

"生命·实践"教育学认为,教育的本质是:"直面人的生命、通过人的生命、为了人的生命质量的提高而进行的社会实践活动……教育通过'教天地人事,育生命自觉'实现人的生命质量的提升,体现教育中人文关怀的特质"(叶澜,2016)。简言之,教天地人事以促进人的生命主动健康发展是"生命·实践"教育学的基本理念。

以往对教育本质的传统诠释,往往停留在"知识的传递与接受",即教育者的"授予"与被教育者被动的"接受",日常用语中的"接受教育"即由此而来。也有从另一视角来诠释教育的,如认为教育是"生活"(美国:杜威),或为"生活与创造"(陶行知),也有的提及教育与"人"的关联,如认为教育是"人的自我发展"(英国:怀特海),或"人格的基础"(俄国:乌申斯基),或"一个灵魂召唤另一个灵魂"(德国:雅斯贝尔斯),或"培养全面发展的人"(苏联:凯洛夫)。但"生命·实践"教育学对教育本质的诠释比上述论述更为深刻:它不仅指出教育对象是"人",而且直击人最基本的生存与活动能力——"生命",进而关注人的"生命自觉成长",而非上述各种诠释注重的外力推动,其中包含着对人的生命的理解、尊重、关爱、信赖与期望,也是对"人"的本质深刻的揭示。以这样的观点认识教育,就会将学生、教师、校长与所有的教育工作者视为鲜活的生命,而非无生命的"物体";学生在学校的活动是生命的成长,教育者的使命便是促使受教育者生命的自觉发展,在此过程中,也实现自己生命的成长,教育就是这样一个促进人类生命自觉成长的事业。

(2) 理想新人的精神素质

培养什么样的人是体现教育本质的标志之一。"生命·实践"教育学提出重建理想新人的目标,勾勒了理想新人精神素质的"三维双向"结构。三维指"人之认知能力、道德品性和人格特征"三个精神素质维度,双向指"个体指向外部世界的相互作用"与"个体指向内部精神世界的自我构建"两个行为指向。"三维双向"结构体现了精神生命多维相通、精神力量双向发展的实质,是"生命·实践"教育学对当代新人精神素质的独特诠释(叶澜,2006:202)。

- 三维:认知能力、道德品性和人格特征

"生命·实践"教育学所指的"认知能力"不同于传统教育中掌握知识的能力,它包含"处理信息、处理符号和构建自我"与"具有复杂思维能力"等方面的认知能力;"道德品性"包括以"诚实守信"为核心的"处世之道";以"责任心"为基本要素的"行事之道"与以"自我完善"为基础性构成的"立身之道";"人格特征"是人的心理倾向、智慧与能力、意志与情感、理想与信仰等综合而成的力量,包括"自信""迎接挑战的冲动与勇气"和"承受挫折和战胜危机的顽强意志"等方面(同上:203-215)。

- 双向:个体指向外部世界的相互作用与个体指向内部精神世界的自我构建

以上各维度都包含个体与外部世界的互相作用与个体内部世界的自我构建两个指向,它们互相关联与促进,只有内在自我强健与自觉构建,才能有效地实现与外部世界的相互作用;同样,在个体与外部互相作用中也能为自我构建提供丰富的素材与动力,促进自我反思的完成。通过这两个指向的交互作用与活动,精神素质就能持续发展与提升(同上:202)。

简言之,"生命·实践"教育学勾勒了当前时代教育所需新人的具体素质与培养途径,显示了该教育学致力于培养时代需要的新型人才的特质。

(3) 从"近代型"向"现代型"转型研究的内容、层次与行动

- 转型内容

为实现上述目标,"生命·实践"教育学提出了教育从"近代型"向"现代型"转型研究的内容:以生命观为核心实现教育观念转换,包括更新"价值观""学生观"与"学校教育活动观";改变实践层面日常教学与班级生活;转换师生生命生存方式等(叶澜,2010)。

- 转型层次

从"近代型"向"现代型"的转型不是浮于学校表面的转型,而是通过激发课堂、班级和学校三个层次生命活力的深层次转型。

- **转型行动**

同样,从"近代型"向"现代型"转型的理论将落实到学生、教师、课堂、班级与整个学校:把课堂还给学生,让课堂焕发出生命的活力;把班级还给学生,让班级充满成长气息;把创造还给教师,让教育充满智慧的挑战;把精神发展的主动权还给师生,让学校充满勃勃生机!

总之,"生命·实践"教育学以生命观为核心教育理论,以培养时代需要的新人为目标,以坚持不懈的实践活动,促进教育从课堂、班级与学校由"近代型"向"现代型"转型。

2.3.2 当代英语教学观探索

当代英语教学观建立在时代需要、社会对人才的要求、英语教学的特质与规律、国内外英语教学理论与实践积累的经验教训基础之上。"生命·实践"教育学为时代需要、社会对人才的要求与学科教学观提供了基本的理论基础,本书第1章讨论的语言观与以上回顾的国内外英语教学观的发展为认识英语教学的特质、规律与历来国内外英语教学的理论与实践提供了参考。以下就据此讨论当代英语教学观的理论与实施原则。

(1) 英语教学的"价值观"与"学生观"

在"生命·实践"教育学提出的学校教育从"近代型"向"现代型"转型研究的内容中,"实践层面日常教学生活"的重要内容是课堂教学。而课堂教学的改革,必须与教育观念转换与师生生命生存方式的转换相结合。与课堂教学相关的教育观即为价值观与学生观(叶澜,2006:216-221),这是英语学科与其他学科共同的课堂教学观。

- **价值观**

叶澜教授在论及"生命·实践"教育学的教育价值观时,强调了教育的"未来性""社会性"与"生命性"价值,这也是英语教学价值观的主要内容。提出"未来性"是由于当代教育转向"终身化",教育将成为生命全程的组成部分,这就使学科教学必须关注培养奠定终身学习基础和发展的意识和能力;"社会性"指教学必须满足社会发展需要、在文化精神上走在时代前列和学生担当社会责任与社会化过程;"生命性"指教学要关注学生生命多方面发展,开发生命潜力,指导生命成长,使课堂焕发活力(同上:216-220)。

- 学生观

"生命·实践"教育学的"学生观"指关注学生的"主动性""潜在性"与"差异性"。"主动性"是人的生命最重要的机能之一。启发学生自觉策划自身的发展,使他们成为自身发展的主人,是课堂教学的重要任务。因而在英语教学中应培养学生独立自主学习英语的能力与提高英语学习策略与方法的自我调控能力;"潜在性"指人的生命发展的潜在可能性。课堂教学要发挥每个学生的潜力,促使学生多种潜在发展的可能性向现实发展的确定性转化。在英语教学中应特别关注学生语言学习的潜力,对于一些尚未充分发挥潜力的学生,不能将他们简单地列为困难学生而忽视他们的潜力;"差异性"是宇宙任何生物都存在的特性,也是人间普遍存在的现象。然而,正是差异性构成了人的独特性,给课堂带来各种生命特性碰撞的活力,因此,课堂教学应该重视学生的差异性,使各类学生都能健康地成长(叶澜,2006:221-225)。在英语教学中,学生成绩差异非常大,处理好学生的差异构成了严峻的挑战。教师应具体分析差异的特点和产生差异的原因,鼓励与指导学习困难的学生逐步提高学习能力。

(2) 英语课堂教学的教师观与师生生命生存方式

以上提及,教师与学生是课堂教学诸因素中不可缺失的基本元素。因此,学生观、教师观与认识和处理师生关系是英语课堂教学成败的关键。在讨论了学生观后,以下将讨论教师观与师生生命生存方式的基本观点。

- 教师观

国际英语教学界一般认为,教师是学生学习的促进者与指导者,"生命·实践"教育学对教师角色的定位更为全面,认为教师不仅是"授者、述者、问者、主导者、评价者",而且是"捕捉者、发现者、接受者、听者、答者、合作者与反馈者",而学生则不仅是"接受者、听者、答者、学习者",更是"发现者、参与者、问者、讨论者、主动活动的策划者、践行者、自控互控和自评互评者",因此,教师视学生为重要的教学资源(同上:371-372)。

时代赋予教师以重任,教师不仅是教学任务的执行者,而且是发挥自己智慧、成为教书育人工作的创造者,在创造性工作中得到尊严与内在的欢乐。新型教师必须具备"责任心""爱心"和"自我发展"的个人价值取向、宽厚与扎实的文化底蕴、实践创生的思维能力,同时也应具备学科与教育专业素养,才能在时代发展的挑战中不断前进(同上:354-364)。

- 师生生命生存方式

"生命·实践"教育学认为,课堂教学的生命力来自师生生命的动态互动的生存方式,采取"有向开放"→"交互反馈"→"集聚生成"三个关联的步骤促使课堂教学向前推进。

"有向开放"指教师根据教学目标提出开放式问题,激活学生资源,引发学生反馈产生互动,再引发教师回应产生"交互反馈",以此方式提升教学内容层次,不断循环,积累集聚知识与能力的提升,达到"集聚生成"高一层次的教学内容;"集聚生成"分为资源性、过程性与拓展性三类生成。"资源性生成"的主要任务是通过活动激发多种不同的内在资源,以集聚生成丰富教学共同资源;"过程性生成"指学生在对新的教学内容形成感受、理解、认识、体悟的过程中产生的集聚生成,导致了清晰思路与基本结论;"拓展性生成"是在基本结论形成后多维与多视角拓展,巩固已形成的认识,推进教学进程(叶澜,2006:272-275)。

显然,"生命·实践"教育学课堂教学价值观、学生观、教师观与师生动态互动生存方式的内涵建立在生命生存与发展理论基础上,应成为当代英语教学观理论基础的组成部分。

(3) 英语教学的人文性与工具性的统一

英语教学的主要特点之一是具有人文性与工具性双重性质,因此,英语教学观的重要内容是正确认识与处理人文性与工具性的关系。"人文"的定义为"人类社会的各种文化现象"(辞海编辑委员会,1979:302),即包含"人"与"文化"两个基本要素。人与文化都与社会和时代密切联系,不同社会在不同时代有不同的人文内涵。始于周王朝的六艺(礼、乐、射、御、书、数)体现了中国古代文化崇尚修身养性的人文精神;欧洲14—16世纪文艺复兴时期提出"人文主义",体现了抨击封建社会、宗教神权与追求人生幸福的人文精神;在当代,不同的社会有不同的人文观,新时代"人文"体现了中国人民对振兴中华理想的追求与价值取向。

在教育领域,学科的人文性与社会文化的人文精神是一致的,但因教育具有育人的特性,其内涵更具体化至人的精神素质的培育,其涉及范围不仅表现为致力于提升人文精神境界,而且还包含培养结合学科特征的能力与素养等方面。

● **当代英语教学观认为,英语学科教学的人文性体现在两方面**:首先,英语学科与其他学科一样,在教学中应体现新时代社会"以人为本"的人文精神与"生命·实践"教育学关注人的生命成长的核心理念与价值取向。由于不少学生在英语学习中遇到的困难和问题往往比其他学科多,英语学科更需强调关爱学生,始终关注学生生命的成长,并使课堂教学洋溢着"以人为本"的人文氛围,增强师生战胜困难的勇气与决心;另一方面,英语学科内容又包含世界各地历史、地理、文学艺术、异域文化与风土人情,学习英语的过程中能领略其中的人文因素,同时也培养了识别精华与糟粕的能力,这就使英语学科先天具有很强的人文性,如能在英语语言教学中充分利用其中的人文内容进行教学,就能使学生既掌握了英语,又受到优良人文精神的滋养,提高了辨别文化精华与糟粕的能力,取得一举两得的教学目的。

- **当代英语教学观认为,英语教学亦具有工具性的特质**。英语是人们使用语言进行交际的工具,因此,在英语教学中必须采用掌握交际工具所需的教学策略与方法,如口语教学中进行模仿、记忆、朗读、背诵、反复操练、情景对话、角色扮演、模拟与根据专题开展交际性活动,书面语教学中需进行读、写语言输入与输出规律的教学等,掌握交际工具花费的时间与精力相当可观。可是,英语作为有思想内容的语言工具不同于刀枪等无生命的工具,在教学中一方面应发挥人脑在掌握英语这一交际工具时的能动作用,另一方面还应关注其内容对学习者起着潜移默化的教育作用,有意识地赋予工具性教学以育人的人文性内容。

- **正确处理工具性与人文性的关系**。英语教学的工具性与人文性是能够统一与融合的:在教学过程中,英语教学的工具性主要体现在语言知识教学与能力培养时使用的教学策略与方法中,而人文性教学除了始终贯穿着以人为本的精神外,在很大程度上体现在教学内容的人文性中,如能将教学内容、策略与方法有机地融合,不仅在讨论课题背景与学习课文内容时充满了人文性,而且在体现工具性的词汇与语法练习、句型操练中也可注入人文内容,再将它们与学生实际生活和兴趣结合,就会取得人文性与工具性融合的良好效果。纵观过去一些英语词汇与语法教学,往往仅注意语言形式变化,使用孤立短句讲解内容与进行练习,既缺乏人文内容,又未达到掌握交际工具的要求。当然,这并不是说,所有的英语练习与活动都要赋予人文内容,对于一些与自然界和与日常生活相关的词汇,教学时就不能将社会人文的内容强加其中。自然地、恰如其分地使英语教学的工具性与人文性融合一体,正是当代英语学科教学不断探讨的课题。

(4) 认识与处理英语教学中重要因素的辩证关系

在英语教学中,有些重要的教学内容与方法是密切相关又截然不同、有时甚至是对立的成对的矛盾,如语言知识与能力、语言与非语言能力、机械操练与灵活运用、使用英语与本族语等方面的教学,人们常忽视它们的辩证关系,孤立地处理单方面问题,未能达到教学目标。因此,明确认识这些矛盾双方的理论基础与科学处理它们之间的关系对教学成败至关重要。

当代英语教学观以辩证法审视上述教学中矛盾的双方,采用"对立统一观"分析与处理两者的关系,既看到矛盾双方不同的,甚至对立的特质,又认识到它们具有互相关联与交互作用的同一性,使双方在运行中统一并共同前进。同时,根据辩证法,双方矛盾的发展具有阶段性,在不同的教学阶段需要采取不同的手段妥善解决矛盾。具体地说,应处理以下诸对矛盾:

- **语言知识教学与能力培养的辩证关系**

在英语课堂教学中,语言知识包括语音、词汇与语法规则和用法,近年来的教学重视了它们的语义、语用与在语篇中的特点;语言能力主要指通过听、说、读、写等语言技能培养运用英语进行交际的能力,它们有自身形成与发展的规律。语言知识教学与能力培养是英语教学的特质,也是教学中多对矛盾中最重要的一对矛盾,直接关系着英语教学的质量。

英语语言知识与能力是不同的概念,但它们又密切相关:语言知识是语言能力的基础,语言能力则是语言知识的运用,两者结合才能掌握英语,任何一方都不能偏废。英语教学史上,传统教学重知识轻能力,近代交际教学法重能力轻知识,都导致教学质量下降。当代英语教学观认为,必须扎实进行英语语言知识教学,但它需与能力培养融合,全面达到语言音、形、义、用的要求;英语语言运用不应偏离语言知识的基础,内容应贴近社会与学生生活,有利于学生生命成长,为学生所喜爱,并适合他们的认知与语言水平。此外,要澄清概念上的误解,即认为听、说、读、写就是语言能力。实际上,听、说、读、写只是语言技能,语言能力是这些技能的实际运用。因此,在听、说、读、写课上应关注培养学生使用英语进行交际的能力。

- **语言教学与非语言(思维能力、学习能力、情感与品格等)教学的辩证关系**

在国际英语教学研讨中,除了与英语教学相关的"情感"教学外,很少研究非语言能力教学的问题。当代英语教学观认为,为了培养时代所需要的新型人才,在英语学科关注英语语言知识与能力教学的同时,应进行思维能力、学习能力、健康情感与优良品格等非语言教学,才能达到英语学科的教学目标。

从表面上看,语言与非语言教学的内容不同,要在有限的时间内完成两种教学任务似乎非常困难。但是,就实质而言,英语学习是人在社会生活中获得知识与培养能力的过程,它不可能游离于人的心理与社会之外,而与人的思维、学习能力、情感、人格与道德品性密不可分,英语教学能够将这些因素与语言教学有机地结合,使它们融入英语教学中。换言之,以辩证法观点,运用语言与非语言教学对立统一的规律,就能使两者融合成一体,达到兼顾两者的教学目标。本书第8章将详尽讨论英语教学中语言与非语言教学融合的理论与实践。

- **机械操练与灵活运用的辩证关系**

英语课堂教学中的机械操练指学生按照一个模式或在固定的框架内就一个语言项目反复操练,形式有个别与集体两类,它与灵活运用的教学方法是英语教师经常遇到的一对矛盾。当代英语教学观认为,机械操练作为灵活运用的铺垫,能提高灵活运用的准确性。但仅进行机械操练不能培养使用英语进行交际的目的,因此,在明确目标的前提下,机械操练应采取学生喜爱的方式,用体育运动的话来说,就是"短、平、快",与灵活运用交叉进行,使学生理解机械练习的必要,并积极参与各种练习;灵活运用是根据教学目标使学生在多种形式的实践中学习运用语言,是发挥他们创造性与自觉提高语言水平的时机。因此,教师提出的问题要适时开放,练习的主题与方式应灵活多样,鼓励学生学深用活。但是,"灵活"应建立在经过练习掌握规则的基础上,而且灵活性必须有度,达到目的即收,才能实现教学目标。

- **英语教学中英语与本族语的使用**

在英语课堂教学中,如何认识本族语的作用与是否使用本族语问题,历经了反复争议的过程。国际上,从早期的EFL教学直至20世纪末,英语教学主流学派基本上不认同课堂上使用本族语。21世纪以来,随着新兴国家的兴起与一些使用本族语教学实验的成功,EFL教学中否定本族语的观点开始发生变化,出现了认同使用本族语的呼声。

当代英语教学观认为,在EFL环境中进行英语教学时,尽量多地使用英语有利于创造英语学习的语言和人文环境,也有助于提高学生使用英语的能力。但必要时少量使用本族语也无可非议,如有些抽象词汇的语义用英语解释花费很多时间,有时解释某词时使用的词汇比该词更难,出现了本末倒置现象,但只需用一个本族语词汇就能说明清楚,为什么不用本族语呢?

本书第1章提及,近年来脑科学实验表明,人脑处理本族语与另一种语言系出于同一认知体系,教学实践也表明,同时运用本族语与非本族语有利于学生采用本族语资源提高理解和运用外语的能力以及提升学习与运用外语的自信心,这就为英语课上必要时使用本族语提供了依据。因此,当代英语教学观认为,在英语课堂教学中应基本上使用英语,但不应走向排除本族语的极端,必要时使用少量本族语对提高教学质量是有所裨益的。

2.3.3 英语学科育人价值涵盖的内容

"育人价值"是20世纪90年代"生命·实践"教育学处于"新基础教育"阶段时提出,并经20余年实践的原创性理论。"育人价值"不是思想政治教育课或德育课在学科教学的重现,而是以培养时代新人精神素质为目标、体现学科特点并与学科教学内容融为一体的育人理念。正如叶澜教授所说,学科"育人价值"为学生"在这个世界中形成、实现自己的意愿提供不同路径和独特的视角,学习该学科发现问题的方法和思维的策略、特有的运算符号和逻辑;提供一种唯有在这个学科的学习中才可能获得的经历和体验;提供独特的学科美的发现、欣赏和表现的能力等"(叶澜,2004:16)。简言之,学科"育人价值"是学生应具备的与该学科相关的知识、能力、文化、情感与品格修养等方面的综合体。

当代英语教学观认为,英语学科育人价值涵盖的内容包括英语语言知识与能力的学习经历、体验、策略及方法、异域与中国文化素养、思维能力、学习能力、情感与品格培养等部分,本书第4、5、6、7、8章即据此展开讨论,以下为各部分概要。

(1) 英语语言知识学习、能力与异域和中国文化素养的培养

- **英语语言知识学习与能力培养**

通过英语语言知识与使用英语的能力教学,学生们应掌握使用英语取得国外信息和与外国友人交流的手段,为他们"形成、实现自己的意愿提供了不同路径和独特的视角",也"提供了一种唯有在这个学科的学习中才可能获得的经历和体验"(同上)。因此,当代英语教学观认为,掌握各阶段英语语言知识与通过听、说、读、写技能训练培养在实际交际活动中运用英语进行交际的能力,是英语学科育人价值最基本的要求。

本书将在以下第4、5、6章中讨论英语语言知识与能力的教学理论、策略与方法。

- **异域和中国文化素养的培养**

英语教学提供了大量异域文化内容,为培育学生的文化素养提供了有利的条件。当代英语教学观认为,文化素养是人的生命品质的一部分,也是当前时代理想新人的素质要求之一,因此,培育文化素养是英语学科育人价值必要的组成部分。

在进行社会文化教学中,应引导学生分析其中的内涵与优劣,取其精华,去其糟粕,欣赏其中之美,扬弃其中不健康部分。同时,应使学生在学习异域文化的过程中深刻认识中国文化的特质。通过比较异域与中国文化的异同，不仅使学生熟悉异域文化，而且还需掌握中国文化的特质，并能用英语介绍中国文化，与外国友人交流，以达到培育异域与中国文化素养的目标。

关于英语教学中的社会文化教学，本书将在第 7 章中讨论。

(2) 思维能力、学习能力、情感与品格培养

- **思维能力培养**

当代英语教学观认为，语言与思维密不可分，在英语语言教学中发展学生的思维能力有利于他们生命成长与终身学习，也符合当代社会对新型人才的要求，因此，培养学生的思维能力应成为英语学科育人价值的一部分。一般来说，学生在英语学习中普遍需要与最基本的思维是逻辑思维，发现、认识与处理事物最重要的是创造性与批判性思维，英语教学中应有意识地将这三种思维能力的培养融合于语言知识教学与语言能力培养的过程中。

- **学习能力培养**

学习能力是学生学习取得成效的基本保证之一，因此当代英语教学观关注学生总体学习能力的提高。根据新时代对人才的要求、"生命·实践"教育学"育生命自觉"的目标及其价值观的"未来性""社会性"与"生命性"和英语学习的特点，当代英语教学观认为，英语学习能力中最重要的是自主学习、合作学习与英语学习特定的能力。

- **情感与品格培养**

  ➢ **新型人才必须具备健康的情感**：全球化时代要求新型人才具有健康情感，"生命·实践"教育学提出的理想新人的精神素质中含有"自信""迎接挑战的冲动与勇气"及"承受挫折和战胜危机的顽强意志"等情感与人格特征。对英语学科而言，由于学生学习的是陌生的英语，遇到不同于其他学科的挑战，易产生心理上的畏难情绪与挫折感，甚至产生焦虑情绪。英语教学界一贯关注学习动力、自信、兴趣等情感因素的重要意义，当代英语教学应将它们列入英语学科育人价值的组成部分。

  ➢ **新时代学校教育中日益突显"美育"的重要性**：基于时代的呼唤与生命成长的需要，当代英语教学不仅关注学校整体美学教育，而且认为英语学科教学应培养"独特的学科美的发现、欣赏和表现的能力"（叶澜，2004：16）。据此，当代英语教学观将"语言与文化鉴赏与审美能力"也列为英语教学育人价值的内容。

  ➢ **勤奋、勇于实践与坚韧不拔精神等品格培养**：勤奋学习、勇敢地接受挑战和以顽强意志战胜危机是生命茁壮成长必须具备的人格品质与当前激烈竞争时代生存与发展的必要条件,也是掌握英语需具有的精神与品质。

"勤奋"意为:在学习与工作中不懈地努力(中国社会科学院语言研究所词典编辑室,1983:927),它促进了人类生命的成长,催生了历史上无数发明创造,导致了事业的成功与学业的进步。在汉语环境中学习英语,需改变自幼以来使用语言的习惯,仅就克服方言的语音语调与掌握数量庞大的英语词汇与词组而言,不下苦功是不可能奏效的。

勇于实践的精神是掌握英语语言与文化知识并将其运用于实际交际活动必须具备的品格。英语学科的显著特点是强烈的实践性,如果在实践面前却步,学好英语就变成了一句空话。在实践中运用所学的英语语言与文化知识也就体现了英语学科的价值。

坚韧不拔的精神也是学好英语必备的品格。掌握内容繁多的英语语言与文化知识不可能一蹴而就,必须持之以恒,不断接受挑战,以顽强的意志攻克学习上的难关,这是育人价值中"坚"的含义;同时,在英语学习过程中,每个人都必然会遇到挫折,甚至失败,这时需以更坚定的决心寻找正确的途径取得成功的秘诀,这是育人价值中"韧"的含义。当代英语教学育人价值中有关品格部分就包含着这样的"坚韧不拔"的精神。

本书将在第8章具体讨论培养思维能力、学习能力、情感与品格等问题。

由于"育人价值"是一个全新与丰富的观念,其理论与实践仍在不断探讨中,以上概括的英语教学"育人价值"内容仅为初步的探讨。但是,如能在具体实践中将这些"育人价值"内容列入每年教学计划,采取有效措施与方法落实于教学实践,并让学生主动参与"育人价值"教学,就能朝着培养时代需要的新型人才的方向向前发展。

"生命·实践"教育学"新基础教育"多年来的实践表明,将"育人价值"内容付诸实施使英语教学发生了深刻的变化,参加实践的师生们朝着培养时代需要的理想新人的目标迈开了步伐,而且还在继续前进。

结语

本章从国际与国内两个维度回顾了英语教学观发展的过程,并讨论了当代国际与国内瞩目的教学观。国际上,19世纪形成了以语法翻译法为代表的传统英语教学观,发展到20世纪60年代,产生了以认知法与交际法为代表的近代教学观,但这些教学观仍处于"方法时代",专注于教学方法改革。"后方法时代"到来后,社会科学、自然科学与语言学交叉给现代英语教学观注入了新的生命,出现了融合多学科理念于一体的当代英语教学观,以生态语言学为基础的"生态英语教学观"就是突出的一例。如果说近代英语教学观将英语教学从书斋带入了社会,那么,"生态英语教学观"就将英语教学置于社会与自然界整个宇宙之中,并将侧重教学方法的英语教学转变为关注多因素互动与充满活力、能动的教学。

在国内,英语教学始于20世纪初期,新中国成立前主要是国外语法翻译法与国内传统语文教学观结合的传统英语教学观。新中国成立后,英语教学发展经历了探索适合国情的英语教学的过程。改革开放后,英语教学界不断探索适合当代国情的教学模式,英语教学观发生了质的飞跃,从制定教学大纲发展到同时制订课程标准,教学目标从培养语言知识与能力发展到全面培育核心素养,体现了英语教学观内涵的深化。在大、中、小学实践中,出现了引进与改造国外英语教学理念与方法、使之与当地实际相结合的教学观。

值得关注的是,20世纪90年代以来诞生了具有本土化特征的教育理论与基于其学科理论而形成的教学观,其中具有代表性的是华东师范大学叶澜教授领衔创建的"生命·实践"教育学及其教学观。"生命·实践"教育学认为,教育的本质是"直面人的生命",通过"教天地人事,育生命自觉"实现人的生命质量的提升(叶澜:2016),并提出了理想新人的精神素质和教育的价值观、学生观、教师观与师生生命生存方式。当代英语教学观可吸取"生命·实践"教育学的基本原则,根据英语教学的特质与规律,明确英语教学中工具性与人文性统一的性质、英语教学策略与方法的辩证观与英语学科育人价值等重要内容。

综上所述,国际英语教学观的发展使我们领略了全球英语教学的大格局,拓展了我们对各种英语教学理论、策略与方法的视野,思考其中科学与合理部分并加以改造后,便能为我所用;国内英语教学观的发展使我们认识到,中国的英语教学观应建立在融合国情、多学科理论、师生特质的英语教学理论、策略与方法基础之上,体现在本土化与引进改造国际教学观等多种形式之中。探索适合中国国情的英语教学观是艰巨的事业,但是,新时代已经到来,探索的步伐正在加快,让我们继续前行。

第 3 章　英语教学计划与课堂管理

导言

　　课堂教学是英语教学主要的表现形式,它体现了一定的语言观,也是英语教学观具体实施之处。但无论是知识教学或语言与非语言能力培养都必须制定教学计划,并进行有效的课堂管理,才能落实语言观与教学观,使教学内容与活动达到既定的教学目标。本章将讨论英语课堂教学计划与组织管理问题,作为以下各章论述英语课堂教学内容与活动的基础。

　　英语课堂教学与其他学科课堂教学一起,构成了学校教育"最日常、最为基础性的实践"(叶澜,2006:239),它与其他学科一样,都是"师生的共同生活"(同上:240);但同时,英语课堂教学也具有其独特性。因此,英语课堂教学计划与管理的原则不但具有与所有学科课堂教学计划与管理相同的共性,即以实现教学目标为目的和以教学观为理论基础,而且也具有其个性:英语学科带有工具性与人文性双重性质,既有大量语言规则教学与培养能力的实践活动,也有掌握人文内容的要求;师生互动与生生互动具有推动课堂生命力发展与提高英语语言知识与能力水平的双重作用;并且,与其他学科不同,英语课堂教学的目标语与师生使用的媒介语(即课堂用语)都是作为外语的英语。这些特性与上述英语与其他学科教学计划与课堂管理的共性始终贯穿于制定英语教学计划与实施课堂管理的过程中。

　　英语课堂教学计划包括宏观与微观两类。宏观教学计划为学期与学年教学计划,制定这两类计划应遵循上述原则;微观教学计划即教案,除了遵循上述原则外,制定该计划时还需根据英语课堂教学启动、进行与结束的流程完成一堂课的程序。制定教学计划的目的不仅是为上课作准备,而且也是为了积累教学资料与科研素材,并为教学工作的总结与提高提供依据。

英语学科课堂管理还有另一些特殊性:通常全体学生在英语学习成绩方面的差距往往比其他学科大,总体来说学生英语课上承受的心理压力也相对较大。因此,应十分重视课堂中显性与隐性的表现形式、在课堂管理中教师的角色与职责和学生的地位与作用。在认识与遵循以上课堂管理原则的同时,还应关注课堂"秩序"、教学中的情感因素、态度与奖惩等原则,并采取管理规则制度化与灵活运用、掌握教学进程步骤与转折、充分利用课堂空间与时间、重视非言语交流等有效的课堂管理措施,以实现英语教学目标,提高英语课堂教学的质量与水平,激发学生学习英语的内动力、自信心与兴趣,促进他们在英语学习中主动、健康地成长。

本章提要

3.1 制订英语教学计划的原则与课堂教学过程

  3.1.1 制订英语教学计划的原则

  3.1.2 英语课堂教学的一般过程

3.2 英语教学计划的制订与实施

  3.2.1 制订英语教学计划的意义与准备工作

  3.2.2 宏观英语教学计划:学期教学计划

  3.2.3 微观英语教学计划:英语课教案

3.3 英语课堂管理原则及其实施

  3.3.1 英语课堂管理的界定与基本属性

  3.3.2 英语课堂管理的原则

  3.3.3 英语课堂管理原则的实施

3.1 制订英语教学计划的原则与课堂教学过程

制订英语教学计划不是简单地填写日程表,而是英语课堂教学的组成部分,必须以英语课堂教学理论与实践为依据,并采取课堂教学过程中的步骤与措施,才能取得应有的成效。

3.1.1 制订英语教学计划的原则

(1) 必须以全面实现教学目标为目的

制订英语教学计划一个常见的误区是:仅关注或重点关注具体英语语言项目的教学,特别是推敲其中的教学方法与过程,但忽视了制订英语教学计划的目的是全面实现教学目标,未在教学计划中明确根据教学目标应关注的体现英语教学观的各方面教学工作。由于语言项目教学与英语教学观中各种因素密切相关,忽视教学目标中涵盖的重要因素不仅不能完成教学目标,而且语言项目教学也不会卓有成效。因此,制订英语教学计划时,首先必须明确教学目标。

教学目标有两类:一是长期目标,如学期或学年教学目标;二是短期目标,如一堂课的教学目标。在制定学期或学年教学计划时,必须以达到学期或学年全面的教学目标为目的,在制定一堂课的教学计划时,必须以实现该课的教学目标为目的。确定教学目标的原则包括两方面:一是以教学大纲提出的全面教学目标为基本依据;二是根据本校与本班学生的特点将教学目标具体化,使教学目标不仅明确执行教学计划的目的,而且成为教学计划得以实现的保证。只有这样,制订英语教学计划时确定教学目标才不是纸上谈兵,而具有实际运用的意义。

(2) 落实英语教学观中的价值观、学生观、教师观与师生生命生存方式

英语课堂教学是实施英语教学观之处,因此,教学计划中必须体现英语教学观的主要观点。价值观、学生观、教师观与师生生命生存方式是英语教学观的重要内容,这些方面的教学应在教学计划中得到落实。不少教师可能会感到,价值观、学生观、教师观与师生生命生存方式是抽象的概念,在实际教学中体现它们比较困难。但是,以上提及,"生命·实践"教育学将"价值观"概括为教育的未来性、社会性与生命性,"学生观"概括为主动性、潜在性与差异性,"教师观"概括为教师是教书育人的创造者与执行者,将"师生生命生存方式"概括为有向开放、交互反馈与集聚生成三步骤的动态互动的生存方式(见本书2.3.2),在实际教学中可采取措施,使这些概念具体化。例如,"价值观"中含有的教育未来性指出了奠定学生终身学习基础与培养发展意识和能力的重要性,在英语语言知识与能力教学中加强运用语音、词汇与语法规律以及培养实际使用英语能力的教学,帮助学生牢固与灵活掌握语言知识规律,提高运用英语的能力,克服死记硬背的诟病,使之成为终身学习的手段;又如,在英语学科中,"师生生命生存方式"具有双重意义:它不仅体现在师生思想感情与观点意见的交流与互动,而且渗透于英语交际能力培养中,此时师生与生生使用英语时的有向开放、交互反馈与集聚生成也是培养学生英语交际能力的保证。可见,价值观、学生观、教师观与师生生命生存方式等英语教学观的重要内容必须且能够体现在课堂教学中,因此也应在教学计划中得到落实。当然,由于将英语教学观付诸实施是一个全新的工作,还有待于进一步研究与实践,但无论是采取已有方式实施这一工作,或探讨新的途径,都需要制定周密的教学计划。

(3) 掌握人文性与工具性的统一和知识教学与能力培养的融合

人文性与工具性是英语学科的特质,知识教学与能力培养是英语教学的主要内容,人文性与工具性的统一和知识教学与能力培养的融合也是英语教学观的重要内容,因而必须体现在教学计划中。本书第2章已论及英语教学的人文性、工具性、知识教学、能力培养的界定和人文性与工具性的统一、知识教学与能力培养的融合。制订教学计划时,关注的重点是确保它们的落实:首先,在制订学年与学期教学计划时,应全面审视和分析全年与一学期教材中每课的教学内容,在此基础上分别确定哪些教学内容适用于人文性教学或需加强工具性教学,哪些属于知识教学或能力培养,然后从中平衡数量,使适合人文性或加强工具性教学的内容数量适当,知识教学与能力培养的内容数量符合教学大纲要求,不要过于偏重于某一方,并将人文性、工具性、知识教学与能力培养教学落实至每一课教学中,尽量实现人文性与工具性的统一和知识教学与能力培养的融合。当然,这是指全年或一学期有一个总体全面落实的计划,而不是说每课都必须同时含有人文性、工具性、知识教学与能力培养教学。总体目的是:根据每课教学内容确定四方面的重点,达到学期与学年全面落实人文性与工具性统一和知识教学与能力培养的融合。

(4) 认识与运用目标语与教学媒介语同为英语的特征

英语学科与其他非语言学科另一个不同之处在于,英语课堂教学的目标语与教学媒介语(课堂用语)同为英语,这也是英语课堂教学的特点之一。教师的语言表达了教师对学生的态度,因此真诚与坦率是最基本的要求,同时教师的语言有指令性作用,因此语言必须准确、精练、符合学生水平与为学生所接受并可以产生明确的行动,不能含糊其词。优秀的教师语言还富有艺术性与具有吸引力,促使学生愿意与教师互动,教师语言的重要性是不言而喻的。

但是对英语课堂教学而言,其重要性与标准还要加上一条:即教学媒介语就是教学目标语,虽然不一定与课文有关,但毕竟是英语,教师的语言对学生的英语学习也有无形的,甚至深远的影响,其意义就超过一般课堂用语的作用了。从这个意义上说,英语教师的课堂用语对师生互动起着重要作用,它不仅从态度与指令的角度启动了与学生的交流,而且从英语教学的角度使学生在获得指令的同时也得到英语听力与口语训练,这就要求教师的课堂用语准确、地道和能为学生所接受,不时使用学生理解的英语词语,使学生通过回答教师的指令与教师用英语进行交流,同时巩固已学的英语,这既是学生从英语教学中能获得的额外收获,也是教师提高英语水平的磨炼,应该被师生充分认识与利用。因而在制定微观教学计划(如备课)时,应认识英语课堂用语的重要性,有目的地准备好使用学生能从中获益的语言。

是否科学地掌握制订英语教学计划的原则直接影响教学计划的质量,而教学计划质量又会影响英语课堂教学的过程、课堂管理与诸多英语课堂教学问题。故此,在制定英语教学计划前,应高度重视并掌握制定教学计划的原则。

3.1.2 英语课堂教学的一般过程

英语课堂教学的一般过程为课的启动(Opening)、课的进程(Middle, or Sequencing)与课的结束(Closure)三部分。这三个名称看似一般化,但具体实施时并不那么简单,因为英语课堂教学有多种课型:有的侧重英语知识教学,有的主要通过听、说、读、写技能培养语言能力,还有的兼顾知识教学与能力培养。此外,英语课堂教学还有新授与复习两类教学过程不同的课型。虽然它们的教学过程仍有三部分,但是不同课型教学过程各部分的教学内容差异很大。

然而,无论哪一类课型,它们的共性都是英语课堂教学,因此一般都有以下的规律:

(1) 课的启动(Opening)——8—10分钟

"课的启动"即课堂教学的起始阶段,有时称为"导入阶段(entry phase)",日常教学中也常仿照体育运动用语,称作"暖身活动(warm-up activities)"。俗话说,良好的开端是成功的一半(Well begun is half done),历来各类英语教学观都重视课的起始阶段。传统英语课堂教学往往认为课的起始阶段目的为复习巩固,但是,复习远非课的起始阶段全部功能。当代英语课堂教学提倡高效利用课的起始阶段,使它发挥对整堂课的重要作用,其功能与内容如下:

- **唤起学生集中学习的注意并明确教学目标**

当代英语课堂教学观的"学生观"关注学生学习的"主动性",为使学生主动学习,必须帮助他们从课开始时起就进入全身心投入英语学习的境界,并明确每堂课的教学目标,与教师共同完成一堂课的各项学习任务。因此,"课的启动"阶段首先要唤起学生集中投入英语学习的注意,明确本课的教学目标,从精神、心态与知识等方面都准备好参与一堂课的全过程。

- **激活学生过去学习的经验、知识与能力，激发追求新知的好奇心与求知欲**

"课的启动"阶段需要简明扼要地复习上阶段学习内容，但复习的目的不仅是重复记忆已学知识，那样的复习对于掌握英语这一交际工具收效甚微；有效的复习应当激发学生进一步体验过去的学习经验，从中加深对学过知识的认识，加强已获得的能力，并进一步激发对未知的好奇心和追求新知的欲望，增强学习内动力，为下阶段学习作好准备。

- **开启师生与学生之间轻松愉悦的情感交流**

"课的启动"阶段师生与学生之间的情感会影响整堂课的氛围。在传统英语教学观主导下，不少学生由于对自己掌握的英语没有把握，课一开始时，英语学习尚未经过暖身活动，说错英语的情况时有发生，对教师会有敬畏感，这时最需要教师的鼓励。如果教师带着愉悦的态度走进课堂，与学生进行平等的问候与情感交流，会减少学生心理上的压力。当然，这样做也必须有"度"，因为"课的开始"阶段时间有限，有经验的英语教师们都能把握情感交流的分寸。

- **确立健康向上课堂氛围与认真严谨学风的导向**

"课的启动"阶段课堂教学氛围与学风对整堂英语课的氛围与学风起着导向作用。因此，师生与学生之间情感交流的气质应该健康向上，绝非庸俗低下；英语学习的学风也应该是认真严谨，而非浮华不实。课一开始就确立健康向上的课堂氛围与认真严谨的学风，会将整堂课引向良好的开端，也树立了样板，以后如出现偏离良好状况就比较容易得到纠正。简言之，"课的启动"阶段师生应共同努力，使课堂教学氛围与学风开始在健康、严谨轨道上运行。

(2) 课的进程(Middle, or Sequencing)——35 分钟

"课的进程"是英语课堂教学时间最长的部分，也是体现教学内容、策略、方法及其理念最集中之处，又是学生在英语课堂教学中获得各种知识与能力的主要时刻，因此，"课的进程"阶段是英语课堂教学的主体，各类英语课型都应关注并始终落实英语教学价值观、学生观、教师观与师生生命生存方式、人文性与工具性统一和知识教学与能力培养融合等英语教学观的重要内容，同时贯彻应有的教学原则，掌握英语教学内容的基本进程。

- **"课的进程"阶段应遵循的教学原则**
  - ➢ 简单的活动先于复杂的活动；
  - ➢ 接受性技能先于表述性技能，听力与阅读活动先于说与写活动；

> 学习语法规则先于使用规则与活动；

> 先练习语法结构,再学习该结构的规则；

> 重点为提高语言准确性的活动先于重点为提高语言流利程度的活动；

> 做了机械性语言练习或基于语言形式的语言活动后,应进一步发展到有意义的活动(Richards & Lockhart, 1994: 118-119)。

- 英语语言知识一般教学进程

尽管英语语音、词汇、语法具体的教学进程各有特点,但由于它们实质上都是互相关联的语言,因而也有共同的规律,即教学进程中都含有音、形、义、用的内容,应遵循音→形→义→用的发展进程。必须注意的是,音、形、义、用的含义已从传统的概念发展成当代全新的意义:"音"不仅是指单音节中元音与辅音音素的发音,而且包括超音段的语音(包括音节、单词、词组与句子的重音、语调、节奏与停顿等),"形"不仅是指单词拼写,而且包括词组、搭配与句式等,"义"是包括语篇层面上字面意义与内涵,"用"更是指在社会语言学、语用学与语篇分析等多种理论基础上的语言使用,它也体现了语言知识教学与能力培养的融合。音、形、义、用都是在进行英语语言知识教学中必须经历的教学进程。

在教学方法方面,"方法时代"流传的语言知识教学进程是"PPP(Presentation, Practice, Produce)",指在英语课堂教学中首先将一个新知"展示(Present)"出来,解释其意义与说明使用方法后,进行各种"练习(Practice)",最后让学生使用新知表达自己的意见,达到"表述(Produce)"的目的。但是,PPP不能达到使用语言进行交际的教学目标,后教学进程更新为"PPC (Pre-communicate, Practice, Communicate)",第一阶段目的为准确学习语言结构、功能与词汇;第二阶段实践后需达到第三阶段流利分享信息与交流的交际目标。当前不少学校采用PPC英语教学进程。

- 英语语言能力培养一般教学进程

在教学目标为通过听、说、读、写培养英语语言能力的教学中,通常都遵循能力教学前(pre-)、中(while-)、后(post-)三阶段的进程顺序。但是,由于各语言能力的性质不同,课堂教学进程不尽相同,而且根据不同学派的观点,三阶段内容也不同。以下仅为基本框架:

> **英语听力/阅读能力教学进程**:听力/阅读能力前活动(pre-listening/reading activities)是培养听力或阅读能力教学的准备阶段。首先需明确该课教学目标,然后简要讨论课文背景,复习与新课相关的词汇或语法,解决新课中疑难词语等;听力/阅

读能力中活动(while-listening/reading activities)为听力与阅读能力教学的主体,通过全体听或个人阅读分段课文、双人同桌交谈、小组活动或全班讨论等方式开展师生互动与生生互动教学活动,最后由教师总结达到教学目标;听力/阅读能力后活动(post-listening/reading activities)为总结阶段。通过小组或全班活动,讨论听力/阅读内容的意义,学生联系个人与集体的经验对课文作出评价,发表不同的看法,最后由教师总结(Richards & Lockhart,1994:120)。

> **口语能力教学进程**:口语能力教学前活动(pre-speaking activities):也是为下阶段教学作准备的阶段,也须明确教学目标与适当复习。但由于口语是语言输出活动,本阶段还需要给出与新课相关的词汇、简短听力或阅读材料作为语言输入,使学生理解其中内容后作为后阶段口语能力教学活动语言输入的组成部分;口语能力教学中活动(while-speaking activities):提出口语活动的题目、需掌握的语言功能与需完成的任务后,以师生互动形式练习语言结构与功能,再以小组活动生生互动形式进行角色扮演与模拟等教学活动,并在全班展示与讨论;口语能力教学后活动(post-speaking activities):师生共同总结本课口语教学中语言结构与功能特点,评论角色扮演与模拟的表现,教师从中取得学生对教学的反馈后,解答学生的问题。

> **写作能力教学进程**:写作能力教学前活动(pre-writing activities)与口语教学一样,也需要为学生写作提供语言输入。在宣布教学目标与提出写作题目后,应根据题目内容通过提问等方式启发学生就该题目写作进行构思,使他们在写作内容与结构方面作好准备;写作能力教学中活动(while-writing activities):第一步,要求学生明确自己写作的目的与对象,在此基础上写出提纲与草稿,选择两三学生说出草稿,师生共同讨论其优缺点后,教师小结写作的基本原则。第二步,要求全体学生根据写作原则分析草稿原稿中的缺点并对草稿进行修改与编辑,最后定稿;写作能力教学后活动(post-writing activities):师生共同总结本课讨论的写作原则,学生提出困难或问题,师生讨论后教师小结,并从中获得本课学生对教学的反馈(同上:119-120)。

(3) **课的结束(Closure)——5—7分钟**

"课的结束"阶段时间很短,但不重视结束阶段的重要性会使一堂课出现虎头蛇尾的现象,影响整堂课教学效果。"课的结束"阶段工作是:对照本课教学目标与实际教学内容要点,简要说明是否达到目标;小结一课教学内容,强调本课重点与关键部分;师生共同讨论如何将本课所学内容运用于今后的学习与生活中;表扬本课表现的优点,指出不足之处;布置课外作业。

总之,英语课堂教学一般都经过课的启动、进程和结束三阶段。由于各地、各校与各班级情况不同,无论是制定教学计划或实施教学的过程,在明确其原则的基础上,应根据实际教学的需要与条件灵活处理教学中出现的具体问题,以达到既定的教学目标。

3.2 英语教学计划的制订与实施

如同其他课程的教学计划一样,英语教学计划是教学前所作的规划与安排。鉴于英语教学的特殊性,在计划教学工作时,需要考虑非常多的因素。但是,最重要的是明确制定英语教学计划的意义,作好充分的准备,根据教学目标,脚踏实地做好宏观与微观教学计划工作。

3.2.1 制订英语教学计划的意义与准备工作
(1) 制订英语教学计划的意义

教学"是经过预先计划并施以一定的选择、控制或组织的活动"(叶澜,2002:310),教学计划是教学活动的第一步骤,它为整个教学过程中的选择、控制或组织活动奠定了基础。

- **英语教学计划是教学活动的"蓝图"**

如同完成任何建设工程的第一步是绘制图纸一样,制订教学计划是为教学活动绘制"蓝图"(Celce-Murcia,2001:403)的过程。无论是宏观(学年、学期)或微观(一堂课)的蓝图都是完成教学过程的依据,离开了教学计划,教学活动就无法精准地达到教学目标。

- **英语教学计划是教学科研的重要资源**

教学计划具体体现了一定的教育思想与理念,在实施教学计划的过程中,必然出现行之有效的部分与存在的问题,值得进一步探讨。在研究其中理论与实践的科学性与可行性方面,教学计划提供了书面完整的资料,因此,教学计划是教学科研的重要资源之一。

- **制订英语教学计划是教师教学基本功的组成部分**

在制订教学计划时,英语教师比较全面地考虑了教学目标、理论、策略和方法,进一步了解与分析了学生的特点,它们不仅是课堂教学的依据,而且是反思教学时发现教学亮点和存在问题不可或缺的材料,为改进教学提供了基础。因此,制订教学计划是英语教师教学基本功的组成部分,不断提高制订科学与可行教学计划的能力是教师专业发展的重要方面。

(2) 制订英语教学计划前的准备工作

正由于英语教学计划有着重要意义,制订教学计划就不可能凭教师一时的灵感一蹴而就,而必须作好充分的准备。

- **学习并更新教学理念、策略与方法**

任何教学计划都体现了一定的教学理念、策略与方法。时代飞速向前,在制订宏观英语教学计划前,应自觉地学习与更新教学理念,促使一个阶段的教学达到时代要求的目标;在制订微观教学计划时,应思考该教学计划是否体现了宏观教学计划中确立的教学理念、策略与方法。具体地说,首先要学习近期教学大纲与课程标准,特别是其中提出的教学目标与基本理念,使教学计划符合大纲与课标提出的要求;其次要学习当前国内外在语言观、英语教学观、教师观、学生观、教学策略与方法等方面的新发展,选择其中合理与可行部分,并使其适用于本校、本班级的英语教学。如能坚持这样做,就会使制订教学计划成为推动教学向前发展的力量。

- **细读教材,掌握教材的内容链、结构链、英语语言链与文化涵盖面**

教材是英语教师进行教学与学生掌握英语语言知识与培养能力的基本素材。充分理解与恰当地运用教材是达到教学目标的保证,因此,在制订教学计划前,必须认真、仔细地阅读与分析教材,掌握教材的编写原则、组织结构、详尽内容及其理论依据。

由于编写教材的依据是课程标准与教学大纲,教师在细读教材时应思考教材如何具体体现了课程标准与教学大纲的要求,防止制订教学计划时偏离教学目标的方向。同时,所谓细读,绝非死扣课文的句子,也非一课课孤立地阅读,而是仔细读完后找出教材的内容链、结构链、英语语言链与文化涵盖面,找到每课之间内在的逻辑关系及其特点以掌握全局,在制订一课的教学计划前,细读该课内容不能碎片化,而要熟悉包括课文、注释与练习的全貌。

- **了解学生学习的特点与心理状态、英语水平、对英语学习的看法与态度**

接受了一个新班级后,应立即接触学生,了解他们的家庭背景,学习英语的有利与不利条件,观察与确定班级的特点与对英语学习的看法、态度和实际英语水平,同时了解学生集体与个人个性的特征与学习英语的特点和策略,如有多少外向型与内向型学生,多少视觉型与听、说型学生等。此外,还应了解学生英语学习时的心理状态,即学生的学习内动力、自信心、兴趣与专注力程度,特别要关注一些学习困难的学生是否存在自卑感与胆怯心理,因为这些会影响教师的教学策略与方法,在制订教学计划前对上述各项都必须做到胸中有数。

- **作好迎接挑战与战胜困难的心理准备**

绝大多数英语教师都是因为热爱英语专业与教师职业而走上英语教学讲台的,刚来到英语教学岗位时,或刚接到一个新班级时,想到要教会学生掌握完全陌生的英语,心情都是乐观向上的,这是非常好的心态。但是,有时对可能会遇到的挫折与挑战缺乏思想与心理准备。当代学生有很多自己的想法,对英语教学也会有各种不同意见,教学不一定很顺利;学生在学习英语中可能会遇到不少困难,如乡音乡调难以克服,众多词汇难以记忆,交际能力难以培养,学习困难的学生英语成绩难以提高等。这些困难确是严峻的挑战,但对于有志于献身英语教育事业的教师来说,这正是锻炼与成长的机会。只要作好迎接挑战的思想与心理准备,不断学习与努力工作,就能战胜困难,这也是制订教学计划前必须具备的信心与勇气。

3.2.2 宏观英语教学计划:学期教学计划

宏观英语教学计划指较长期的教学计划,对英语教师来说,主要是学期与学年教学计划。学期与学年教学计划的框架基本相同,所不同的仅为学期教学计划比较详尽,学年教学计划只能确定一年的教学目标、内容与评估等框架,很多方面需根据第一学期教学的结果才能作出具体安排,故在此主要讨论学期教学计划。

近年来,多地的英语教学都采用了"依托内容的语言教学"理念,将一学期的教学内容按不同的主题分成若干单元,以单元为基本单位进行教学,有利于学生掌握同一单元中相关的英语语言知识和能力,这样就有必要制订单元教学计划。严格地说,单元教学计划涵盖的时间不长,不能归入宏观教学计划一类,但是,就基本性质而言,其内容比较接近学期计划,跟每节课的课堂教学计划(教案)差异较大,因此,制订单元教学计划可参考宏观教学计划。实际上,单元教学计划是介于宏观与微观教学计划之间的教学计划。

(1) 明确教学目标与基本教学理念

在准备阶段已熟悉英语课程教学目标和基本教学理念的基础上,制订学期教学计划时,需要根据本校、本班级的实际情况将课标与大纲中的教学目标和理念具体化,一般是同年级的教学小组集体讨论后,教师再根据自己班级的情况略加修改并定稿。这里必须指出,由于受传统观念的影响,在确定教学目标和基本理念时,往往会出现偏差,即对英语语言知识的要求提得十分细致,有关培养语言能力的部分则比较抽象,对于学习与思维能力、文化、情感与品格的要求更是轻描淡写,甚至一笔带过,这就会使英语课堂教学偏离总体教学目标,不能培养时代需要的人才,甚至回到传统教学的老路上去,在制订英语学期教学计划时必须防止产生这种偏差。

(2) 分析整体教学内容,确定各教学阶段重点与难点

在制订教学计划准备阶段,教师们已细读教材与了解教材涵盖的内容,在此基础上制订学期教学计划时,应进一步分析整个学期的教学内容,确定其中的重点与难点,再根据单元将一学期教学分成若干阶段,确定每阶段的教学内容与时间,使教学重点与难点均匀分布于各阶段,便于学生逐步理解并全面掌握语言知识与培养各种能力,也便于教师及时帮助学生掌握教学内容,进行评估与测试,吸取教学反馈,不断改进上阶段的教学。教师们对教学重点与难点经常会有不同意见,此时应在年级教学小组中讨论,以集体的智慧和判断解决一些具有争议的问题。

(3) 分析学生特点,优化师生互动与生生互动,促进学生生命成长

制订学期教学计划时,应在准备阶段初步分析学生的基础上进一步分析学生的特点,对学生特点不能仅作抽象的描述,虽然不能做到精确的定性与定量分析,但也应注意分析学生特点的"性质"与"数量":例如,学习成绩"好"与"差"的具体表现是什么?原因何在?成绩好、中、差人数各为多少?各类学生有什么特点?喜爱与不喜爱英语课的学生比例是多少?原因何在?英语教学中需要关注的不同学习风格的学生各有多少与他们的特点等。

分析学生特点的目的是关爱学生,做好教学工作,促进学生生命成长。教师根据学生特点可做多方面工作,由于师生互动与生生互动是英语课堂教学成败的关键,了解学生特点后应做的重要工作是:使其成为师生互动与生生互动的基础,提高师生互动与生生互动的质量与效率,这是课堂教学保持能动性的原动力。当然,为进行良好的师生互动与生生互动,仅掌握学生特点仍然不够。在根据学生特点促进师生互动与生生互动的同时,还需关注学生在学习中的问题、明确教师的地位与角色、教学内容与方法等方面,才能达到促进学生生命成长的目的。

(4) 采取有效的英语教学策略、方法与手段

英语教学目标与理论都需通过教学策略、方法与手段落实到实践,才能实现其宗旨,因此,制订教学计划时,在明确教学目标与理论的基础上应认真制订教学策略、方法与手段。

● **教学策略指宏观上根据教学目标、理论基础、学生特点与课堂教学发展所进行的谋略与策划**,在制订计划考虑英语教学策略时,应关注在教学过程中各阶段体现总体目标与理论的具体方面,策划实现计划需采取的方法与手段,并关注各阶段间的衔接与关联,规划如何有计划、有步骤地根据教学内容采取措施,按阶段推进,全面实施计划。在确定教学策略时,还应注意防止产生传统教学中仅关注教师教学、忽视学生特点和不同风格、不注意培养学生独立思考和元认知能力等诟病;同时,也不应混淆教学策略与方法的概念,前者是宏观确定谋略后决定采取何种方法,后者是具体办法,如误将教学方法作为教学策略,实际上便是取消了教学策略。

● **教学方法指根据教学目标、理论与原则所采取的具体措施与办法**,它们与教学内容密切结合。如语法翻译法时期常采用翻译法,听说法时期常采用句型操练法,交际法时期常采用角色扮演与模拟法等。当代教学方法吸取认知法、交际法与任务型教学中的方法所长,机械操练参考听说法与情景法之方法,同时发挥创造性,逐渐形成具有本地与本班特色的教学方法。

● **教学手段指根据教学目标、理论、内容与方法使用的教学设备**,如实物、图表与教具等。当代教学手段充分利用计算机与网络,如有条件,利用多媒体创设英语学习情景,采取人机互动的教学方法;如无条件,也可使用视频、实物与图片辅助教学,但是教学手段必须为教学目标与内容服务,防止产生华而不实或过分依赖计算机等弊病。

(5) 教学评估与英语测试

根据教学目标定期检查并评估教学过程与结果是英语教学重要的组成部分,因而也是教学计划必须涵盖的内容。在制订学期教学计划时,必须明确教学评估与测试的目的,对教师来说,不仅是为了取得学生成绩,主要是为了吸取教学反馈、系统反思与改进教学;对学生来说,不仅是为了取得考试分数,而是一次巩固与检查已获知识和能力的机会。学期教学计划中包含形成性评估与总结性评估,前者测试以课文与单元测试为基础,后者为期中与期末评估,采取口语与书面测试形式。由于英语课堂测试比较频繁,制订学期教学计划时应明确,既要达到检查与评估教学的目的,也要防止加重学生的负担,有些语音与拼写测验可在日常教学中进行。

必须强调的是,学期教学计划中应指出,总结性英语教学评估不能只限于英语语言测试,对教学目标、理念、过程、策略与方法等多方面都应检查与总结,才能达到教学评估的目的。有关英语教学形成性和总结性评估与测试理论与实践,本书将在第 10 章详尽讨论。

3.2.3 微观英语教学计划:英语课教案

微观教学计划指每课时教学计划,通常称为教案,它是英语教师日常最常编写与使用的教学计划。编写教案一般通过三个步骤：

(1) 备课

- **重温教学目标与基本理念，并使之落实**

  备课时不能倾全力于英语语言点的教学，而应重温课程标准、教学大纲与学期教学计划中的教学目标及其关于培养语言与非语言能力等方面的要求，明确相关的英语教学理论基础，才能使编写教案始终保持正确的方向。由于课标、大纲与学期教学计划中提出了全面的教学目标，教学理论含有多方面内容，这就需要教师在备课时仔细研究一个课时内朝着教学目标的哪些方面努力，体现什么教学理念，以及如何使教学目标与理念在每个教学环节得到落实。

- **对照当前与学期教学计划中阐述的学生特点，如有变化则加以调整**

  学生特点是备课的重要依据，备课时总体可依据学期教学计划中已确定的特点。但在为每课时教学计划作准备时，应关注当前学生的特点，特别是在学期期中与期末阶段学生经过一个阶段的学习后发生了变化，备课时应针对变化的情况制订计划。

- **确定每课教学内容及其重点与难点**

  明确了教学目标后，教材提供的课文和练习等素材就已确定了具体的教学内容。这里应该注意，课堂教学内容包括两方面：一是英语语言知识教学与能力培养，二是教学目标中提出的思维能力、学习能力、情感与文化品格等非语言能力培养。

  英语课堂教学的特点是教师精讲与学生多练。一节课时间有限，教学内容应从教材中选择重点的语言点加以消化，语言点数量依难度而定，因此在确定重点时也要确定难点，对难点采取相应的教学策略与方法加强语言知识与能力教学；在进行非语言能力培养时也不可能面面俱到，而应根据学生特点从多种能力中选择与教学内容相关的内容进行教学。

- **确定每课具体的教学策略、方法与手段**

  关于使用教学策略、方法与手段的原则，课时教学计划与学期教学计划基本相同。两者不同的是，在课时教学计划中，必须根据每课的教学要求将学期教学计划制定的教学策略、方法与手段具体化，如：指出某一课重点采用学期教学计划中的哪些教学策略，吸取英语教学法中哪一派的教学策略与方法，使用何种教学手段与具体如何使用它们等。

- **构建全课教学框架，安排基本教学步骤**

  完成以上各项后即可构建全课教学框架，安排全课教学步骤，落实教学内容与撰写教案。

(2) 教案格式

由于备课时已明确了教学目标、内容、策略、方法、手段与框架,编写教案的过程就是进一步确定上述各项,并根据教案的格式将它们逐一落实,以便上课时使用。

英语教案的格式有多种,这里介绍两种:一是美国应用语言学家塞尔斯-默霞(M. Celce-Murcia)推荐的课时教学计划;二是本书综合国内外教学计划后形成的教案格式,供参考。

- 塞尔斯-默霞推荐的50分钟课时英语教学计划

Lesson Plan Template for a 50-minute Class

	Background Information 背景信息: • course/level 　课程/水平(年级) • description of students（if necessary） 　学生情况（如有必要） • aims/objectives 教学目标 • skills focus/grammar/vocabulary 　重点语言技能/语法/词汇 • texts/materials 　课文/教学需用素材 • previous class work 　过去课内已学内容 • work to be collected or returned 　收集或交还作业	**To do before class 课前工作:** **Bring to class 来课堂所带之物:**
Time Frame（in minutes）时间范围(分钟): 3—5 4—5 10 10 15—20 3—5	**Procedures 程序:** • warm-up 暖身 • review 复习 • introduction 导入 • presentation activities 展示活动 • communicative activities 交际活动 • questions/homework 问题/回家作业 • extra activities（if necessary） 　附加活动（如有必要）	**Notes 注释:** transitions 过渡 seating plans 座位安排 potential trouble spots 可能遇到的麻烦 contingencies 意外事件
	Comments/Evaluation 评论/评估:	

(Celce-Murcia, 2001:409)。

● 本书综合国内外课时教学计划后形成的任务型英语教案格式

	课程简介 日期： 班级： 教师： 学生情况分析： 本课教材分析： 教学目标(语言知识、能力与非语言能力)： 教学重点与难点：		
时间 (分钟)	教学过程		教学目的
	教师活动	学生活动	
	课的启动		
8—10	● 师生互相问候； ● 宣布教学目标； ● 带领学生开展暖身活动；开启师生间轻松愉悦的情感交流； ● 复习，过渡到新学习内容，激活学生过去学习的经验、知识与能力，激发追求新知的好奇心与求知欲。	● 师生互相问候； ● 了解教学目标； ● 暖身活动；开启师生之间轻松愉悦的情感交流； ● 积极参与复习，准备好迎接新知识与培养新能力。	● 唤起学生集中学习的注意并明确教学目标； ● 确立健康向上课堂氛围与认真严谨学风的导向。
	课的进程		
30—35	任务前活动(Pre-task activities)：		● 通过完成任务理解重点词汇与句型的意义，并初步学会在交际活动中运用它们； ● 通过思考与完成任务培养学生自主学习能力；通过双人学习与小组活动培养学生合作学习能力； ● 教师的教学以开放式问题为主，学生通过答题与小结培养逻辑思维与批判性思维能力； ● 掌握每段教学时间，全面完成三阶段教学。
	教师介绍任务主题与内容，给出图画、录音与视频等相关材料，从中进行重点词汇与句型等语言结构教学，然后提出任务。	学生听取任务，从图画、录音与视频等相关材料中学习重点词汇与句型等语言结构，并了解任务内容。	
	完成任务活动(Task activities)：		
	● 教师指出完成任务的个人、双人与小组活动教学形式，掌握个别思考、双人与小组活动时间。听取完成任务报告，并点评； ● 教师给出一段完成任务的录音(即课文)，指出其中包含的本课重点词汇与句型； ● 引导课文主题讨论，并小结。	● 学生个别思考后，双人与小组活动讨论如何完成任务，并通过实践完成任务，然后由代表报告如何完成任务； ● 学生听完录音后，就重点词汇与句型进行练习； ● 讨论并明确课文主题。	

	课的进程		
	任务后活动(Post-task activities)：		
	提出若干关于课文主题的问题，学生回答后，再次小结课文主题。	回答教师提出的问题，小组讨论后由代表小结课文主题。	
	课的结束		
5—7	• 教师指导学生对照本课教学目标与实际教学内容，简要说明是否达到目标； • 教师指导学生小结一课教学内容，强调本课重点与关键部分； • 师生共同提出本课的优点，并指出不足之处； • 布置课外作业：学生书面回答教师课内提出的问题。		通过师生小结取得教学反馈，了解学生掌握新知与能力的程度，供下一课复习巩固参考。

以上两份课时教学计划的格式略有不同，塞尔斯-默霞推荐的格式比较适用于词汇、句型与语法教学，本书介绍的格式适用于任务型教学与听、说、读、写能力教学。

(3) 课后反思

教师们编写好一课教案并实施于课堂教学后，还有一个重要环节是：回顾编写与实施教案过程中的收获与存在的问题，对编写与实施教案中的问题进行反思，从中总结经验教训，做好反思教学日志。课后反思不仅有利于改进编写教案的工作，更重要的是，可以为改进以后的英语教学提供依据，教案与教学日志中积累的教学资料还为教学科研准备了素材。然而，我们往往因为工作忙而忽视了课后反思的环节，损失了进一步提高教学质量的机会与积累可贵的教学第一手资料，在编写教案时应记取以往的教训，确保课后反思的落实。

3.3　英语课堂管理原则及其实施

课堂管理是以往英语教学理论与实践研究中比较薄弱的部分。传统英语教学观的理念是教师权威与学生服从，英语课堂管理就是教师训导与学生遵守纪律，无多少理论可言；国际上，近代英语教学观在相当长的时期内提倡"集中关注学生"，交际教学法提倡课堂教学中开展大量开放式交际活动，课堂管理研究被搁置一边。近年来，随着国际英语教学观理性的回归与国内英语教学的发展，英语课堂管理日益受到重视，其理论与实践研究正在逐步发展。

3.3.1 英语课堂管理的界定与基本属性

(1) 英语课堂管理的界定与内容

提到课堂管理,不少人立即会想到课堂纪律。然而,课堂纪律远非课堂管理的主要部分。课堂管理是课堂教学中为实现教学目标而有组织、有秩序地实施管理制度与措施的教学行动与过程,它是课堂教学顺利进行与达到教学目标的重要保证。因此,课堂管理是课堂教学中不可或缺的专题,其内容主要涉及"课堂""教师"与"学生"三方面。

- **英语课堂管理中涉及的"课堂"**

课堂管理涉及的"课堂"有显性与隐性两种表现形式。

➢ **显性表现形式**是人们一进课堂便察觉到的课堂环境布置与座位安排,它们体现了课堂管理的理念。重视课堂环境的师生在课堂里设置了中英文图片、快报与黑板报等营造学习环境,以促进学生的英语学习;为便于英语课上的师生互动与生生互动,有些课堂改变了教师一直站讲台、学生单人座或双人座面对教师的陈旧格式,学生人数不多时围成半圆,人数多时采取按小组安排座位的形式,教师根据教学情况随时走动;

➢ **隐性表现形式**指上课时的课堂氛围,有效的课堂管理使课堂朝气蓬勃,充满了活力与积极向上、健康、和谐的气氛,促使师生在愉悦的氛围中实现教学目标。课堂管理最重要的隐性形式是体现课堂管理的"课堂观":传统与近代课堂管理观分别视课堂为"传授与接受知识的场所"与"社会生活的一部分";生态课堂管理观认为,课堂是内部多因素互动和与自然及社会互动的场所,体现了多元性、共时性、即时性、不可预测性、公共与历时性(Doyle,2006:98-99);"生命·实践"教育学认为,课堂是师生生命成长的场所,课堂管理始终关爱生命,让生命在英语语言知识学习与能力培养中焕发活力,促进生命不断成长。

英语课堂教学管理需以当代课堂教学观关注课堂显性与隐性表现形式,因为它们不仅影响英语教学的成效,而且对学生生命成长起着长远与潜移默化的作用。

- **英语课堂管理中"教师"的角色与职责**

教师是课堂管理的责任人与主持人,教师的职责是通过课堂管理保证已制订的教学计划得以顺利实施。教师在课堂管理中的主要工作是:主动与学生在互相理解、尊重与关爱的基础上建立良好的师生关系,并帮助学生建立健康与和谐的同学关系,这是做好课堂管理工作的基本保证;与学生共同执行学校有关课堂管理的制度、规定与纪律;实施教学计划中确定的课堂教学程序,使课堂教学有序进行,并与学生共同明确为完成全部程序必须遵守的课堂规则、纪律和常规的日常教学行为;与学生共同创设英语学习环境与课堂中健康、和谐、愉悦的教学氛围,掌握好教学各阶段时间分配与学生座位安排,如临时出现新情况,应随时调整教学计划,避免出现浪费时间或课堂混乱的现象;关注学生保持专注于学习的态度与行动,防止产生影响教学顺利进行的干扰,如发生干扰或意外时,与学生一起及时、合理地处理事件;激励学生积极向上、勤勉好学的内动力,采取恰当的奖惩方法,发扬刻苦学习与善于学习的优良学风,奖励学业进步,反对英语学习中的浮华学风或懈怠情绪,但绝不能采用变相体罚、不尊重学生人格的处罚与使用讥讽或嘲笑的语言。

- 英语课堂管理中"学生"的地位与作用

在传统的课堂教学中,学生是被动接受课堂管理的对象,学校与课堂的管理制度和规定被用来约束学生行动,学生对教学没有发言权;"生命·实践"教育学认为,学生是课堂教学"主动活动的策划者、践行者、自控互控和自评互评者"(叶澜,2006:272),在课堂管理中,他们是课堂管理工作的积极参与者与合作者。学生在英语课堂管理中的作用是:以课堂主人的态度,与教师一起完成教学目标确定的课堂教学程序;向学校制定的课堂管理制度与规定提出意见与建议,一旦制度与规定确立后,即维护并遵守这些制度与规定;学生应认识到,学校与教师制定必要的课堂纪律,是为了实现课堂教学目标与规范学生在课堂教学中的行为,而不是为了束缚学生的成长。因此,学生应自觉遵守课堂纪律,向不遵守课堂纪律的行为说"不"。

(2) 英语课堂管理的基本属性

英语课堂管理是课堂教学的组成部分,因此,不同的课堂管理理论与实践体现了不同的课堂教学观,课堂管理的基本属性就体现了课堂教学理念。从国际课堂管理理论的不同观点中可以清楚地看到这一点。英国教育学教授雷格(E. C. Wragg)总结了国际课堂管理理论的不同观点的基本理念与特质,共有七派:

- **权威派(Authoritarian)**:权威派观点在英国维多利亚女王时代盛行,至今仍未消失。该观点认为,教师是长者,知识与经验都比学生丰富,是维持学校秩序的当然代表,学生应该服从教师,课堂管理应树立教师权威,以保证教师传授知识与控制学生课堂上的行为,一般学生不得在上课时移动与互相谈话,不遵守纪律者受到严厉惩罚;

- **放任派(Permissive)**:这一观点与权威派针锋相对,批判教师权威论,认为学生可为自己的行为负责,只要信任学生,他们就能提高学习的能力,因此,应给予学生自主学习的机会,教师不仅不应阻止学生自主学习,而且不能命令或责备学生,上课时学生可以自由交谈;

• **行为纠正派(Behaviour Modification)**:遵循斯金纳(B. F. Skinner)的行为主义观,认为课堂管理的目的是纠正学生的行为,强化刺激能巩固优良行为,因此,重视机械操练,课堂管理采取有力的奖惩手段,奖励良好行为,惩罚不良行为;

• **人际关系派(Interpersonal Relations)**:认为课堂管理中最重要的是建立和谐的人际关系,师生关系与学生之间关系良好,学习就会有成效,因此,提倡互相爱护与分享,同时认为和谐的环境能促进学习,提倡创设健康的课堂教学氛围;

• **科学派(Scientific)**:以斯坦福大学盖奇教授(N. Gage)为代表,提出教学是科学,也是艺术,实现科学的课堂管理是第一要务。知识学习必须系统性,并采取分析的方法,强调课堂管理理论必须建立在系统观察与分析成功教学的基础之上,而不能主观设定课堂管理理论;

• **社会体系派(Social System)**:该派认为学校是社会的一部分,受社会的影响,课堂与教育系统和整个社会密切相关,因此,课堂管理的视野应扩大到社会的层面,使它体现更广泛的教育价值观,而不能仅局限于课堂价值。与此相应的是,教师应熟悉社会与社区,了解学生受社会的影响,并将他们对社会与学生的了解运用于课堂管理中;

• **民间派(Folklore)**:该派没有明确的理论基础,相信日常教学中的谋略与诀窍行之有效,教师之间互相交流课堂管理的经验与教训,给出实际教学中改进课堂管理的提示(tips),如"做好课堂组织工作,预见可能会出现的问题""与学生建立良好的关系""不要让学生闲着"等,实际上这些经验与教训吸取了各种观点所长,虽然缺乏系统的理论,但很多青年教师认为,这些提示是课堂管理窍门,其中含有各种课堂管理理论与专业智慧,有实用价值(Wragg, 1993:10 - 15),因而在网络上广为传播。

显然,"权威派"与"放任派"课堂管理理论分别体现了传统课堂教学"教师中心论"与近代课堂教学中"学生中心"的课堂教学观;"行为纠正派"课堂管理理论反映了行为主义课堂教学观;"人际关系派"与"社会体系派"都体现了课堂与社会互动的课堂教学观。除了民间派外,以上观点表明,课堂管理的特质植根于课堂教学观,后者是前者的基本属性,采用什么课堂管理的理论与方法基本上反映了教师的课堂教学观、教师观与学生观。正如不同课堂教学观的争议促使教师们科学地认识课堂教学本质一样,不同课堂管理观点的讨论也使教学工作者逐渐全面地认识了课堂管理的基本属性。在教学中,我们应根据学校与学生的实际情况,吸取科学课堂教学观指导下的课堂管理理念,有效进行课堂管理。

3.3.2 英语课堂管理的原则

英语课堂管理原则以课堂管理的界定、内容与基本属性为依据,它们建立在课堂教学观、课堂管理中教师的角色与职责和学生的地位与作用之基础上。同时,在讨论英语课堂管理原则时,还应再次重温英语课堂教学多元性的特点,认识到英语课堂教学多元性始终贯穿于英语课堂管理过程中,并影响英语课堂管理原则及其实施。

(1) 认识与掌握英语课堂管理多元性的特点

近年来,不少课堂管理研究者都感叹:课堂管理很复杂(Scrivener, 2012:2; Wright, 2005:88)!如果说各门课程课堂管理都呈现出多元现象,那么,英语课堂管理的多元性较不少其他课程更为突出。首先,英语教学具有工具性与人文性双重性质,在工具性课程性质的教学中,练习与实践活动较多,教学节奏快,人文性课程性质的教学则需要学生仔细思考与逐渐领会,两类性质教学课堂管理的策略与方法很不相同,两者交织在一起时,教师要随时恰当调节教学节奏,达到思考与实践相结合;其次,英语课程兼有语言知识与能力和思维与学习能力、情感与品格等非语言能力的教学,这些方面交织在一起,课堂管理要明确地兼顾各种因素,又要使它们有机结合;再次,由于种种原因,学生英语学习成绩差异之大十分惊人,课堂教学既要面向大多数学生,也要发挥管理艺术,照顾成绩好与差两头的学生,当教学内容难度大时让成绩好的学生在带动全班的过程中得到提高,在适当时机把机会留给学习困难的学生,鼓励他们参与教学;最后,英语教学的目标语与媒介语同为英语,教师必须选择与使用学生能接受但又准确的英语进行教学,使课堂管理增加了语言上的负担,这就要求教师不断提高自己的教学管理与英语水平,使确切的课堂用语与教学管理融为一体。总之,掌握英语课堂管理独特的多元性特点,在认识与实施课堂管理原则时就能更好地把握全局。

(2) 以当代课堂教学观为主导,以实现教学目标为目的

无论是否意识到,任何一位英语教师的课堂管理都体现了一定的课堂教学观。如果不自觉地选择当代课堂教学观实施课堂管理,那么,教师思想深处的某种课堂教学观就会主导课堂管理,使课堂管理偏离方向。因此,在课堂管理过程中自觉地践行当代课堂教学观至关重要。以上提及,与课堂管理相关的课堂教学观主要体现在如何认识课堂显性与隐性的性质、教师角色与职责和学生的地位与作用方面。多年来的教学实践表明,在上述课堂教学观诸因素中,正确认识与掌握学生在课堂管理中的地位与作用不易做到,需特别加以重视。由于大部分学生进入课堂时英语知识几乎是空白的,因此英语课堂教学中经常会出现教师保姆式的管理。在指出了保姆式管理的弊病后,又出现了"学生为主体"的现象,教师不善于引导学生参与课堂管理与及时纠正少数学生的不良言行。因此,自觉采取当代英语课堂教学观管理课堂时,在认识课堂性质与教师角色和职责的同时,应十分关注学生在课堂管理中的主动地位与作用,充分调动学生参与课堂管理的积极性,使全体学生都能在课堂教学过程中主动健康地成长。

英语课堂管理的目的,归根结底,是实现课堂教学目标。为教学目标服务是英语课堂管理的方向,是否有助于实现教学目标是衡量英语课堂管理成败的基本准则。因此,选择英语课堂管理的策略与方法时,首先要考虑它们是否有利于实现教学目标与体现当代教学观,在此前提下,再考虑策略与方法是否适合当时当地的具体情况及可能出现的问题,才能使英语课堂管理始终保持正确的方向。

(3) 英语课堂管理中的"秩序(order)"原则

课堂"秩序"是课堂管理中的重要问题,有的课堂管理研究者甚至认为,课堂管理在很大程度上就是建立与保持课堂环境中的秩序(Doyle,2006:99)。

传统与当代教学观都十分重视课堂"秩序",但是两者有关"秩序"的观念截然不同:前者认为,"秩序"即"纪律",是课堂教学中学生服从教师指令的手段,学生专心听讲,听从教师的指挥,课堂里很安静,纪律好,即"秩序"好的表现。为使学生遵守秩序,宣布破坏纪律的惩罚手段,如不遵守纪律就被罚站或走出教室;后者却认为,课堂管理中的"秩序",指"学生在可接受的限制内遵循教学行动的程序,为了使特定课堂教学内容付诸实现,必须采取这些教学行动的程序"(同上)。虽然这里提到学生在上课时受到了限制,但是,这种限制是"可接受的",显然不是惩罚性的。纪律是课堂秩序的一个方面,但不是课堂秩序的全部内容。同时,课堂秩序是师生共同实施的原则,"可接受"并不意味着学生可以随心所欲地说"可接受"或"不可接受",而是指这些限制符合教学规律、学生认知水平与年龄特征,而非教师强加于学生的主观意志。而且,学生遵循的教学行动程序也并非取决于教师的主观意愿,而是课堂教学科学管理必须采取的程序,纪律则是根据程序的需要而制定的规则。由于师生都是课堂的主人,课堂秩序不会呈现出一成不变的僵化状态,学生不理解教学内容或对教学有建议都会与教师讨论或开展全班讨论,这时产生不安静的"秩序"不是乱,而是师生互动与生生互动的好现象。因此,当代与传统课堂教学观的课堂管理"秩序"原则有本质的不同。

(4) 情感因素(affective factors)与态度(attitude)在英语课堂管理中的重要作用

以往有人认为,课堂要靠"严厉"才能治理,课堂管理中师生是"管"与"被管"的关系,课堂气氛肃穆,学生如惊弓之鸟,对教师敬而远之,甚至产生害怕心理。表面上看课堂无甚干扰,实际上,长此以往,约束了学生生命的成长。有效的课堂管理建立在师生良好的情感基础之上,这种情感不应仅表现在教师对学生的关爱上,过分的关爱只会使学生产生依赖的惰性。师生健康向上情感关系的基础是互相理解、尊重、信任与鼓励,即使学生产生了不良行为,也通过耐心教育帮助他们改正。总之,教师应主动了解学生,及时解决矛盾,与学生共同管理好课堂教学,特别应在情感因素上下功夫,即相信所有的学生都能进步,激励学生成长的内动力与自信心,从心理上指导与帮助学生主动积极参与英语课堂管理。我们经常看到,课堂管理中出现了一些很难解决的问题,但由于师生之间情感上的互信,问题很快就得到解决,教师对情感因素在课堂管理中产生的疏导作用需倍加重视。

(5) 英语课堂管理中的奖惩(reward and punishment)原则

奖惩是英语课堂管理中教师又一经常使用的原则,虽然并无正式的文件记录,但是对学生的影响不小,甚至家长都很在乎。当代英语课堂管理观认为,课堂奖惩的目的是使全体学生身心健康与学业成长,提倡恰当的奖惩规则,以激励努力学习与奖励进步为主,对学生的不良行为采取正面引导的方式进行教育,而不是不由分说地严厉惩罚。为激励学生探索新知与勇于实践,教师应鼓励学生多思考,多提问,不要怕犯英语语言错误,应充分肯定正确的回答与有意义的质疑,表扬有创意的问题或回答;对于不正确的回答也不要轻易否定,而应启发学生自己改正错误,使他们增强学好英语的信心;对于学习困难的学生,不能操之过急,更不能严厉惩罚他们的英语错误,而应耐心帮助他们,及时表扬他们的进步。

奖惩的具体方式可因地制宜。总的来说,课堂上一般都是口头奖励或批评,但教师的用词应审慎,对成绩好的学生不能褒之过分,对学习困难的学生切忌使用贬义词语。除了书籍、图画与文具外,不宜物质奖励。实际上,课堂管理最好的奖惩制度是做好正面引导工作,防止不良行为的产生,若发现可能产生不良行为的苗子,师生即共同把消极因素抑制在萌芽状态。以往在少数大学英语课堂中,没有及时制止嘲笑同学错误的英语语音,对学生心理产生了消极的影响;在中小学英语教学中,有些学生因成绩退步被罚抄大量英语生词,是一种变相的惩罚,这些现象都不应该在当代英语课堂中发生。

3.3.3 英语课堂管理原则的实施

有效实施当代英语课堂管理原则不是一件易事。由于课堂管理的多元性与实施课堂管理有不少必要的大、小规则,即使已认识了当代英语课堂管理的原则,在实施课堂管理时,如不重视课堂管理规则,有时仍会出现偏离教学目标的现象。因此,要将英语课堂管理原则落实于具体的实施过程,还需要关注一些课堂管理规则与影响课堂管理的因素。

(1) 日常教学管理规则的制度化与执行的灵活性

英语课堂教学是在学校环境中一个班级集体的教学活动,为使教学活动有序地进行,必然需要集体成员遵守一定的规则。有些规则是学校与同一年级规定必须执行的,也有一些是根据各班具体情况制定的规则或日常教学行动。这些规则,如同交通规则保证繁忙的道路顺畅一样,是课堂管理有序进行的保障。

英语课堂教学规则有大有小,较小的规则如:准时进课堂,发言前举手,上课时不随意交谈或离开座位,带齐课本与作业,保持课堂整洁,关闭个人所有电子设备等;相对大些的课堂规则如:遵循课堂教学程序,遵守双人对话、小组与全班活动纪律,与老师和同学礼貌相处,及时独立完成课内外作业等。还有些日常常规活动,如有的大学与中学英语课建立了每堂课开始前值日生作英语汇报,小学英语课开始时唱英语歌曲等,对有效的英语课堂管理起了积极作用。英语课还可制定适合本班的规则或制度,但前提是它们必须为完成教学计划必不可少的规则,并受到学生的欢迎。同时,规则与制度的语言必须清晰明了,易于执行,使学生明确制定规则的目的,并愿意努力达到规则提出的要求。

课堂管理的规则与每课都实施的日常教学活动应该制度化,即具有连贯性与一致性,才能产生应有的效果。当然,执行制度也应有灵活性,遇到特殊情况必须进行特殊处理,甚至适当调整教学计划也在情理之中。但是,无论出现何种情况都应该明确,从近期目标来看,课堂管理规则的实施与其制度化是为了保证课堂教学的顺利进行;从长远来看,则是培养学生自觉认识到,作为集体一员的公民遵守集体活动的规则与养成遵纪守法的习惯是当代公民的义务与责任,也是生命成长的重要部分。

(2) 掌握英语课堂教学进程的步骤与转折

在讨论教学计划与教案时已谈到,英语课堂教学过程包括"启动""进程"与"结束"

三部分。其中"启动"与"结束"部分时间短,课堂管理比较简单,但"进程"部分时间长,是课堂教学与管理的主体。虽然关于"进程"部分已有一些基本原则与格式,在完成教案时已根据这些原则提出了教学进程的步骤,但是,在具体实施教学计划时,有时会在课堂管理方面出现问题。例如,虽然教案中明确了教学的重点,但由于未能控制讨论枝节问题的教学时间,使教学出现了"散点"现象,课堂教学未能突出重点;有时又出现另一个极端,过于强调重点,忽略了次要教学内容,两者都未能实施教案中教学进程的步骤,导致未能达到既定的教学目标。由此可见,在采取英语课堂教学进程的步骤时,牢牢把握教学内容从主到次,以主带次的逻辑顺序是有效进行课堂管理的重要举措。

另一个与教学进程步骤相关的是各步骤与教学活动转换时的衔接问题,教学步骤与活动之间的衔接直接影响一个阶段的教学效果。两个步骤或活动的转换切忌突兀,使学生一时转不过弯;最理想的衔接是两个步骤或活动在内容上密切相关,两者的过渡很自然,学生的思路顺畅,就比较容易接受教学内容,如新授语言知识时,前一个语言点为短语,后一个是与短语相关的语法现象,前者不仅是单独一项语言内容,而且还是后者的铺垫;而后者又巩固了前者,两个语言点都取得了一石二鸟的效果。

(3) 英语课堂管理中空间与时间(space and time)的利用

对于英语课堂管理来说,空间与时间因素有着与其他课程不同的重要意义。

空间方面,首先,英语教学需要创造英语学习环境,课堂管理应考虑如何从视觉与听觉等角度创造良好的语言环境,以及妥善管理不断变化的英语语言环境,以配合英语教学;其次,英语课对话活动多,课堂座位安排有讲究。目前我国课堂座位的安排绝大部分是面向教师讲台的双人座或单人座,英语课上会话活动多,单人座不利于开展会话与小组活动;双人座较好,双人对话很方便,小组活动时单排的双人转身与后排的双人组成四人小组开展活动。有些英语课堂移动学生座位,按小组安排课桌椅,开始上英语课时学生已按小组就位,这样的座位安排对小组活动最有利。有些人数少的英语课堂,如大学英语专业课,学生围成半圆坐,教师站立或就座于中间,小组活动时也只需少数人移动一下座位即可,这样的安排对于师生互动与生生互动都很有利,也便于课堂管理,但是,这样的座位安排只适用于小班上课。

时间方面,英语语言规则繁多,实践活动频繁,各种不同类型的教学活动不断交替,稍有怠慢便会影响效率。因此,探讨如何充分利用教学时间便成为英语课堂管理的一大课题。

在每堂课教案中,对教学各阶段花费的时间都作了预估。每段时间的长短主要根据教学内容的主次与教学方法特点、难易程度以及学生已有的基础等要素决定教学进度的快慢。一般来说，双人对话与小组活动时间不宜太长，但如小组活动内容难度较大，时间就得延长；每堂课教学重点与难点固然需花费较多的时间，但非重点与非难点也不能放弃，因此，教案中的时间安排只能是大致估算，在具体实施时需根据学生表现调整各方面教学时间。然而，即使必须调整时间，还得遵守教学内容特点与一张一弛均衡节奏两方面的规律，对于需要学生思考的内容，要给出充分时间，而训练对英语语言迅速作出反应时，则要加快节奏，两者需交替进行，其中时间的掌握必须恰到好处，既不能拖沓，也不能搞"闪电战"。此外，虽然在制订教学计划时已经预估了上课各阶段时间，但是，在课堂教学中经常会发生不同于计划预估的现象，使教学不能按计划进行，教师需作好灵活处理时间的心理与物质准备，提高应对意外事件的课堂管理能力。

（4）重视英语课堂管理中的非言语交流（non-verbal communication）

非言语交流指除语言外其他形式的信息交流，包括肢体语言、人与人之间的距离、手势、面部表情、眼神、发声音量、发声的情感表达，如笑、哭与叹息等。虽然不是语言，但其中蕴含着文化、礼仪，甚至尊严，是课堂管理不可忽视的因素。

英语教师的非言语行为不等同于通常所说的"教态"，它是教师内在素质与气质的全面反映，而非表面形态，何时采取何种非言语行动完全是出于教学的需要，它比"教态"的内涵更为深刻。从出现在课堂的那一刻起，即使尚未开口，教师的外表、神态、表情与举手投足已被学生尽收入眼帘。英语教师良好的非言语行为潜移默化地感染着学生，不仅使他们增添了英语学习的愉悦，而且为他们树立了非言语行为形象的楷模，培育了他们审美的品位。反之，则会产生负面影响；就学生而言，青少年英语课堂里非言语行为非常丰富——高兴时哈哈大笑，甚至手舞足蹈，失望时唉声叹气也是常有的事。

在英语课堂中，由于师生使用的大部分语言不是汉语，而大多数学生尚未能用英语自由交流，他们的思想感情常自觉或不自觉地流露于非言语行为中，对课堂管理会产生影响，因此，英语教师的非言语行为与对学生非言语行为的管理都十分重要，具体应关注以下四方面：

- **对学生与教学的态度**：认真、一丝不苟，发自内心帮助学生成长，学生进步时由衷地高兴，学生犯错误时及时指出并热情帮助，但关爱与热情建立在促使学生独立成长的基础上；
- **仪表与姿态**：着装简洁、端庄、大方，无须盛装或洋装，只需品位高尚、平实，与周

围环境契合,共同组成英语教学自然、和谐的氛围;遇事既不畏怯,又不粗莽。处理课堂管理步骤沉着镇定、利索果断;

● **肢体语言**:针对学生不同的年龄、性别与性格特征,恰当走动,使用手势、眼神和面部表情(如微笑、点头)与学生远、近距离互动,掌握肢体语言的分寸,既不畏首畏尾,也不张扬夸张,同时善于掌握时机与学生交流,十分有利于课堂管理的顺利进行;

● **善于发现、捕捉与处理学生的非言语行为**:学生对英语课堂上发生的一切都会作出非言语的反应,积极参与教学的学生时常会点头、摇头、举手要求发言,不感兴趣的学生对教学活动毫无反应或目光呆滞,教师要敏感地发现与捕捉学生各种非言语行为,并及时对它们作出相对积极的反应,才能使课堂管理顺利进行。

综上所述,在英语课堂教学中实施科学管理原则之目的,是为了实现教学目标,从总体上提高英语课堂教学的质量与水平,激发学生学习英语的内动力、自信心与兴趣,促进他们在英语学习中主动、健康地成长,并在此过程中提升教师的专业素质。

结语

本章从学科课堂教学的共性与英语课堂教学的特点出发,讨论了制订英语课堂教学计划与英语课堂管理的原则及其实施的实践。从中可以看到,它们建立在语言观与教学观的基础上,体现了一定的语言观与教学观,同时以它们自身原则与实施的特点构成了英语课堂教学的框架,成为以下各章英语教学专题讨论的铺垫。

英语课堂教学既含有学校一切课程都具备的共性,又具有其独特的个性。其中最突出的个性是,英语教学具有工具性与人文性双重性质,师生互动与生生互动具有推动课堂生命力发展和提高英语语言知识与能力水平的双重作用;同时英语教学有其特殊的困难,即它是在本族语环境中进行的外语教学,师生获取外界资源的渠道比其他课程少得多,而课堂教学的目标语与媒介语都是师生陌生的英语,产生了教学内容与语言的双重负担,英语课堂教学的这些特点对制订教学计划与课堂管理提出了挑战。但通过长期努力,英语教师与研究者们已探索了体现学科课堂教学共性与英语教学个性的教学计划与课堂管理基本原则:以实现教学目标为目的,以教学观为理论基础,认识与掌握工具性与人文性的统一、语言知识教学与能力培养融合、师生互动与生生互动双重性质的英语课堂教学特点等。在制订与执行英语课堂教学计划时,采取宏观与微观教学计划两种形式,遵循英语课堂教学的一般规律与过程;在实施英语课堂管理时,关注课堂"秩序"、教学中的情感因素、态度与奖惩等原则,采取管理规则制度化与灵活运用、掌握教学进程步骤与转折、充分利用课堂空间与时间、重视非言语交流等有效的课堂管理措施。

应该明确的是,无论是制订英语教学计划或实施课堂管理,都不能认为它们仅是为上课服务的手段,而应视其为教学重要的组成部分。因此,在实施过程中,不仅要考虑各种具体行动,而且还应积累工作资料与素材,为教学工作的总结、提高与科研提供依据。更重要的是,制订英语教学计划与实施课堂管理的最终目的都是为了实现英语教学目标,提高英语教学水平,促进教师专业素质的发展与学生生命的成长。

至此,第1、2、3章讨论了英语教学的理论基础、教学观及其特点、教学计划与课堂管理原则与实施,为以下各章探讨英语教学各项内容与活动打下了基础并勾勒了总体框架。

第 4 章　英语语言知识教学的发展与更新

导言

英语语言知识教学是英语教学中历史最悠久、传播最广泛的部分。经历了几个世纪的英语语言知识教学,至20世纪50年代,语法与语音教学发展到了顶峰,但随之而来的是落入低谷,80年代后期以来又逐渐恢复元气,整个发展过程是一个历经大起大落与坎坷前行的进程。

本书第1章提及,19世纪末至20世纪初,"语言学之父"索绪尔从语音、词汇与语法三方面分析语言知识。20世纪40—50年代,以结构主义语言学为理论基础的英语教学确立了这三部分为语言知识的内容。尽管随后结构主义理论受到了猛烈的抨击,但语言知识内容为语音、词汇与语法的概念一直为应用语言学界、EFL教学工作者广为应用,故本书将从语音、词汇与语法三方面探讨英语语言知识教学。

英语语言知识是英语教学的主要内容之一,也是英语教学中各种能力培养、文化知识教学与人文修养、品格冶炼等学科素养的基础,英语语言知识教学的质量与学生掌握英语语言知识的程度也是评估英语教学水平的重要方面。当代英语教学观认为,语言知识是学生英语学习基本功的重要内容,语言知识教学也是英语教师的基本功之一,但是,在语言知识教学基础上,还应关注学生语言能力与全面的学科素养的培育,才能使学生通过英语教学主动、健康地成长。

在英语教学发展史上,英语知识教学理论与方法十分多姿多彩,并不断变更。但在"方法时代",这些变更仅导致教学方法的替代;在"后方法时代",英语语言知识教学的发展得到了更新:首先,当代英语语言知识教学界重新认识了语言知识教学的基础地位,同时也重视教学目标中提出的学科素养的培育;其次,当代语言知识教学内容从传统教学仅重视语言形式发展至理论与方法上语言形式与语义、语用教学相结合,而且教学从单词与句子层面发展到了语篇层面;再次,当代英语语言知识教学领域加强了与第二语言习得、心理学、应用语言学和神经语言学等多学科合作进行跨学科理论研究与实践,脑科学与心理学研究成果被用于分析语言知识教学中人脑活动与情感变化,高科技手段也被应用于改革语言知识教学中,这些更新使当代英语语言知识教学的面貌发生了深刻变化,值得广大英语教师们在教学工作中予以关注。

本章提要

4.1 英语语音教学的发展与更新
  4.1.1 英语语音的特质与学习难点
  4.1.2 传统英语语音教学理论与方法
  4.1.3 当代英语语音教学与研究的发展与更新
4.2 英语词汇教学的发展与更新
  4.2.1 英语词汇的特质与学习要点
  4.2.2 传统英语词汇教学理论与方法
  4.2.3 当代英语词汇教学的发展与更新
  4.2.4 当代英语词汇教学研究的发展与更新
4.3 英语语法教学的发展与更新
  4.3.1 英语语法的特质与学习重点
  4.3.2 传统英语语法教学理论与方法
  4.3.3 当代英语语法教学的发展与更新
  4.3.4 当代英语语法教学研究的发展与更新

4.1 英语语音教学的发展与更新

自20世纪60—70年代交际教学法与自然教学法对传统英语语音教学抨击后,英语语音教学的发展几乎停滞。虽然80年代以来有所恢复,但应用语言学界至今对英语语音教学的必要性仍然存在争议,有的应用语言学者认为,语音"大部分是凭直觉模仿而习得",语音教学"不如语法与词汇教学那么重要"(Ur,2006:55),在一些广为流传的英语教学理论与方法专著以及教材中甚至省略了语音教学部分(Long & Doughty,2009;Ur,2012)。

本书作者认为,英语语音教学是完全必要的:语音是语言的物质外壳,是语言重要的组成部分。语音不仅参与表达语义,而且体现了言者的身份、地位、心理状态、情感与语言水平,影响人际交流的成效。人们学习一门新语言时,往往通过语音阶段入门,词汇与语法学习也始终与语音联系在一起。因此,本书探讨英语语言知识教学也从讨论英语语音教学开始。

4.1.1 英语语音的特质与学习难点

(1) 英语与汉语不同的语音特质

英语属于印欧语系,是一种字母语言,通过26个字母(5个元音和21个辅音)的组合构成文字。但是,由于每个元音与少数辅音都有多个发音,最小的语音单位不是字母,而是从字母中派生出来的分支,即44个"音素",这就使英语单词发音变化多端;此外,绝大部分单词又有多个音节与不同的重音,扩展到句子层面,更有句重音、节奏与语调等因素,与属于汉藏语系、文字为单音节的汉语差异很大。

一种语言语音的特质取决于其音高、音强、音长与音质。除了元音与辅音发音不同外,英语语音不同于汉语的特点是"音强"与"音长",体现在词、句重音、节奏与语调上;而汉语不同于英语的主要特点是"音高",即汉语是"声调语言(tone language)",其四声声调有高有低,对表达意义起了重要作用。这些不同的特质使两者语音语调产生了很大的差异。

(2) 单音段(segment)中的英语元音音素、辅音音素与音节

英语语音教学由单音段与超音段两类教学组成。"单音段"指一个音节内元音与辅音构成的语音结构。英语单、双元音音素共20个(另有三元音3个);辅音音素共24个。英语单词中的"音节"是指以一个或多个元音字母为单位的语音结构,其前后可有也可无辅音字母。这里之所以要提及音节,是因为现代汉语中单、双、三元音(即汉语"韵母")为22个(不包括一个儿化带"r"的韵母和16个鼻韵母),辅音(即汉语"声母")共23个,汉语与英语在元音与辅音音素数量方面相差无几,有些汉语辅音(如 zhi, chi, ji, qi, xi)发音难度还不小,可见对于英语单个音素,中国学生发音困难不应很大。但是,中文是单音节文字,每个字只有一个音节,通常由一个声母(辅音)与一个韵母

(大部分是元音)组成;而英语有大量多音节文字,而且字首音节中有时有两、三个辅音连成一串,形成"辅音连缀(consonant cluster)",有时一个字中间或结尾的音节甚至有多达四个辅音成串的辅音连缀,如"construct""attempts"等;此外,有时字尾的辅音要与下一个字首的元音连读组成一个音节,有时失去爆破不发音,构成了不少中国学生学习英语发音时的难点。不仅如此,音节的发音还与以下提到的重音有关,因此,不能忽视音节在英语语音教学中的意义。

(3) 超音段(suprasegment)中的单词重音、句重音、节奏与语调

跨越单音段的语音结构称为"超音段",其特征包括词与句重音、音高、节奏与语调等。绝大多数的英语单词都有两个与两个以上的音节,其中一个是重读音节,即词重音所在。所谓单词"重音",是发音时给予重读音节更强音量与更长时间,其他音节发音音量相对较弱,时间比较短,构成了强弱对比,使英语语音出现持续一强一弱或一弱一强的节奏。因此,英语语音节奏是指重读音节在语篇中分布的型式,说话时间长短并非由多少字或音节决定,而是由多少重音决定(Richards,2015:342)。例如:在"Jean likes air travel."与"Jean is travelling to Italy in November."两句中,第二句字数与音节数比第一句多,但因两句重读音节都是四个,说话时间几乎相等(同上)。如果仅朗读一个单词,一般对英语词重音的发音不会感到很困难,但是要构成句子,甚至语篇,每个词的重音不同,而且要形成节奏,就会产生发音错误,比较典型的错误是受汉语文字单音节发音影响,将每个字都重读,失去了英语语言的节奏。此外,英语句重音在句尾比较多,但汉语在句尾的句重音不多,也是发生超音段语音错误的原因之一。

音节的音高、低构成了语调,英语句尾语调有升降调之分,除了特殊疑问句用降调外,一般来说,升调表示疑问,或句子尚未结束,降调表示肯定,这对大部分中国学生并不构成困难。

4.1.2 传统英语语音教学理论与方法

传统英语教学重视语音教学,从早期模仿、朗读、背诵教学与使用发音器官与位置图表,发展到语音电化教学,传统英语语音教学为当代高科技与跨学科语音教学奠定了基础。

(1) 传统英语语音教学理论

- **奠定了英语语音教学科学性的基础**

外语教学的语音教学起始于19世纪中后期。自1850年起,法国拉丁语教师高尹(F. Gouin)与美籍德国人法、德语教师伯利兹(M. Berlits)等人反对欧洲语言教学长期由语法翻译法主导,提倡口语教学,包括采取模仿、反复练习等方法进行语音教学。19世纪后期,欧美等国兴起了语言教学改革运动(the Reform Movement),大力推动口语教学,也指出了语音教学的重要性。1886年,以英、德、法语言学家斯威特(H. Sweet)、维埃托(W. Vietor)、帕西(P. Passy)领衔组成的国际语音协会(International Phonetics Association)宣告成立,次年发布了国际音标(International Phonetics Alphabet - IPA),并在此基础上解析语言发音图表与读音规则,形成了系统的"分析—语言学"(analytic-linguistic)语音教学法,使语音成为一门科学。国际语音协会指出,"语音学的发现必须运用于语言教学中,教师必须经过语音学训练,学生应该接受语音训练以建立良好的言语习惯(Celce-Murcia et al.,1999:3)"。模仿、反复练习等"直觉—模仿"的语音教学法与"分析—语言学"语音理论这两种语音教学形成了传统语音教学的基础。20世纪初至40—50年代,"听说法"创始人之一弗里斯(C. C. Fries)指出,学习一门新语言"主要的问题不是首先学习词汇项目,而是先掌握声音系统:理解语流,倾听不同的声音特征,并作出近似的表达"(Fries,1945:3),在以此为指导的"听说法"教学中形成了系统的传统英语语音教学理论与实践。

- **教学目标是达到以英语为本族语人的语音水平**

传统英语语音教学目标是使学生掌握标准的英语发音,最初的标准是所谓"RP(Received Pronunciation)",即伦敦与英国东南部绅士的语音。第二次世界大战后,美语通用语(General American)也被接受为英语语音教学中的标准语音,但不包括美国各地的方言。这样的要求非常高,因此,EFL教学中语音课花费很多时间纠正学生发音,课内外要求学生反复模仿与练习,虽然使一些学生改进了英语发音,但是不少学生无法消除地方音影响,有的学生甚至失去了学好英语语音的信心。

- **开发语音的生理与物理机能,指出语音是听觉与发音器官的活动**

传统语音教学对英语教学作出的重大贡献是科学地开发了语音的生理与物理机能。在国际语音协会成立前,英语课单词发音与朗读教学都是模仿教师或英美人的语音,教学普遍存在随意性,学生的英语语音质量取决于教师语音的正确程度与学生的模仿能力。国际音标与图解发表后,详细揭示了人类生理上发音器官结构与各音素在舌、唇、齿、软腭等口腔内部与下颚的发音部位,以及发音时气流的通道与阻塞等物理现象,全面描述了英语元音与辅音的发音部位、过程、特点与发音规则,使语音教学有了正确的标准与理论指导。当学生的英语发音产生错误时,只需指出正确与错误音素发音部位的差异,辅之以声音对比,纠正错误的概率大为提升,十分有利于提高英语教学质量与学生英语学习的效益。但是,此时教学的重点局限于单音段理论与实践,除了指出句子词重音与语调作用外,超音段教学十分有限。

- **视本族语为英语语音学习的消极因素**

在学习外语时,任何人都会受到本族语的影响。应用语言学界将这种现象称为"语言转移(language transfer)"。这种转移在语言知识方面都存在,但是,语音转移比词汇与语法结构的转移更为明显。传统英语教学十分关注语言转移对学生学习语音的影响,以行为主义为理论基础的"听说法"视本族语语音为"旧行为",语音教学是克服"旧行为"的过程。其主要论点是将语言转移分成两种:"积极或建设性转移(positive or constructive transfer)",即本族语与英语相似或接近之处,学习英语时很自然地会利用这一点,减少学习英语的困难;另一种转移为"消极或破坏性转移(negative or destructive transfer)",亦称"干扰(interference)",即误将本族语代替英语而产生错误的发音,这些错误有时会"固定化",一旦固定化后就很难克服。总体而言,传统英语语音教学视本族语为消极因素,认为英语语音教学的目的之一就是排除本族语语音的干扰。实际上,本族语对学生学习英语语音存在积极与消极两方面的影响,在教学中应该利用积极因素,克服消极因素,夸大本族语干扰会影响学生学习英语语音的自信心,当代英语语音教学应当防止产生这样的后果。

(2) 传统英语语音教学方法

- **模仿与朗读**

模仿与朗读是语音教学最早使用的教学方法。早在19世纪末正式语音教学开始以前,英语课单词与课文教学中已采用了这些方法,只是没有系统化,并缺乏理论指导。在发布了国际音标与"分析—语言学"语音教学法形成后,元音与辅音分类系统地进入了语音教学中,并与讲解发音部位与方法相结合,提高了使用模仿与朗读教学方法的质量。

模仿教学方法一般用于低、中级阶段音素、音节、单词、短语与短句的教学中。特别是在进行新词与疑难音标教学以及纠正学生语音错误时,模仿教师的"跟读"是每位英语教师都采取的教学方法。"跟读"遵循由易至难、由浅入深的步骤,每个音素、单词或短语都应集体多次重复,再通过个别抽查检查模仿的教学效果,随时纠正学生错误的发音,发现个别学生的发音错误有普遍存在的可能性时,再进行全班集体模仿,因此,模仿教学方法有新授与巩固双重意义,实施时有集体与个别两种方式。

朗读的一般意义是"清晰响亮地把文章念出来"(中国社会科学院语言研究所词典

编辑室,1983:675),但英语课上的朗读含义更为深刻:它帮助学生使用正确与清晰的语音语调表达思想感情,更好地理解文字内容,培养对语言的语感与审美观。英语教学中的朗读主要用于句子与语篇语音教学中,英语低、中、高级阶段都可使用,但教学要求不同:低级阶段,主要用于英语语音语调教学,使学生在正确发音的基础上理解英语语义;中级阶段,在语音语调教学的基础上,要求正确理解与表达英语的意义,培养一定的语感;高级阶段,要求英语语音语调能正确表达意义与思想感情,理解英语内在含义,并培养英语语感与审美观。

由于朗读教学占用的时间较长,不少教师都在课内选择课文中有代表性的段落指导学生朗读,然后要求学生课外聆听文本录音并自己练习,在复习课上向全班展示,使朗读教学课内外结合,取得了很好的效果。

● **以反复练习与背诵强化语音教学,形成良好的发音习惯**

学生听教学材料后反复练习与背诵的教学方法常用于单词、短语、句子、简短对话的教学中,这一方法不同于"模仿",它针对学生英语语音学习的难点进行。例如,英语辅音连缀是中国学生学习英语语音时的难点,受本族语影响,不少学生在发英语辅音连缀时会产生在辅音后加元音的错误,因此,教学中可将单词中的辅音连缀归类,并将听材料与反复操练结合,纠正错误发音。除了词首、词中、词尾辅音连缀外,特别注意词中、词尾四辅音连缀,如:要求加强练习"construct""extra""instincts""attempts"等词(Nasr,1997:32-33)。又如,元音教学可采取听后反复练习,再背诵句子的教学方法,这些句子都含有容易产生发音错误的单词:

[ei]:The rain in Spain mainly falls on the plain.

[u]:The cook took a good look at her cookbook.

由于反复练习枯燥乏味,常选择绕口令作为教材,如:练习辅音[s]与[ʃ]的绕口令:

She sells seashells on the seashore. The shells she sells are seashells, I'm sure.

If she sells seashells on the seashore, then, I'm sure, she sells seashore shells.

这些方法的长处是:通过听录音,标准语音的模式形象地树立了榜样,同时,反复练习提高了学生单项发音的准确性,有助于一些难度比较大的音素和单词教学与语篇教学中的节奏和语调教学,从而也提高了说话时语篇中语音的质量。

● **读音规则与拼写教学**

传统英语语音教学重视读音规则教学,特别是在英语低、中级阶段,所学单词都为常用与低难度词汇,符合语音规则的单词较多,采取归纳法与演绎法进行读音规则教学能取得成效。

系统的英语读音规则教学主要包括三方面:首先,对大部分英语单词的元音与辅音字母发音规则进行归类,如归纳元音字母在开音节与闭音节中的发音,总结元音与辅音字母组合的发音规则等;其次,帮助学生认识与掌握单词重音规则:一般来说,除外来语外,大部分双音节英语名词的重音在第一音节,而60%以上的双音节动词的重音则在第二个音节(Richards,2015:341),在有三个与三个以上音节的单词中,重音一般都落在倒数第三个音节上,但在组合词中,重音却落到了第一个音节,如"tape-recorded""subfamily"等;再次,进行英语语音与拼写规则教学。虽然英语拼写规则不能完全根据发音确定,但是,大约75%的英语单词拼写都遵循基本规则,因此在传统语音教学中,常采取归纳法与演绎法进行语音和拼写关系与规则教学:在语音教学的音素与音标教学中,要求学生掌握所有26个字母在单词中的基本发音规则;在进入单词教学阶段,要求学生掌握较多的元音与辅音组合的发音与拼写规则及重要的例外组合;当学生学习了较多单词后,帮助他们总结单词前后缀发音与拼写的规律,唤起他们注意规律与例外实况,如:以不发音的"e"结尾的基础词加后缀时,需去除"e"(如make→making),但如果后缀是"-able"时必须保留"e"(如manage→manageable)等,使学生能举一反三,遇到例外时,也能理解该单词的特点,就能比较全面地掌握英语单词的拼写。

- 对比分析(contrastive analysis)语音教学

对比分析是传统英语教学重要的理论与方法,它常用于语音教学中。语音教学的对比分析包括两方面:一是分析对比英语语音与本族语语音的异同,使用分析对比的结果解析语音错误,达到排除本族语干扰的目的;二是分析对比英语语音内部容易混淆的音素,如元音中的[i:]与[i],[ei]与[e],辅音中的[l]与[r],[w]与[v]等,通过对比达到辨别正误与正确发音的目的。

"语音最小成对法操练(minimal pair drill)"是"听说法"使用最多的语音分析对比练习,它利用一组发音接近、但只有一个音差的元音或辅音组成对子,针对学生经常产生的错误,让他们在发音对比中通过练习纠正错误。例如,以下为一组最小成对语音对比练习:

[ei], [e]	[i], [i:]	[l], [r]	[v], [w]
late/let	bit/beat	lay/ray	vain/wane
main/men	sit/seat	lie/rye	vet/wet

"语音最小成对法操练"简便易行,针对性强,难度不大,既可练习发音,还可加深单词记忆,是英语低级阶段教学中常采用的方法。但是,这些练习无语言意义,且练习仅停留在单词层面上,缺乏句子与语篇上下文支撑,与学生实际使用语言的交际活动有很大差距,因此,它们常用于语音教学的初级阶段,或在复习词汇时对比分析成对单词,巩固所学词汇。

综上所述,一个多世纪以来,传统英语语音教学在理论研究与实践中积累了科学的教学理论与方法,使英语语音教学形成了一门系统的科学。但是,传统英语语音教学缺乏深入的英语超音段教学及其研究,并未将英语语音教学与语言能力培养结合,因而未能使英语语音教学促进学生发展实际运用英语的能力。值得庆幸的是,近年来,英语语音教学开始发展,进入了不断更新语音教学理念、策略与方法的当代英语语音教学的时代。

4.1.3 当代英语语音教学与研究的发展与更新

21世纪以来,全球英语教学发生了巨大变化,推动了英语语音教学的发展,英语语音教学不仅在理论与方法上不断更新,而且在科学研究方面也取得了长足的进展。

(1) 教学目标从模仿英美人语音更新为交流者互相理解语言意义

当代英语语音教学更新一个突出的表现是:教学目标发生了根本变化。自英语语音教学形成时起,教学目标始终是以培养学生具有以英语为本族语人的标准语音为目标,排除本族语干扰成为英语语音教学的重要任务。然而,20世纪末后,特别是21世纪以来,以英语为外语的国家迅速发展,有些民族认为,他们愿意在说英语时保留一部分自己的本族语音,表明自己的族群身份,希望得到交流者的尊重。不少发达国家也急需通过英语与发展中国家沟通,很多跨国公司在使用英语开展业务活动时,词汇与语法的重要性比较突出,要求数量庞大的外国人语音都达到以英语为本族语人的标准没有必要,也很难做到。

上述思潮推动了英语语音教学目标方向性的转变,从要求学生达到英语本族语的语音标准转变成以"清晰表达文字(intelligibility)"和"理解语言意义(comprehensibility)"为教学目标,即要求学生英语语音达到能清晰地与以英语为本族语人沟通与互相理解的程度,这一更新的教学目标已得到英语语音教学界的认同。

(2) 更新单音段教学,重视超音段教学,并使它们融入语言能力教学中

传统英语语音教学的又一更新表现在教学重点的变化:即从注重孤立的单音段教

学(又被称为"自下而上法"——the bottom-up approach),转变到强调超音段教学(又被称为"自上而下法"——the top-down approach)。当代英语语音教学观认为,英语语音教学应有利于培养学生使用英语进行交际,需改造不利于此目标的孤立单音段教学。因此,当代英语语音教学力求从更新单音段教学法、提倡超音段教学法和语音教学与语言能力教学相结合这三方面更新英语语音教学,使它为语言交际活动服务。

● **单音段教学法(自下而上法)的更新**

更新单音段教学法的一种方法是:在进行了英语元音或辅音音素单项练习(模仿、讲解发音部位与最小成对练习等)后,将它们的对比放在实际生活对话的框架中,采用角色扮演与表演形式进行教学。例如,在做对比音素[i]与[iː]的教学时,先做类似传统语音教学的跟读等单项练习,然后给出餐馆晚饭菜单(见右 Dinner Menu)。

该菜单中黑体字表明了要对比的音素[i]或[iː]。经过全班朗读练习后,同桌两人组成对子,一人扮演服务员,一人扮演饭店顾客,两人练习后选几对在全班表演。同样是语音对比教学,这样的活动就比传统语音教学中的"语音最小成对法"更体现交际活动与接近实际生活。

Dinner Menu
First Course: **Chicken** Soup
Main Course: **Liver** OR **Beef**
Vegetable: **Beans** OR **Spinach**
Salad: **Green** OR **Mixed**
Dessert: **Cheesecake** Or **Ice** Cream
Beverages: Tea OR **Milk** OR **Mineral** Water

(Celce-Murcia, 1987:9)。

● **超音段教学法(自上而下法)**

超音段教学主要指语篇中句重音、节奏、音高和语调教学。传统英语语音教学中已涉及词重音和句子升降调教学,但仅重视形式,并停留在单音段与单句层面。当代超音段教学重视句重音、节奏、音高和语调的语义,将教学提高到语篇层面,使它们在运用英语时发挥应有的作用。

➢ **句重音与节奏教学**:为了掌握英语句重音,必须先区分"内容词(content word)"与"功能词(function word)"的概念:"内容词"有时也称为"实词",包括名词、主要动词、形容词、副词、疑问词与指示代词等;"功能词"指冠词、介词、助动词与人称代词等语法功能方面的词类。通常前者在句子中需重读,后者则是非重读词。当然,为了强调某个内容,在一定的语境中任何词都可以重读,但那是特殊情况,无须练习。同时,还应帮助学生认识句重音的含义:即给予句子中单词重读音节较强音量与较长时间,而不是超高声调,强音与弱音还应形成一强一弱或一弱一强富有音乐性、抑扬顿挫的节奏,句子结尾则以适时停顿结束。

在学生明确了内容词与功能词的差异、语义和节奏后,就可给出一个简短语篇(或课文),如以下对话(黑体字为句重读单词所在字):

X: I've lost an **umbrella.**

Y: A **lady's** umbrella?

X: Yes, a lady's umbrella with **stars** on it. **Green** stars.

(Allen,1971:77)。

学生先根据对内容词与功能词的理解标出重轻读单词,再听录音与跟教师朗读。跟读数遍后,同桌两人互相练习与纠正错误,然后教师检查并加以巩固。最后可列出课文中单词,两人一组选一个新标题,写一段含有课文单词的短篇,练习后在全班展示,既复习了已学内容,又运用了句重音表达意义,这样的活动使学生练习了如何在语篇层面上表达语言意义。

> ➢ **音高与语调教学**:对于英语低、中级学生来说,语调教学首先要掌握句子中"意群(sense group)"的概念。所谓"意群"是指句子中根据语言意义可短暂停顿的短语,它是一种语法结构,有一个突出的内容要素,构成一个语音特点(Celce-Murcia et al.,1999:175)。如在"My sister/is studying/English grammar/at home."一句中就有四个意群,句子的停顿与语调以意群为基础;其次,英语句子还由不同的音高(pitch)组成,共分成特高(extra high)、高(high)、中高(mid high)与低(low)四种音高。每个意群都有四种中的一种音高,共同组成一个句子的语调。根据意义,有时也会由两个意群合起来具有同一种音高,少数情况下一个意群也会具有两种音高。英语陈述句一般都以中高音开始,突出意义的意群处于高音,结尾以低音结束。

当代英语语调教学采取形式与语义结合、从单句发展至语篇、课堂练习落实至实际运用的教学策略。例如,升、降调是英语语调教学中重要内容,传统教学中仅强调一般疑问句使用升调,陈述句、特殊疑问句、选择疑问句与反意疑问句用降调,反复要求学生使用孤立的单句进行操练,将教学重点放在单句句尾升降调的形式上,忽视了整句语调及其表达意义的教学。当代英语语调教学重视英语升降调表达的意义,在将教学拓展到升、降、升降、降升等调与平调形式的同时,指出升调的意义不仅体现在一般疑问句中表示疑问,而且可运用于陈述句中表示对事实不确定的态度,而降调用于陈述句中,常有肯定事实的意义。通过听取表示多种语义、来自生活的对话语篇和以生活题材进行角色扮演与模拟等口语对话活动,使学生学习将英语升降调运用于实际生活中,克服传统教学重形式轻语义、重单句轻语篇与重练习轻实际运用等弊端。

- **语音教学与听、说能力教学相结合**

当代英语语音教学重视语音与听、说能力教学相结合,依据是:语言是音义结合的符号系统,但离开了实际使用语言的语义,语音就失去了存在的意义,而听与说正是实际使用语言的交际活动,在掌握了英语语音的基本知识后,将其运用于听与说的语义交流中,就能使音义结合,既巩固语音知识,也有利于提高听力与口语能力。

传统英语语音教学中偶尔也有听与说的活动,但仅停留在单音段层面上,如听单个音素、单词与单句发音,但大部分语音教学通过看音标或阅读文字等视觉活动进行,未能真正将语音教学与实际运用语言的听与说的能力教学结合成一体,使学生在实际运用语言的过程中听到正确语音的节奏、高低与升降语调并及时作出反应,因而教学效果常不理想。

听、说能力与英语语音结合的教学和英语听力与口语课程的教学不同。后者的教学目标是培养学生听与说的能力,而前者的教学目标主要是进行语音教学,听力与口语教学需符合语音教学目标,教学内容的重点也取决于语音教学的要求。例如,当语音的教学目标是掌握正确的英语升降调时,听与说的教学就应选择突出升降调的听力材料,并重点进行升降调的口语练习。学生在学习了英语升降调语音知识与经过单句升降调练习后,再听取来自实际生活并含有升降调的语言材料,并根据听力材料内容进行口语练习活动,这样的英语语音教学质量显著优于传统英语教学。有时由于无足够时间将语音教学与听和说两种能力教学结合,也可从听与说教学中选择一项,使语音教学仅与听力或仅与口语活动结合,也能使语音教学取得良好的效果。

(3) 运用高科技手段更新英语语音教学

与英语词汇和语法教学相比,英语语音教学运用高科技手段的发展相对滞后,一个重要的原因是:计算机在鉴别学习者英语语音时很难达到精确的程度,因此,难以深入发展语音领域的人机互动等高科技手段;此外,在一次颇具影响的计算机辅助语音教学的调查中,发现68%的学生更喜欢由人指导语音教学,25%的受调查者喜欢人的指导与使用计算机并用(Tsurutani, 2013:285),其结果影响了高科技用于语音教学研究的市场开发。尽管如此,21世纪以来利用高科技手段更新语音教学仍取得了一些

进展,其中可用于课堂教学的工具有以下几种:

- **运用高科技手段制定"标准英语语音样板"**

标准英语语音样板是英语语音课必备的教具。传统英语语音课最早使用的标准英语语音样板是英国人制作的唱片,后来发展到录音磁带,成为英语课与语言实验室重要的课件。高科技时代开始后,多种形式的标准英语语音样板可以从网站获取,它们从多方面更新了传统的标准英语语音样板:在内容上,由单音段更新到单音段与超音段并举,重点在超音段;在手段上,由分别看发音图像与听录音更新到使用多媒体,图像与录音同步进行,使学生从听觉或视觉单项感知活动转变成视、听感觉器官与思维结合的活动;在形式上,发音图像由静态到动态,穿插教师讲解,从单调枯燥的形式更新到生动有趣的形象,还可供学生课外自由使用;在质量上,发音更清晰,更不易受损。英语语音教学中恰当使用高科技标准英语语音样板能有效提高教学效益。

- **建立新型的学生语音检查机制与语音操练**

英语教师常为学生作语音档案,将开学时学生英语发音概况与错误记录在案,期中与期末作对比并记录,以便跟踪学生的进步与存在的问题。过去这一工作都是费时费力的手工操作,现已有软件可供教师采用高科技手段将学生英语语音学习归档。

与此相关的是教师指导学生课外英语语音练习的手段得到了更新。过去使用录音机逐个录音,再由教师听录音后分析,十分费时费力,使大部分学校学生课外语音练习无法得到教师及时的指导。当代产生了一些教学软件与网站,学生可以在家中电脑上将英语语篇录音,再通过互联网将录音邮件传送给教师。收到学生的邮件后,教师可以在任何时候收听与分析学生的录音,并加以指导,使课外指导学生英语语音的工作更加便捷。同时,学生的语音录音也是对教师教学的反馈,教师通过分析学生的错误可以看到教学中存在的问题,并改进教学。

- **人机互动"自动言语识别(Automatic Speech Recognition — ASR)"软件**

自动言语识别(ASR)的基本原理是:软件内部设有一个装置,储存着数篇以标准英语语音朗读的语篇。使用该软件时,给学生一篇软件储存语篇的文字,让学生朗读并录音,该软件在接收了学生的录音后,能将学生的语音与软件内储存的标准语音版本进行对比,凡是学生发音错误的地方都会被显示出来,因此,它可用于检查学生英语语音的水平,也可作为语音练习的工具,发现并指出学生英语语音的错误,再通过练习加以纠正。

ASR被认为是当代高科技用于英语语音教学比较好的软件。但是,目前计算机识别语音差异的程度还不够高,因此在识别朗读者语音错误方面不够准确。在实际使用中发现,ASR在储存英语语音后,检查以英语为本族语人的语音错误效果较好,但在检查非英语为本族语人的英语语音方面,识别能力不够理想。因此,在广泛运用于英语教学前,这一软件还有待进一步改进。

(4) 开展英语语音教学跨学科研究,关注心理学与神经语言学研究成果

早在人们认识到语言是社会现象时,就已存在语音反映说话者社会地位的概念,语音与说话者情感相关也早被心理学关注。但是,学习语音,特别是学习外语语音,同样也涉及社会地位,甚至民族地位,并与情感和脑神经因素相关,却是近年来语音教学跨学科研究的成果。

● **近年来,当代语音教学研究者与社会心理学家们在调查中发现,英语国家移民与全球一部分以英语为第二语言国家的人在学习与对待英语语音的态度方面发生了变化**,从过去希望尽量排除原有的地方音变成认为可以保留一些地方音,以示自己的民族与社会地位,如美国的墨西哥移民与印度人都有这种倾向,而且这种倾向仍在继续发展;

● **当代语音教学研究、心理学与神经语言学研究都表明,人们学习语音最好的状态是体态放松,情绪安定,心智警觉**(physically relaxed, emotionally calm, mentally alert),当学生处于精神紧张、神情不安与思想不集中的状态时,无论教学方法如何好,学习语音都不会奏效;

● **神经语言学在研究大脑与语音学习的关系时发现,身体处于放松状态与情绪安定时,学习语音中的思维活动比较活跃与警觉**,相反,情感不稳定时,思维活动就不集中。而且,人脑对来自语言的"建议"反应积极,提示教师在语音教学中应以耐心的态度指导学生,多使用"建议式"的语气帮助学生改正错误,语言上应防止训斥与指责;

● **当代心理学研究还表明,语音学习者的学习动机与自信心极为重要**。对于学习英语的学生来说,学好英语语音需要刻苦练习与坚持不懈地努力。同时,英语语音学习常需立即开口与大量发音,容易产生错误,甚至失去信心,因此,教师必须高度重视语音教学中的心理因素。

以上讨论表明,当代英语语音教学与研究已得到更新,其中最突出的表现是研究方向与内容发生了重大变化,即教学目标从达到以英语为本族语人的语音水平转变到"清晰表达文字"和"理解与表达语言意义",研究对象从以研究教师的语音教学为主发展到以研究学生的语音学习为主,研究内容从语音单音段转变到除了研究单音段与超音段外,还开展了跨学科研究,与心理学、神经语言学等学科与高科技结合,将英语语音教学研究水平提高到了新的高度。

4.2 英语词汇教学的发展与更新

词汇是语言的材料,正如盖建一座建筑物必须具备建筑材料一样,词汇是使用语言必须具有的材料。在语言知识的组成部分中,语音是语言的物质外壳,语法是语言的构架,词汇则构成了语言的内容,在三者中起着核心作用。英国语言学家威尔金斯(D. A. Wilkins)说,"没有语法,只能表达些微;没有词汇,什么都不能表达"(Wilkins, 1972:111),另一位语言学家奥尔德森(J. C. Alderson)说,"词汇量与任何语言测试的表现相关,语言能力在很大程度上是词汇量所起的作用"(Alderson, 2005:88),他们充分说明了词汇在使用语言中的重要地位。

4.2.1 英语词汇的特质与学习要点

英语属印欧语系日耳曼语族中的西日耳曼语支,但是,它与西日耳曼语支中的德语、荷兰语等语言很不相同,自公元五、六世纪形成的古英语发展至现代英语,词汇发生了很大变化,形成了独自的特征。英语词汇量相当大,英语最大的非历史性词典《韦氏第三版新国际英语大词典》(Webster's Third New International Dictionary)就包含了未计算专有名词的 114,000 个词类家族(word family)(Nation, 2001:6),相当于 456,000 个词汇(以一个词类家族平均有四个词计算)! 但是,英语口语的常用词汇无须那么多,一些学者认为,掌握 2,000 个最常用的英语词汇,就能进行基本日常会话(Schmitt, 2012:142),然而,要达到大学课本的阅读水平则需要掌握 4,000 个到 5,000 个以上词汇(Nation, 1990)。英语词汇量这样大,依靠孤立地记忆单词是无法掌握它们的。在英语词汇教学中,帮助学生了解英语词汇的特征与变化规律十分有助于他们掌握与运用英语词汇。

(1) 词源的多元性与规则的例外

英语词汇的一个显著特点是词源的多元性。英语外来语之多十分罕见,这是由英国历史、社会与英语的发展所致。英国历史上受到多个民族的入侵,给英国带来了各种不同的语言。

- 最早居住在现今英国大不列颠岛上的民族是凯尔特人(Celts)，公元前55—54年，罗马人入侵，给当地带来了拉丁语；公元5—6世纪时，西日耳曼族的盎格鲁、萨克逊与朱特等民族移居大不列颠岛，征服了凯尔特人，开启了古英语时代(450—1150年)，此时的英语跟德语比较相似；

- 然而1066年，诺曼(法国)人入侵，法语在社会上占了重要地位，1250—1500年间，约有9,000个法语词汇进入英语，其中75%至今仍被使用；但在此前的六世纪末，罗马传教士来到英国，建立了天主教，使《圣经》等不少宗教文字中使用的拉丁语得到传播；九世纪时，斯堪的纳维亚人占领了英国，至今英语中还沿用了一些丹麦、挪威、瑞典等国语言的日常用语与地名。总体而言，在1150—1500年的中古英语(Middle English)时期，英国使用的语言主要是法语、拉丁语与英语，因此，从古英语发展到中古英语，词汇与语法都发生了很大变化；

- 1500年后，英语进入现代英语(Modern English)时期，受文艺复兴时期哲学、文艺等影响，希腊语进入英语，同时，拉丁语再次被强化。自16世纪后期至20世纪第二次世界大战前，英国推行殖民主义，英语在世界上传播很广，也吸收了各地的一些语言。20世纪后期，全球化加速后，英语又吸收了不少各国语言，当前现代英语词源的组成部分如下：

词源	法语	拉丁语	古英语	希腊语	其他语种	来自专有名词
百分比	29	29	26	6	6	4

(https://blog.cambridgecoaching.com/why-does-english-borrow-so-many-words-from-other-languages, posted by Alison, 5/22/17)。

以上数字表明，现代英语中来自法语、拉丁语与希腊语的词汇占了一半以上，使英语词汇产生了在拼写、发音与词法变化等方面的多元性，英语语言的一般规则经常出现例外，了解英语单词的词源，就有助于掌握英语词汇变化的规律。例如，英语单词"bank"有两个截然不同的词义：一是"河岸"，另一是"银行"。如知道这是因为该词有两个不同的词源：前者来自古挪威语，后者来自拉丁语，英语兼收了两种外来语词义，就容易理解与记忆不同的词义了；又如，英语名词复数是在单数名词后面加"s"或"es"，但名词"criterion"的复数却是"criteria"，原因就是这个词源自希腊语；"alumnius"的复数是"alumni"，因为该词词源是拉丁语。教师利用英语词源进行教学，有助于学生根据词源运用归纳与举一反三的方法学习英语词汇。

(2) 从综合性语言(synthetic language)向分析性语言(analytic language)的转化

"比较语言学"认为,就词类结构而言,语言有"分析性语言"与"综合性语言"之分。前者指所有单词词形都不变,句子的意义主要由词序与虚词构成,如汉语就是"分析性语言";后者的特点是:单词由一个以上的词素(词的音义最小单位)组成,一个基本词素常有前缀或后缀,词尾变化很多,形成不同的词形,通过性别、数、格等词形变化表达意义,词序变化不改变句子意义,除了拉丁语和希腊语外,与英语同属西日尔曼语支的德语与荷兰语都属"综合性语言"。

以上提及,古英语与德语相似,因而英语也来自综合性语言,但由于受到多种语言的影响与中古代和现代英语不断简化,英语词形变化逐渐减少,与德语和荷兰语相比,现代英语词形变化少得多。从古英语到现代英语,整个趋势是向分析性语言发展,最明显的表现是:英语除了代词有性别差异(he, him, his, she, her)外,单词没有阴性或阳性之分;除了代词有宾格(him, her)外,其他词类都没有"格"的区别。然而,由于英语毕竟是从综合性语言而来,其词类结构仍具有"综合性语言"的特征,即词形变化依然不少,如具有名词单复数、动词变化(时态、主被动语态与虚拟语气)、分词与动名词、形容词比较级与最高级等方面的特征。在英语词汇教学中,教师如能有意识地指出英语词汇具有"分析性语言"与"综合性语言"双重特征,它既有综合性语言的多种词形变化,又在向分析性语言发展,就能使学生不因词形变化太多而感到困惑。

(3) 词根(root word)与词缀(affix)—前后缀(prefix and suffix)

英语中的词根指单词意义最基本的组成部分,舍此便无词义可言,它们是除了单词所附加的前、后缀外的基础成分(Crystal,1985:267)。词根是词汇的核心部分,有的不独立存在,而必须与其他部分合成一词,如词根"struct"意为"build",它并非一独立的单词,但它可组成"construct""destruct""obstruct"等词;词根也可为独立的单词,如,"interestingly"一词中词根即为独立单词"interest"。很多英语实词都能通过加上前后缀改变形式,因此,发现与掌握词根与前后缀对理解词义、增长新词与正确运用词汇都有重要意义,在教学中应加以利用。英语词汇的前后缀很多,教学时主要应关注两类:

● **第一类是有词尾变化的语法后缀(the inflectional suffixes)**,如:词尾加"s(名词复数、动词第三人称单数与所有格)""ed""er""est"等,这类后缀的特点是它们只表示与词根语法上的不同,但不改变词根的词性;

● **第二类是派生前后缀(the derivational prefixes and suffixes)**,它们中一部分会改

变词根的词性,如词根是形容词的"happy"加上后缀后变成名词"happiness",或副词"happily";有时还会改变词根的词义,如词根"happy"加上前缀后变成了相反的意义:"unhappy"等。了解这些前后缀的不同十分有助于理解与记忆英语词汇,这是在英语词汇教学中值得关注之处。

(4) 词群(chunk)——搭配(collocation)、短语(phrase)与多词词组(multiword unit)

掌握英语词汇的一个重要方法是学习英语的词群(chunk)。教学中不能孤立地处理单个单词,而必须十分关注词汇之间的联系,因为单词组合后,很可能会改变原义。如果掌握了单词组合的词搭配、短语与多词词组的意义,又理解了语法规则,就比较容易理解词句的真正含义。

- 单词搭配

英语单词搭配是指 2—3 个单词由于长期一同使用,或一同使用后改变了各自的原义,形成了固定的搭配(Nation,2001:317),如"put"原意为"放",但与"up with"搭配成"put up with"后,意义就改变成"忍受"了。英语单词固定搭配的形式很多,但既不能遗漏单词,也不能添加。例如:在"动词+(冠词)+名词"的搭配中,有的名词前无冠词,如"play ball",有的名词前有冠词,如"play the piano";在"动词+介词"的搭配中,有的是两个词组合,有的是三个词组合;在"形容词+名词"的搭配中,形容词有多种同义词,名词前使用其中哪一形容词有固定搭配,如"thin""skinny""lean"三个形容词都有"瘦"的含义,但是"瘦肉"的英语只能是"lean meat",不能用其他两个形容词。在进行英语词汇教学时,必须重视各种搭配的教学,否则学生会根据个别单词的意义任意进行单词组合,在使用词汇时便会产生错误。

- 短语与多词词组

短语与多词词组是搭配稍长的固定词语组合,是使用英语进行交际时最常运用的语言形式之一。英语短语不胜枚举,因此,在学习名词、动词与形容词等主要实词时就需注意是否存在与它们组合成的短语,才能正确使用这些词汇。英语词类中的介词短小精悍与灵活多样,它们与实词结合成短语的可能性最大,介词短语使用频率很高,英语词汇教学中需加以重视。

随着英语口语逐渐简化,多词词组在口语中使用得越来越多。它们大部分是固定的,有的是比短语稍长的词组,有的是从句或短句,在英语词汇中占有十分可观的比重(Schmitt,2012:96)。在进行搭配、短语与多词词组教学时,应强调不能以汉语相对应的单词替代固定词汇,如汉语"吃药"的英语为"take medicine",如随口说出"eat medicine",就难免贻笑大方了。

总之,"词群"教学不仅能帮助学生克服记忆大量单词的困难,而且还有助于他们学习地道的英语,是英语词汇教学中不可或缺的组成部分。

4.2.2 传统英语词汇教学理论与方法

(1) 传统英语教学时期的词汇教学

早在传统英语教学的初期,传统英语词汇教学就已形成。语法翻译法重视语法与翻译,因此也关注词汇教学,形成了音、形、义的基本词汇教学法;20世纪20—30年代,直接教学法注重使用实物、图画和动作进行词汇教学,丰富了传统词汇教学的方法;同一时期,德、俄、美、英等国语言学界开始关注词汇在文本中出现的频率与语言学习的关系,高频率词汇在词汇教学中得到重视。1944年,美国教育心理学家桑代克(E. L. Thorndike)与洛奇(I. Lorge)经多年研究发表了英语词汇频率表《30000词教师词汇手册》(*A Teacher's Word Book of 30,000 Words*),提供了英语常用的词汇频率表,并提出了美国中小学学生应掌握的词汇量。在此基础上,英国语言学家韦斯特(M. West)于1953年发表了《英语通用词汇表》(*A General Service List for English Words*),为记忆、选择与使用英语词汇提供参考,对英语词汇教学产生了较大的影响;但是,直接法之后,听说法的词汇教学重视模仿与反复操练,未进行深入的词汇教学理论与实践研究;听说法之后的交际教学法亦未重视词汇教学,认知教学法比较重视词汇意义教学,使词汇教学前进了一步。然而,总体而言,80年代前英语词汇教学仍未突破传统英语教学时期的基本特征。

(2) 传统英语词汇教学内容:"音、形、义"教学

为了进行英语词汇教学,首先要决定词汇教学应涵盖的内容。传统英语词汇教学将教学内容确定为词汇的音(语音)、形(词形—拼写)与义(词义)三方面:语音方面为正确发出每一单词、搭配与短语各音节中的音素与词重音,理解与学会单词划分音节的方法;词形方面为正确拼写每一单词、搭配和短语,掌握它们的语法功能,如名词的单复数、动词的时态、分词、动名词、形容词比较级等;词义方面为理解单词、搭配与短语的意义。

传统英语词汇教学音、形、义的结合为词汇教学奠定了初步的基础。有些词汇基本知识不易掌握,如划分单词音节的规律比较复杂,搭配与短语形式多样,词群意义变化很大等,传统词汇教学进行词汇音、形、义教学对学生有一定的帮助。但是,传统词汇教学缺少词汇教学最重要的"运用"环节，绝大部分教学都是教师讲解，练习多为重复与死记硬背；同时，词汇讲解与练习都在单词与单句层面上，忽视了词汇在语篇中的教学。因此，传统词汇教学往往未能使学生牢固掌握所学词汇，词汇量低是很多学生的痼疾(Siyanova-Chanturia & Webb，2016:229)，而且，未能在实际生活的语篇中运用所学词汇，也影响了听、说、读、写语言能力的提高。

(3) 传统英语词汇的教学方法

● 拼读、拼写、默写、听写单词与短语等方法的运用

在英语学习初级阶段，"拼读"是传统词汇教学中新授课常用的教学方法，它的长处是语音与拼字相结合，通过发音提示词汇拼写，又以拼写促进正确发音。具体方法是跟读，即学生反复模仿教师的拼读，其间教师穿插讲解读音规则，集体跟读后再个别检查，使学生了解与巩固新词的基本结构与发音；"拼写"是词汇教学重要的一环，因为拼写单词是阅读与写作能力的基础，它是词汇学习，甚至整个英语学习的基本功，因而拼写教学必须贯穿在初、中、高级阶段全过程，是传统英语词汇教学新授与复习都需使用的教学方法。拼写还常通过默写与听写等方式进行测试，以检查掌握单词拼写的程度，并巩固所学单词。拼读、拼写、默写与听写单词和短语是传统词汇教学中最基本的教学方法，在当代英语词汇教学中仍在适当采用。

● 实物、图画、图表、幻灯、投影仪、录音设备等教具与人体动作的使用

以上提及，自直接教学法形成时期起，传统词汇教学中使用实物、图画、图表与人体动作进行教学已成常态，这些教具在进行实体词汇教学时颇具成效，但在进行抽象词汇的教学中仍存在局限性。随着电化教学的发展，幻灯、投影仪、录音与录像设备等教具引入课堂，配合教师对词义的讲解，有助于学生对抽象词汇词义的理解，并提高了词汇课堂练习的效率。

● 大量问答与造句的课堂练习

传统词汇教学最常用的方法是课堂问答与造句：教师将讲解的词汇放入问题或陈述句中，学生通过回答问题或对陈述句作出反应理解词汇的意义，并通过练习学习如何使用该词汇。这一方法在听说法时发展成"快速反应法"，以形成行为主义提出的"习惯"。"快速反应法"提高了学生对语言反应的速度，但是忽视了培养学生的思维能力，现已不常使用；另一方法是要求学生根据所给词汇造句。为了提高造句的质量，在学生造句前，教师一般都给出造句的范例，使学生在造句时有参照的模式。问答与造句练习有利于学生在句子层面上使用词汇，但是缺乏在语篇层面上的练习。而且，问

答与造句都是教师的思维模式,不仅限制了学生思维的发展,而且影响了学生主动学习的动力,甚至会产生依赖教师与被动学习的倾向。

- 英汉对比与同义词、反义词对比法

对比法是传统英语教学各领域经常使用的方法,词汇教学也不例外。其中英汉对比是新词讲解中最常用的方法:教材中的课文后都附有英汉对照的词汇表,教师根据词汇表给出的汉语意义讲解词义,并作出英汉对比。用英汉对照的方法讲解一些难度较大的抽象英语名词词义,比较省时与快捷,但是,如大多数能用简单英语解释的词汇都用英汉对比的方法进行教学,就容易使学生形成以汉语逐字对照英语的学习方法,不利于英语水平的提高。

对比教学法用于词汇教学的常用方法是:将教学中的词汇与其同义词和反义词进行对比。同义词是英语词汇之间最普遍与最重要的相互关系之一(Nation,2001:52),充分利用它们学习词汇是理解词义与丰富词汇量的有效手段。同义词与反义词对比常用于复习词汇的教学中,对学生学过的同义词作一归类,巩固已学词汇;它们还可用于新词的教学中,将其与已学过的同义词对比,使学生更深刻理解新词的意义与用法,但不应使用学生未学过的难度较大的同义词或反义词作比较,那样做被称为英语词汇教学中的"开花",会引起学生的疑惑,不能起到深刻理解正在学习或已学词汇的作用,失去了同义词与反义词比较教学的意义。

4.2.3 当代英语词汇教学的发展与更新

传统英语词汇教学积累了一些科学的理论与方法,但也显示出不少弊端。随着时代的发展与词汇教学研究不断深入,传统英语词汇教学已得到了更新,逐渐形成了当代英语词汇教学理论、内容、过程与策略。

(1) "接受性(receptive)和表达性(productive)词汇"理论的更新

传统英语词汇教学所依据的理论之一是将词汇分成"接受性"与"表达性"两类词汇。前者指只需理解的词汇,而后者指在理解基础上进行表达的词汇。根据这样的观点,前者与后者是两类语言,前者比后者数量大:以英语为本族语的人日常使用的表达性口语约为1,500词,而他们的接受性词汇至少有5,000词以上(Richards,2015:304)。

早在20世纪20年代,英国语言学家帕尔默(H. E. Palmer)就指出,"接受性"和"表达性"词汇的概念与"听力与阅读是接受性能力和口语与写作为表达性能力"的看法是一致的(Palmer,1921:118),此后就流行了一种看法,即听力与阅读需要的是接受性词汇,口语与写作则需要表达性词汇。然而,这样的概念受到了质疑,因为听力与阅读不能完全定义为"接受性能力",无论是听者与说话者之间,或读者与作者之间都存在着意义的互动,听者与读者通过意义的互动才能达到理解,这一理解过程并非仅为听者与读者被动地接受语言的过程;更何况,词汇的接受性与表达性的标准也难以确定。有些语言学家,如科森(D. J. Corson),则建议将词汇分为主动性(active)与被动性(passive)词汇两类,前者是那些常用高频率词汇,后者为频率很低、结构复杂与学术专用词汇(Corson,1995:44-45),也就是说,主动性词汇与被动性词汇是两类不同的词汇。

21世纪以来,当代词汇教学理论对这两个概念作出了新的诠释。研究英语词汇的语言学家内申(I. S. P. Nation)认为,这样的区分实质上是为了指出运用词汇时的差异,"接受性"是指人们在听力与阅读过程中感知到词汇的形式并检索到其意义,但不一定要表达出来;而"表达性"是那些人们在说话与写作时需要运用词汇表达意义(Nation,2001:25)。因此,这是运用词汇的问题,而不是如何将两类词汇截然分开的问题。他列举了同一个单词"underdeveloped"在接受性运用与表达性运用方面的不同:前者的要求是需要听到或看到这个单词时认识它,理解它的词义与在上下文中的含义,并了解它由"under""develop""ed"三部分(前缀、词干与后缀)组成及其前后的搭配、短语等;而后者的要求则不仅需要能以正确的语音说出和正确拼写这个单词,并能理解与表达该词及其搭配的意义,而且还能在不同场合正确地运用该词,并表达它的同义词与反义词等。这样,当代有关接受性与表达性词汇的讨论就从争议词汇分类拓展到从运用的角度分析与处理词汇。过去由于难以确定接受性与表达性词汇的界定,实际上对词汇教学的指导意义很有限。当代词汇教学从运用词汇的角度出发提出具体教学要求,根据教学目标确定了核心词汇后,就可以决定哪些词汇采用接受性或表达性词汇的教学,更新这一理论后就提高了它对教学的现实指导意义。

(2) 英语词汇教学内容的更新

以上提及,传统词汇教学的内容是语音、词形与词义。当代词汇教学不仅丰富了这三部分内容,而且拓展到词汇运用与语域教学等多方面。

- **丰富了词汇形式的教学**

在词汇形式方面,当代词汇教学除了关注传统词汇教学中重视的单词拼写、搭配与短语外,一个突出的特点是对词群中作为整体的"多词词组"的关注。当代英语词汇教学研究表明，掌握固定多词词组有利于自然与地道地使用语言，它比注重学习单个单词和短语更能流利地表达意义。过去在英语词汇教学中一般只教单词表中列出的单词，如"mean，means"，或2—3字组成的短语，如"by all means"和"by no means"等，如今关注更长的固定短句的词群，如"You know what I mean"，要求学生学习、记忆和运用与单词相关的经常使用的多词词组，并培养他们将发现与掌握多词词组作为自己学习词汇的方法之一。

- **增加了语篇层面的语义教学**

过去有些学生学了很多英语词汇，但在实际交际中却听不懂对方英语的主要意义，看不懂原著的主旨意图，其重要原因之一就是传统英语词汇教学停留在单词与单句的层面上，未能培养学生在语篇层面上理解与运用词汇的能力。

语篇对词汇教学的意义，首先在于实际交际中不存在游离于上下文的单词或单句，因此脱离语篇的单词与单句教学难以培养学生使用词汇进行交际的能力；其次，语篇为单词意义提供了多重提示，能协助理解词义。有些英语单词不易理解，但语篇中有各种与这些单词相关的内容，可从上下文中推断它们的含义；同时，语篇中往往多次重复出现新词，而提高重复率是帮助学生理解与掌握新词的有效手段。因此，无论在新授或复习课上，当代英语词汇教学都重视语篇层面的词汇教学：可先利用传统词汇教学中的图示与拼写等方法使学生理解单词与单句语义，然后不失时机地指导他们完整理解词汇在语篇中的意义，并进一步理解整个语篇的主题。

- **加强了词汇运用部分的教学**

在拓展词汇教学内容中音、形、义的同时，当代词汇教学加强了"运用"部分教学，十分重视学生在实际交际过程中学习与使用词汇（Nation，2001：55－58；Richards，2015：298），切实做到词汇教学包括音、形、义、用四部分内容。

理查兹指出，除了涵盖语法功能与搭配的运用外，英语词汇教学还应包含所教词汇在社会语言学方面的概念，即它们受制于何种文化与不同场合，应在何地、何时运用，以及是否经常使用（Richards，2015：298），与在何种情况下不能使用，如在英语教学中需要指出，英语单词"fat"和"old"在与英语为本族语的人对话时一般应该慎用等（Nation，2001：58）。

- **新添了"语域（register）"教学**

语域指在特定的社会情景中，根据特定的主题与特定的人群所使用的不同层次的语言（Richards，2015：299），当代英语词汇教学指出，这是值得注意但常被忽视的问题。

语言学家韩礼德提出,语域由三部分构成:领域(field),即语言的内容;要旨(tenor),即语言参与者的相互关系;方式(mode),即交际方式是书面或口语表达(Schmitt,2012:33)。根据这三部分内容,语域在不同行业中有不同的词汇分类层次,但出现最多的情况是,没有显著地位高低差异的普通人在日常生活各种场合使用词汇的"正式"与"非正式"程度,从最严肃到最放松分为五个层次:凝固(frozen):指有固定格式,不能更改的语言,如法院中法官与教堂中牧师的语言及所用词汇;正式(formal):正规场合语言,如外交辞令与专题研讨会使用的语言及词汇;非正式(informal):日常生活中就一般题材的对话中使用的语言及词汇;随意(casual):同学、朋友、兄弟姐妹等人谈话中使用的语言及词汇;亲密(intimate):夫妻、亲密朋友间使用的语言及词汇等。其中最常用的是"非正式语言"中的语言及词汇,其次是"正式"与"随意"两层次的语言及词汇,如英语单词"kid"只用于"非正式"与"随意"层次,而"child"则用于"非正式"与"正式"层次等。在词汇教学中,特别是在学习英语中、高级阶段,出现了多层次语域的单词、短语与多词词组,使学生区分与恰当运用正式与非正式语域的词汇非常重要,它直接影响以英语进行交际的实际效果。这一议题于20世纪30年代提出,70年代在英语教学领域曾开展讨论(Schmitt,2012:31),但未引起重视。21世纪以来,随着全球化的深入与不同文化人群交际中出现语域问题的增多,该议题已受到当代词汇教学界的广泛关注。

(3) 英语词汇教学过程与方法的更新

传统英语词汇教学的特点是重语言形式、轻语言意义与运用,重学生语言输入(教师大量讲解)、轻语言输出(学生表达意义的机会很少);交际教学法反其道行之,重语言运用、轻语言形式,重语言输出、轻语言输入,前者导致学生运用词汇的能力薄弱,后者导致学生运用词汇时语言错误较多,以这两种教学观为基础的教学都不能使学生在交际中正确使用所学词汇。

当代英语词汇教学吸取了两者的教训,在教学过程中使语言意义与形式教学结合、语言输入与输出结合。内申提出了英语词汇教学的"四股绳(the four strands)",即由以下四部分结合在一起构成的词汇教学(Nation,2007:1-12;Nation & Chung,2009:551):

- **集中于意义的输入(meaning-focused input)**

为掌握英语词汇,学生们首先需具备对词汇的感性认识。因此,第一阶段应提供一定数量听力与阅读的语言输入,帮助学生在语篇中从感性上理解词汇意义。根据学

生的水平,选择按水平分级的听力与阅读教材,并给出词汇表,使学生在大量真实的语言输入中感知所学词汇的意义;

- **集中于语言形式与意义的学习(meaning-focused learning)**

语言形式(包括语法)的教学是必要的,但它必须与语言意义教学结合,这一工作可在精读中进行(Nation & Chung,2009:549-553)。内申指出,单词、搭配、短语与多次组合教学必须与语言意义教学结合,可采取展示、讲解、引起学生注意、记忆、反复练习、联想、生成新词句与猜测词义等教学方法。他还强调了培养学生寻找与使用适合自己的学习词汇策略与方法;

- **集中于语言意义的输出(meaning-focused output)**

在具备了词汇感性、语言意义与形式的知识并理解了语言在语篇中的含义后,即可开始语言意义输出教学,也就是让学生根据所学词汇开展表达意义的活动,其主要教学形式是口语与写作,通过语言输出学会运用已理解的词汇。这就要求教师编写或选择含有所教词汇的口语材料,使学生参与复述、角色扮演等课堂口语练习,或准备书面练习与题目让学生写作;

- **流利度的发展(fluency development)**

提高流利度在以上每一阶段都要进行,特别是在口语与写作活动中都必须促进流利程度的提高,因为在实际交际中语言的交流是迅速的,做词汇练习时教师与学生往往将注意力放在词汇的理解与运用上,忽视了交际的即时性,因此,在发展流利度这一阶段应特别注意时间的限制。例如,内申建议开展口语活动时,使用相同的材料,说话人语速第一次规定四分钟完成,第二次缩短至三分钟,再缩短到两分钟,从加快语速中提高语言流利程度。

以上讨论表明,当代词汇教学掌握了迄今为止人们已认识的科学的词汇教学规律:从大量语言输入中理解词义发展到通过语言输出自觉表达意义,既重视词汇意义的教学,又将词汇形式与语言运用的教学放在应有的位置上,语言活动都由学生主动参与,而且大部分词汇教学都是在语篇层面上进行,使传统词汇教学过程与方法得到了更新。

(4) 指导学生学习词汇策略与方法的更新

当代英语词汇教学的更新还体现在教师指导学生学习词汇的策略与方法上产生了重要的变化,在强调学生自主学习与指导学生学习策略与方法方面,当代词汇教学比语音与语法教学更为给力。在当代英语词汇教学理论指导下,教师帮助学生改变通

过跟读、模仿与死记硬背学习英语词汇的惯例,逐步学会掌握独立自主学习词汇的策略与方法:

- **指导学生学习掌握记忆词形与词义的策略与方法**:教师帮助学生根据词根及前后缀、单词搭配与词群记忆单词形式与意义,强调必须理解整个词组与整句含义,不能将个别英语单词与汉语生硬地对号入座。建议将所学单词与词组制作成词汇卡或记录在小笔记本中,随时翻阅;
- **指导学生通过大量阅读学会根据上下文猜测词义的策略**:教师提供难度不大的阅读材料,其中生词量不超过整篇10%—15%,以便根据上下文猜测词义。要求学生遇到生词时,采用猜测词义的方法学习新词,猜完后再查词典;
- **指导学生学习正确使用英汉与英语词典**:使用词典不仅能查阅单词确切的意义,熟悉单词拼写,而且能培养独立自学英语的能力。一般在英语中级阶段即可指导学生使用词典,开始时使用英汉词典,掌握了约2,000个英语单词后即可使用以英语解释词义的词典(Nation,2005:503)。
- **指导学生不断增强学习词汇的内动力、对词汇的敏感度、大胆使用所学词汇与通过高科技手段提升学习词汇的兴趣**,使学生善于找到适合自己特点的词汇学习策略与方法。

通过转变英语词汇教学重要理论、内容、过程、方法和指导学生学习英语词汇的策略与方法,当代英语词汇教学在更新传统英语词汇教学中迈出了坚实前进的步伐。

4.2.4 当代英语词汇教学研究的发展与更新

20世纪80年代以来,应用语言学、认知心理学与高科技开展跨学科英语词汇教学研究,开启了更新词汇教学研究的新路程。进入21世纪后,英语词汇教学研究与实践结合,进一步将英语词汇教学研究引向深入。

(1) 对词汇教学与听、说、读、写能力教学关系认识的更新

自20世纪20—30年代桑代克与韦斯特等人研究词汇频率起,传统英语教学已注意到词汇与阅读的关系。当代词汇教学在加深认识词汇与阅读关系的同时,明确了词汇教学与听、说、读、写能力教学双向互相影响的关系。

2005年,语言学家奥尔德森(J. C. Alderson)带领的研究团队通过测试与研究发现,英语词汇与听、读、写能力的相关系数分别高达0.61—0.65,0.64,0.70—0.79(Schmitt,2010:5),该成果表明,词汇掌握得好的学生,运用语言的能力比较强。这意味着,一方面,词汇教学能促进学生总体语言能力的提高;另一方面,听、说、读、写能力的提高也有助于掌握词汇,词汇教学与语言能力教学能够互相促进。这样,词汇教学就应分成两类:在教学目标是培养听、说、读、写能力的课程中,词汇教学只是教学的一部分,听力与阅读能力教学中的词汇教学是使学生掌握词汇的接受性知识与能力,口语与写作能力教学则使学生掌握词汇表达性知识与能力;在教学目标是词汇教学时,听、说、读、写活动都为词汇教学服务,教学过程可采取以上提及的集中于语言意义输入、语言形式与意义的学习、语言意义的输出与发展流利度的流程。

这样,英语词汇教学研究的成果就使有关词汇教学与听、说、读、写能力教学之关系的崭新认识落实到了教学实践,导致了传统英语词汇教学实践重要的更新。

(2) 对词汇直接学习(direct learning)与间接学习(indirect learning)的关注

当代英语词汇教学理论认为,词汇学习有"直接学习"与"间接学习"两种形式。前者指通过课堂教学或学生有意识地学习词汇而获得的词汇知识与使用词汇的能力,有时也称为"明确的学习(explicit learning)";后者指学生未通过教师讲解或自己有意识学习而学到词汇,例如,学生在泛读中或自己在课外阅读中学到了新词,甚至从电视或广告中无意学到了新词,因此,间接学习有时也称为"附带或偶发性学习(incidental learning)"。传统英语词汇教学仅关注学生的"直接学习",忽视他们的"间接学习",而当代英语词汇教学重视对这两种学习形式的研究,并认为两种词汇学习的形式都是必要的。

在研究两种词汇学习的过程中,在支持哪种词汇学习形式的问题上出现了争议。由于有些研究成果表明,当学生没有课堂教学压力时,心理状态很放松,能自然地学习词汇与大量接触有明确上下文提供语境的语篇,词汇学习很有成效,致使一些学者过于强调间接学习词汇的重要性。但是,当代主流英语词汇教学理论认为,直接学习词汇是学生在校期间学习英语词汇的主要形式,在英语教学中主要应关注学生直接学习英语词汇,但也应重视学生的间接学习,特别是在高科技与媒体日益发达的今天,间接学习词汇十分有助于他们扩大词汇量与巩固所学词汇,因而是直接学习词汇必要的补充。

(3) 认识大脑贮存词汇的体系——智力词汇系统(mental lexicon)

近年来有关大脑加工词汇的研究表明,大脑内部有一个贮存大量长期积累词汇的"智力词汇系统"。词汇在被接收与编码后,不是零星地存放于大脑,而是被有组织地按结构贮存于"智力词汇系统"之中,这一系统具有强大与系统的语音、词汇形式与语义的网络,人们在使用词汇时就能随时在系统中提取所需词汇(Takac,2008:11-13)。大脑加工词汇的研究还表明,虽然"智力词汇系统"非常复杂,但是,包括搭配、短语和多词词组的词群显然是该系统中普遍存在的基本记忆组织单位(Ellis,2001:39)。这些成果对英语词汇教学有重要意义:

- **首先,它对词汇教学策略有重要启示**。由于大脑中存在着"智力词汇系统",在词汇教学中,不能孤立地讲解词汇:一是不能孤立讲解个别单词的语音、词形与词义,而应将它们与这三方面中某一方面属于同一类型的词汇相联系,使用归纳法或演绎法,通过对比异同将其归类,以加强理解与记忆;二是要十分注意词群的教学,无论在单句或语篇教学中,都应关注单词前后的搭配、合成短语与固定短句,才能理解词汇的含义并将其贮存于大脑的记忆中。

- **其次,它加深了对英语词汇教学与本族语关系的认识**。以上提及,英语教学中本族语长期被认为是消极因素而遭到排斥。当代词汇教学科研探讨了两种语言词汇学习是否属于同一大脑"智力词汇系统":如果它们属于同一系统,那么,在教学中就不应排斥本族语,而应利用它促进英语学习。这项研究导致了四种结果:一是两种语言贮存于同一系统;二是他们贮存于两个不同的系统;三是两种语言中概念相同的词汇贮存于同一系统,特有与两者不同概念的词汇则贮存于不同的系统;四是人脑有一个大的"智力词汇系统",两种语言分别贮存于大系统中两个分支系统(Takac,2008:14)。四个结果中有两个表明,两种语言词汇属于一个系统,一个结果表明,两种语言中有很多词汇属于同一系统,这些研究成果使很多学者与教师认识到,在英语词汇教学中应考虑本族语的积极作用,利用本族语提高英语词汇教学的效益。

(4) 词汇记忆与重复率研究在教学中的运用

掌握词汇需要记忆大量的单词与词组的拼写、词义和语法规则,与语音和语法相比,记忆对词汇学习更为重要,因此,在研究词汇教学时必然会探讨记忆和与记忆相关的词汇重复率问题。

有关记忆的研究始于19世纪后期的心理学领域,自德国心理学家艾宾豪斯(H. Ebbinghaus)于1885年发表了记忆的试验报告后,记忆和记忆与学习的关系就逐渐成为心理学研究的专题。此后心理学与脑神经科学、信息加工理论等学科就记忆问题展开了多方面研究,揭示了编码(encode)、贮存(store)和提取(retrieve)等记忆过程,统一认识了一些基本概念,如:"感觉记忆",指通过视觉、听觉、味觉和触觉等感官的记忆;"短时记忆",指短暂记忆,大脑接触到新信息如得不到巩固,只能记忆20秒左右,而且贮存信息量很少;"长期记忆",指长时期记忆,即经巩固记忆可长达终身,词汇教学的目的就是使词汇在短时记忆未消失前转化成长期记忆。传统英语词汇教学为词汇记忆研究打下了基础,20世纪80—90年代以来,心理语言学、第二语言习得与应用语言学等学科工作者进一步努力,将记忆英语词汇的研究运用于实际教学中,增强了当代英语词汇教学的科学性。

- 记忆英语词汇的方法

当代词汇记忆的研究表明,词汇记忆力的强弱与使用频率相关,遗忘词汇的主要原因是长期不使用,因此记忆词汇最好的方法是多接触与多用;其次,应根据词汇形式与意义按同类记忆相关词汇:有相同的词根或前后缀的单词可组成一组记忆,如以"tele-"起始的名词至少有10个之多,以"tele-"为一组就很容易记忆;又如词义为同一性质的词汇可以归类记忆,如动物名称很多,如将它们归类进行教学就能帮助学生记忆众多的词汇,避免采取死记硬背等低效的学习方法。

- 词汇的重复率

在传统英语词汇教学时期,词汇研究者们就探讨了词汇重复率与遗忘和记忆的关系。20世纪60年代,应用语言学家卡齐鲁(J. N. Kachroo)运用英语课本中的词汇进行教学实验,通过对印度学生的测试,他发现课本中的新词至少要重复七次才能记住。70年代末,拉塞尔(P. Russell)提出,根据遗忘呈曲线的规律,词汇教学后,每次复习新词5—10分钟,第一次复习在学习新词后立即进行,第二、三、四、五次复习可在一天、一周、一个月与六个月后分别进行(Schmitt, 2012:130),连同教学中学生至少已接触一至两次新词,学生接触新词也应该是6—7次,这些数据可供英语教材编写与词汇教学参考。

20世纪90年代以来,英语词汇研究者们在词汇重复率方面作了很多实验,由于学生水平差异很大,研究结果与上述不尽相同。当前的共识是:掌握一个英语新词,一般至少需要重复6—7次,但也会因学生水平不同而异。初次学新词或词组后遗忘率最高,第一次复习后遗忘速度会逐渐减慢,因此,初学后必须尽快复习,在新词被完全遗忘前加以巩固效果最佳,第一次复习后的复习间隔可适当拉长,具体日程安排应视学生的具体水平而定。

总之,20世纪90年代以来,特别是进入了21世纪后,英语词汇教学与研究取得了长足进展,在教学内容、过程、策略与方法等方面,从理论至实践更新了传统英语词汇教学。

4.3 英语语法教学的发展与更新

语法是语言结构的框架,也是使用语言时必须遵循的规则。早在2,000多年前,罗马人已在希腊语教学中运用语法教学(Hinkel & Fotos,2002:1),语法教学理论也在19世纪末语法翻译法形成时产生。虽然此后的直接法反对书面语法,但仍进行口语语法教学,听说法时期提倡语言结构与句型教学,实际上是另一类型的语法教学。然而,1981年,第二语言习得领域的领军人物克拉申却认为,语法在第二语言习得中不起任何作用(Ellis,2006:85),同一时期的交际教学法也排斥语法教学,导致语法教学在英语教学中的地位落至低谷。

但是,教学实践与实验表明,学习与不学习语法的学生在英语水平上有差异,前者比后者水平高,进步快(同上),关键在于语法教学理念与方法的更新。21世纪以来,英语教学中语法教学的重要性被确认,教学理论与方法研究不断更新,使英语语法教学焕发出了时代的青春。

4.3.1 英语语法的特质与学习重点

为了掌握英语语法教学规律,需认识英语语法的特点与学生学习英语语法的重点。以上讨论英语词汇教学时曾提及,在古英语发展至现代英语过程中,英语从综合性语言向分析性语言转化,这一过程也体现在英语语法的发展中。由于英语语法由句法与词法构成,它们都反映在语篇中,分析英语句法、词法与它们如何体现在语篇中即可认识英语语法的主要特点。

(1) 从综合性语言向分析性语言转化的英语句法

以上提及,综合性语言的特点是通过词汇性别、数、格等多种词性变化体现意义,而分析性语言则通过固定的词序表达语义。古英语是综合性语言,词性变化多,词序不固定,动词常在句子最后,很多句子词序是"主语(S)+宾语(O)+谓语动词(V)"。但是,从中古英语开始英语逐渐简化,失去了很多单词词性变化,发展到现代英语后,形成了陈述句总体词序为S+V+O的分析性语言,大多数情况下谓语紧跟主语,然后是宾语、状语或补语,这一特点与属于分析性语言的汉语相似,是中国学生学习英语语法时容易接受的部分。

现代英语句法的另一个特点是出现了大量"主从复合句",古英语与中古英语中比较简单的主从复合句变得复杂,很多单句和以"and"与"but"等连词连接的并列句转化成了主从复合句(Blake,1996:28-29)。在英语的主从复合句中,除主句外可能出现主语、宾语、表语、定语、状语和同位语等多种从句,因此,虽然现代英语简化了单词性别、数、格的变化,却将复杂性转移至主从复合句,特别是其中的定语从句变化很大:古英语中仅使用关系代词"the/that",中古英语中的关系代词基本上为"that"与"which",而现代英语的关系代词发展成具有主格、宾格与所有格的"which, that, who, whom, whose"。定语从句位于名词或句子之后,有时修饰前面的名词,有时又涉及前面整句,汉语中无此复杂形式,增加了中国学生学习英语的难度。

(2) 兼具综合性与分析性语言特点的英语词法

句法是英语语言的大框架,词法则是其中的小支架,它们使英语形成一个完整的整体。

英语共有十大词类:名词、动词、形容词、副词、代词(人称代词与指示代词)、数词、冠词、介词、连接词、感叹词。从古英语发展到现代英语,除了人称代词外,英语词汇失去了"性别"与"格"的差异,实词中名词只剩下简单的所有格与单复数之分,形容词与副词只剩下比较级与最高级的差异,数词只有基数词与序数词之分,其他的功能词都没有词形变化,从总体看,英语词法一直朝着分析性语言发展。然而,实词中的动词情况比较复杂:

● 就形式而言,一方面,现代英语中的动词失去了很多古英语中的词尾变化,一些动词词尾变化改成由介词或助动词、情态动词替代,因此学习英语动词时应十分注意其前面的助动词、情态动词与后面的介词;另一方面,英语动词仍有着大量不同的概念与动词的表达形式:12种时态、主被动语态、多种虚拟语气,与动词相关的还有助动词、情态动词、不定式、动名词、现在分词与过去分词等,体现了它仍保留了综合性语言的一些特点。虽然英语语法的大框架中已形成了词序决定语义这一分析性语言的基本特征,但是,英语毕竟来自综合性语言,它不像汉语那样完全没有词形变化,而仍然保留了一些原先综合性语言的表达形式,使英语词法具有综合性语言与分析性语言的双重特征。

● 就内容而言,当句子形式为"S+V+O"时,一个句子内容的核心是动词,其他单词都与动词有关:在单句中,主语是动词动作的执行者,宾语是动词的接受者,状语主要说明动词的时间、地点、原因与方式等。因此,对于中国学生来说,英语动词词法是学习英语词法的重点,也是教师在英语语法教学中应关注的要点。

(3) 语法教学与学习原则：句法与词法结合，语法与语义、语用结合运用于语篇

以上讨论表明，句法与词法密切结合，离开了词法，句法便是空架子；离开了句法，词法就失去了框架，变成一盘散沙。任何一个单词在句子中都承担着词法与句法双重作用：在词法意义上它属于十大词类中的一类，在句法层面上，它又担负着主语、谓语、宾语、表语、定语、状语等某种句子成分的功能，句法与词法两者结合才构成语言的意义。因此，在英语语法教学中，无论是教师或学生都必须认识与分析单词词法与句法结合的功能。

然而，仅注意句法与词法的结合还远远不够。句法与词法都是语言的结构与形式，它们只有在与语言内容结合并运用于交际活动中才有意义。学习语法的目的不是为了掌握语言框架，而是为了学会运用这个框架，在交际活动中正确理解与表达英语，因此语法必须与语义和语用结合，而且这种结合不能停留在句子层面，更重要的是体现在语篇层面。在语法教学中，既要使学生掌握语法结构，也要明确交际活动中运用语法结构所表达的语篇完整的内容与意义，才能达到语法的教学目标，这是英语语法教学的基本原则。

4.3.2 传统英语语法教学理论与方法

英语语法发展至今已形成了多种学派："规范语法(the prescriptive grammar)""描述语法(the descriptive grammar)""格位语法(the case grammar)""转换生成语法(the transformational-generative grammar)""功能语法(the functional grammar)""认知语法(the cognitive grammar)"等。在国际上，"传统英语语法"指早期受拉丁语法影响产生的英语语法，即上述"规范语法"，正如原意为医生开处方(prescribe)一样，它是由少数学者规定人们必须遵守的语言规则。由于英语语法在人们运用语言的过程中发生了不少变化，"规范语法"的僵化模式受到了批判，结构主义学派提出了描绘实际使用英语的"描述语法"。然而，"描述语法"仅变换了一些形式与名称，并未改变"规范语法"的实质及其词法与句法大框架，因此，"规范语法"与"描述语法"通常都归为"传统英语语法"。

(1) 全面阐述英语词法与句法，规定了使用单词与单句的规则

传统英语语法是在拉丁语法基础上经过多年实践与语法学家的总结逐渐形成的。它内容浩瀚，涵盖了主要的英语词法与句法的规则。最具代表性的是1933年耶斯珀森(Otto Jespersen)所著四大册《现代英语语法》(*Modern English Grammar*)，该著作浓缩版的《英语语法要点》(Essentials of English Grammar)也有 36 章之多。

传统英语语法的特点是内容全面,依据确凿,其基本词法与句法规则常为英语教学必备的参考材料。但是,除了过于庞杂与未能涉及语篇层面的语法外,传统英语语法还有以下弊端:

- 首先,传统英语词法与句法呈点状散开,除了介词与名词由于关系密切而得到相关的论述外,总体未能体现各种词类的关联,不利于学生全面认识与掌握语法。在这方面,其他语法学派显然比它更具优势。如"格位语法"明确将动词作为英语语法"核心"(core),其他词类围绕动词展开分析,主次非常分明。虽然格位语法的复杂系统不适用于初学者,但是在教学中使用传统英语语法时,可参考格位语法,加强词类关联的教学。

- 其次,在传统英语语法中,句子的基本结构使用"Sentence(S)＝S＋V＋O"公式表述,即以单词为单位的 SVO。但在实际使用英语时,大量的英语句子中都含有多个短语,经常出现比上述结构复杂的语法,传统公式不能概括这些现象。乔姆斯基在他的"转换生成语法"中提出了"短语结构语法(phrase structure grammar)",形成以短语为单位阐述句子结构的公式:Sentence(S)＝SM(sentence modifier)＋NUC(nucleus),其中 SM 是修饰全句的成分,NUC 是句子核心,由三部分组成:一是主语,即名词短语 NP(noun phrase);二是谓语,即动词短语 VP(verb phrase),包括情态动词(AUX)和动词(V);三是副词短语(Adv),经常为介词短语 PP(prepositional phrase),如下表所示:

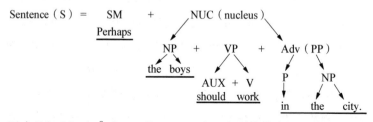

(选自 Celce-Murcia & Larsen-Freeman, 1983:13 —略作修改)。

"短语结构语法"不仅解决了复杂的句子结构问题,而且使之得以生成无数句子,传统语法静止不变的语言规则被激活成可以说明与运用于实际生活中的语法,更加有利于英语语法教学。虽然转换生成语法尚未如当代英语语法那样关注语篇,但它生成句子的理念成为传统语法与当代语篇语法的桥梁,使传统语法向前迈进了一步。

(2) 书面语法与口语语法

语法翻译法为传统英语书面语法打下了基础。此后的口语法、直接法、情景法与听说法,重点都在口语教学,形成了英语口语语法教学,将书面语法中的主要词法与句法情景化或句型化,推动了英语口语的发展。随着全球化的深入,使用英语的人数大量增加与使用范围迅速扩大,英语朝着不断简化的方向发展,传统英语书面语法繁琐的部分逐渐被摈弃,例如:在比较复杂的英语定语从句中,传统语法规定的使用"介词+关系代词"形式已很少出现,当代非正式英语中疑问代词宾格"whom"常被主格"who"所替代;又因人们加强了互相交流,部分人使用的英语词法或句法逐渐为大众接受,改变了过去书面语法规定的词类用法规则,例如:使用动词"start, begin, try"的语法规则是它们后可跟动词不定式或动名词,但近年来不定式常被动名词取代;助动词与情态动词方面,"shall, ought"使用率趋少,"will, can, should"使用率增多,反映了传统英语书面语法在不断变化。

英语口语语法在直接法至听说法时代兴起时,传统词法与句法的主要规则未变,但简化了书面语法的冗长繁杂部分,使用口语语法的简短对话更易朗朗上口。由于口语交互性较强,常为无准备与随机应变的谈吐,因此口语语法中短句与短语较多,除了特殊的正式情境外,在日常非正式场合中灵活性胜过书面语法。但是,随着英语口语在各种场合频繁使用,英语口语语法也发生了很大变化。据记录大量实际使用英语口语的语料库记载,过去口语中较少使用的非限制性定语从句逐渐增多,有时非限制性定语从句甚至出现在听话者反应以后,如:

A: Well, actually one person has applied.

B: Mn.

A: **Which is great.**

(McCarthy & Carter, 2002:63)。

此外,传统语法中规定有些表达情感与意愿的动词一般不能使用进行时态,但近年来这种规定也发生了变化,如语料库中就记录了如下以英语为本族语人使用的句子:

My husband and I **are wanting** to go to the Hook of Holland next weekend(同上:58)。

(3) 传统英语语法的主要教学方法:PPP 与演绎法、归纳法结合

本书第 3 章讨论英语课堂教学过程中已提到,传统英语知识教学过程一般都采用 PPP 教学方法,语法教学也不例外。但是,语法教学使用 PPP 时有其特点,即将它与演绎法和归纳法结合:在第一阶段的呈现部分(Presentation),语法翻译法的方法基本上采取演绎法,先给出语法规则,再举出若干单句实例说明规则。直接法则采取归纳法,先要求学生做若干含有一个语法规则的单句,然后将这些句子归纳成语法规则;在第二阶段的练习部分(Practice),语法翻译法要求学生做书面或口头翻译与问答问题等练习,直接法则完全做口头问答、听教师指令做动作等练习,以达到熟悉语法规则的目的;在第三阶段的表述部分(Production),各种方法都要求学生造句、看图说话或写作,最后教师再采用归纳法总结。传统语法教学使用PPP与演绎法、归纳法结合的教学方法能清晰说明语法规则,但未联系实际,且停留在单句层面,学生遇到现实生活中书面或口语语篇时往往一筹莫展,显示了传统语法教学的局限性。

4.3.3 当代英语语法教学的发展与更新

20世纪90年代以来,在重新认识了语法教学的意义后,英语教学界出现了多种语法教学学派与模式,各类学派都有其特点,主要有以下的理论与方法:

(1) 语言形式(form)、意义(meaning)与使用(use)并举的语法教学模式

为了克服传统语法教学仅重视语言形式与交际教学法仅重视语言使用的偏颇,当代英语语法教学出现了语言形式、意义与使用三结合的综合教学,受到广泛关注。

● 摈弃PPP教学过程,师生共同明确语法形式与意义

这一模式反对"语法自然习得论",同时也反对PPP教学过程,认为有必要让学生与教师一起深刻理解语法形式及其意义,并在此基础上开展使用语法项目的交际活动。因此,在学习新的语法项目时,采用同时进行语言形式与意义的教学,先由教师简短指出语法形式与意义,随即让学生参与讨论并通过造句等方法加深对语法形式的理解,如学生理解有困难,可采取与本族语相应形式比较的方式说明该语法项目的意义。对于学生的语言错误,教师通过给出正确语句加以纠正,使学生在正确掌握形式的同时理解该语法项目意义与使用目的(Larsen-Freeman,2001:252-262)。

● 唤起学生的语法意识并进行各种交际活动教学

为了加深学生对所教语法项目的认识,在语法形式与意义教学后,还需再次加强他们学习语法的意识,这时通常可让学生快速阅读一个包含所教语法项目的语篇,作为语言输入,使学生再次理解在实际语言中如何运用语法项目。了解学生基本掌握了语篇中所学语法项目后,可进一步开展课内交际活动,这时可进行一次"任务型教学",给出的任务不应太复杂,使学生很自然地使用已学语法形式与意义,教学方法可采取小组活动的形式,以小组汇报作为语言输出,最后由教师小结,结束语法项目的教学(Larsen-Freeman,2001:256-262)。

这一教学理念与方法的长处是它避免了传统语法与交际教学法的极端做法,兼顾了语法形式、意义与使用,其中还加入了书面语篇输入与口语语言输出,使语法学习与使用语言相结合,有利于学生掌握语法,使语法教学上了一个台阶。

(2) 功能语法(Functional Grammar)教学:关注语用、语义与语篇

"功能语法"源于功能语言学,自20世纪70年代以来发展很快,主要形成了四大语法学派:布拉格派、西蒙·迪克(Simon Dik)派、北美派和韩礼德派,从中产生了多种模式,核心理念是注重语法中的语用、语义与语篇,是当代重要的英语语法教学理论,其中韩礼德派理论被不少英语教学工作者运用于教学实践,对英语教学界产生了一定的影响。

韩礼德派功能语法全名为"系统功能语法(Systemic Functional Grammar)",其主要理论体现在韩礼德的代表作《功能语法导论》(*Introduction to Functional Grammar*)第1版(1985)至第4版(2014)中。该学派认为,语言是一套可选择语义的网络,语法不是一堆固有的规则,而是一个来自语言并服务于交际的系统。"功能语法"仍使用英语传统语法中的十大词类,但是,它不以单个词类分析语言,而以名词、动词、副词和介词四类短语为基本单位剖析"小句(clause)",进而达到分析语篇的语义与语用的目的。

韩礼德派"功能语法"的基本理念是三项元功能(metafunction):体现经验(人的活动与事件)的概念功能(ideational metafunction);通过语言互动的人际功能(interpersonal metafunction);解释概念功能与展示人际功能的语篇功能(textual metafunction)(Halliday,2004:29-30)。上述三项元功能在具体的语言中体现于三个选择语义的分支系统:

- **表达信息(Message)的"主位(Theme)+述位(Rheme)"系统**

韩礼德认为,小句的语义可分为主位与述位两部分。前者为小句起始部分,是小句的出发点,它指出了小句的方向,可以是名词短语(如下1)、副词短语(如下2)或介词短语(如下3)等;后者是除了主位以外的其余部分,它表明了主位如何发展(Halliday,2004:64):

1. The duke 2. All at once 3. on the ground or in the air	has given my aunt that teapot he stood up and left small creatures live and breathe
Theme(主位)	**Rheme(述位)**

由于英语的特点是句首为句子给出语言重点的信号,将句首命名为主位,就突出了句子重要的语义及其功能:或表明活动或事件的主题(3),或指出重要的人际关系(1),或显示与上下文语篇的关系(2)。因此,从语言结构方面分析,主位是某种词类短语,更重要的是,从语义方面来看,它体现了三项元功能中任何一项功能。

- 表达交流(Exchange)的"语气(Mood)"系统

关于"语气",英语教师一般仅想到英语语法中的"虚拟语气"。实际上,英语语法中的语气,涵盖表达事实陈述、指示、疑问、条件与愿望等多方面的内容。韩礼德通过分析实际交际中的语汇后指出,英语语法中的"语气",实质上体现了交际双方的交流,概括地说,就是交际者之间的给出(giving)与指示(demanding),具体表现在提供(offer)、指示(command)、陈述(statement)与疑问(question),这些方面主要体现了人际交往功能。

在语言结构上,语气系统="语气(Mood)"+"剩余部分(Residue)":

主语(Subject)+限定动词(Finite)		剩余部分(Residue)
the duke	has	given away that teapot
what the duke gave my aunt	was	that teapot
Mood(语气)		**Residue(剩余部分)**

(Halliday,2004:113-115)。

值得注意的是:以上分析不同于以下传统语法的句子结构分析:

主语(Subject)	+谓语动词(Verb)	+宾语(Object)
The duke	has given away	that teapot.
主语(Subject)		+表语(Predicative)
What the duke gave my aunt		was that teapot.

功能语法将限定动词从动词词组中分出来单独列入一项,是因为限定动词表明了整个动词的时态与人称等性质,影响了整句的语义,这是对传统语法分析忽视语义与纯粹建立在语言形式基础上的修正。此外,这样分析也能很好地说明疑问句结构,即只要将限定动词提前于主语即可,它与主语仍然属于语气(Mood):

限定动词(Finite)+主语(Subject)		剩余部分(Residue)
Has	the duke	given away that teapot?
Mood		**Residue**

- **语义的表现(Representation)——"经验组织(organization of experience)系统",有时称"及物性(transitivity)系统"**

功能语法认为,经验(人的活动与事件)是社会生活的重要组成部分,语义十分重要的表现是语言中所体现的经验组织。它与活动有关,因此,这一系统主要讨论动词短语的结构与语义,这也是为什么这一系统有时称为"及物性系统",因及物性(transitivity)出自及物动词中的"及物"一词。"经验组织系统(及物性系统)"主要是诠释以上提及的作为功能语法中元功能之一的"经验的概念功能"的表现。

功能语法将动词诠释为行动的过程"process"。"经验组织系统"的语言成分包括过程(process),参与者(participant)和与过程相关的境况(circumstances)。该系统的内容主要表现在三个过程中:物质过程(material process),即做事过程(动词),还包括行动者—Actor(即主语)和受其影响的目标—Goal(宾语等),与传统语法结构 SVO 相同;心智过程(mental process),即感知过程,包括感觉、思想与视觉过程,结构同物质过程;关系过程(relational process),与传统语法中含有动词"be"和"have"的结构相同。

功能语法阐述了元功能在小句中的意义后,又分析了元功能在跨小句语篇中的特征,明确了语篇的概念与连接词的衔接作用(cohesion)与代词、定冠词和形容词比较级的指称(照应)作用(reference)与省略(ellipsis)、替代(substitution)等在语篇中的意义,将功能语法运用于认识实际生活的语篇中。

功能语法对英语教学具有重要意义,它使语法教学中语言形式教学与语义、语用和语篇分析理论结合,克服了传统语法教学忽视语义、语用与语篇教学的弊端。特别是其中的"主位与述位"论述,一反传统语法语序为 SVO 规则,表明英语句首不一定是主语,而为需关注的重点,指导了学生正确理解英语句子的主要意义与跨越单句理解语篇的含义,有利于提高他们的语言表达能力。

4.3.4 当代英语语法教学研究的发展与更新

当代英语语法教学研究得益于第二语言习得(SLA)学科研究的支撑,大量 SLA 的研究成果明确了语法教学的必要性,也指出了当代语法教学研究的方向。SLA 研究者、应用语言学者与英语教师们共同努力,使传统语法教学时代注重单句语法形式、忽视语义和语用的语法研究更新到探讨语言形式与语义和语用结合的新阶段。

(1)"语言输入加工(Input-processing)"语法教学模式研究

在当代语法教学研究中,针对传统语法教学忽视语言意义的弊端,一些学者提出,语法教学中应加大语言输入以加强语义教学,出现了"语言输入加工"的语法教学模式研究。

"语言输入加工"模式的理论基础之一是20世纪60—80年代建立的语言输入理论。一是80年代初克拉申(S. D. Krashen)提出的"可理解语言输入假设"。该假设指出,只有当语言习得者获得并理解语言输入时,语言习得才能发展;二是由60年代科德(P. Corder)提出、后被许多学者发展的"语言输入与语言吸收(Language Intake)"理论。该理论认为,只有当语言输入被习得者吸收并内化后语言输入才有意义;三是SLA认知学派理论,该学派认为,人们接受的语言输入是形成第二语言习得必须具有的积极因素(Larsen-Freeman,2001:271)。

在上述语言输入理论基础上,语法研究者范帕藤(B. VanPatten)认为,语言输入转化到被人脑接受必然有一个加工的过程,于是他研究了有关语言输入加工与语法教学相关的问题。他的研究发现,在接触语言输入后,不少学生不能同时理解与吸收语言意义和形式,往往先寻找单词意义,再去关注语法形式,而且总是将句子中第一个名词或代词当成主语,因而经常错误理解了语义。由此范帕藤提出了语言输入加工的语法教学内容与策略,使学生大量接触含有同一语言意义与形式的语言输入。例如,在祈使句教学中,教师给出祈使句后,要求学生做出动作并重复句子,再让学生两人结成对子练习,以达到同时理解语义与语法形式的目的;在动词现在完成时教学中,选择大量含有该时态与主语处于句中不同位置的语篇进行教学,使学生理解动词现在完成时的意义,并认识到主语并非都是句子第一个名词等(VanPatten,1996)。针对克服语言输入加工的弱点进行语法教学不仅有助于学生理解语言意义与形式,而且会改变他们学习语法的策略,这是传统语法教学无法做到的。此外,"语言输入加工"语法教学模式还强调要将语义作为主轴,采用口语和书面语两种形式语言输入、将单句练习及时提高到语篇层面等多种教学内容与策略。该研究仍在不断发展中,但已受到英语教学界与教师们的关注。

(2) "语言输出表述(Output-production)"语法教学模式研究

与"语言输入加工"模式相对应的是"语言输出表述"语法教学模式研究,两者的目的相同,都是为了加强语法教学中的语义与语用教学。具体实施时,由于前者的基础是理解语言,因而在语义教学上下的功夫较多,而后者重点是运用语言,因而更多地研究了语用教学。

"语言输出表述"语法教学的理论基础主要是加拿大应用语言学家斯温(M.

Swain)提出的"可理解语言输出假设(the Comprehensible Output Hypothesis)"。该假设认为,习得语言是一个双向交流的过程,仅有语言输入与吸收远远不够,还必须通过习得者运用与输出语言才能完全掌握语言,一方的输出实际上是另一方的输入。语言输出不仅是表达语言,它还是一个检查语言输入是否正确并迫使习得者使用语言意义与形式的过程,只有通过语言输入与输出两方面才能达到习得与学习语言的目的;另一个颇具影响的"互动派"提出的"互动假设(Interaction Hypothesis)"也有相同的观点,认为语言习得是交际双方互动的过程,语言输入与输出是双方都需要的条件,语言输出是一方语言的表达,而对另一方来说,则是对其语言表达的反馈,它能改变语言输入的方向与内容,其重要性不容忽视。因此,"互动假设"也是"语言输出表述"教学模式的理论支撑。

如果说语言输入的形式是听与读,那么,语言输出的形式就是说与写。但是,"语言输出表述"语法教学中的说和写与培养语言能力的口语和写作教学的理念和方法不尽相同。首先,"语言输出表述"语法教学的目标是通过说与写的形式使学生掌握语法并运用于实际的语言交际中,因此,每次教学必须明确提出需要学生掌握的具体语法项目;其次,由于说与写都有明确的对象,因而"语言输出表述"语法教学强调合作学习,主要的教学方法为"合作输出(Collaborative Output)"。具体做法有两种,一种是在上述"语言输入加工"教学后,根据已有的输入材料开展输出活动,另一种是给出新的材料进行语言输出教学:

- 听一篇材料后写出含有所教语法项目的短文

这一教学方法分四阶段进行:准备阶段时教师讲解语法项目的形式、意义与新词;学生听两遍含新语法项目与新词的短文,记录关键词与要点;两人一对或小组讨论短篇内容与所教的语法项目,写出含有新教语法但不同于教师给出的短篇;教师通过问答与讨论等各种方法检查学生掌握语法项目的情况,纠正错误后,请各小组代表朗读他们写出的短篇。

- 给出一篇综合填空的短篇,空格需填写所教的语法项目

教师讲解新的语法项目形式与意义后,每个学生收到一篇综合填空的短篇,要求学生将所学语法项目填入空格中,然后小组讨论语篇与填写内容,互相纠正错误后,给出小组版本,对不同意见展开全班讨论,最后教师总结,给出正确填空与全文。

以上教学活动试图加强语法教学与语义和语用相结合,同时也注意发挥学生学习语法的主动性,并培养他们的合作学习精神。

(3)"依托语篇(Discourse-based)"语法教学模式研究

研究依托语篇语法教学的目的也是加强对语法教学中语义与语用教学的研究,特别是为了克服传统语法教学孤立地进行单词与单句语法教学的诟病,使学生在语境中学习语法。依托语篇语法教学还有一个重要的副产品:由于语篇有口语与书面语两类,依托语篇的语法教学就能同时提高学生听、说、读、写的语言能力。

依托语篇语法教学认为词法与句法是英语语法的基础。但是,它未停留在词法与句法的层面上,而是根据功能语法提供的理论,注重分析语篇中连接词等的衔接作用与代词、定冠词等的指称(照应)作用,同时整个语篇包含不同情境中语法的运用,甚至涉及体裁、文体等教学,充分进行了语篇层面上的语法教学。

依托语篇语法教学可采取听、说、读、写方式进行,具体教学方式根据语法项目的特点决定。例如,简单的词法与动词时态等可采取听与说的方式,而定语从句、虚拟语气等难度较大的语法项目则应采取读与写的方式进行教学。但无论采取什么方式都需明确,此时的教学目标主要是语法教学,因此,教学内容和方法与培养语言能力的听、说、读、写课程不同:教学内容中必须含有一定数量与典型的所教语法项目,并以各种方式唤起对这些语法项目的关注,如在其文字下划线或用黑体标出重点语法项目等;教学方法方面,提倡学生在独立自主学习基础上的合作学习,多开展学生共同寻找语法要点的教学活动,并创造机会使他们能将所学语法项目运用于实际生活中。依托语篇语法教学具有很强的实用性,受到英语教师们的欢迎。

综上所述,"语言输入加工""语言输出表述"与"依托语篇语法教学"既重视了单词与单句的语法现象,又研究了语言形式与语义、语用的关系和使用语篇发展听、说、读、写能力,体现了语法教学更新的方向,具有较强的生命力,未来还将在深入研究的基础上产生更多成果。

结语

本章探讨了作为英语语言知识教学组成部分的语音、词汇与语法的特质与英语语言知识教学的发展,在跟踪其兴起、低落与再发展的过程中,讨论了英语语言知识教学的更新。

传统英语语音教学有着深厚的理论与实践的基础,早自19世纪中叶欧洲语言改革运动起,就对英语语音作出了规范,制定了国际音标,确定了音素发音部位,在单音段教学方面有一套完整的教学体系。在此基础上，当代英语语音教学将传统语音教学更新至语言形式与意义结合并为交际活动服务的教学，在发展超音段语音教学的同时，利用高科技手段制定标准语音样板与建立新型的语音检查机制和语音操练，将英语语音教学水平提高到一个新的高度。

英语词汇具有鲜明的历史、时代与社会特征。本章以追溯英语词源为起点，概述了60%以上的英语词汇来自法语、拉丁语和希腊语的历史与社会缘由，阐述了英语词法与句法随着时代的前进从综合性语言发展至分析性语言的趋势。在此基础上，本章讨论了传统英语词汇教学理论、内容、方法与它们在当代的更新，其中特别论述了对词汇与听、说、读、写教学关系的再认识和大脑贮存词汇体系（即智力词汇系统）研究成果对英语词汇教学重要的启示。

英语语法教学经历了比语音与词汇教学发展更为坎坷的历程，从语法翻译法时期的主导地位跌落至交际教学法盛行时的低谷，但又在当代浴火重生。传统英语语法教学采用语法翻译法力主的"规范语法"与结构主义语言学主张的"描述语法"，教学方法主要采取PPP与演绎法、归纳法相结合。当代语法教学批判了传统英语语法的陈旧与僵化部分，分析语言成分时仍可采用乔姆斯基的"转换生成语法"，讨论语法教学的语义、语用与语篇时常参照"功能语法"。本章在讨论传统与当代英语语法教学时，关注了"功能语法"教学的主要内容，因为它重视语言形式、意义与功能结合于一体，使语法分析从单句拓宽至语篇的层面，对学生学习与运用英语语法具有实际指导作用。

综上所述，自20世纪90年代至今，传统英语语言知识教学理论、实践与研究已得到了更新：提倡语言形式的教学已转变成注重语言形式与语义和语用的紧密结合，语言知识教学已从分析单词与单句发展至语篇的层面；语言知识教学研究已是应用语言学、第二语言习得、认知心理学、计算机语言学与神经语言学等多学科合作的领域，这一历史悠久的英语教学领域正焕发出时代的青春。

第 5 章　英语听力与阅读(语言输入)能力教学的发展与更新

导言

第 5、6 章将讨论英语实践能力,即听、读、说、写英语的能力。英语实践能力以英语语言知识为基础,它是后者的综合运用与发展。但是,英语语言知识不会自动演变成实践能力,只有掌握培养英语实践能力的规律并坚持实践,才能在各种场合恰当地运用英语知识进行交际活动。因此,英语实践能力教学是英语教学中最重要与丰富的内容之一。

英语教学界对英语实践能力的认识经历了一个长期探索的过程:从早期的英语教学至 20 世纪初,英语教学界普遍认为,语言有口语与书面语两类,英语实践能力教学也就自然分成这两类教学,语法翻译法时期注重书面语教学,直接法与情景法重视口语教学;40—50 年代,结构主义语言学教学理论提出,英语教学应明确分为听、说、读、写四个专项技能(skill)训练,口语能力体现在听与说方面,书面语能力则体现在读与写方面;交际教学法与认知教学法兴起后,将其改造并丰富至交际与认知"能力(ability)"教学的高度;70—80 年代,第二语言习得和应用语言学领域提出了语言输入(听与读)与输出(说与写)理论,继承与发展了传统英语教学、交际与认知教学法关于语言能力教学的理念。

语言输入与输出理论比较全面与科学地概括了英语实践能力教学的性质:听与读同为语言输入,虽然它们使用的语言在形式上有口语与书面语之分,但是,它们通过听觉与视觉进入人脑后的加工属于同一大脑机制,在具体教学中又都有微观(自下而上)与宏观(自上而下)教学理论与方法;虽然说与写有口语与书面语的差异,但是它们都是表达意义与感情的手段,都需要语言输入作为表达意义的材料。英语教学中将听与读的教学归于语言输入类、将说与写的教学归于语言输出类,既符合它们的基本性质,又有利于教师教学与学生学习,故本书有关英语实践能力的讨论将不同于以往将听、说结合成一章与读、写结合成另一章的惯例,而将听与读作为语言输入、说与写作为语言输出两章进行探讨,本章即从讨论英语听力教学开始。

本章提要

5.1 英语听力教学的发展与更新
   5.1.1 英语听力的特质
   5.1.2 英语听力教学理论与方法的发展
   5.1.3 当代英语听力教学的发展与更新
5.2 英语阅读能力教学的发展与更新
   5.2.1 英语阅读的特质
   5.2.2 英语阅读能力教学理论与方法的发展
   5.2.3 当代英语阅读能力教学的发展与更新

5.1 英语听力教学的发展与更新

英语教学界不少人戏言,英语听力教学是英语教学领域的"灰姑娘(Cinderella)",这话不假,英语听力教学长期遭受冷遇。英语知识与能力教学各部分都曾受到重视:语法、阅读与写作在语法翻译法占主导地位时就风光一时,语音教学在19世纪后期国际音标发表后广受推崇,词汇教学在20世纪初词汇频率表出现后就引起热议,后又随语义学诞生而受到重视,口语教学更自直接法与听说法兴起,发展至交际教学法与任务型教学后盛行至今。唯独听力教学长期未能形成独立的体系与课程,直到20世纪70—80年代出现了克拉申的语言输入理论后,听力作为语言输入的重要部分才开始引发关注,更由于全球化发展日益显示语言交际中听力的重要性,听力教学才逐渐受到重视。90年代以来,听力已被认为是口语交际中重要的能力之一,英语听力教学顺势异军突起,迅速发展成英语教学理论研究与实践中一支强有力的生力军。

5.1.1 英语听力的特质

长期以来,一个轻视听力教学的论点流传甚广。该观点认为,在英语听与说两种能力中,说的性质是主动与表述性的,而听的性质则是被动与接受性的,说比听重要,且能带动听,说的能力提高后,自然就能提高听的能力,由此导致了重说轻听的教学。然而,近年来信息加工技术、心理语言学与第二语言习得等学科研究都表明,这一观点不符合事实。英语听力有一个复杂的生理与心理过程,涉及感知、语言知识、认知心理、社会文化与情感等因素,其特性远非"被动地接受",说的能力不能替代听的能力,英语听力教学有其自身独特的规律。

(1) 英语听力的信息加工过程

人类听力活动有科学的生理与心理过程。人类信息加工系统(Human Information-Processing System)的模式表明,听觉器官接收语音信息后,大脑通过感官、短期与长期三个层次记忆对信息进行加工。感官记忆首先接收到信息的信号,能将其保留不到一秒钟,或能很快将信息转到第二层次的短期记忆,或因受制于主客观因素不能加工而消失;短期记忆接收到信息后,在不到15秒时间(也有实验表明为20—30秒)内进行加工,如果是已知信息,立即传送到第三层次的长期记忆加以储存,如果是与已知记忆有关的新信息,就传到长期记忆中再对语音、词汇与语法进行语义与语用分析后归类并储存(Flowerdew & Miller, 2005:23-24)。

(2) 英语听力的基础是英语语言与文化知识和相关能力

上述过程表明,英语听力首先要经过感官快速接受信息,如果感官不能很快识别语音的意义,信息在第一个环节就会消失;如果感官能接收信息并进行传送,下一过程的短期记忆也必须与长期记忆复杂的系统对接,这时,各种已有的英语知识底蕴越丰厚,对接就越顺利,如不能快速对接,信息也会失去;在第三层次的长期记忆中,需要进行语义与语用分析后才能储存,此时任何有关语言、社会与文化知识的欠缺都可能使信息储存失败。口语说话也需要有这些知识,但说话时有一种"回避策略",即不会说的话可以用已知的另一种方式表达,但是听力的语言材料不掌握在听者手中,不具备这种策略。此外,为了全面理解语篇内容,英语听者还必须具备掌握关键词、抓住主题、根据上下文预测与推断语义等能力。所有这些对听力的要求都是对英语学习者严峻的挑战,未经有效的听力教学很难应对,人们有时看到一些英语口语不错的学生看不懂原版英语电影与电视,或听不懂英语报告,其原因就在于缺乏上述某种知识或能力。

(3) 快速及一次性反应与心理承受压力的挑战

以上提及,感官记忆只保留不到一秒钟,短期记忆只保留 15 秒左右。说话可以重复,阅读可以看无数遍,写作更可以不断修改,只有听力信息传递瞬间即逝,且无可追回,因此,未听懂本族语的语言材料时,再听一遍就懂了;可是听取作为外语的英语材料时,听数遍仍然不懂,这是因为听者在语言、社会文化等方面的知识有缺陷,导致感官、短期或长期记忆不能有效工作。

英语听力中语言的快速与一次性要求必然给听者心理造成压力,这就需要听力学习者具有良好的心态与情绪,特别是在听不懂时,有时会产生比口语、阅读与写作中更多的焦虑,因而英语听力教学十分需要关注学生的心理与情感变化,不断鼓励他们进步。

(4) 单向与双向听力活动

听力活动另一特点是有单向与双向两种形式。单向听力指听者只需个人加工已听到的信息,如收听广播、看电视或电影、听报告或讲座等;双向听力指交际双方互动时需要听取对方话语并立即作出反应的听力活动,如电话交流、两人对话、多人会话等。这两种听力活动都需要经过上述信息加工过程,但略有不同:单项听力是个人听取语言材料的活动,而双向听力由对话双方参与,它涉及双方语言的社会性(双方的社会地位与对话的场景等)及听者对其的理解,并随着对话进展而发展,听者无准备,内容变化较多。但是,单向听力的语言篇幅较长,而且没有提示,而双向听力中的语篇较短,说话者与听者双方的互动会产生提示,有助于听者的理解,这是双向听力的有利之处。在听力教学中,需要考虑单向与双向两种听力活动的特点,但因单向听力相对难度较大,一般听力教学关注单向听力活动居多。

总之,英语听力的特质,就信息加工系统而言,是一个感知、短期与长期记忆互动的过程;从认知心理学的视角来看,是听者英语语言、文化和世界知识与已有知识互动的认知过程;它具有单向与双向两种形式,因而涉及社会、文化与情感等多种因素。

5.1.2 英语听力教学理论与方法的发展

虽然英语听力教学理论与方法研究起步较晚,但是,自英语听力形成独立课程后,听力教学理论迅速理顺了听力与其他语言能力的关系,吸取了阅读教学理论中适用于听力教学的部分,并根据听力教学特点,在实践基础上总结听力教学规律,形成了系统的听力教学理论与方法。

(1) 20世纪60—80年代英语听力教学理论与方法

● **第一阶段：以教材文本为中心，服务于语言知识与技能**

20世纪60年代前，英语听力教学附属于语言知识、口语、阅读与写作课程，未形成独立理论体系。语音课听力教学目标是辨别与模仿正确音素、词重音和语音语调，词汇课与语法课听力教学目标是增强对词汇意义与语法形式的理解，阅读课听力活动是介绍课文背景知识，写作课与听力结合主要体现在听写练习。60—80年代听力教学第一阶段的状况也是如此。

这一阶段教学指导思想是以教师采用的教材文本为中心。例如，配合语音课的听力教学常采用容易混淆的语音语调对比练习：一是音素辨别，教师给出两个音素接近但不同的单词，然后读出一个音素，要求学生听后将含有该音素的单词划出；二是语调辨别，学生听两句以上带有不易区别升降调的句子后，标出每句的语调；又如，配合语法课的听力教学常结合教材中的语法难点进行练习：一为加深对语法形式的记忆，即教师朗读一篇含有所教语法项目的短文，学生第一遍听内容，第二遍边听边划出该语法项目，并指出其意义；二为加深对语法意义的理解，即教师朗读一篇含有两种不同语法项目对比的短文，要求学生听后说出两者的差异；再如，为加强口语教学而采取先听课文的听力活动：一是听后重复，要求学生听课文录音后重复课文重点句；二为听后回答问题，即学生听课文录音后，回答有关课文内容的问题等。

● **第二阶段："听力理解(listening comprehension)"理论的出现**

40—50年代听说法兴起时，听力教学地位有所提高，明确了听与说不可分割，但教学指导思想还是"听"为"说"服务。70—80年代运用交际教学法时，听力教学仍然是听为说与写服务，只是此时的说与写已成为交际活动教学目标的手段了。

然而，这一阶段与过去听力教学依附于其他教学不同，主要体现在出现了作为语言输入手段的"听力理解"之概念：无论使用听说法或交际教学法，在开展"说"或"写"表述性的语言输出教学活动前，一般都使用"听"作为语言输入手段，改变了以往英语教学基本上都是以阅读作为语言输入手段的惯例，此后听与读逐渐成为语言输入的常态，"听力理解"概念发展成"听力理解"理论与教学实践，使60—80年代听力教学前进了一步，进入了第二阶段。

这一时期听力理解教学的特点是，为了达到教学目标，听力教学在配合语音、词汇与语法教学的同时，开始关注理解语言内容与主题的教学，使语言输入促进语言输出。不过，此时听力教学所关注的内容理解主要仍然在单词与单句层面上，至多发展到掌握教学内容的主题,尚未上升至语篇的层次,教学方法也以问答与单句填空为主。即使如此,加强对语言内容理解的教学显示了听力作为语言输入的重要性,也提升了听力在英语教学中的地位,在此基础上,英语教学领域出现了一门以听力理解为目标、独立的英语听力课程。

(2) 20世纪90年代后英语听力教学理论与方法的发展

自20世纪90年代起,各地英语听力教学已普遍成为一门独立课程,听力教学的理论研究与教学方法较前阶段有了质的飞跃,进入了全面发展的新阶段。

● 重新认识听力与口语、阅读与写作等语言能力的关系

听力作为语言能力的一部分,与口语、阅读与写作教学密切相关。但是,由于听力教学长期处于从属于其他语言能力教学的地位,即使在听力成为一门独立课程后,英语教学界也很少探讨听力教学如何主动与其他语言能力教学结合的问题。然而,20世纪90年代后,情况发生了变化,英语教学研究者与教师们开始重视听力教学主动与口语、阅读与写作教学的密切结合,从理论与实践两方面探讨该结合的必要性与可能性。

首先,听与说是口语交际中的输入与输出,两者紧密相联。口语中的语音语调都通过听力获取、进行加工后运用于说话之中,口语中的词汇与语法也是通过听或阅读积累的语言。因此,听是说的前提,通过说话又巩固了听的能力,两者互相依存与促进。同理,听力与口语教学也同样是互相依存与促进的关系。但在以往听说课上,重点都立足于口语教学,听力教学基本上处于陪衬的地位。当代英语听力教学理论明确了听力课以培养听力能力为教学目标,使课堂上的口语活动为听力教学服务,听说课不应重口语、轻听力,而需培养听与说两种能力;

其次,听与读的关系也十分密切,因为它们共同构成了语言输入,两者同是语言输出的条件与内容。以往谈到语言输入一般都强调阅读,忽视了听力作为语言输入的重要性,更少讨论听与读的关联性。实际上,听力与阅读的差异只是前者起始于听觉器官与后者起始于视觉器官,语言信息进入大脑后都经历了分析与储存的过程。因而在英语教学中,有时可以边听边读,加深语言输入的力度;同时,由于听力的即时性与短暂性会给学生理解语言带来困难,对于难度较大的语言材料,听后可再阅读以加深对语言内容的理解,当然也要防止形成依赖阅读提高听力水平的不良习惯;

最后,听与写的内在关系很早就被英语教学界公认。然而,无论在练习或测试中,过去听与写结合的重点通常都在于写,有时为了有助于写,还降低了对听力的要求。当代英语听力教学理论认为,在听力课程中,教学目标主要是培养听力能力,不能由于

加入了写作教学而削弱听力的教学目标;同时,还应充分利用听与写的关系发展听力能力。例如,听作为语言输入可通过说与写两种形式进行语言输出,听语言材料后不一定做说的练习,可采用书面形式进行语言输出。此时应根据教学目标确定重点,而不是一味重视写的能力;如在进行听短文后写重点内容的教学时,应帮助学生学会听短文后写摘要,听演讲时记笔记或写出要点,指导学生听故事或叙述文后书面回答问题等,评分时主要评估所写内容是否正确,拼写错误就不是最重要的问题。这些教学方法都克服了以往听力教学依附于写作教学的弊端。

- **"自下而上(bottom-up)"与"自上而下(top-down)"教学理论与方法相结合**

"自下而上"与"自上而下"概念最初源于英语阅读领域出现了"自上而下"教学观所引发的热议,由于听力与阅读同属于语言输入,两者信息加工与心理过程有共同之处,听力领域借鉴了阅读领域的概念,并将其运用于分析听力过程与性质之中。关于"自上而下"教学观的产生与发展,将在以下阅读教学一节中讨论。

20世纪90年代后,传统听力教学得到充实与改造,形成了新型英语听力教学理论与方法,集中表现在"自下而上"与"自上而下"两种教学观的结合。"自下而上"教学将重点置于具体文本中单词、单句词法与句法教学;"自上而下"教学则注重读者对整个语篇预测、推断与理解的过程,是比拘泥于单个词句的传统教学高一层次的心理概念(Eskey & Grabe, 1988:223)。

➤ **"自下而上"教学观亦称"微观法"**,它要求学生听懂从音素、词素等语言最小单位到单词与单句的含义,进而理解单句连接后的意义,相当于物理上接收并解读信息源发出编码信号的过程,这是听力教学初期就形成的概念。当代听力教学理论并不全盘排斥"自下而上"教学,而是在其中加入了对语言知识的认知、情感与社会文化等心理与人文因素:当代"自下而上"教学观认为,在认知方面,由于人类的听力过程是大脑分析与认知感官接收信息的过程,受到认知能力的制约与紧张或焦虑心态的影响;在社会文化方面,由于社会文化是听者知识框架的组成部分,文化差异影响听者对语言材料的理解,跨文化知识对英语听力起着不可忽视的作用。因此,当代"自下而上"听力教学重视在认知、情感与社会文化知识基础上理解单词单句结构与文本细节的意义,这是当代"自下而上"听力教学对初期听力教学的充实与提高。

➤ **"自上而下"教学观亦称"宏观法"**,该教学观认为,在听力过程中,听者必须持有宏观视野,在理解单词与单句基础上,将听力理解提高到理解语篇的高度,并认为听力理解是听者主动对语言材料加工的心理过程,在此期间听者以已有知识为基础,通过假设、预测、推断、去伪存真与总结,达到理解听力语篇主题与基本结构的目的,这是当代英语听力教学吸取了阅读教学研究成果后形成的新型理论。

具体地说,听力理解语篇包括以下要素:首先,在听力活动开始前,听者必须具备有关听力材料的背景知识,了解材料中人物活动或事件发生的具体场合,并在此基础上预测听力材料的主要内容,这是理解语篇的前提,也是为理解语篇所作的准备;其次,通过"自下而上"教学理解了单词与单句意义后,必须厘清人物活动或事件发展的次序与层次,遇到疑惑之处不应停顿,而应利用已理解的部分,运用逻辑分析,通过推断达到释疑的目的;再次,总结语言材料如何起始、展开与结束的基本结构,确认理解整个语篇的全貌;最后,在听取材料的过程中应掌握关键词与主题句,明确全篇的主题。通过预测、推断、总结与明确主题等主要手段,当代英语听力教学"自上而下"教学观发展了"自下而上"教学观。在实际教学中,使"自下而上"与"自上而下"教学观有效地相辅相成,有助于达到听力教学的目标。

总体来说,国际上偏重于强调"自上而下"教学观的重要性。但是,对中国学生而言,由于汉语与英语在语言知识与社会文化等方面差异很大,在英语听力教学中应采取"自下而上"与"自上而下"教学结合的策略,特别是在英语学习初级阶段,应关注前者教学。在高级阶段,可根据学生英语水平加强"自上而下"教学,但仍不可降低"自下而上"教学的要求。

- **基于认知心理学的英语听力理解教学模式**

认知心理学对当代英语听力教学理论与实践发展作出了重要贡献。在理论上,通过大量实验,认知心理学丰富了信息加工系统有关感知、短期与长期记忆接收信息的模式,揭示了听力认知过程的三个阶段:一为"感知(perception)"阶段,通过"自下而上"之微观法感知有意义的语言词组群;二为"分析(parsing)"阶段,运用"自下而上"与"自上而下"教学结合的方法,根据词义、句法与语篇要素分析已感知的语言;三为"使用(utilization)"阶段,根据第一与第二阶段的感知与分析所积累的认知,激活大脑已有知识结构,运用"自上而下"法全面理解听到的语篇之含义(Anderson,1995)。

认知心理学对英语听力理解过程的诠释对听力教学有重要意义:它指出,听力理解不是被动接收信息的过程,而是人脑在主动感知信息后进行分析与认知的过程,这一过程充满了已有知识与新知识互动,因此,听力教学不仅能提高学生听力水平,而且是培养学生认知能力的过程。然而,并非任何听力教学都具有培养认知能力的功能。如果听力课不进行微观法与宏观法教学,仅让学生听几遍录音后回答几个问题,对于提高认知能力是十分有限的。

基于认知心理学的英语听力理解模式还表明,听力教学中必须进行"元认知(metacognition)"教学。所谓"元认知",就是认识并意识到什么是"认知",以及如何"认知",也就是说,在听力课上,学生不仅要从语言材料中获取信息与提高认知水平,而且要学会提高听力水平的策略与方法,了解影响听力与认知的因素,掌控自己的认知过程、学习状态与策略,克服听力学习中的困难,自我评估听力理解与认知的能力,这样才能有意识地培养与提高英语听力水平,并在此过程中不断提高认知能力。

- **基于学习策略的听力教学模式**

自 20 世纪 80 年代后期起,听力教学领域有关学生自主学习的理论研究与实践活动发展很快,十分关注以认知心理学为理论基础的学生听力学习策略,构成了"基于学习策略的听力教学"模式(Flowerdew & Miller, 2005:72 – 80)。

基于学习策略的听力教学模式采用英语听力教学领域普遍认同的听力学习策略概念,教学内容包括三方面:一为认知策略,即在掌握听力材料内容中使用的策略,如利用已有知识与根据听到的语言重组意义等策略进行预测、推断与总结等;二为元认知策略,即计划、组织、监控与评估听力学习的策略,如听前准备、听力过程中的专注与监控、听后评估等;三为社会与情感策略,即与别人互动和激励自身学习的策略,如对话中与对方合作、以恰当方式要求对方说明、重复、鼓励自己放松与自信等(Lynch, 2009:79; Richards, 2015:386 – 387)。

基于学习策略的听力教学模式对英语听力教学的意义在于:它引导学生自主学习,改变听力教学中学生被动接收信息的状况;同时,它也指导学生在听力学习中使用正确的学习策略掌控全局,克服听力学习中常见的只顾单词与单句、见树不见林的诟病。基于学习策略的听力教学模式还十分重视学生不同的学习风格,建议学生根据各自学习的特点在诸多听力学习策略中选择与使用适合自己的学习策略,发扬长处,克服弱点。教师将学生学习策略教学作为听力教学组成部分与学生自主学习相结合,提高了听力教学质量与学生的听力水平。

5.1.3 当代英语听力教学的发展与更新

20 世纪 90 年代后,特别是进入 21 世纪以来,英语听力教学领域总结了听力理解教学的理论与实践,进一步将当代听力教学理论与方法落实至课堂教学,发展与更新了英语听力课堂教学。

(1) 确立了"听力理解"教学的性质、目标与内容

听力教学形成一门独立课程后,出现了多种多样、良莠不齐的听力教学。近年来,通过理论研究与实践,当代英语听力教学领域规范了基于听力理解的英语听力课堂教学,确立了其课程性质、教学目标、内容与形式,为英语听力课堂教学的进一步发展奠定了坚实的基础。

● 明确了听力课堂教学与听力测试的区别

以往很多英语听力课混淆了听力教学与测试的界线。听力课上仅让学生听课文后回答问题,检查学生是否理解课文内容。实际上,这是听力测试,而非听力教学。当代英语听力课堂教学观认为,听力课程的教学目标不是测试学生的听力水平,而是培养学生掌握听懂英语必须具备的能力、策略与方法,在此基础上提高听力水平。每堂课都需具有明确的教学目标,根据目标选择适当的教材,通过科学的教学过程,采用适合学生的教学策略与方法进行课堂教学,而不是简单地听课文后提问,然后对答案。当然,教学过程中也需要了解学生的听力水平,并根据学生听力水平调节教学进度,不断提高他们的听力水平,这样做是为了提高听力教学质量,而听力测试的目的是测量与评估应试者的听力水平与成绩,两者的目的、内容与方法截然不同,明确听力教学与测试的差异后,就促使听力课堂教学在正确的教学轨道上运行。

● 确立了英语听力课程的教学目标

以往各地英语听力课的教学目标也较分散,有的注重理解听力材料中的事实,有的培养听力具体能力,导致教学质量差异很大。当代英语听力教学观认为,根据掌握语言材料的要求,英语听力的教学目标可分为三类:一是理解全篇主要内容(main points),二是掌握整篇大意(gist),三是掌握指定的细节(specific details)。旨在培养听力具体能力的教学目标,主要培养三种能力:一是掌握关键词与主题句,二是根据上下文推断语义,三是根据已知信息预测下文的意义。由于三类教学目标的角度不同,在实际听力课中,一堂课可以从以上三类具体目标中选择多于一个的教学目标。例如,在选择理解全篇主要内容的教学目标时,同时也可选择培养听力三种能力目标中的任一项作为第二个教学目标。但无论哪一种教学目标,都会经历听力的感知、分析与使用英语语言知识的过程,教学中都需要采用"自下而上"与"自上而下"两种教学方法,具体使用何种策略与方法,则视教学要求而定。

为了实现教学目标,听力教学常用的教学方法是问答法,特别是采用特殊疑问句。虽然使用这种方法会较快取得正确的答案,但常不利于提高学生的听力理解与认知能力。较好的方法是采用提示性较强的开放式提问，交叉使用一般疑问句与特殊疑问句，并给学生思考的空间与时间，让大部分学生参与回答问题，还可适时引导学生讨论，师生共同努力达到教学目标。

- **重视单向和双向两种形式的教材与其中的语篇特点**

不少英语听力教材集中在单向听力教学，未重视双向听力形式的教学，而后者却是提高口语中听力与快速反应必不可少的教学材料。当代英语听力教学十分重视使用具有单向与双向两种形式听力活动的教材。

单向形式的听力教学材料可采用故事、传记、事件叙述、演讲、科普知识介绍、研讨会展示、新闻简报、电视讲话、时事评论、日常广告、通知等；双向形式听力教学材料可采用有代表性的日常对话、多人会话、面试剪辑、小组讨论、专题辩论、电影片段等，有多人参与的对话最好有视频配合以减少难度。由于双向听力教学的素材通常是口语，其中包含很多省略句、浓缩语、简化词与不断变化的口语日常用语，不仅为提高听力提供了必要的教学材料，而且是提高学生口语能力很好的语言输入，因此，当代英语听力课堂教学观认为，选择听力课文时应纠正过去注重单向听力教学的偏向，采用单向与双向两种形式的听力教学材料。

无论使用单向或双向听力教材，以往一般仅关注材料表达的事实，忽视了语篇的特点。当代英语听力教学观认为，在理解材料意义的基础上，应根据语篇分析理论，帮助学生认识语篇的性质：如该语篇是陈述事实还是发表观点，其中如何使用展现新信息、转移话题与加强重要信息等使用语篇的手段，培养分析语篇的能力，达到深刻理解听力材料与提高听力水平的目的。

(2) 更新了英语听力课堂教学过程

本书第3章提及，英语课堂教学过程一般由课的起动、进程与结束三阶段构成。当代英语听力教学过程分为："听力前(pre-listening)""听力中(while-listening)"与"听力后(post-listening)"三阶段，这是英语课堂教学过程三阶段在听力课堂教学中的具体化。

根据当代英语听力课堂教学理论，使用听力材料时，可采用"自下而上"与"自上而下"教学结合的方法设计听力课堂教学过程，达到学习词汇或语法等语言知识、掌握语篇的主要内容与培养英语听力有关能力的教学目标。就课堂教学过程中的顺序而言，"自下而上"与"自上而下"教学方法孰先孰后应视具体教学要求而定。但除了预测能力常用于听力前课的启动阶段外，一般来说，听力教学过程以先"自下而上"、后"自上而下"为宜,因为词汇与语法等语言知识与语篇、语义、语用能力教学相比,难度相对较小,先"自下而上"后"自上而下"符合由浅入深的规律;但对于英语高级水平学生而言,词汇与语法知识基础已相当巩固,在使用新的词汇与语法现象不多的材料时,先"自上而下"后"自下而上"的顺序有利于培养他们在听力学习中掌握全局的能力。以下是一堂英语中级水平听力课(50分钟)教学过程设计,教材为双向听力材料的双人对话,教学目标为学习新词和表达方式、掌握关键词与课文要点:

Phases of teaching	Teacher(T)	Students(S)
Pre-listening (15 minutes)	◆ Warm-up; ◆ Announcing teaching objectives: 1. To learn new words & expressions; 2. To find key words & main points. ◆ Introducing the topic with background knowledge (a short video with music), talking with S about the topic; ◆ Teaching new words and expressions; ◆ Asking S to predict the content of the text & summarizing S's correct predictions.	◆ Getting ready for class mentally & psychologically; trying to overcome anxiety; ◆ Paying attention to teaching objectives; setting the goals: what do I hope to achieve from this lesson? ◆ Talking on the topic: what do I know about the topic? ◆ Learning new words with T; ◆ Predicitng the content of the text.
While-listening (30 minutes)	◆ Announcing class procedure: S will listen to the text 3 times; ◆ 1st listen: To understand new words & expressions in context: 1. Announcing requirements for 1st listen & distributing questions on new words & expressions in written form; 2. Giving S some time to answer questions; 3. Leading discussion in answering to questions & giving correct answers in class. ◆ 2nd listen: To find key words: 1. Announcing requirements for 2nd listen; 2. After listening, giving S some time to write down key words & then discuss in pairs; 3. Teaching how to find key words & giving correct key words in text. ◆ 3rd listen: To get main points: 1. Announcing requirements for 3rd listen; 2. Giving S some time to write down main points, then ask S to discuss in groups; 3. Discussing & teaching how to find main points of the text.	◆ Listening to class procedure & requirements carefully; ◆ 1st listen: 1. While listening, paying attention to new words & expressions; 2. After listening, answering questions; 3. After answering questions, making sure to know the correct answers to all questions. ◆ 2nd listen: 1. Listening while writing down key words; 2. After listening, discussing key words in pairs; 3. Discussing key words in class & getting correct answers. ◆ 3rd listen: 1. Listening while writing down main points; 2. Discussing main points in groups; 3. Discussing & finding main points in class.

续表

Phases of teaching	Teacher(T)	Students(S)
Post-listening (5 minutes)	◆ Summarizing what has been taught; ◆ Evaluating teaching & learning with S; ◆ Assigning homework: 1. For review: listen to today's text 3 times & answer questions after the text; 2. Listen to a new text: finding its key words & main points.	◆ Summarizing what has been learned; ◆ Evaluating learning by each one: 1. What have I learned in this lesson? 2. What difficulties did I face? 3. What strategies did I use? How effective are they? ◆ Making a note of homework.

以上教学设计力图体现当代英语听力教学的基本理念,明确了听力教学与测试本质上的不同:以增进学生语言知识(主要是词汇)与提高听力具体能力(理解关键词与语篇要点)为教学目标,采取了双向形式的教学内容、认知教学策略和"自下而上"与"自上而下"结合的教学方法,并试图培养学生在听力教学过程中主动与合作学习能力(个人、双人、小组学习)、元认知能力和良好心态及情感。

(3) 在"听力理解"理论基础上提出了"听力习得(listening acquisition)"新理论

尽管英语听力理解理论与实践取得了不少成果,但是应用语言学界始终存在一个疑问:听力教学的目的仅为听力理解吗?在现实生活中,习得本族语都从听语言起始,在外语学习中也常从电视或电影对话中学到新词与新句。这些现象表明,听力不仅能使人类理解信息,而且是获取新信息与新知的渠道之一,在英语教学领域,通过听力教学应能学习新的语言。

根据这一观点,应用语言学家理查兹提出了"听力习得(listening acquisition)"理论。理查兹认为,听力活动有理解与习得两方面的作用,除了人们已普遍熟悉的听力理解外,通过听力人们还获取了语言输入,其中理解的部分被吸收,并融入已储存的语库,就学习到新的语言。因此,听力习得指通过听力获取新的语言,它是听力活动的组成部分,听力教学也应包含听力理解与听力习得两部分内容。英语听力教学中关注这两方面内容十分重要,因为听力习得教学不仅能提高听力水平,而且有利于学习与增进整体英语语言知识(Richards, 2005)。

理查兹认同语言学家施密特(R. Schmidt)的观点,即通常人们的语言学习起始于对新词与新句等新语言现象的"注意(notice)"。听力习得也始于注意,然后根据已有知识对注意到的新现象进行重建(restructure),直到最后掌握该语言现象。因此,听力教学中的听力习得教学也可采取"注意"与"重建"教学使学生学到新的语言知识。具体教学过程为:首先,根据当代英语听力教学理念进行听力理解教学,使学生通过听力理解教学基本上理解听力材料;其次,实施听力习得教学中"注意"教学环节:让学生阅读听力的书面课文,并找出课文与自己在以上听课文时理解的内容之间的差距,以注意到自己未掌握的新语言点(如新的语言表达方式或句型等)。然后教师给出根据听力材料中新的语言点设计的综合填空题,学生在完成综合填空题时进一步注意需要学习的新语言点及其使用规则,此后教师再给出句子填空题,试题为课文中新语言点留空的句子,要求学生将新语言点填至空格,进一步注意新语言点,最后检查整篇课文中应注意的语言点,也就是即将学习的新语言点;再次,实施听力习得教学中的"重建"环节:让学生再阅读书面课文,给出书面完成句子的任务,要求学生使用课文中的表达方式与语言项目完成句子,再根据这些课文中的语言点编写对话并练习对话,最后学生以角色扮演的形式展示根据课文主要语言点编写的对话,达到重建与学习已注意的新语言点的教学目标(Richards,2005)。

英语听力教学中采取"听力理解"与"听力习得"两种方法进行教学后,不仅能提高学生的听力水平,而且能帮助他们通过听力教学学习新的英语语言知识。"听力习得"理论更新与充实了英语听力教学,使它在"听力理解"教学理论与方法的基础上前进了一步。

5.2 英语阅读能力教学的发展与更新

长期以来,社会上普遍认为阅读是获取知识的主要途径,也是学校教育的重要手段。正因如此,阅读能力在语言教学中的重要性自然就超越其他语言能力了。在英语教学史上,自语法翻译法诞生时起,阅读就在各种语言能力中享有最重要地位。虽然此后直接法与听说法时期阅读教学被削弱,但是,20世纪70年代出现了转机:心理学界对阅读过程与能力作出了全新的诠释,开启了"自下而上"与"自上而下"两种阅读观的热烈讨论,并在此基础上产生了上述两种阅读观互动和读者与作者互动的"互动派";与此同时,心理学界还为英语阅读领域提供了图式理论、阅读策略教学与元认知教学模式等重要理论基础;90年代以来,心理学、社会语言学、功能语法与语篇分析等多学科结合,推动了英语阅读教学理论与实践向多学科方向发展。进入21世纪后,全球化不断深入与世界各地英语教学的发展更促使阅读教学理论研究与实践活动出现了丰富多彩的局面。

5.2.1 英语阅读的特质

英语教学中的阅读教学共有英语作为第一语言(L1)、第二语言(L2)与作为外语(EFL)三领域教学。三者之间有共同之处,也有所不同。但由于 L1 阅读教学历史最为悠久,对 L2 与 EFL 阅读教学理论与实践影响很大,我们在进行英语阅读教学时,应掌握英语阅读教学的一般规律,同时也应关注 EFL 阅读教学的特点以及它与 L1 阅读教学的异同。

(1) 英语阅读的信息加工过程

作为语言输入,无论 L1、L2 或 EFL 阅读,它们的生理与心理过程都与同是语言输入的听力相仿,即遵循人类信息加工系统模式,通过感官、短期与长期三层次记忆对信息进行加工。

阅读与听力不同的是,接收语言信息的感觉器官不是听觉,而是视觉。听力通过听觉接收到信息只能保留不到一秒钟,如不能加工即消失,信息源无法挽回。但是,阅读信息源是不会消失的文字材料,读者可以反复阅读信息,虽然有时会减慢阅读速度,但增加了将视觉记忆感知信息传送到短期记忆的概率,使信息加工第二阶段的短期记忆在阅读中的重要性更为突出。

短期记忆常被称为"工作记忆(working memory)",其功能有两方面:一是从语法与语义等角度分析接收到的信息,二是将分析后的信息传送至长期记忆加以储存,正是工作记忆的这些功能使人们认识到阅读是一种积极主动的语言能力,而非仅为接受语言的消极被动的能力。然而,工作记忆处理信息的时间十分短暂,如果在第一部分的信息分析方面花费很多时间,就减少甚至取消了第二部分贮存信息的可能;相反地,一个语法与语义分析能力强的读者就能将更多时间放在贮存信息方面(Koda, 2005:199)。可见,工作记忆在阅读的信息处理中起着关键作用,人们平时所谈论的阅读能力之强弱,在很大程度上取决于工作记忆的能力。为了加强工作记忆,最重要的是提高对语法与语义的分析能力,也就是对语言的认知能力。

(2) 英语阅读必须具备的三要素:知识、能力与策略

在英语阅读过程中,为使阅读顺利进行,读者必须具备相关的知识、能力与应对策略。

- **英语阅读必须具备的知识**

具备相关知识是英语阅读最基本的条件,也是英语阅读的起点。相关知识包括英语语言知识、语篇、社会文化知识与读者长期积累的有关世界与自然界常识性知识。

英语阅读起始于传统诠释的"解码(decode)",即从解读语音与文字的关联以达到认字的目的,其中涉及的知识便是掌握单词的语音、拼写、词形变化与词义。有一种误解是认为阅读是无声的,因而与语音无关,实际上,任何词汇的音与形是结合于一体存在于大脑的表征,阅读时虽然单词的发音不出声,但它不仅与词形并存,而且有助于辨认词形与记忆词义。因此,在英语阅读中,词汇的发音、拼写与词形变化都应受到重视;"解码"的另一个重要手段是掌握词法、词组语法与句法等语法知识,以及单词之间的衔接。此时的词法指名词的数、格与动词的时态、语态等所有词汇变化的规则,较上述单词的个别变化深入了一步,词组语法包括词组结构及其特点与语法功能,句法则概括了句子成分、语序及句子种类等句子结构;在"解码"基础上,英语阅读还必须具备语篇知识,即了解不同文体语篇的组织与结构特点、段落大意、段落之间的关联、语篇主要内容;由于英语阅读内容必然涉及某些社会文化,阅读时就必须具备与文本相关的社会文化知识,包括语篇的社会文化背景与文本中涉及的各种社会文化内容内在的含义。此外,英语阅读内容十分广泛,经常涉及各种常识性问题,而阅读又是文本与读者互动的过程,因此,英语阅读还需要读者长期积累有关世界与自然界常识性的知识。过去积累的知识越丰富,就越有可能激发读者与阅读文本内容积极互动,加深读者对文本的理解。

以上阅读必须具备的知识表明,英语阅读涉及的知识面在广度与深度上都超过了听力。

- **英语阅读必须具备的能力**

掌握上述知识仅为英语阅读的基础,以这样的基础知识开始阅读英语可称为"低层次阅读"。为了提升至"高层次阅读",必须拥有英语阅读必须具备的"能力"。

关于"能力(ability)"的概念,需要厘清不少英语老师们经常疑惑的问题,即它与"技能(skill)"含义的区别。英语"ability"指人内在思考或行动的能力;"skill"原意是通过训练与实践获得的技能,如描述打字、开车等技能常用此词,二词略有区别。20世纪以来,特别是自40—50年代听说法盛行时起,英语教学领域一般将听、说、读、写称为"技能(skill)"。但是,20世纪后期自认知心理学产生后,很多经训练获得的技能被认为也需要经过思维活动的指导,"skill"便开始也用作"能力",有时与"ability"交替使用。本书在此所指的"能力"则包括内在与经过训练后所能获得的"能力"。

阅读需具备的能力,首先为迅速将词汇发音与文字连接并自动认字,这一能力与仅具有一般的词汇知识不同,它要求理解词汇知识达到"迅速"与"自动"的程度,使知识提高到了能力的层次;掌握语法与理解句子知识的能力则要求达到"流利"的程度,故也非慢速理解单句的知识;在此基础上理解语义的能力就不仅停留在理解句子与段落的层面上,而是掌握文本中事件发展的顺序,掌握语篇的主题思想,明确支持主题思想的重要依据,并能在这些能力的基础上进行分析与综合,最后了解作者意图,作出结论。可见,阅读能力的重点不在于对文本碎片式的解读,而是在理解单词与句子语法和语义基础上完整掌握整个语篇的语义及其主题。

- **英语阅读必须具备的策略**

英语阅读必须具备的策略与阅读能力不同,后者是指读者快速、有效、流利地自动阅读的行动,而前者则是指读者有意识地为达到一定的目标而控制与调整理解词汇、解码文本与构建语篇意义的努力(Afflerbach et al.,2008:368)。

简言之,能力是已达到水平的自动行为,而策略则是有意识地根据阅读目的实施阅读的计划与行动。阅读策略是为了理解词汇、语法与语篇的语义而根据自己的特点与认识所采取的谋略与方法,例如,将阅读重点放在理解关键词与主题句上;根据已知内容预测下阶段可能出现的情节;根据已知内容合理推断内容的发展与及时小结已知内容等。阅读策略与能力有时表现在同一方面,如预测情节与推断内容等,已能自动做到便是具有这方面的阅读能力,有意识地计划在某一方面努力,便是在使用阅读策略。

英语阅读三要素的形成反映了人们对英语阅读本质认识的深化,但是,三者是互相关联与缺一不可的。在教学中,不能因为重视阅读能力或策略而削弱了知识教学,也不能关注了知识而忽略能力与策略的培养。只有将三者有机结合,才能达到英语阅读的教学目标。

(3) EFL 阅读不同于 L1 阅读的特质

EFL 与 L1 阅读之间存在着很大的差异,这就使 EFL 阅读带有不同于 L1 阅读的特质:

- 首先,L1 读者在开始阅读时已有一定的听力基础,先前通过听力对 L1 语法与语篇已比较习惯,对不少 L1 词汇更已耳熟能详,只需将词汇的语音与文字联系起来即可。一些复杂的语法现象与派生的词汇也比较容易建立在学生已掌握的简单语法与词根的基础上;然而,EFL 学生在阅读开始时没有 L1 的听力基础,词汇、语法与语篇知识与规律都得同时从头学起,因此,不仅必须加强基本词汇与语法知识教学,而且应科学安排语法与语篇教学;

● 其次,L1学生大脑中仅存在一套语言规则,而EFL学生大脑中却有本族语与英语两套不同的语言规则,即使它们属于大脑同一系统,但处理两套规则的信息量大增,而且需要辨别它们的异同,利用本族语提供的有利因素,排除它对EFL阅读的干扰,对EFL学生阅读形成了挑战;

● 最后,由于L1学生对社会文化知识有切身感受与经历,比较容易理解阅读中涉及的社会文化问题,而EFL学生一般对英语社会文化知识了解甚少,增加了阅读英语语言素材的困难(Grabe,2009A:447-448)。

由于EFL与L1阅读特质存在差异,无论教师或学生都不能完全照搬英语L1教学与学习的规律,也不能照搬汉语教学与学习规律,而应根据EFL阅读独特的规律行事。

5.2.2 英语阅读能力教学理论与方法的发展

在英语阅读教学发展的初始阶段,阅读研究滞后于教学实践。自20世纪70年代起,在信息科学与心理学的推动下,英语阅读与阅读教学的研究迅速发展。从此,英语阅读和阅读教学研究走上了一条与信息科学、认知心理学与社会心理学密切结合的道路。

(1) 从"自下而上"微观法至"自上而下"宏观法的"革命"

20世纪70年代前,英语阅读教学长期采用"自下而上"的微观法,有关阅读教学理论与实践的研究却寥若晨星。早期研究中,只有19世纪后期法国眼科医生贾瓦尔(E. Javal)关于阅读时眼移动的论述受到关注。贾瓦尔首次提出了英语阅读时人眼移动有"飞快跳阅(saccade)"与相对静止的"注视(fixation)"两种形式,信息主要在"注视"期间获得。贾瓦尔的研究引发了心理学界探讨阅读时眼动与心理活动及认知关系的兴趣。

重大的变更发生在1967年,美国语言学教授古德曼(K. S. Goodman)发表了题为《阅读是一场心理语言的猜测游戏》(*Reading Is a Psycholinguistic Guessing Game*)一文,批判了有关阅读过程的传统观念,即认为阅读仅是一个确切的认字与解读语言单位的过程。古德曼认为,阅读是一个心理过程,其中根据文本提供的线索与自己已有知识,读者期待与猜测文本意义,不断修改理解的错误,确认正确的思路与意义,达到阅读目的(Goodman,1967:126-135)。此文之后,古德曼又发表了一系列文章表达他的观点,认为阅读"起始于作者以语言的表征进行编码,结束于读者构建意义,因此,阅读本质上是一个思想与语言交互作用的过程,作者以语言表达思想,读者以语言解读作者的思想"(Goodman,1988:12)。这些观点颠覆了传统的阅读观念:首先,他以自己的实验证实,阅读过程中读者是主动预测与猜测文本意义以构建知识和与作者互动,而不是如传统观念那样,仅关注作者的主观意图,视阅读为读者被动接受语言知识的过程;其次,他认为阅读是读者通过语言与作者的思想交互作用的结果,阅读的目的不仅是解读文字,而且是理解语言意义并与作者思想互动;最后,古德曼认为,有效阅读不是解读个别单词或句子,而是一个不断期待与猜测下文、连贯理解整篇文本内容的过程,传统阅读观使人见树不见林,而有效阅读应掌握全篇文本的意义。

古德曼关于阅读的观点得到各界广泛的认同,此后很多学者进一步分析了阅读的过程与性质,其中安德森(R. C. Anderson)指出,对阅读过程与性质的认识分为两类:一是语言材料驱动观(data-driven),即认为阅读通过对个别字母、单词、词组与句子的分析达到理解文本的目的,这一观点已被称为"自下而上观";另一观点则是观念驱动观(conceptually driven),认为阅读是读者对文本内容的假设进行确认或排除的过程,这被认为是"自上而下"教学观(Anderson,1977:5)。虽然古德曼不同意将他的观点称为"自上而下"教学观,但是,众多阅读研究者都认同安德森的看法,并认为"自上而下"教学观是认识阅读过程中的一次"革命"(Eskey,2005:564)。1979年,考迪(J. Caody)将"自上而下"的阅读模式运用于L2教学领域后,起源于L1阅读领域的观点很快便在L2与EFL教学界传播。

近年来,"自上而下"阅读观内容不断丰富:首先,关于阅读过程,古德曼仅着重于确认与预测,当前已将"预测"充实至"假设、预测、推理与推断"的过程;其次,阅读前读者必须具备的背景知识也扩展至语言、社会文化与世界知识等方面,且背景知识的重要性也得到了加强;再次,古德曼指出的理解全篇文本已发展至理解语篇的主题思想与语篇结构等具体方面;最后,认知心理学又为"自上而下"阅读观增加了掌握阅读策略的重要内容。

总体而言,"自上而下"教学观重视读者的主动学习与全面理解语篇内容,是比"自下而上"教学更高一层次的阅读过程,为阅读教学提供了重要的理论基础。但是,它忽视了阅读必须具备词汇与语法基本知识的重要性。对于EFL学习者来说,若无基本的词汇与语法知识,不可能预测文本内容与全面理解语篇的意义,因此,在实际教学中,仍然需要恰当地使用"自下而上"教学理论与方法,使它与"自上而下"教学结合,才有利于提高阅读教学的质量。

(2) 互动阅读法模式

互动阅读法是在研究与实践"自上而下"教学观的过程中诞生的。它有多种模式，但这些模式都认为，阅读过程涉及的不只是"自上而下"或"自下而上"单项理论，而是由这两项理论涉及的多种因素互动构成的。互动主要可分为两类：一是"自下而上"与"自上而下"互动教学模式，它产生于分析了"自上而下"教学观的不足之后；另一类是读者与作者互动阅读模式，这是对"自上而下"教学观进一步的解读与发展。两种互动教学模式都有很强的实践性，常被英语教师们运用于课堂教学中。

● **"自下而上"与"自上而下"互动教学模式**

"自下而上"与"自上而下"互动教学模式有多种形式，它们的共同特点是，确定阅读过程从"自下而上"开始，再进行"自上而下"的处理，重视"自上而下"教学观与方法，但绝不放弃"自下而上"教学观与方法，而是使两者相结合并进行互动，达到阅读理解的目的。

以下是两个具有代表性的"自下而上"与"自上而下"互动教学模式：

鲁梅尔哈特（D. Rumelhart）是最早提出"自下而上"与"自上而下"阅读互动教学模式的心理学家之一。他认为，人脑具有一个信息中心（message center），它能通过假设、预测、确认等"自上而下"过程综合处理所有信息。人们在阅读时，视觉感知到的信息先通过"自下而上"的分析，总体分为拼写、词汇、句法、语义等类别，然后各类开始在信息中心扫描，某一类别一旦找到与自己相关的假设，便进入信息中心与其结合，进一步进行预测与确认，即通过"自上而下"的方法达到理解阅读内容的目的。在此过程中，各种类别还可以相通，如"词汇"一类在预测或确认遇到阻碍时可以到"拼写"或其他类别那里去检验，以便进一步确认（Samuel & Kamil, 1988:29）。鲁梅尔哈特认为，人脑具有这种"自下而上"与"自上而下"两种阅读方法互动的机制，启动这一机制就避免了"自下而上"或"自上而下"的片面性。当然，为具备这种机制，读者必须学会掌握"自下而上"与"自上而下"两种阅读方法的基本要求。

另一位心理学家斯塔诺维奇（K. E. Stanovich）提出了一个十分有趣的"自下而上"与"自上而下"互动阅读补偿模式（Interactive-Compensatory Model）。他指出，"自下而上"阅读观仅靠词法与句法解读文本，无法使读者理解文本的全部意义；他又分析了"自上而下"阅读观，指出读者若无基本的认字等语言知识，无法进行预测与推断，可见两种阅读观都有缺陷。因此，读者阅读时需要依靠这两种教学观与方法的交互作用。实际上，读者在阅读过程中常使用一种"补偿法（the compensation approach）"，当两种阅读观中任何一种因素薄弱时，读者可以用他的强项补偿弱项，同样达到理解阅读内容的目的(Samuel & Kamil, 1988:32)。如有的读者词汇量很大,在"自下而上"阅读过程中认字能力较强,但他在"自上而下"中预测文本内容的能力较弱,此时较强的认字能力能补偿较弱的预测能力,只要具有丰富的背景、社会文化与语篇的基本知识,他也能达到阅读的目的,因为"自下而上"与"自上而下"两者是互相关联与补充,而非互相排斥的。正是在这个意义上,两者的互动对阅读至关重要。这一模式对教学的指导意义是,在英语阅读教学中运用两种模式都是必要的,但是,每个学习者的知识与能力状况不尽相同,使用两种方法不存在统一的模式,也不能强求一律,学习者可利用自己阅读能力中的强项弥补弱项,同样能达到阅读的目的。

- **读者与作者互动阅读模式**

自英语教学领域展开了"自上而下"教学观的研究与实践后,各界最为关注的议题是阅读过程中读者与阅读材料作者间的关系,因为这正是它与"自下而上"教学观的根本不同之处,由此产生了读者与作者互动阅读模式,它有三方面特点:一是它吸取了"自上而下"教学观,认为读者是阅读的主人,而非被动的知识接收者,阅读是读者主动构建知识与能力的过程;二是阅读中读者能主动构建知识与能力,但不是读者重新创造新的知识框架,而是读者根据作者提供的信息,以自己已有知识与能力为基础,通过假设、预测、推断与确认等步骤正确理解信息意义与作者意图;三是在阅读过程中,作者提供的信息激活了读者已有知识与能力,使读者理解了信息,并推动读者去理解另一新信息,这一循环往复是读者与作者对话与互动的过程(Grabe, 1988:56),只有当这种双向的对话与互动顺利进行时,读者才能达到阅读的目的。

阅读教学采取这一模式时,需帮助学生掌握阅读材料涉及的背景与有关知识,使学生已有知识与能力得以被阅读材料内容所激活,同时要充分发挥学生的主动性,鼓励并指导学生运用假设、推断与确认等方法,开展读者与作者间的互动,确定阅读内容的意义,而不能停留在教师讲解的教学上。这一模式的长处是,它不仅能帮助学生理解阅读内容,而且能提高学生主动阅读的能力与学会阅读策略。但是,在使用这一模式时,不能放松"自下而上"教学中的词汇与语法教学,否则学生就失去了"自上而下"阅读的基础,不能有效进行"自上而下"阅读。

(3) **图式理论(schema theory)阅读模式**

- **图式(schema)概念与图式理论**

"图式"一词看上去有点玄乎,其实很简单,用通俗的话来说,"图式"是指人脑知识结构的框架,"图式理论"研究的内容就是人脑知识结构框架及其在人类认识外部世界过程中所具有的功能。以图式理论为基础的阅读模式从读者知识结构的视角描述并解释阅读过程,对英语阅读教学有实际的参考价值,因此受到英语教学界的关注。

图式一词最早出现在德国哲学家康德(1724—1804)的著作中,意为组织人们经验的概念之框架。20世纪初,图式概念开始出现在心理学研究中。1912年诞生于德国的格式塔心理学派(Gestalt psychology)反对重点研究构成物体成分的"元素主义",认为任何对物理、生理与心理现象的认识都应研究物体的整体,而有意义的整体都是人的知觉主体按照一定的结构形式组织的,因此,格式塔心理学派形成了整体"心智组织(mental organization)"法则,重视人脑整体的组织结构与心理活动的关系。20世纪20—30年代后,格式塔心理学派移师美国,逐渐发展成美国的心理学派。

受格式塔心理学派"心智组织"法则影响,心理学家们进一步研究了图式理论,系统地以图式理论解释人类认识世界的心理活动。最先使用"图式"一词的巴特利特(F. Bartlett)指出,"图式"是指"对过去的反应与经验积极的组织"(Anderson & Pearson, 1988:39)。图式理论持有者认为,经过长期积累,人脑由过去经验形成的知识构成了知识"图式",人们对外部世界的认识就是人脑中知识图式与外界物体的性质与形式匹配的结果。

- **图式理论阅读模式的基本内容**

以图式理论为基础的阅读观认为,阅读是读者的知识图式与新接触的阅读知识互动的过程。因此,只有当阅读材料中含有的词汇、语法、语义等语言知识、社会文化背景及一般世界知识与读者头脑中知识结构的"图式"匹配,读者对阅读内容的预测、推断与确认也与作者意图匹配时,读者头脑中的知识框架才能被激活,读者才能理解阅读材料的意义,这两方面中任何一个因素不能匹配,读者的知识框架就不能被激活,阅读就会发生障碍。因此,图式阅读理论的核心问题是读者必须具有阅读材料涉及的语言、社会文化与一般世界知识的结构,并使用这一知识结构进行"自上而下"阅读,促使知识结构与文本互动。

图式阅读理论将图式分为内容图式(content schemata)与形式图式(formal schemata)两类:前者指文本传递的信息内容(包括文本的知识与主题等)之图式;后者指文本体裁与结构等形式(包括叙事文、说明文、信件、科研论文等体裁及其结构)之图式。读者在阅读时必须具备这两方面图式,才能正确理解阅读材料的全部内容。

- **以图式理论为基础的阅读教学**

图式理论阅读模式再一次说明了阅读是读者与作者的互动,但它比"自上而下"阅读观更强调语义的重要性以及读者必须具有与阅读材料相关的语言、社会文化等各种知识和生活经验之结构体系,舍此无法与作者进行互动。在运用这一模式于阅读教学时,必须帮助学生建立与拓展他们的知识结构框架,并学会激活这一框架,否则就不可能提高他们的阅读理解能力。为达此目的,教学常可通过阅读前、阅读中与阅读后三阶段进行:在阅读前阶段,主要目的是使学生建立与阅读材料相关的语言、社会文化背景及各种世界知识框架,并帮助学生预测将要阅读的内容;在阅读中阶段,教师应帮助学生通过假设、推断与确认内容等方法理解词汇、语法、语篇的意义与作者的意图,使头脑中的知识结构与作者意图匹配,从中学会与作者互动;在阅读后阶段,学生应通过总结学习内容检查与评估理解语篇的程度,也可提出进一步阅读与思考的问题。因此,图式理论阅读模式不仅为我们提供了阅读理论,而且有助于教学实践,恰当运用这一阅读模式有利于提高阅读教学质量与学生的阅读能力。

(4) 元认知(metacognition)阅读教学模式

元认知阅读教学模式是图式理论模式的发展,它从新的视角与高于一般认知的层次分析了学习者的自我管控在阅读过程中的重要作用,在阅读教学中显示出很强的生命力,已成为英语阅读教学领域关注的热点议题。但是,不少英语教师对元认知阅读教学感到陌生,原因是不了解"元认知"的概念及其实质,因此,以下讨论就从认识"元认知"的概念与内容开始。

- **元认知(metacognition)概念**

英语"metacognition"一词的前缀"meta"出自希腊语,原意为"超越",故"metacognition"字面意义为"超越认知"。美国斯坦福大学教授弗拉维尔(J. Flavell)是首先使用与阐明这一术语的发展心理学家,他认为,简单地说,该词的意义是"有关认知现象的知识与认知(knowledge and cognition about cognitive phenomena)",或是"对思考的思考(thinking about thinking)"(Flavell, 1979:906)。在此基础上,心理学家纳尔逊(T. O. Nelson)与纳伦斯(L. Narens)简明地指出,"元认知"的主要意义为"对认知过程的监管与控制",它是比一般的认知高一层次的机制((Nelson & Narens, 1990:125-127)。

当然,"元认知"的内在意义更为复杂。1976 年,在题为"解决问题的元认知方面(Meta cognitive aspects of problem solving)"一文中,弗拉维尔在举例说明元认知的概念时说,元认知是"有关自己认知过程或与认知过程相关的知识,即个人对于与学习相关的信息和资料性质的认识。例如,如果我注意到在学习 A 时比学习 B 时遇到的困难多,或我想到在接受一个事实前应该再检查一次等,这些都是我所进行的元认知活动"(Flavell,1976:232)。显然,所谓"元认知",就是人们使用有关认知的知识对自己的认知活动进行管控与评估,以便达到更深刻地认知事物的目的。

弗拉维尔提出的元认知概念引发了心理学界爆发式的兴趣,此后,弗拉维尔与大量心理学家通过深入探讨后丰富了元认知概念与内容,认为元认知活动可能是有意识的,也可能是无意识的;可能是正确的,也可能是不准确的。元认知活动存在于从儿童至老人的任何年龄段的人群中,并随着年龄的增长不断发展;同时,它也存在于解决问题与劝说等实际生活中,当然也能运用于阅读与写作等语言教学与学习中。

- **元认知的组成部分**

弗拉维尔具体阐述了元认知的内容与组成部分,使人们对元认知的认识更为具体。在1979年发表的《元认知与认知监控:认知发展探究的新领域》(*Metacognition and Cognitive Monitoring: A New Area of Cognitive-developmental Inquiry*)一文中,弗拉维尔提出了"元认知监控模式"含有四组现象:元认知知识、元认知体验、任务与目标、策略与行动。从20世纪80年代至今,在弗拉维尔提出的模式基础上,很多心理学家就元认知模式的内容与组成部分进行了深入研究,使元认知的组成部分更加清晰,它集中于以下三方面:一为元认知知识(metacognitive knowledge):包括认知活动中的人(了解自己与他人的认知特点)、任务(明确做事的目标及困难)与策略(为完成任务所具备的策略)三类知识;二为元认知管控(metacognitive regulation):指学习者计划、监控、反思及评估认知的三种行动。在计划阶段,学习者考虑学习目标与如何根据自己的特点采取有效的策略与方法;在监控阶段,学习者检查计划的实施情况并改变不正确的策略;最后,通过反思与评估确定认知的准确性;三为元认知体验(metacognitive experiences):指"任何有意识的伴随与附属于智力事业的认知或情感体验,例如,你忽然感觉到不理解另一个人说话的意思"(Flavell,1979:906),即在认知活动中出现的各种与认知活动有关的感觉与情绪,也包括自信、内动力等情感因素。

元认知三个组成部分缺一不可:知识是元认知的前提,管控是元认知知识得到实施的保证,体验中的感觉发生在获取知识与管控的过程中,其中情感部分的动机则是产生元认知的动力,它促使元认知中的理智与情感完美地结合。元认知知识、管控与体验的内容有时是共同的,如学习者经常管控元认知知识中的策略部分,元认知体验中的感觉与情感渗透于知识与管控之中,因此,元认知知识、管控与体验三者互相依存,密不可分。

元认知组成部分研究更加明确了元认知概念的内容,使运用元认知理论时有了具体依据,促进了元认知理论与各领域实践的结合,促使它运用于包括语言教学的学校教育之中。

- **元认知阅读教学模式**

20 世纪 80 年代元认知理论诞生后,探讨元认知阅读教学的理论与实践便开始在英语教学领域兴起。元认知阅读教学模式是元认知与英语阅读教学两领域理论与实践结合的产物,为将元认知理论运用于英语阅读教学中,可从知识、管控与体验三个元认知组成部分进行教学:

➢ **以元认知知识指导英语阅读**:首先,元认知知识要求了解自己在英语阅读方面的特点,这是增进阅读知识与培养阅读能力的出发点。学习者先要明确英语阅读中"自下而上"与"自上而下"理念的要求,逐一对照自己所长与所短,扬长避短,取得较快进步;其次,元认知知识要求学习者了解阅读任务的目标与阅读中会遇到的困难,然后解决困难问题,以达到既定目标;最后,元认知知识要求根据个人特点与阅读任务采取有效的阅读策略(详见以下"阅读策略教学"一节),以达到阅读目标,以上三方面结合成一体,才构成了元认知知识相对完整的内容。

➢ **以元认知管控理念指导英语阅读**:元认知管控理念包括计划、监控、反思及评估三步骤,它可用于较长时段的阅读过程,如一个单元的阅读可分为此三阶段的管控,也可用于短时期阅读中,如用于一堂阅读课中,表明阅读前、阅读中与阅读后三阶段应做的管控工作。在阅读前的计划阶段,主要是根据教学要求明确具体的阅读目标,并确认需要采取的策略与步骤;管控阶段的工作是阅读过程中不断检测自己对阅读材料语义的假设与推断是否合乎逻辑,如有疑问就提出问题并加以解决,发现错误便及时纠正。管控行动贯穿于元认知知识与体验每一部分,阅读每一小段后都应检查阅读理解是否掌握了该段的主要内容以及存在的问题,使自己的阅读理解不要偏离正确的轨道。完成全部内容的阅读后,就可检查自己总结的全篇主题与作者意图是否正确;反思与评估阶段的工作是检查计划执行的情况,特别要关注运用计划中设定的策略是否达到了学习目标,自己在此次阅读中有哪些优点,暴露了什么问题,以后如何改进等。

➢ **以元认知体验理念指导英语阅读**:在英语阅读中,学习者会经常出现各种感觉,如感觉需要再思考一下自己理解某词的词义是否正确,或感觉自己推断的主题存在问题等,以元认知体验的理论指导阅读时,就会重视这些感觉,并进行再思考,有时正确的理解就会在再思考后出现;以元认知体验的理论指导阅读的另一方面是管控阅读过程中的内动力与自信等情感问题。一些研究者认为,由于理解与实施元认知理论需要很强的自觉性与坚持不懈的努力,因此,较强的学习动力是以元认知理论指导阅读成败的关键,自信心也是坚持实施元认知理论的保证,同时,阅读过程中始终保持顺利时不骄躁、困难时不焦虑的良好心态,管控好自己的情绪也是取得阅读成效的重要因素。

总之,"元认知"阅读教学模式的视角比一般认知高一层次,它指导学习者在阅读过程中不要一味沉浸于解读文字,而要主动思考与分析自己的特点,根据学习任务的要求采取科学的阅读策略与方法,并通过计划、监控与评估等步骤管控自己的阅读过程,使阅读始终运行在正确的轨道上。这一模式为阅读教学的发展提供了新思路,值得英语教师与学习者思考与运用。

5.2.3 当代英语阅读能力教学的发展与更新

20世纪90年代以来,英语教师们将应用语言学、第二语言习得、心理学和英语阅读界等领域的研究成果运用于阅读教学中,更新了英语阅读课堂教学。

(1)"自下而上"与"自上而下"阅读教学理念的更新

"自下而上"与"自上而下"教学理论与方法是英语阅读教学的基本理论与方法之一。20世纪70年代后,国际英语阅读界一些学者对"自上而下"理论推崇备至,导致一些学校忽视"自下而上"英语阅读教学,降低了教学质量;国内情况则不同,英语课堂教学中采取"自下而上"阅读教学居多,英语教师们对"自上而下"阅读理论持审慎的态度。

20世纪90年代以来,国内外英语阅读教学理论研究与实践表明,"自下而上"与"自上而下"两方面理论与方法都必不可少。英语阅读教学领域对两种理论作出了比较全面与科学的界定,更新了过去的观念,为使用"自下而上"与"自上而下"结合的理论与方法提供了依据。

- **"自下而上"阅读观更新为"低层次阅读(lower-level reading)"理念**

"自下而上"一词提出后,英语阅读教学领域对其概念众说纷纭。不少人将"自下而上"笼统地理解成"传统阅读教学",有人将其解读为强调字与音结合的识字教学,也有人认为它是重视词汇与语法的阅读教学。21世纪以来的教学实验与研究关注了

"自下而上"教学的界定,逐渐明确了其基本内涵:它是指较低层次阅读,涵盖三方面内容:一是认字(word recognition),包括熟悉字母音与形的结合、字母组合、前后缀的语音与拼写,了解单词意义及其在句子中具体的语义,并能在词汇语音与语义加工的基础上将其归类,通过短期记忆储存于长期记忆中,以便遇到相同单词时能迅速检索与确定语义。据统计,英语60%的单词都有明显的基本词形与词义,因此,认字是根据词根与词法掌握词类变化的规律,从而认识并记忆大量词汇;二是句法分析(syntactic parsing),这是在认字基础上了解句子的结构,即认识多词的结合,识别多种词组在句中的地位与意义,掌握正常与变化后的词序(word order)及其意义,并根据整句涉及的语法,分析句子的语义;三是解读疑义(meaning proposition encoding),小结认字与句法分析,在初步理解语义后,确定单词与句子的语义(Grabe,2009B:22-38)。以上三方面比较全面地从本质上概括了"自下而上"阅读的概念,更新了过去各种碎片化的论点,易于日常教学的实际操作。

- **"自上而下"阅读观更新为"较高层次阅读(higher-level reading)"理念**

"自上而下"阅读是在宏观上从思维的高度分析与处理阅读的过程。相对而言,实施"自下而上"阅读比较具体与简单,且有传统阅读教学经验可以借鉴,但实施"自上而下"阅读却比较抽象与复杂,具有一定的难度。但是,近年来经努力,"自上而下"阅读观得到了更新,其理念趋于清晰,概括为"较高层次阅读"理念,有利于它在课堂教学中实施。

"较高层次阅读"理念与课堂教学密切结合,主要涵盖四方面内容:一是要求阅读教学具有明确的教学目标,首要的目标是学习者必须掌握语篇主旨内容与作者意图,在此基础上,再达到每堂阅读课的具体目标与要求;二是要求学习者不仅具有语篇的背景和相关社会文化知识,而且须具备基本的有关世界与自然界的常识,以便与阅读材料作者互动,从而理解阅读内涵;三是阅读起始于预测内容梗概,然后在解读内容过程中不断进行假设与推断,排除错误认识,确定正确的理解,再识别词汇与语法规则。同时,将注意力集中于理解语言上下文情景中的含义,而非孤立的字面意义;四是总结整篇内容意义后掌握语篇的主题与作者意图,并检查与自己的预测是否相符,产生疑问时需要再次阅读全篇,并通过不断提出与解决问题,找到正确的回答。

尽管"自上而下"是较高层次的阅读教学,但是它必须与低层次的"自下而上"教学结合,而且只有在两者互动的情况下才能产生最大效应。更值得注意的是,两层次教学中一类组成部分的个别成员也能影响另一类的功能,最突出的实例是"自下而上"中掌握词汇的能力与"自上而下"中预测与推断等能力能互相影响,甚至互相补偿,因此在使用"自上而下"教学中不能忽视"自下而上"教学,而应重视与适时运用两类阅读观的教学。

(2) 语篇阅读教学理论与实践及其发展

近年来,语篇教学深入探讨了语篇阅读课堂教学的主要内容、韩礼德关于衔接性等语篇观念、语篇体裁结构教学与语篇图示教学的意义等宏观层面的语篇教学,在课堂教学中多方面吸取了语篇分析等学科的研究成果,推动了英语阅读教学的发展。

- 明确了语篇阅读课堂教学的主要内容

语篇阅读的教学目标是使学生学会正确理解语篇内容,特别是明确如何掌握语篇的中心思想与作者意图。为达此目的,语篇阅读教学从微观与宏观两方面明确了课堂教学的主要内容:

微观上,从语篇涉及的重点词汇与语法教学入手,但不沿用传统教学理念与方法,而应采取形式与语义、语用结合,并运用语法与词汇衔接的教学理念与方法,使词汇和语法教学与语篇理解有机结合;宏观上,在注意语法与词汇衔接的同时,还应关注整个语篇的连贯性,即找到全篇句子间与段落间的关联与发展,必要时进行语义推断,掌握语篇组织与体裁结构特点,了解语篇所涉及的社会文化知识,在此基础上明确全篇中心思想与作者意图,并对此作出评估。

- 关注英语衔接(cohesion in English)在语篇阅读中的重要性

自语篇讨论开始后,关于语篇的概念一直争议不断。直到1976年,韩礼德与哈桑(Halliday & Hasan)的著作《英语的衔接性》(*Cohesion in English*)问世,书中提出的语篇概念得到了语言学界普遍认同,该书论述的英语衔接性被视为理解语篇性质的基本内容。

韩礼德与哈桑指出,语篇是"构成统一整体的口语或书面语任何长度的语段"(Halliday & Hasan, 1976:1),它不是语法形式,而是一个语义与语用单位。语篇不是句子简单的组合,理解语篇也远非孤立地理解单句意义,而是理解语篇整体意义,那就必须理解构成语篇中句子之间的"衔接",又因这些衔接由单词与词组构成,因此,注意到构成衔接的单词与词组及其意义就能找到理解语篇的线索。

韩礼德与哈桑认为"衔接"的界定是:语篇中某一成分的诠释取决于另一成分,此时一个成分惟有依靠另一成分才能有效解读,即另一成分已成为该成分的先决条件(同上:4)。根据衔接的界定,他们详尽论述了五类语篇衔接手段:指称,亦称照应

(reference)、替代(substitution)、省略(ellipsis)、连接(conjunction)、词汇衔接(lexical cohesion)。此后,韩礼德、哈桑与不少研究者对衔接进行了长期深入的研究,充实了衔接手段的内容,使英语语篇衔接含有语法与词汇衔接两大类,各类组成部分的形式如下:

语法衔接形式	● 指称,亦称照应(reference): 人称或事物代词(I, me, she, they ...),如: Wash and core six cooking apples. Put **them** into a fireproof dish. (代词 **them** 指前面 six cooking apples) As soon as **he** arrived, Mike visited his parents. (代词 **he** 指后面的名词 Mike) 指示代词与副词(this, that, these, those, here ...),如: **That** is a wonderful idea! (That 可指前面一词或整个内容) 比较(another, better, similar, different ...),如: It's a **similar** cat to the one we saw yesterday. 定冠词(the),如:Last year we went to Devon for a hoiday. **The** holiday we had there was the best we've ever had.
	● 替代(substitution): 名词替代(one, ones, the same ...):This car is old. I will buy a new **one**. (one 替代 car) 动词替代(do, did):I challenge you to win the game before I **do**. (do 替代 win the game) 从句替代(so, not):Do you think the teacher is going to be absent tomorrow? 　　　　　　　　　No. I don't think **so**. (so 替代 the teacher is going to be absent tomorrow)
	● 省略(ellipsis): 名词省略:My brothers like sports. In fact, **both** love football. 动词部分省略:Have you been studying? Yes, **I have**.
	● 连接(conjunction):连词或连接短语的使用 添加(additive): and, likewise, furthermore, in addition ... 反义(adversative)、对比(contrast): but, however, whereas, on the contrary, in contrast ... 因果(causal): so, thus, therefore, because ... 举例(exemplification): for example, for instance, such as, namely ... 时间(temporal): soon, then, finally, at the same time ...
词汇衔接形式	● 复现(reiteration): 同一词重复:Anna ate **the apple**. **The apple** was fresh. 使用同义词:Which **dress** are you going to wear? I will wear my green **frock**. 使用反义词:Why does this little **boy** wriggle all the time? **Girls** don't wriggle.
	● 同现,固定搭配(collocation),如:fast food, once upon a time ...

(以上例句选自 Halliday & Hasan, 1976; Halliday, 2004; Bahazig, 2016)。

显然，英语衔接性从语义与语用高度揭示了英语语篇中句子之间内在的关联与含义，语法衔接部分指出了词汇与句子衔接手段，词汇衔接部分指出了词汇性质与它们的关联，两者都与语篇意义密切相关。对于学习英语的学生来说，熟悉英语衔接性对提高英语阅读语篇与写作能力，甚至整个英语水平都有重要意义，因而也是英语阅读教学不可或缺的组成部分。

- **重视语篇文体结构的课堂教学**

当代英语阅读教学观认为，了解文体结构是理解语篇语义的重要手段。在诸多英语语篇文体中，英语语篇阅读教学关注的是实用与基本语篇文体，即记叙文(narrative)、说明文(depository)、描述文(descriptive)、议论文或称论证文(argumentative)文体，它们各自都具有独特的语篇结构。英语教材中绝大部分课文都是最常用的记叙文与说明文，这两种体裁的英语语篇结构与汉语近似，中国学生比较容易理解这两类文体。

英语记叙文主要是记人与叙事的语篇，其形式大量表现为故事，也体现在散文、传记、寓言、回忆录等形式中，通常以人物、事件、时间、地点为线索展开，因此，记叙文阅读教学应帮助学生关注语篇中的场景（事件发生的时间与地点）、人物（行动特点、动机与目的）、情节（事件顺序与冲突）、矛盾及其解决，即事件的起始、过程与结束三阶段。由于学生一般都接触过故事，这样的结构在头脑中都有基本的"图式"知识，只要在教学中激活他们的图式，接受记叙文结构不成问题，而掌握了记叙文结构就为理解语篇的语义提供了合理的框架。

英语说明文是说明事物或物体的特征、规律或发展过程的语篇，其表现形式有说明书、规则说明、章程与广告等，英语教材中经常出现的科普知识诠释与自然现象介绍等语篇的体裁都是说明文。它与记叙文的主要不同在于：记叙文的内容经常是读者经历过或听说过、其结构又是读者比较容易接受的，因而阅读记叙文在很大程度上是读者与作者分享信息的过程。然而，说明文是作者向读者传递与说明新信息的过程，读者需要根据自己已有知识思考新信息，难度比较大，十分需要在文体结构上加强教学。

关注说明文中的标题(heading)、段落主题句与句子关键词都有助于理解语篇意义。同时，由于说明文具有很强的逻辑性与条理性，阅读教学中指导学生认识各种语义之间的逻辑关系对理解说明文的中心思想十分重要。美国宾州州立大学语篇体裁结构研究者迈耶(B. J. F. Meyer)经多年实验与实践后指出，说明文阅读教学应关注语篇内容之间的五种基本的逻辑关系：原因与结果、问题及其解决、观点异同比较、思想和事件的共同性与专题特征及其细则说明或场景(Koda,2005:163),为说明文的文体结构教学提供了可贵的参考意见。

- 使用图表组织者(graphic organizers - GOs)提高语篇阅读教学效益

凡是英语教师都有在课堂上用图表讲解语义的经历,在运用科技手段进行教学的今天,使用视频中的图表更为频繁。但是,大多数教师都是凭经验零星地使用图表,没有认识到语篇教学中应科学与系统地运用图表达到教学目标。20世纪80年代以来,当代阅读教学界越来越重视英语语篇教学中图表的重要作用,并已形成了系统的图表理论,即"图表组织者(GOs)"理论,GOs已成为语篇阅读教学中的专有名词。

英语语篇教学中通常使用的图表包括表格(table)、图表(chart)、地图(map)、线性图(graph)、时间表(timeline)、树状示意图(tree-diagramming)、构架图(framing)、流程图(flowcharting)等多种形式。图表组织者(GOs)是"语篇信息的视觉表征"(Jiang & Grabe,2007:34)。称它为"组织者",是因为GOs理论要求师生科学与系统地组织图表,达到理解语义与整个语篇结构的教学目标,而非随心所欲地孤立画一个图表。GOs的理论基础是认知心理学阅读观,其目的是帮助学生建立已知知识与新信息相通的桥梁,它是"在教师指导下学生作好准备开展的活动,这些活动将澄清、稳定并组织他们已知的知识,以便使他们有效地吸收新信息"(Moore & Readence,1984:11),换言之,GOs在阅读过程中起到了读者与作者互动的激励与组织作用。

GOs有两种基本功能,一是解释重要的词汇或句子的语义,但更重要的是说明整个语篇结构,如记叙文教学中,可使用图表勾勒故事梗概,显示场景、人物、情节发展与结局等流程。说明文中的原因与结果、问题及其解决、比较与对比等语篇结构用图示表明更能帮助学生理解与记忆。在GOs教学中,教师不仅自己绘制图表,而且要教会学生理解图表的意义,如列出空白的图表,要求学生用文字将内容填写在图表中,完成一个完整的图表;同时,教师还应指导学生学会绘制图表,通过自己制作图表加深对语篇的理解。

(3) 阅读策略教学的兴起

20世纪70年代,教育心理学领域出现了研究学习策略的潮流,很快传播到英语阅读界。90年代起,阅读策略理论与实践掀起热潮,使不少英语教师惊呼,查阅21世纪以来的英语阅读领域时,过去热门的"技能(skill)"一词已被"策略"所替代!

英语阅读策略理论是认知心理学关于学习策略与应用语言学阅读理论两者之结合,建立在该理论基础上的"阅读策略"被界定为:"在阅读过程中有助于控制行为、情感、动力、交际、注意与理解等多领域行动"(Weinstein & Mayer,1986),其目的是提高阅读能力。那么,"阅读策略"包含哪些具体内容呢? 有人提出 4—5 项策略分类,而阅读研究者安德森(N. J. Anderson)则提出了多达 29 项阅读策略(Anderson,1991:463)。然而,教学实践表明,少于五项策略尚不能揭示阅读策略的全部内涵,但多达 29 项策略会导致阅读既难以实施,也不可能被师生掌握。综观 20 世纪 90 年代以来提出的各种英语阅读策略分类,对学习英语的学生来说,重要的阅读策略主要应包括三方面:一为"自下而上"策略,即根据词汇组成部分(词根、前后缀、复合词成分等)理解与记忆单词,运用词法与语法规则,跳过陌生单词,根据上下文猜测与理解单词、短语与句子的语义;二为"自上而下"策略,即使用背景知识,预测语篇内容,确认与否定推断,认识语篇组织与结构;三为综合阅读策略,即提出并解决问题,总结并找出主题与调节阅读速度(Anderson,1991:463;Grabe,2004:51;Richards,2015:454 - 455)。

在实际课堂教学中,阅读策略教学可运用于一堂课的各阶段:阅读前活动主要帮助学生激活与课文相关的背景知识并预测课文内容;阅读中活动重点在于帮助学生通过确认与否定推断掌握课文的主题;在阅读后活动中再度思考课文,解决阅读中遇到的问题,并进行总结(Paris, et al. ,1991)。在编写教材时,可打破传统教材的格式,加入阅读策略项目。例如,在一本英语阅读教材《运用策略的阅读》(*Strategic Reading*)中,一课内容顺序为:给出课文标题(一侧放体现主题的照片),根据单词预测课文内容,快读提示,出现课文,检查阅读理解(通过改正所给 10 句中每句的错误,检查是否理解全篇课文),生词学习,理解事件发生顺序,将课文内容联系个人经历等(Richards & Eckstut-Didier, 2012:65 - 67)。这一教材既帮助师生使用"自下而上"教学策略学习生词,又提供了"自上而下"教学策略中预测课文内容与检查阅读理解主题的素材,同时通过"理解事件发生顺序"要求掌握语篇结构策略。总之,在教材中加入阅读策略内容增加了教师在阅读策略教学中利用的素材,也有利于学生根据教材掌握阅读策略。

(4) 泛读(extensive reading)教学受到前所未有的重视

英国语言学家帕尔默(H. E. Palmer, 1877—1949)最早提出英语教学中"泛读"的概念。帕尔默认为,为了掌握英语,不仅应学习英语语音、词汇与句法结构,还必须大量与快速阅读各种英语语言材料,以获取信息与增进英语知识,并从中获得读书的乐趣(Day, 2015:294)。这一泛读概念获得英语教学界的认同,后英语教学中也产生了"精读"与"泛读"课程之分。然而,由于英语教学课时有限,除了英语专业设有泛读课外,绝大多数高校公共课与中小学并无此课程,只是安排一些课外阅读而已,即使在传统的专业英语课程中,泛读课也往往是"精读"的陪衬,在英语教学中处于从属地位。

20世纪90年代以来,随着全球化发展与互联网的普及,大量与快速阅读英语不仅成为专业人士的迫切需要,而且已成为全球学生与一般民众必须应对的问题,促使英语教学与应用语言学界关注泛读教学;同时,第二语言习得学科在强调了语言输入的重要性后,开始关注阅读教学。2004年,第二语言习得研究者克拉申的专著《阅读的力量——来自研究的洞悉》(*The Power of Reading — Insights from the Research*)第二版出版,在书中,克拉申通过大量实验与研究阐述了"自由、自愿阅读(free voluntary reading — FVR)"对阅读理解、写作、词汇、拼写,乃至整个英语学习的重大意义(Krashen, 2004),引起热烈反响,很多研究者通过各种科学实验也证实了泛读在提高学生整体英语能力中的重要作用,促进了泛读教学的发展。当前研讨泛读教学已成为英语阅读教学理论与实践中不可或缺的议题。

然而,英语阅读教学中应如何界定"泛读"?如何确立"泛读"的基本理论,并在教学实践中加以实施?帕尔默提出的概念显然过于简单。在诸多实验与研究中,阅读教学界比较认同泛读研究者戴(R. R. Day)与班福德(J. Bamford)的研究成果与他们多次发表的观点。

1998年,戴与班福德所著《第二语言课堂的泛读》(*Extensive Reading in the Second Language Classroom*)出版。在该书中,他们十分赞扬威廉姆斯(R. Williams)在1986年英语教学期刊(ELT)上发表的《外语阅读教学十大原则》一文,该文抨击了当时阅读教材缺乏趣味性与阅读课上学生只能回答教师提问等弊病。戴与班福德认为,阅读教学必须含有泛读,而成功进行泛读应具有十个特点:大量阅读;多样的题材与题目的教材;语言材料适合学生理解水平;学生自选阅读内容;阅读经验本身就是报偿;阅读获得乐趣、信息与常识;快速阅读;独立阅读;教师是阅读者的榜样;教师指导学生阅读(Day & Bamford, 1998)。这十个特点实际上概括了泛读的教学原则,引起了阅读教学界与英语教师们的热议。在讨论中,不少研究者指出,为使读者快速与流畅地阅读,应加大泛读阅读量,减低难度,读者应熟悉95%的泛读教材内容,难点需控制在4%—5%范围之内,甚至有人提出,难点只能占阅读材料全篇的1%。

在听取了各种观点并继续进行研究后,2002年,戴与班福德正式发表了《泛读教学十大原则》,将1998年提出的第一条改为"容易的阅读材料",第三条改为第四条,内容为"尽量多地阅读"(Day & Bamford, 2002:136 - 141)。2015年,通过十余年对泛读教学的调查研究后,戴指出,在泛读课堂教学中,常用与有效的教学原则是:容易的阅读材料、题材与题目多样的教材、学生自选阅读内容、尽量多阅读、独立阅读五项原则（Day，2015：294-301）。

英语泛读教学的深入研究使英语教学界认识到，长期以来的英语课程对提高学生阅读水平很有限，原因之一是英语教材一般仅含有短篇，学生英语阅读量非常小，不能达到阅读能力教学目标。为改变这种状况，英语教学应采取精读与泛读结合的方针，在精读课文后附加泛读课文。有些教师对增加学生负担有顾虑，实际上，如果能遵循以上十大原则，特别是泛读教材很容易又为学生所喜爱，加上教师的指导与合理安排，不仅不会增加学生的负担，而且能提高英语教学质量，这已为不少学校的泛读教学实验所证实，值得教师们参考。

结语

听力与阅读均为语言输入的手段。然而，在英语教学领域，历来听力与阅读教学被重视的程度却大相径庭。自早期的英语教学起，阅读便处于重要地位，而听力教学却长期附属于阅读、写作与口语教学。20世纪70—80年代后，随着语言输入与输出理论的发展，改变了长期以来流行的"听力是被动接受性能力"的观点，产生了独立的听力课程，逐渐形成了听力理解理论；进入21世纪后，在全球化对英语交际需求、信息加工科技与脑科学的推动下，英语听力教学在教学理论、策略与方法上吸取了认知心理学与语篇分析的精华，借鉴了阅读教学中重视语篇主题与"自下而上"和"自上而下"结合等教学理念与方法，并从"听力理解"理论发展至"听力习得"理论，使听力教学成为英语教学中发展学生交际能力重要的组成部分。

尽管阅读教学在英语教学史上很早就受到重视，但是，阅读教学研究长期停留在词汇与语法教学、理解一般内容与阅读速度等阅读的表层现象上。直到20世纪70—80年代后，应用语言学与心理学、功能语法、语篇分析、社会语言学等领域合作，从"自下而上"与"自上而下"教学理念发展到图式理论、元认知理论、功能语法之运用等方面理论研究与实践，90年代以来，更进一步研究了"自下而上"与"自上而下"结合的教学，并在语篇内容与结构、课堂教学策略等方面深刻地揭示了阅读教学的规律，更新了阅读课堂教学的理论、策略与方法。应该说，英语阅读教学理论研究与实践的发展在广度与深度方面均超越了听力教学。

英语听力与阅读同为语言输入，大脑对它们吸取信息的加工机制是一致的，在教学上都可采用"自下而上"与"自上而下"结合的教学理论、策略与方法,近年来也都朝着语义、语用与语篇的方向发展,并得到了更新。但是,听力是口语,阅读为书面语,两者的语言形式、教学特点与发展史各异。我们在教学中应掌握两者的异同,分别达到听力与阅读的教学目标。

在英语听力与阅读教学中还应注意一个事实:很多听力与阅读教学理论与实践的研究成果都来自英语 L1 领域,它们与 EFL 教学理论与实践有共同之处,但也有差异,在 EFL 环境中学习英语的学生遇到的问题与 L1 学习者不同。作为 EFL 教师,我们在教学中应根据当地教学的实际情况与条件运用已有的研究成果,才能使 EFL 听力与阅读教学取得应有的成效。

第6章 英语口语与写作(语言输出)能力教学的发展与更新

导言

口语能力(即"说"的能力)与写作能力是英语语言输出能力的组成部分。在英语教学中,说与写能力教学在英语听、说、读、写能力教学中占有非常重要的地位。

英语口语不仅与汉语等非印欧语系语言差异很大,而且与英语书面语也不尽相同。在汉语环境中学习英语口语,既需了解它与本族语的异同,也应认识英语口语与书面语的差异,因此,在学习英语口语时,必须掌握英语口语的特质。对于很多EFL教师来说,大部分词汇与语法等英语语言知识是从英语书面语获得的,在进行英语口语能力教学时,更应注意英语口语不同于书面语的特质,并根据口语的特质使用不同于书面语的教学策略与方法。

英语写作虽然不如口语那么使用频繁,但是国际上重要的信息一般都通过英语写作传递与确认;在信息化与全球化日益深入的今天,电子通信已成为个人与团体生活、工作不可或缺的手段,英语写作的重要性越来越受到英语教学界的重视。传统英语写作教学仅重视写作的基本知识,当代英语写作教学除了注意写作基本知识外,更关注写作的重要特质,即它不能自然习得、具有一定的思维过程与不同语篇的特征,对这些特质的认识加速了英语写作教学的更新。

当代英语口语与写作能力教学的共同特点是,它们都跨学科吸取多学科精髓不断发展:接受了认知心理学理论后,英语口语能力教学形成了崭新的关注元认知的教学,写作教学从注重基本知识的"成果教学法"更新为"过程教学法";在吸取了语篇分析理论后,口语能力教学出现了根据不同文体的口语教学理论与方法,写作教学中形成了

"文体教学法",不仅帮助学生掌握了各种语篇文体的特征,而且使口语与写作能力教学都成为跨学科更新教学的典范。

英语口语与写作都是使用英语表达意义与感情的手段。然而,凡是输出,必然已进行了输入,具有输入的语言储备。这不仅反映了语言输入与输出密不可分,而且表明语言输出必须建立在语言输入之基础上,语言输入中的成效或差错会表现在输出中,而语言输出又反过来影响语言输入。因此,语言输出能力实际上包含了输入与输出两方面的要求,又必须学会如何在输出时运用它们表达意义,双重要求增加了语言输出的难度。因此,在进行英语口语与写作能力教学时,必须首先重视它们不同于语言输入的特质与使用规律,然后有的放矢地勤学苦练,才能使用英语口语与写作有效地进行交际活动。

本章提要

6.1　英语口语能力教学的发展与更新

 6.1.1　英语口语的特质

 6.1.2　英语口语能力教学理论与方法的发展

 6.1.3　当代英语口语能力教学的发展与更新

6.2　英语写作能力教学的发展与更新

 6.2.1　英语写作的特质

 6.2.2　英语写作能力教学理论与方法的发展

 6.2.3　当代英语写作能力教学的发展与更新

6.1　英语口语能力教学的发展与更新

欧洲19世纪后期的语言改革运动揭开了重视口语教学的序幕。自20世纪初直接法猛烈抨击语法翻译法至今,口语能力教学一直受到英语教学界的关注。因此,英语口语能力教学的发展在一定程度上体现了整个英语教学发展的轨迹。

英语口语能力教学的发展经历了三次高潮:第一次高潮是从20世纪初至二战后的听说法时期;第二次高潮是60年代后诞生的交际教学法时期,这一时期主导交际教学法理论与实践的是社会语言学与社会—文化心理学;英语口语能力教学第三次转折自90年代起发展至当代,以重视认知、语用、语篇与学习策略为特征,建立在认知心理学、口语语篇分析与功能语法的理论基础上,当代英语口语能力教学已进入了丰富、多元的时代。

6.1.1 英语口语的特质

英语口语涉及的方面非常多,构成了复杂的整体。口语是即时反应,说话时不能像阅读那样从容琢磨,也不能像写作那样仔细推敲;虽然听力也是即时反应,但它只需输入与理解,而口语需输入后输出并发表已见,因此,对英语学习者而言,口语是英语实践能力中极具挑战性的语言能力(Bailey & Savage, 1994: vii; Celce-Murcia, 2001:103)。

与听力、阅读与写作一样,英语口语的特质涉及语言学、语用学、心理学与社会文化等领域,但口语还涉及发音的生理机制与情感等方面;同时英语口语与书面语在语法上差异很大,用词的语域、语篇体裁与结构都不同,这些都构成了它不同于其他语言能力教学的特点。

(1) 英语口语中语音语调的特征

虽然英语口语中使用的语音语调是英语语音规则中阐明的音素与基本语调,但是,由于它是说话人快速表达语义与情感的手段,音素与语调变化多端,远非学会基本语音语调就能自如地将其运用于现实的口语之中。英语口语中的发音与朗读中使用的语音语调也不同,它是说话人创造性地表达语义的一部分,对于 EFL 学习者而言,使用英语口语时必须考虑语义与语用,此时需摆脱自幼形成的本族语方言的影响绝非易事。具体地说,在使用英语口语时,除了应注意一些难度较大的英语元音、辅音与辅音连缀外,还应关注英语口语中语音语调的特质:

- **缩约形式(contraction)、元音弱化(vowel reduction)与多词连接**

在英语口语中,由于使用语言趋向精简,经常出现各种**缩约形式**,如"he would=he'd""who is=who's""How have you been=How've you been"等;**元音弱化**,如:"you""the"等词元音经常弱化成轻音;**多词连接**,如美音:"I am going to=I'm gonna"等,网络语言的发展更推广了这些形式。由于汉语是单音节语言,单词仅一个音节,句子中每个字(即每个音节)相对念得比较重,中国学生在英语口语中常重读每个英语单词,在掌握这些语音语调方面有些困难。

- **超音段特征(suprasegmental features):重音(stress)、节奏(rhythm)、语调(intonation)**

英语超音段特征对表达语言意义十分重要。首先,英语重音包括词重音与句重音,它们直接影响语义,同一个单词,重音不同,意义就不一样,有时一句句子的语言完全相同,但由于句重音不同,意义就变了。正因为英语存在着句重音与非重音,英语口语中就出现了匀称的节奏,最常出现的韵律是一强一弱或一弱一强,使句子出现了强烈的节奏感,体现了英语口语的美感。英语语调常被人誉称为"语言的音乐",它不仅帮助口语表达意义,而且传递了说话人的情感,是英语口语学习中必须重视的部分。传统英语语调教学通常只讲解句子升降调,练习孤立的陈述句与特殊疑问句中的降调与一般疑问句中的升调,对实际运用收效甚微。当代口语研究发现,升调有时也运用于简短的陈述句中,甚至在陈述句的中段,因此选择真实的口语、根据语义分成语调单位(intonation unit),将语调与停顿、重复等口语中常见的现象结合进行教学,更能有效提高语调教学的质量。

口语中语音语调的准确度与变化受制于人们生理机制的运作,需要发音器官调节与控制发音气流,因此,提高口语中语音语调的质量不能仅停留在简单的模仿上,而应自觉掌握音素的部位与语调的升降、高低和长短,控制唇、舌、齿等发音器官的活动,使它们正确地发音,并通过练习使音素在语流中得到巩固,才能准确表达口语的意义。

(2) 英语口语与书面语词汇与语法的差异

英语口语与书面语在词汇、词法与句法方面存在很多差异,这是英语口语能力教学必须关注的问题。在讨论这个问题时出现了两派,一派认为,尽管口语与书面语有差异,但它们同属于一个英语语言体系;另一派则强调两者的差异,甚至趋向于认为两者体系亦不同。本书持前者的观点,正如韩礼德所说,"英语口语与书面语都是英语,它们大部分完全相同"(Halliday, 1989:87),这是讨论英语口语与书面语词汇、词法与句法差异的前提。

- **英语口语与书面语在使用词汇与词法方面的差异**

英语与其他语言一样,口语中一般使用非正式(informal)词汇,而书面语中的词汇则相对正式(formal)。此外,英语口语与书面语在使用词汇与词法方面还存在一些特有的差异,如:

口语	书面语
➢ 代词(we, you, they, it)用得多	名词比动词用得多
➢ 动词主动语态与动词短语用得多	名词短语用得多,动词主、被动语态都用
➢ 第一、第二人称使用频繁	各种人称均用
➢ 实词分散至各从句	实词相对集中在一起
➢ 同一词或词组可就近重复使用	同一词或词组常避免就近重复使用

(参考 Goh & Burns, 2012; Leech, 2000)

- **英语口语与书面语在语法方面的差异**

口语句子较短,结构较简单,书面语句子较长,结构较复杂,这是所有语言共同的特点,英语也是如此。此外,英语口语与书面语在语法方面还有以下差异:

口语	书面语
➢ 以短句与从句为主要语言单位	以完整的句子为语言单位
➢ 一个语篇的话题可有多个,并可随时转换	一个语篇一般集中于一个中心内容,句子之间需衔接并具有连贯性
➢ 交际双方具有共同背景知识,互相了解使用语言所处场所	作者与读者有时没有共同背景知识,读者需了解作者使用语言所处场所
➢ 以"and""but"等连接词组成的并列复合句多于主从复合句	使用主从复合句(特别是定语从句)多于口语
➢ 否定词、否定句与转折比较多	一般语篇肯定词、肯定句比否定多
➢ 固定场合使用规定的短句,如"Nice to meet you""Take care""Have a good weekend"等	根据题目与内容确定语言,无规定句式

(参考 Goh & Burns, 2012; Leech, 2000)

(3) 使用英语口语时涉及的社会文化与情感因素

口语是面对面的交际活动,使用英语口语时就不仅需掌握英语语音、词汇与语法,而且应正确认识与掌握社会语言学关注的社会文化与心理语言学讨论的情感因素。

- **英语口语中含有多种社会文化因素:** 首先,参与口语双方的身份、社会地位与相互关系影响着使用的语言与举止,上下级、长晚辈之间与同事和同辈之间使用的英语口语不同,东西方在这些方面的差异程度也不一样,在使用英语交谈时,就需要了解双方的社会文化因素,才能达到交流目的;其次,使用英语口语的场合与情景也决定了英语的语域:正式、非正式或休闲场合使用的语言差异很大;最后,更值得注意的是,英语言语行动(speech acts)有固定的社会功能项目,如问候、告辞、邀请、感谢、道歉、请求、询问、劝说与许可等,它们都有约定俗成的表达方式,应根据不同的场合与事件的性质使用恰当的口语,不能擅自杜撰。

- **对 EFL 学生而言,由于英语不是本族语,使用英语口语时还会出现自信心与焦虑等情感方面的问题**。实践表明,发挥自信心的积极因素,克服焦虑的消极因素,对他们正确使用英语口语有重要意义。特别是出现一些误解或互相不理解的情况时,需要交际双方具有积极的情绪,冷静地消除误解。在英语口语教学中应帮助学生认识到,使用口语时遇到问题是很自然的现象,此时如能充满自信地使用英语说明自己的观点,减少交流时的焦虑,就能达到交际活动的目的。

(4) 交际双方即时互动是英语口语产生与发展的动力

虽然使用英语口语与书面语都存在交际双方的互动,但是,由于大量书面语的交际对象一般具体至人群,而口语却经常明确到个人,而且口语中的交谈、会话、讨论等形式都是面对面的即时互动,此时还需得到肢体动作、面部表情与眼神等非言语行动的配合。因此,使用口语时,交际双方的即时、快速互动是口语产生与发展的动力,并已成为持续正常进行口语的关键。

为进行口语互动,首先必须具备最基本的口语能力:除了掌握以上提及的口语语言与社会文化知识外,还需要熟悉语用、语篇与元认知等方面的基本理论,并将这些知识与理论运用于实际口语活动中,在接收语言输入后立即确定欲表达的内容,并快速加工,做到流利输出;同时根据已交流的内容掌控语流与语速,向对方表达意愿,结束旧话题,启动新话题,直到停止交流,但在此过程中,任何时候都不能只考虑语言内容或英语知识而忽视及时互动,那样做只会导致口语交流的失败。一般来说,在口语交际中,当需要提问、回答、提出建议、澄清事实,特别是提出不同意见时,最应注意保持正常的互动。如双方在这些场合都能互相尊重,仔细聆听对方意见,冷静处理分歧,保持良好的互动,加上适时运用恰当的语言,口语活动就能达到预期的目标。

使用英语口语时,为了使交际双方能顺利互动,还应掌握使用英语口语的策略,运用正确的策略是使英语口语富有成效的重要手段。口语策略包括良好的开始与结束口语、维持与持续交流、必要的重复和要求重复、出现差错时修补缺陷等。还有一项特有的英语口语策略是"回避策略",即遇到一个想用而不知是否正确的词汇或语法项目时就换一个有把握的同义词或类似的语法项目,以保证自己口语的准确性。是否能娴熟地运用英语口语策略已成为衡量英语口语水平的重要准则。

(5) 使用英语口语时的元认知因素

英语口语比听力、阅读与写作所涉及的元认知因素更为复杂:与听力和阅读相比,在运用口语语篇时,不仅需要完成语言输入,而且还必须进行语言输出,需要时刻对口语内容与表达方式进行有效的监控;与同是语言输出的写作相比,写作可以秘而不宣,反复思考后再落笔,心理压力相对较小;而大部分口语是面对面即时的交际活动,一开口语言优劣便暴露无遗,当即影响说话人的自尊与自信,需要掌控好情绪,正确认识与处理使用口语时的元认知因素。

本书第 5 章讨论阅读教学时曾提及元认知理论的三个组成部分:元认知知识、监控与体验,这三部分内容也适用于指导英语口语的交际活动。

首先,元认知知识要求了解本人与他人的特点、任务的目标并采取相应的策略,这对于开展有效的英语口语活动至关重要。无论是使用有计划或无计划的英语口语,都需明确自己的需求、口语中扮演的角色、交际对方的特点与口语应达到的目标,并采取口语中所能使用的策略,否则口语活动就不能达到预期目的;其次,元认知监控要求计划、监控及评估认知行动,这些都是有效的英语口语活动必须采取的行动。在开展有计划的口语活动前必须制定有关口语的计划或确定相关内容,即使是无计划临时出现的口语,交际双方在互相了解的基础上对口语的结果也应有基本的预估。两者在进行交谈的整个过程中都需要管控内容,有良好的开端与结束,完成活动后也需回顾与评估口语的得失;最后,元认知体验指认知过程中应关注有意识的伴随与附属于专业活动的认知与情感体验,这提醒人们不能忽视使用口语时出现的任何有益于增进认知的想法,更应重视这些想法带来口语活动变化后的体验,成为以后口语活动时的经验。总之,元认知理论有助于使学习者认识到不仅要学好语言,而且必须关注运用口语时的元认知因素,并使它们成为提高英语口语能力的推动力。

综上所述,英语口语的特质不仅体现在语音、词汇与语法中,而且体现在社会文化、使用英语口语时的情感因素、即时互动与元认知等方面,它们为英语口语能力教学理论研究与课堂教学实践提供了依据。

6.1.2 英语口语能力教学理论与方法的发展

本书第2章在讨论传统与近代英语教学观时论述了直接法、情景法、听说法、交际法与认知法的教学理论与方法,这些基本上也是传统与近代英语口语能力教学的理论与方法,这里不再赘述。本章将从讨论听说法与交际活动结合、任务型教学及其与元认知、语用学和语篇教学结合等方面探讨英语口语能力教学理论与方法的发展。

(1) 机械性→有意义→交际性(MMC)课堂教学模式

在英语口语教学领域,语言学与心理学结合构成系统的课堂教学理论与实践始于听说法教学,以结构主义语言学为理论基础的句型练习是听说法的组成部分之一,教学方法采取行为主义心理学主张的刺激一反应手段达到形成习惯的目的。

20世纪70年代初交际教学法诞生后,听说法受到严厉批判,句型操练濒临被抛弃之边缘。美国匹兹堡大学语言学教授波尔斯顿(C. B. Paulston)在1971年TESOL年会上仍力主句型操练。但她也指出,过去听说法句型教学中存在着机械操练过多与缺乏交际活动的弊端,建议采取"机械性(mechanical)→有意义(meaningful)→交际性(communicative)"三阶段练习的顺序推进句型教学,即"MMC课堂教学模式",利用句型教学开展交际性教学活动。

波尔斯顿当时仍然认为,语言学习至少部分是形成习惯的过程。因此,在第一阶段的机械性操练中,学生可通过模仿与重复练习以掌握句型结构的形式,教学完全由教师控制;在第二阶段有意义练习中,教师通过给出题目与提问等教学方法使学生在一定情境中理解句型的意义,但教师的提问只有一个正确答案,练习仍由教师控制;在第三阶段的交际性活动中,教师给出一个结合学生实际生活并与句型相关的题目后,放松控制,要求学生尽量使用已学句型表达自己的意见,可以加入新的信息,达到交际的目的(Paulston,1971)。例如,在进行方位介词短语教学时,第一阶段只教短语语言结构,第二阶段给出一张地图,要求学生使用已学短语根据地图说出各建筑物的方位,第三阶段使用已学短语说出自己的家与学校附近实际的建筑物与街道等。

MMC课堂教学模式反映了听说法与交际法两种教学理论与方法交替时代英语教学的理念,该模式中结构主义语言学与行为主义心理学理念仍然存在,但是,教学目标是达到交际活动的要求,符合当代语言教学理念。自MMC模式提出后,一些教学实践表明,它对英语口语教学有一定的参考价值。但是,MMC模式将第一阶段机械操练定义为重复语言形式与完全机械模仿,忽视了人脑认知在语言操练中的作用。因此,在英语口语能力教学中,可参考MMC课堂教学模式有益于教学的理念,同时克服其第一阶段完全机械模仿的弊端,才能使教学富有成效。

(2) 模拟(simulation)与角色扮演(role play)

早在20世纪50—60年代,不少英语教师就使用模拟与角色扮演进行口语教学,但是,由于缺乏科学的理论指导,未能形成系统与有效的理论。自交际教学法产生后,应用语言学者在实验与研究中发现,模拟与角色扮演对培养交际能力有积极作用,他们给出了模拟与角色扮演界定,充实与论证了其理论与教学方法,逐渐被教师们运用于日常英语口语课堂教学中。

● "模拟"与"角色扮演"的界定

英语口语教学中所使用的"模拟"教学手段,是指"在模拟与有结构的环境中功能的现实状况(reality of function in a simulational and structural environment)"(Jones,1982:5)。这一界定表明,口语教学中的"模拟",不同于生活中随意的模仿行为,它具有功能性、模拟性与结构性的特质。模拟的功能性体现在参与模拟的人物都有一定的社会身份,使用的语言体现了人物的社会身份与语言功能,并具有合乎规格的语篇结构,但仍然属于模拟性质,是迈向真实生活的桥梁。正如消防队的消防演习是成功救火必不可少的准备一样,多次开展口语模拟活动就为生活中真实的口语交际打下了坚实的基础。

"角色扮演"是学生根据教师给出的题目扮演不同的角色,使用已学的语言材料,以会话表演的形式学习与运用口语。它可用作模拟的一部分,也可作为单独的教学活动,不必如模拟那样具备一定的场景或道具。因此,与模拟相比,它相对简短,更具灵活性,(Ladoussee,1987),但在挖掘人物个性方面它的要求更高。

- 理论基础及其长处

以社会语言学为理论基础的交际法要求模拟与角色扮演具有明确的社会性:模拟的场景应象征社会的一角,如办公室、飞机场、旅馆等,参与模拟的人物具有社会身份,如职场员工、服务员、顾客等,使用的口语应符合人物身份与场景的特点、语言的功能与必要的套语,对话应掌握正确的开始与结束规范,并采取恰当交际策略维持顺畅的交流,以达到培养交际能力的目的。

模拟与角色扮演的长处是:它比一般课堂教学活动更接近实际生活,多次模拟与角色扮演的"实习"能使学生记忆使用过的语言,为实际进行交际活动作好准备;同时,在模拟与角色扮演活动中,教师仅给出题目与教学要求,学生得发挥创造性与想象力构建模拟的剧本,并深挖角色的个性,十分有利于培养学生的主动学习与创造精神;最后,学生在模拟与角色扮演中表现了自己的愿望与构思,激发了他们学习口语的兴趣,减少了焦虑情绪,这些长处使近年来模拟与角色扮演活动越来越多地运用于英语口语能力课堂教学中。

- 教学要点与教师的指导作用

实践表明,为使模拟与角色扮演教学取得良好的效果,必须掌握必要的教学要点,充分发挥教师的指导作用,否则无论活动如何热烈,都不能达到教学目标。

➢ **首先,模拟与角色扮演的目的是培养交际能力**,在每一教学阶段,都应有具体的教学目标,即在语言知识项目、功能项目与交际策略方面需达到预定的要求。在参与模拟与角色扮演活动中,学生必须练习使用这些项目,通过活动在掌握这些项目方面提高一步;

➢ **其次,模拟与角色扮演都必须有明确的主题**,表演应根据教师给出的题目展开,必须防止离开主题的发挥;根据主题,应开展所有参与者的互动,而不能集中在个别人的活动上,群体互动应成为评价模拟与角色扮演的重要标准;同时,评估语言水平时,还应关注流利程度与准确性相结合和使用语言与表演行为的统一,不能偏重流利程度忽视语言准确度,也不能只注意表演或仅关注语言使用,否则就不能实现模拟与角色扮演的教学目标;

> 最后,教师的指导作用是模拟与角色扮演教学活动成败的关键。课前教师应作充分准备,选择好活动题目,明确教学要求,活动前告知学生。活动期间不应打断学生的表演,而应记录他们的优点与错误,活动结束后进行点评,表扬优点,纠正错误,鼓励他们以后取得更大进步。

(3) 交际法的发展 — 任务型英语教学(Task-based English language teaching)

20世纪70—80年代,在交际法发展如日中天之际,印度英语教学工作者普拉伯胡(N. S. Prabhu)却对当时的交际法提出了质疑。他在从事1979—1984年的英语教学项目中注意到,交际法提倡的课堂教学活动并不是现实生活中真正的人际交往。为了更好地培养交际能力,1982与1987年,他相继在报告与专著中提出了一种新的教学观与方法,即教师提出各种结合生活实际的"任务",学生通过完成任务体验交际活动的过程,学会处理人际关系与使用恰当的英语(Prabhu,1987)。普拉伯胡的观点随即受到应用语言学、心理学、教育学与信息加工等学科众多学者的赞同,并认为任务型教学是交际法理论的延续与发展。90年代后,"任务型教学"理论与方法正式形成并不断充实,迅速发展成英语教学领域重要的潮流。

- **"任务"的界定及其表现形式**

任务型英语教学中的"任务"是什么?很多学者从不同学科的角度作出了多种界定:应用语言学者迈克尔. 朗(M. H. Long)指出,英语教学中的"任务"是指"人们为自己或他人所做的自由或有回报的工作……它是人们日常生活中在工作或游玩时、或处于两者之间时所做的事情(Long,1985:89);威利斯(J. Willis)则指出了"任务"的基本属性是"有特定目的之活动,其过程中使用交际性语言,并与世界上的现实生活相联"(Willis,1996:53)。简言之,"任务"就是有目的地使用交际性语言与行动开展日常生活中有意义的活动。任务型英语教学就是使学生通过完成这种任务学会使用英语进行人际交往。

任务型英语教学有两大类:一是设立任务型教学大纲,整个学期或一个项目都实施任务型教学,使学生全面达到某些任务的要求;另一类是在英语课程的某个单元或某节课中采取任务型教学,一般学校都采用后一类型的任务型教学。

任务型英语教学常借助于故事、图画与图表进行，具体"任务"有以下的形式：

➢ **拼合任务**：分组阅读故事的不同部分，根据故事的语篇结构，全班用英语组合成一个故事；

➢ **信息链任务**：各小组取得一个信息，根据逻辑推理，全班使用英语构成完整的信息链；

➢ **解决问题的任务**：教师给出问题或含有问题的文章，学生分小组使用英语讨论如何解决问题，最后各组在全班出示答案并进行讨论；

➢ **交换意见的任务**：教师给出一个题目，学生分组交换意见并进行讨论，最后全班进行总结（节选自 Richards & Rodgers, 2003: 234）。

● **任务型英语教学的理论基础**

任务型英语教学涉及的方面很多，因此，必须掌握其理论基础，才能在课堂教学中始终把握正确的方向，达到预期的教学目标。

➢ **任务型英语教学的基本理念：通过完成任务培养学生的交际能力**：任务型英语教学优于交际法之处在于，其课堂教学不再是学生在教师设计的虚拟情景与模拟活动中学习语言，而是在教师指导下，通过接近真实社会的人际互动完成任务，从中学会人际交往与在实际情境中运用英语。然而，任务型英语教学的目标仍然与交际法相同，都是培养学生使用英语进行交际的能力，因此，交际法教学理论基础也是任务型教学的理论基础之一。在实施任务型英语教学时，教学过程必须紧扣培养交际能力这一目标，使完成任务成为达到教学目标的手段。交际能力包括掌握语音、词汇、语法与语篇等语言知识的语义与形式、运用语言交际功能、掌握元认知知识与管控、使用交际策略等方面。在教学过程中，应时刻将完成任务与培养交际能力结合，决不能因学生被任务所吸引而忽视培养交际能力与必要的语言教学。

➢ **建构主义教学理论对任务型教学的支撑**：20世纪80年代后，建构主义教学理论从心理学领域发展至多学科。任务型英语教学迅速发展的原因之一，就是它得到了建构主义教学理论的支撑。建构主义教学理论由认知建构主义（cognitive constructivism）、社会建构主义（social constructivism）与激进建构主义（radical constructivism）等学派组成，建构主义教学理论影响英语教学的主要观点是：学生不是被动地接受知识，而是通过新知与已有经验及知识的互动主动构建知识，这一学习过程不会自动产生，而应由教师作为指导者创设真实的情境，促进师生与学生之间的互动与协作，通过参与一系列来自社会生活的活动与语言的交流，达到理解与运用知识意义的目的。

任务型英语教学以认知建构主义理论为基础,充分发挥学生自主学习精神,使学生主动构建知识与培养能力,并促使学生通过新旧知识与能力的互动学会使用英语进行交际的能力;同时,它以社会建构主义理论为基础,选择来自社会生活实际的任务作为教学的主题,课堂教学形式以小组活动为主,通过师生互动与生生互动培养使用英语与进行社会交际的能力。

➢ **语言意义与形式教学的有机结合——"Focus on form"理论**:如何认识与处理语言意义(meaning)与形式(form)的关系一直是英语教学中的重要议题。迈克尔. 朗提出了任务型英语教学中"集中关注形式(Focus on form)"理论(Long,1985),即根据任务的交际目标在交际性的情境中进行必要的语音、词汇与语法等语言形式教学,达到正确理解语言意义的目的。"Focus on form"理论与听说法的结构主义教学理论"Focus on forms"不同,前者具有交际目标与交际情境,以任务需要与语言形式特点结合进行语言形式教学,后者是形式"form"的复数"forms",表明教学完全根据语言形式大纲的顺序进行,不重视语言意义,不与交际目标与情境结合;另一方面,任务型教学在重视语言意义的同时,也应防止忽视语言形式教学的倾向。因此,任务型教学根据任务内容进行语音语调、新词拼写、词汇搭配、语法与语篇结构等语言形式教学,这是任务型教学与交际法教学的不同之处。"Focus on form"理论阐述了语言意义与形式教学的辩证关系,是任务型教学的理论基础之一。

● **任务型英语教学的实施**

实施任务型英语教学有多种方式,其中最常见的是通过三个阶段进行教学:

➢ **任务前教学(pre-task phase),或称任务输入(task-input)阶段**:该阶段的教学目标是使学生了解任务的主题、内容与新的语言形式,为完成任务作好准备。教学步骤为教师先提出任务题目与教学要求,学生预测任务后总结内容,激励学生学习动力与兴趣;学习新词与少量语法规则;给出语言输入,如图画、视频或短文等以提供完成任务的素材;指出学生互动策略。

➢ **任务中阶段(during-task phase)**:教学目标为学生完成任务,初步掌握新词与少量语法规则,理解语言输入并进行语言输出,达到任务前阶段的教学要求,践行师生与生生互动策略。教学步骤为学生从语言输入至输出的过程。首先,教师提出任务与教学要求,其中使用新词与语法规则,学生经个别思考后,双人或小组讨论初步理解语言输入;其次,教师提出完成任务涉及的问题,学生小组活动讨论如何完成任务后,推选一人汇报讨论结果;最后,全班讨论完成任务的最佳方案,要求学生运用所学新词与语法规则,全班确定完成任务的方案。

> **任务后阶段(post-task phase),或称任务跟踪阶段(task follow-up phase)**：教学目标为收集教学反馈,确定学生完成了任务,初步掌握新的语言形式与运用交际的策略。教学步骤为先由教师总结完成任务的结果,新的语言形式之特点,表扬学生参与完成任务的表现,并指出学生主要的语言错误;学生简要报告学习收获,在课外作业中用英语写下完成任务的方案。

(4) 任务型教学、元认知、语用学与语篇教学合一的整体口语教学法（the holistic approach to spoken language）

来自新加坡与澳大利亚的口语教学研究者 C. C. M. Goh 与 Ann Burns 指出,英语口语能力教学是一个复杂的过程,仅从某一方面论述口语教学理论会产生片面性,不能体现英语口语教学的特质,因此,她们提出了综合性的整体口语教学法(Goh & Burns, 2012),将任务型教学、元认知、语用学与语篇教学合为一体。

整体口语教学法认为,英语口语能力由知识(语音、词汇、语法、语篇、文化背景)、核心语言能力(掌握言语行动功能、互动、语篇组织)与交际策略(元认知知识与管控指导下的策略、社会文化场景中使用的策略、掌握口语进程与克服交际障碍)三部分构成,整体口语教学法就是以培养三位一体口语能力为基础的理论与方法,通过七个阶段达到教学目标:

- 根据元认知策略,集中学生注意力,回顾与课文题目相关的经历,进入主题;
- 以元认知管控策略为指导,计划学习进程,并开始语言与背景知识的教学;
- 提出并组织与课文密切相关的学习任务,使学生通过完成任务初步掌握口语知识与能力;
- 进行语言知识与能力教学,关注语言的准确性,要求运用管控策略自我监控学习成效;
- 重复一次完成任务的教学,然后使用已学知识再完成一个类似的任务;
- 指导学生回顾学习过程,反思与评估学习成效与明确需改进之处;
- 教师对学生活动给出反馈意见,总结学生学习的优缺点,或给以评分,鼓励学生进一步提高,并指出下阶段努力方向(Burns, 2012: 172 - 176)。

整体口语教学法的基本理念在于确定了"口语能力"的界定,该界定的框架与卡内尔和斯温提出的"交际能力"概念基本相同,在七个教学阶段中,两个阶段是以交际教学法为理论基础的任务型教学,所不同的只是在交际策略中增加了元认知知识与管控策略。因此,整体口语教学法实质上是交际教学法与任务型教学的发展,也是两者开始与当代元认知、语用学和语篇教学理论结合的产物。

6.1.3 当代英语口语能力教学的发展与更新

上述"整体口语教学法"体现了英语口语教学朝着应用语言学与认知教学观、语用学与语篇教学结合的发展趋势。这一跨学科发展趋势随着英语口语教学的发展逐渐明朗、具体与深化,促进了当代英语口语教学的更新。

(1) 口语认知教学观的发展

本书第 2 章提及,英语教学领域的认知教学观产生于 20 世纪 70 年代。在口语能力教学方面,它不同于其他英语口语能力教学理论,后者通常以说话的外部因素为出发点提出英语口语教学的基本概念与教学理论。然而,建立在认知语言学理论基础上的认知教学观却认为,英语口语能力贯穿着人脑认知的内部机制,正是内部机制影响人们对外部因素的采纳与使用,口语能力教学则是促进认知机制发展的手段,这就拓宽了认识英语口语能力教学的视野,并使这一认识更加深刻。自 90 年代起,随着认知心理学的深入发展,口语认知教学观的理论与实践都得到了充实与提高,理论上提出了口语元认知教学观,在实践中提出了英语口语的"概念准备""系统制定内容与结构"与"清晰口头表达"三个发展阶段(Levelt, 1995: 15-22):

- **英语口语元认知教学观**

英语口语元认知教学观是口语认知教学理论发展至当代的产物,它吸取了认知心理学中的元认知理论,认为以元认知理论指导口语是正确使用口语的保证。以上提及,元认知理论包括元认知知识、监控与体验三部分。英语口语教学研究者认为,元认知理论的监控部分对口语教学最为重要:在开展口语活动前,一般都需计划与确定口语内容,对口语的结果有基本的预估,准备好应对各种结果;交际双方在进行口语的整个过程中都需要管控内容与使用语言的准确性,选择正确的表达方式,修正不恰当的语言,调整不良氛围,使口语交流有良好的开端与结束;完成口语活动后,一般都要回顾与评估口语的得失,如有未达目的部分,还会在以后的口语活动中设法补救(Goh, 2016: 149-150)。关注这些过程的元认知口语教学观不仅超越了单纯注意语言形式的传统口语教学观,而且也比关注思维过程的口语认知教学观深入了一步。

- 基于认知教学观的口语能力教学三个阶段

  ➢ 概念准备阶段(Conceptual preparation)

  在论及使用英语口语的过程时,以往的教学理论与实践都以语音、词汇、语法等语言知识教学为起点。但是,当代认知教学观指出,在运用语言知识前,使用口语有一个"概念准备阶段",包括选择话题、预测口语内容、从大脑储存系统搜索口语的背景知识与有关的社会文化知识等方面,使口语具有明确的方向与大致的框架,有的放矢地运用语言知识。因此,英语口语能力教学也应起始于帮助学生掌握概念准备阶段的内容与语言知识,这一阶段不仅适用于有计划的口语(如作报告、展示、面试与讨论等),而且也常运用于无计划的口语中,如偶遇时的交谈与意外的电话对话等,这些场合一般都有短暂的概念准备阶段。

  ➢ 系统制定内容与结构阶段(Formulation):这是确定英语口语内容与形式的阶段,包括明确需要表达的语言意义,根据英语词法与句法选择词汇与句型等;特别注意语篇层面的要求,如句子的衔接、语言前后的连贯性与语篇标记(discourse markers)等的运用,重点是使用规范的口语,保证正确表达语言意义。

  ➢ 清晰口头表达阶段(Articulation):在明确了口语的话题、内容与形式后,就到了口头表达阶段,即在单词、句子与语篇三个层次上,说话人运用并管控自己的生理机制,运用音素与音段正确的发音和超音段的合理使用与调控等手段,恰当表达思想感情。在表达语言意义时,语音语调不可能与语义和语法截然分开,但需强调在口语的表达阶段应特别注意表达的清晰度,才能达到使用口语交流的预期目的。

  以上分析表明,英语口语认知教学观在理论与实践上提高了一步,但它并非排斥其他口语教学理论,而是以认知教学观为主导,综合运用语言与社会文化知识、语言能力、语篇等多方面要素进行教学,从中体现了使用口语过程中认知因素的重要意义。

(2) 言语行动(speech acts)理论运用于英语教学的发展与更新

英国哲学家奥斯汀(J. L. Austin)首先提出了"言语行动"的概念。在他逝世后1962年出版的著作《如何以言语行事》(*How to Do Things With Words*)中,奥斯汀指出,人们使用的言语实际上都是一种行动。他将言语行动分为三类:一为言语内行动(locutionary act),指言语字面上意义产生的行动;二为言语外行动(illocutionary act),指说话人意图中内含的意义,即言外之意产生的行动;三为言语后行动(perlocutionary act),指言语产生的后果,无论是故意或无意的行动。最简单的例子如:"It's cold in here",字面意义为"这儿冷",但说话人的意图可能是"应关窗",或"应多穿衣服"等,听者听到后会根据情境作出反应而有所行动。

美国哲学家瑟尔(J. Searle)发展了奥斯汀理论,更具体地将言语行动分为五类,即陈述(representative),或称断言(assertive):根据事实说出观点或断定看法;指令(directive):要求听者做某件事,如提问、请求、命令、建议等;承诺(commisive):说话人许诺会采取的行动,如允诺、承担、提供某物等;表达(expressive):表达心理状况,如感谢、道歉、祝贺、欢迎等;宣告(declarative):宣布事务后立即发生变化,如雇主宣布录用或解雇、学校宣布日程等(Searle, 1969, 1979)。

在奥斯汀与瑟尔等人带领下,言语行动理论成为新兴的语用学(Pragmatics)中一个分支,并影响了英语口语能力教学的发展。20世纪70年代交际教学法盛行时,英国语言学教授威尔金斯(D. A. Wilkins)在他的著作"意念大纲(Notional syllabuses)"中提出了意念-功能大纲(Wilkins, 1976),其中功能大纲即以奥斯汀与瑟尔的"言语行动"为理论基础。威尔金斯提出的功能大纲得到应用语言学界的认同,并在全球英语教学中传播,他还参与了指导欧洲文化委员会制定交际教学法大纲的工作。1975年,欧洲文化委员会出版了实施意念-功能大纲的"入门水平大纲(Threshold level syllabus)",提出了六项入门水平言语功能的教学,包括传授与寻求事实信息(imparting and seeking factual information)、表达与找到态度(expressing and finding out attitudes)、决定行动进程(deciding on courses of action)、社交(socialising)、语篇结构(structuring discourse)、交际补救(communication repair)等方面功能教学(Raine, 2010),为欧洲外语教学提供了理论依据与准则,对各地EFL教学产生了深远的影响。

90年代时,欧洲文化委员会在修改了以言语行动理论为基础的"入门水平大纲"后制定了新的教学大纲,于2001年推出了"欧洲语言教学共同参照框架(Common European Framework of Reference for Language Learning and Teaching-CEFR)",其理论基础从意念-功能大纲理论发展至以社会语言学与多种语言理论为基础,成为适用于基本、独立与熟练使用者三层次共六个等级(每层次两等级)的语言教学与评估指导性纲要。

21世纪以来,世界各地英语教学中言语行动理论研究与实践也进入了一个新时期,其特点为研究更为具体与深入,密切结合各国文化,使言语行动理论研究和实践与培养跨文化交际能力融合成一体。例如,印度尼西亚的 EFL 教学工作者们利用言语行动中印尼文化与英语文化差异进行教学,其中典型的例子是:英语中道歉有多种表达方式,每种都体现了一种行动。如因音乐声响过高影响邻居时的道歉就至少有四种表达方式:给出借口(give an excuse: I'm sorry. I didn't realize.),承认犯错(admit a mistake: I forgot I left it on.),提供改进方法(make an offer: I'll turn it down right now.)与作出允诺(make a promise: I'll make sure to keep the volume down),但是印尼文化中道歉仅使用一种语言表达方式。通过研究各种生动的教学方法与实践,帮助学生理解了本国与英语文化差异,也学习了英语道歉的言语行动(Ilma, 2016)。类似的教学研究与实践也在世界多地展开,表明言语行动理论研究与实践已向纵深方向发展。

(3) 基于语篇功能的口语能力教学之发展与更新

20 世纪 70—80 年代,"语篇分析(Discourse Analysis)"形成了一门独立学科,对其他学科的影响不断扩大,英语口语教学吸取了语篇分析有关口语的论述,更新了部分理论与实践。

1983 年,口语教学研究者布朗(G. Brown)与尤尔(G. Yule)发表了《口语教学》(*Teaching the Spoken Language*)一书,率先以语篇分析与功能语言观相结合的视角分析英语口语教学,提出口语语篇可归成"人际互动(interaction)"与"事务交易(transaction)"两大类,前者的重点是人际关系,后者的重点是完成事务,两者分别是语言学与社会语言学关注的对象,都是口语教学需要研究的内容(Brown & Yule, 1983),这一论述受到英语口语教学界的广泛关注。90 年代后,应用语言学家理查兹(J. C. Richards)等人发展了布朗与尤尔的观点,不仅详尽论述了以上两类口语语篇的特征与教学原则,而且还增加了一类讨论说话人使用较长篇幅口语的语篇:"口语表现(performance)"。这样,人际互动、事务交易与口语表现三方面就形成了"基于语篇功能的口语教学"的基本内容(Richards, 1998)。

- **具有人际互动(interaction)功能的英语口语语篇及其教学**

具有人际互动功能的语篇是英语口语中最常用的形式,其目的是建立、协调或处理人际关系,表现为正式或非正式、有计划或无计划、双人或多人交谈与会话。这类口语语篇可以在互相熟悉或不熟悉的人之间发生,口语内容有时也传递一些信息或完成事务,但主要目的是加强、维持或结束人际关系,如同事间的寒暄,同学聚会,朋友间的聊天等,此时的语篇结构由交际双方的语言共同构成,但往往有一方会比较主动控制谈话的内容与进程。在进行这类口语语篇教学时,应帮助学生掌握整个语篇的进展,不能只顾片言只语,而需把握正确的英语口语语篇开始与结束时使用的语言与行为,以及谈话过程中遇到交际障碍时如何维持交流,特别应重视本族与目标文化的差异,掌控说话分寸与行为举止尺度,否则就不能达到人际互动的目的。

- **具有事物交易(transaction)功能的英语口语语篇及其教学**

交易(transaction)原为经济用语,应用语言学借用此词表明会话中反复协商与完成事务的意义。使用具有事物交易功能的口语语篇时,交际双方关注的焦点是交谈或做事的内容,如电话商讨会议时间与内容、课堂与会议讨论、各种咨询服务、看病时医患对话、餐馆点菜时顾客与服务员对话、商店购物时顾客与售货员谈论商品的性能与价格等。在这类活动中,口语交际的目的都是传递与了解信息或做事的内容。在这类语篇中,使用提问、描述事物与澄清事实的英语口语比较多,而且语言的准确性很重要,因此,除了进行语言知识练习外,还可采用意念—功能大纲中建议的"询问""劝导""判断"与"澄清事实"等语言功能项目进行教学,指导学生结合事务交流的内容,通过角色扮演与模拟现实等教学方法,学会恰当提问、准确描述事物与清晰说明与澄清事实。由于英语口语有很多一定场合下的固定套语与礼貌用语,采用具有事务交易功能的英语口语语篇进行教学时,应注意使学生学会在各种不同场合使用规范的英语口语套语,如见面时的开始语与结束语、打电话用语、会议讨论用语等。虽然此时人际关系问题不是主要关注的因素,但是,处理好人际关系对于顺利运用具有事务交易功能的口语仍然非常重要,在提问与澄清事实等言语行动中,恰当使用礼貌用语十分有利于达到事务交易的目的。

- **具有口语表现(performance)功能的英语口语语篇及其教学**

上述两类英语口语语篇的特点都是交际双方的即时对话,但具有口语表现功能的英语口语语篇则是由个人单独对听众作长时间的谈话,如致辞、演说、作报告、展示等。除了有明确的主题外,体现口语表现的语篇一般都有一定的格式与过程,说话人根据格式自己构成语篇结构,而不是如对话时那样,语篇结构由对话双方构成,因此,说话人比较容易掌控谈话的方向与时间。同时,这类语篇的有效性主要表现于听众对语篇的反馈,即说话人的意图与信息应传递至听众。为达此目的,谈话内容须有良好的逻辑顺序,语言清晰明确,说话人必须与听众适当地沟通,如谈话开始前作简单的背景介绍,谈话期间作必要的互动,谈话结束后要求听众提问等。这类语篇教学一般在英语高级水平进行,主要是帮助学生通过课堂练习与实践掌握口语表现语篇的特点。

总之，基于语篇功能的英语口语能力教学使英语学习者宏观上关注了口语语篇及其功能，在培养英语实践能力方面，比单项交际功能教学前进了一步。

(4) 英语长篇口语语篇教学的发展与更新

进入21世纪后，当代英语口语教学的一个显著特点是：越来越多的英语口语能力教学重视其语篇功能与表现形式。以上已讨论"人际互动""事务交易"与"口语表现"三种英语口语语篇功能，以下将讨论体现这三种功能的英语长篇口语语篇教学的发展与更新。

- **会话（conversation）**

会话是英语口语中最基本与运用最多的形式。英语口语主要有两类：双人对话与多人会话。传统英语会话教学过程是：教师讲解语言内容后学生练习词汇与语法，然后在模仿与朗读的基础上背诵会话。当代英语会话教学与此不同：总体而言，当代会话教学的目标是培养学生使用语言、语篇与社会文化知识及策略等能力，其中使用语篇知识能力是传统会话教学的薄弱环节。因此，当代英语会话教学十分重视会话的语篇教学，并认为学生认识与掌握会话的语篇功能是取得会话成效的重要因素。英语会话功能有"人际互动"与"事务交易"两类，在教学中必须以元认知理论为指导，使学生学习与使用这两种功能，并意识到它们在会话中的重要性。

➤ 具有"人际互动"功能的会话，目的是增进人际交流，虽然有时也涉及事务，但不是会话主要目的，因此，教学过程应洋溢着情感气氛，使用的语言应有利于会话人之间和谐相处；**具有"事务交易"功能会话的目的则是信息交换与完成事务**，虽然也使用礼貌用语，但那是为了做好某件事情，会话人用词遣句比较直白与理性。

➤ 两类英语会话都关注整个语篇从开始、进行至结束的结构与每阶段使用的固定语篇套语，根据不同的情境、会话人的社会身份与熟悉程度，会话用语各异，学生应学会在一定的情境中使用正确的用语，虽然这些套语并不是疑难的表达方式，但是它们常反映会话人身份、情境等社会因素，使用不当会影响英语会话的成效。

➤ 基于口语语篇功能的会话教学仍然需要进行词汇、词组与语法结构等语言知识教学，但它不同于传统会话教学：语言知识教学不能停留在机械操练上，而应使语言知识操练成为培养交际能力的一部分，同时要培养学生的自主学习精神，使他们通过主动学习语言知识培养实际进行交际的能力，只有这样才能达到基于口语语篇功能的会话教学目标。

- 讨论(discussion)

课堂讨论与会议讨论都属于具有"事务交易"功能的口语活动,它不同于会话之处在于参与的人很多,时间比较长,有一个中心议题,大家围绕议题发表意见,最后一般有一个结果,因此,与会话教学相比,讨论的课堂教学难度比较大。

自交际法盛行以来,英语课堂教学中已时常采用讨论的教学形式,但是,以往仅重视语言形式与功能的教学,很少关注发展学生思维与运用语篇结构的能力。当代英语口语中"讨论"的教学目标是培养学生学会对重要议题形成观点与意见,并运用逻辑构思,以所学英语语言与语篇知识正确表达意义,同时学会倾听其他发言人的意见,从中修正与充实自己的看法,通过讨论既构成集体的意见,也提高了个人思维能力、英语表达和参与讨论等多方面的能力。

英语讨论课经常会出现三方面问题:一是讨论偏离主题,二是学生讨论时不使用课堂教学要求中提出的词汇或语法形式,三是成绩好的学生发言踊跃,学习困难的学生沉默,致使教学不能达到预期目标。为了解决这些问题,每次课前教师应作充分准备,明确教学目标,选择密切结合学生实际生活的讨论题目,考虑好解决教学难题的策略与方法;在教学中应带领学生牢牢把握讨论的主题,并要求学生使用所学语言与语篇知识,必要时可打断讨论;安排成绩好的学生做一些组织小组活动工作,使他们帮助学习困难的学生共同参与讨论。

英语讨论课教学过程为讨论前、讨论中与讨论后三阶段:

> **讨论前阶段(pre-discussion phase)**:提出教学目标与讨论题目;进行语言与语篇知识、功能项目(如提问、描述事物与澄清事实等)与讨论用语教学,明确要求学生在讨论中运用这些项目;组织讨论小组并确定组长与记录员。

> **讨论中阶段(discussion phase)**:先由组长主持小组讨论,记录员将讨论要点记录在案,讨论结束后推选一个代表发表小组意见,然后全班通过举手发言自由讨论;讨论过程中教师应密切注意讨论内容与使用英语的情况,偏离主题时应立即将讨论引导至围绕主题发言,但不能频繁或长时间打断讨论;发言结束后请学生小结讨论结果,教师最后总结全班的意见。

> **讨论后阶段(post-discussion phase)**:教师带领学生总结讨论的收获,学生谈论全班讨论中有独特见解与印象深刻的观点与意见,以及讨论中良好的学风。最后,教师总结学生表现,鼓励进步,指出缺点与多次出现的语言、功能与语篇方面的错误,并安排课外作业巩固所学内容。

- 报告(report)

英语"报告"属于语篇功能中"口语表现"一类,它有长与短两类,前者如工作报告、学术报告等,后者如课堂上值日生报告、会议讨论前情况简介等。欢迎、感谢、告别等场合致辞与报告属于同类,但致辞有一定规格,一般安排在英语中级水平以上的教学中。报告的格式相对自由,只需遵循口语语篇结构,日常使用的机会较多,因而各级英语口语教学都可采用报告的形式。

报告不同于会话与讨论,它是个人单独说话,听众不作即时反应。但是,报告并非无对象的独白,而是广义上的双向交流,因为报告必有听众,它必须传递信息,为听众所理解,并取得反馈,否则报告就失去了意义。传统英语口语教学在指导学生作报告时,集中于单词与单句层面上语言知识教学。在当代英语"报告"教学中,除了语言知识教学外,应帮助学生明确报告目的,关注报告者与听众互动,掌握报告中口语语篇的特点与结构,使报告取得应有的成效。

英语报告的教学计划主要包含三方面内容:

➢ **首先应确定报告的目的,**即明确报告所要传递的主要信息,语篇结构与语言形式都应为表达主题服务。以往的报告教学常将重点放在英语用词造句上,忽略了作报告的宗旨,导致学生的报告缺乏明确的主题,未传递报告的主要信息,教学中应注意防止产生这一弊端;

➢ **其次,应分析报告的听众,**了解大部分听众的身份、要求与熟悉报告背景知识的程度,在此基础上确定报告的重点、需要说明的难点和与听众互动的节点及方式,并对报告时可能会出现的问题与听众可能会提出的疑问作准备,使报告得以顺利进行;

➢ **再次,应根据口语语篇结构的要求写出报告提纲,**不仅按照逻辑构思安排好报告的开始、发展与结束,而且注意使用语篇的衔接与连贯性规则,达到逻辑地传递信息的目的。在此基础上再进行英语知识教学,注意练习报告中含有的新词,理解词汇与词组的意义与新的语法现象。

为了使学生在感性上明确作报告的要求与过程,可向学生提供一个报告的范本(model),根据范本说明教学要求,然后提出一个题目,要求学生写出报告的提纲,先在小组演习,再由小组推选代表在全班作报告,最后进行小结。

综上所述,20世纪90年代以来,无论是英语口语短篇会话或长篇口语语篇的教学,在理论与实践方面都发展很快,并得到了更新。

6.2 英语写作能力教学的发展与更新

早在 16 世纪,英国的文法学校(grammar school)中就出现了英语写作教学。受中世纪拉丁文教学的影响,写作教学的重点是讲解语法、修辞与写作基本知识,培养写作能力的效果非常有限。但是,这样的教学理念与方法长期被视为英语写作教学的传统。

自 20 世纪 60—70 年代起,英语写作教学与研究开始发展,从控制性作文教学发展成指导性作文教学,这一模式后被总结为"成果教学法(the product approach)";70—80 年代,"成果教学法"被"过程教学法(the process approach)"超越;同一时期,英语写作教学受到功能语言学与语篇分析等理论影响,产生了"文体教学法(the genre approach)",即根据写作目的与读者对象就叙事、说明、议论以及其他各种不同的文体进行写作教学;此后不久,出现了重视写作教学中的社会文化与认知因素的"社会—认知教学法(the socio-cognitive approach)",英语写作教学的发展又前进了一步。

近年来,在英语写作课堂教学中,成果、过程与文体等教学法依然活跃,但是,这些写作教学法都得到了更新,出现了多种写作教学法结合的新面貌。

6.2.1 英语写作的特质

在英语听、说、读、写四会中,写是比较难以掌握的语言能力。与同是语言输出的"说"相比,"写"作为书面语输出不仅需要具有更大的词汇量与熟悉更复杂的语法体系,而且还必须熟练掌握从单词拼写、字母大小写、标点符号至书面语篇结构与文体等知识;与属于书面语输入的阅读能力相比,书面语输出不仅需要具有独立构思与创建崭新内容的思维能力,而且必须主动将写作置于作者与读者共享的社会文化之中。显然,这样的能力是不能自然习得的。即使是英语作为本族语的人,具备写作能力也具有挑战性,对于 EFL 学生来说,培养写作能力更需付出持久的努力并得到有效的指导,这正是 EFL 写作教学的重要性所在。

(1) 英语写作体现了使用英语书面语的规则

英语写作是以书面语表达意义与传递信息的语言活动,书面语最基本的语言素材是词汇与语法,加上大小写、标点符号等书面基本要素,构成了写作的起点。

- **词汇的运用是写作最重要的组成部分之一**。英语是字母语言,掌握词汇的第一关就是正确拼写单词。由于英语词汇来自多种词源,单词拼写并无单一的规则可循,需要了解词源后根据有限的规律下功夫记忆,才能在写作时信手拈来;其次,写作与口语中使用的词汇在语域(register)上不同,后者一般是"非正式"或"随意"的,而前者则是"正式"的,在不同场合"正式"的程度也不一样,选择恰当语域的书面语词汇对表达语义至关重要;再次,在书面语中,同一词汇不宜在邻近范围内重复出现,这就需要掌握相当数量的同义词与反义词,并熟悉它们不同的用法;最后,英语写作时不能孤立运用单词,或简单地根据词义擅自生造词组,必须关注英语单词前后固定搭配构成的词组,运用成堆的单词(chunk)构成句子。英语动词、形容词与名词的固定词组数量十分庞大,如果不加以注意,随意组合英语词组,就会在语言交际中产生错误。

- **英语写作时必须严格遵循英语语法规则**,这是使用书面语比口语语域"正式"的又一表现。英语书面语句子一般都按照"主语+谓语(+宾语)"的语序排列,但有时因需要强调某一内容也可将其置于句首;由于书面语表达的思想内容一般较口语复杂,现代英语写作中简单句较少,主从复合句较多,运用分词很灵活,动词时态与主被动语态变化以及虚拟语气的使用都比口语多样化,因此,英语写作需要全面与娴熟掌握系统的英语语法规则。

- **英语写作中的大小写与标点符号看似简单,但与汉语很不同**。首先,由于汉语中没有字母大小写的区别,在英语写作中就会忽视大小写的差异;其次,英语中没有顿号,使用逗号的规则也不同于汉语:一个英语句子结束时必须用句号,而汉语句子结束时则可使用逗号,在完整地表达意义前,可以一直使用逗号到底。如果英语写作中出现这种情况,便是写作错误了。

(2) 英语写作有明确的目的、主题与对象

英语写作是为了表达作者的意图、愿望与传递信息,读者也期待着从中获得信息,因此,任何英语写作都有一定的目的。据此目的,写作内容都有主题,目的越明确,主题越清晰,写作就越具有意义与价值。由于写作的整个过程都是个人活动,不像会话那样由参与者双方或多方共同把握方向,因而更需要写作者始终明确写作目的,紧扣主题。在英语写作中,有时会因为过多地思考英语用词或语法,未顾及写作目的或偏离主题,教学中应防止产生这一倾向。

- **英语书面语表明主题的方法主要有两种**:一是先表明主题,然后通过几个段落,接连提出多个支持主题的事实,由近及远、由表及里合乎逻辑地逐步展开,层次分明地揭示主题的内涵,最后对主题的意义作一总结;二是通过段落的主题句(topic sentence)揭示段落的主题,综合全篇段落表明中心思想。这两种方法可以同时使用,使写作的主题更加突出;

● **为了达到写作的目的,写作必须具有清晰的对象**。在听力、口语与阅读活动中,交际开始时对象就很明确,不用再确定交际对象。从表面上看,写作似乎是个人活动,无需思考交际对象。然而实际上,写作是作者与读者互动的过程。除了写日记外,作者在写作前必须明确他的读者群,不仅专业作家需要通过与读者的互动发展他的思路与写作进程,而且一般学生在写作活动中也应明确写作对象,并与读者互动,才能达到写作的目的。作者对自己写作的对象越明确,写作过程中的互动越深入,写作也越有成效,这已为长期的实践所证实。

(3) 英语写作中不同语篇的文体及其结构

在具备英语写作基本知识与确定写作目的、主题与对象后,就需按照一定的语篇结构完成写作,而语篇结构形式是由文体决定的。以上第5章讨论阅读教学时提及,英语常用语篇文体是:记叙文、说明文、描述文、议论文(或称论证文),各类文体都具有独特的语篇结构,在英语写作教学中,应指导学生根据不同语篇文体的特征确定所写语篇的结构。

● **记叙文主要是记人与叙事的语篇**,大量表现为故事与散文等形式。学生写记叙文时,可指导他们参照故事与散文语篇结构写作:故事结构很规范,一般以介绍场景开始,逐渐出现各种人物并构成情节,随着情节中的冲突发展至高潮,最后产生结局。非故事性的记叙文通常是记叙人物活动或事件的发展,语篇结构时常以时间与地点为线索,体现起始、过程与结束三阶段顺序;

● **说明文是说明事物或物体的特征、规律或发展过程的语篇**。在指导说明文的教学中,应使学生学会表达体现说明文主旨的标题、段落中的主题句与句子的关键词,并运用原因与结果、比较与对比、问题及其解决、共性与差异、举例与概括等手段分析语篇,最后以结论总结全文;

● **描述文是描写人物、景色或物件的语篇**。在描述文的写作教学中,可指导学生运用类比、明喻和暗喻等修辞手段和一些动作性动词与具有强烈色彩的形容词、名词,同时帮助学生学习使用描述文组织结构,通过排句平行描述,或按层次由表及里地递进,逐步达到描述的效果;

● **议论文亦称论证文,是英语语篇结构最严谨的文体**。在教学中应着重指出,议论文一般首先提出基本观点或主张,然后列举理由论证观点,其中既包含理论论述,也含有令人信服的事实支持理论依据。观点的阐述、推理与论证都需合乎逻辑与客观事物规律,无论论述正面观点或分析与批判反面观点或不同意见时,议论文的结构都需主次明确,条理清晰,具有很强的逻辑性。

(4) 英语语篇中语言的衔接(cohesion)与连贯(coherence)及其关系

英语语篇中语义的衔接与连贯有其特点,阅读时它们帮助读者理解语篇,写作时是作者必须遵循的规则。本书第5章讨论阅读教学时已提及衔接的界定及其意义,这里将讨论"连贯"的界定、连贯与衔接的关系与它们在语篇中的作用,这些对英语写作教学有着重要意义。

关于"连贯"的界定,韩礼德与哈桑认为连贯是"语篇内部的成分,它由衔接与语域组成"(Halliday & Hasan, 1976:23),并指出衔接是连贯的组成部分之一。此后很多语言学家与语言教学研究者就连贯的界定及其与衔接的关系展开了长期研究,充实了韩礼德与哈桑的看法。总体来说,语篇的连贯是指整个语篇的语义与语言结构前后一致,构思的逻辑发展合理,并包括恰当的词汇与语法衔接。正如语篇研究者皮尔逊(R. Pearson)与彭诺克-斯佩克(B. Pennock-Speck)所说,连贯是"一个大伞,它覆盖多方面,例如:语篇所包含的事件顺序、行动的完整性或其展示的概念,以及是否与我们从一篇既定文体写作中所期待的语篇一致"(Pearson & Pennock-Speck, 2005)。

如果说衔接是以词汇、句法至语篇等语言结构与语义的微观视角所作的表层分析,那么连贯则是以语篇至句法、词汇等语言结构与语义的宏观视角所作的深层分析;衔接立足于语言学,涉及语言内部结构,而连贯不仅涉及语言学与语言内部结构,而且涉及语篇作者与读者的心理与互动,两者呈互补关系,当衔接与连贯结合起来时就构成了可接受的完整的英语语篇。北京大学语言学与英语教学研究学者胡壮麟教授指出,"如果一个语篇前后衔接,意思连贯,那么,其可接受性则八九不离十"(胡壮麟,1994),可见衔接与连贯在语篇中的重要意义,关注衔接与连贯及其关系也就成为了英语写作教学重要的特质。

6.2.2 英语写作能力教学理论与方法的发展

19世纪后期,国际英语写作教学普遍进入了一般中学,教学基本上仍沿用传统的写作教学内容与方法,形成了注重写作基本知识的"作文(composition)"教学。自20世纪40—60年代起,英语写作教学开始发展,70年代后,在认知心理学、第二语言习得、应用语言学和语篇分析等学科的推动下,英语写作教学经历了教学理论与方法变更的四个阶段：

(1) 成果教学法(the product approach)的形成与发展

英语写作教学中的成果教学法主要关注教学成果,即学生根据范文模式写出符合教学要求的作文。为了达到这一教学目标,学生必须具有单词拼写、字母大小写及标点符号等写作基本知识,正确运用词汇与词法、句法。后又加入了掌握文章的连贯性与确切表达写作的主题。

早期的英语写作教学无独立课程,仅作为英语语言知识教学的一部分,在阅读课等课程中作为巩固语言知识的措施,学生通过练习书写、记忆单词拼写、大小写、学会认字及使用标点符号等方法学习写句子与小段文字,增进英语知识,并在此基础上开设了简单的"作文"课程。20世纪40—60年代时,听说法主张"听说领先,读写跟上",写作目的是"写话",实际上是口语的书面练习,不过写作被列入教学大纲,并开设了独立课程。听说法被批判后,"写话"的教学目标被抛弃,但写作教学已较过去更受重视,发展成独立课程,形成了早期的"成果教学法"。

控制性作文(the controlled composition)与文本分析(text analysis)是早期成果教学法的基本特征。学生的写作不仅有规定的题目,而且必须用指定的词汇、词组与句型,甚至文章的组织结构也有一定的模式,教学目标是使学生正确使用写作基本知识,较少培养学生的思维能力。文本分析的内容是:先给出一篇范文作为示范,分析其主题、衔接手段与连贯性、词汇与句法,供学生模仿;学生作文后,分析他们的作文,表扬好文与遣词造句,指出错误句法与用词。无论是控制性写作或文本分析,都以作文成果为依据进行教学与评估。

随着英语写作教学的深入,"成果教学法"不断显现出其限制学生思维发展与仅注重句子层面词法与句法等弊病。而且,L2与EFL教师们对这些适合L1学习者的教学理念与方法是否适合他们的学生持有疑义。1966年,应用语言学家卡普兰(R. B. Kaplan)发表了《不同文化教育中的文化思维模式》(*Cultural Thought Patterns in Intercultural Education*)一文(Kaplan, 1966),通过对700余位外国学生的写作进行对比分析,他发现不同文化的学习者在英语写作中反映出不同的思维模式,这些不同主要表现在语篇段落结构上,而非句子层面上。在表达观点的文章中,英美人的语篇结构是开门见山,首先提出主要论点,然后列举实例论证观点,段落第一句常为主题句,段落发展呈直线形,最后进行总结并得出结论,而以其他语言为本族语的人语篇段落结构及其发展则完全不同:

本族语	英语	闪语（阿拉伯语、犹太语）	东方语	罗曼语（法语、意大利语等）、俄语
段落结构特点	直线	反复曲折	间接、绕圈	先曲折后直线

(Kaplan, 1966:15)。

据此，卡普兰认为，L2 与 EFL 写作教学应针对学生本族语的特点，进行英语与本族语语篇结构对比教学。在此基础上形成了英语写作教学中的修辞对比教学（contrastive rhetoric），成为成果教学法与以后发展的写作教学理念之间的桥梁。

(2) 过程教学法(the process approach)阶段

英语写作"过程教学法"初见于 20 世纪 70 年代，发展至 90 年代形成高潮，并产生了多种模式。过程教学法是对成果教学法的批判，其主要观点是：首先，现实中的写作是思维与认知过程，学生在教师指导下通过对写作过程各阶段内容与活动的主动思考与反复实践，就能培养他们的思维、认知与写作能力。但是，采取写作成果教学法时，教师重视语言形式正误的程度往往超过了对思想内容的关注，不利于提高学生思维与认知水平；其次，过程教学法鼓励学生在写作各阶段根据规律充分发挥创造性与自主性，克服了成果教学法多方面限制学生主动写作的弊端；最后，在过程教学法中，教师的角色从过去的讲解员与评分者转化成学习指导者和与学生共同探讨写作内容与形式的合作者，学生通过与教师合作和与同学讨论等方式参与教学，写作过程中的师生与生生互动提高了写作教学的成效，这是成果教学法难以做到的。

过程教学法根据现实生活中的实际情况，提出了写作教学过程的四个阶段：

● **计划(plan)阶段，亦称写作前阶段**：教师指导学生认识与理解写作题目，激励学生根据题目产生多种思路与想法；给出需要使用的词汇与语法后，学生从中选择自己需要的部分，为写作内容与形式奠定基础；然后开展小组活动，讨论个人计划，以便改进写作计划；

● **起草(draft)阶段**：教师要求学生对发散的写作思路与想法进行收敛，集中到主题，然后明确结构，根据逻辑将观点与例证排序，写出提纲与确定使用的词汇和语法；教师有选择地检查各类学生起草情况，并对他们进行指导；学生遇到问题也可主动与教师或同学讨论；

● **修改(revise)阶段**：学生阅读与检查起草阶段写出的草稿，发现不妥之处就修改，可重新写句子或更改段落与组织结构；修改的主要依据是检查主题是否明确，并查看上下文与段落之间是否连贯，使用的衔接词是否妥当，同时斟酌用词与检查是否正确运用语法；

- **编辑(edit)阶段**：学生进一步统观全篇内容与形式，逐字逐句推敲，细致到检查拼写、大小写与标点符号等写作基本知识的准确度。然后个人简要评估自己的写作，基本满意后就完成了写作任务，在大部分学生完成了编辑工作后，教师指导学生开展小组活动互相检查编辑，再选择若干有代表性的学生在全班朗读写作成果，并与学生一起作简要评估。

以上教学活动表明，过程教学法在每阶段都注意培养学生认真思考、自主学习与创造性写作能力。然而，学生的语言输入量较少，写作时缺乏丰富的素材，影响了语言的准确性。

(3) 文体教学法(the genre approach)阶段

20世纪80年代，继过程教学法诞生后，英语写作教学领域又产生了新的教学理论与方法："文体教学法(the genre approach)"。

英语文体"genre"一词源自拉丁语，意为"种类"，或"风格"，可用于多种领域。英语写作文体教学法中的"文体"是文章体裁在语言学领域的概念。从这个意义上说，"文体"的实质是"一组交际事件，其成员享有同一套交际目的"，它的性质取决于写作的目的、对象、语篇结构、词汇选择与写作风格等因素(Swales，1990：58)。以上提及，英语教学中讨论的文体主要是记叙文、说明文、描述文与应用文(或称论证文)。但各种文体有多种形式，在教学中可以进行四大类文体教学，也可选择大类中的分项，如直接选记叙文中的"散文"进行教学等。

采用文体教学法时，首先要确定教学目标，即写作目的与对象，在此基础上明确写作结构、使用的词汇与语法，选择恰当的示范模式，采取以下三阶段进行教学(Cope & Kalantzis，1993)：

- **模式展示**：第一阶段与成果教学法相似，都是以一篇范文作为示范，向学生说明写作的范式。但两者的内容不同：成果教学法注重范文的写作形式，并要求学生模仿；而文体教学法则借助范文指出，写作必须具有清晰的目的与对象，然后分析范文语篇结构，再提出需要使用的词汇与语法项目，要求学生主动思考写作纲要，体现了突出写作目的与学生主动学习的特点。

- **师生共同重建文本**：第二阶段是师生合作，共同重构一篇文本，这也不同于成果与过程教学法。常用教学方法是：教师给出一篇带有题目的文章(可利用第一阶段出示的范文)，学生快速阅读后，师生分析该文章写作目的与对象，学生按照文章发展的逻辑,运用语篇结构知识与规定的词汇与语法,先在小组中议论,再在全班讨论,提出每段写作要点,教师同意或修改后把它们逐一写在黑板上,将这篇文章改写成带有全篇要点的详细提要或短文。通过这一阶段教学,学生在教师指导下与教师共同完成了写作过程的框架,为学生独立写作奠定了基础。

● **学生独立构建文本**:第一、二阶段作好充分准备后,学生可根据已学内容独立写作。先让学生独立思考,再开展小组活动,通过合作学习提高写作质量,然后再开始写作,在写作过程中仍可向教师提问或寻求同桌的帮助。如课堂教学时间有限,也可将独立构建文本布置为回家作业,让学生课外完成写作任务,下节课时通过对作业的点评就整个写作过程作一小结。

总之,成果教学法发展至文体教学法后,英语写作理论研究与实践都向前迈进了一步。

(4) 社会—认知教学法(the socio-cognitive approach)的兴起

进入21世纪后,上述写作教学理念受到了第二语言习得领域兴起的社会—认知学派的挑战。该学派认为,英语学习不只涉及认知过程,它是学习者与社会互动和人脑认知两者同时运作的结果,这一观点得到英语写作教学领域不少研究者的认同,逐渐形成了社会—认知教学法。该教学理论指出,成果与过程教学法均未关注社会文化这一写作的重要因素,文体教学法也仅注意了写作的社会目的,这是以往写作理念的缺失;同时,社会—认知教学法还认为,写作有一个特有的认知过程,成果、过程与文体教学法所揭示的认知及思维过程十分有限。基于此,社会—认知教学法从社会文化与认知过程两方面诠释了写作的本质:

● **英语写作中的社会文化因素**:社会—认知教学法强调,英语写作不是个人行动,而是生活在社会中的作者与读者在一定社会环境中互动的过程,写作的社会文化因素包含写作目标、社会情境与读者反应等要素:首先,在写作目标方面,文体教学法关注的仅为个人传递信息的写作目的,而社会—认知教学法提出了写作的宏观目标,除了从微观上传递个人信息外,还包括产生一定的群体与社会效应,写作前的计划就应涵盖宏观与微观的目标,明确写作的社会性,其成果才能产生应有的社会效应;其次,社会—认知教学法认为,在一定的社会情境中写作时,有大的社会格局,也有作者写作时特有的处境,写作的成果必然反映了作者所处的大、小社会环境,因此,作者的写作成果也反映了时代需求;最后,以往的写作教学观都忽略了写作是作者与读者互动的过程。社会—认知教学法提出,了解作为社会成员的读者的期望与反响是写作取得成功的前提,写作时必须时刻与读者保持互动,从预测读者对写作成果的态度与反应中构思与修改文本,才能达到写作的预期目标,这些都是写作教学中必须涵盖的内容。

● **英语写作中的认知过程**:社会—认知教学理论认为,写作不仅是简单的信息传送过程,而且是人脑的认知过程。它起始于写作者从人脑长期记忆中搜索有关写作题目、对象、内容与计划等方面的知识,通过计划(确定目标、文本组织结构),将知识和计划转换成文本与复阅、评估及修改等流程完成写作,这始终是自我监控的认知过程(Flower & Hayes, 1981:366-387)。

上述流程表明,认知与社会文化两者的自然结合构成了社会—认知写作教学法的基本内容,其中还含有写作情境等社会文化因素,使社会—认知教学法的内容更加丰富。同时,有些教师在进行以上"将知识和计划转换成文本"部分的教学时,采取过程教学法或文体教学法,使社会—认知教学法与其他写作教学法结合,取得了比纯粹社会—认知教学法更好的效果。

6.2.3 当代英语写作能力教学的发展与更新

英语语言输出课堂教学的发展应得到理论的支撑,理论研究越接近实践规律,对课堂教学发展的推动越显著。但是,英语写作课堂教学在语法翻译法时附属于阅读能力,听说法时附属于听说能力,独立的课堂写作教学理论研究直到20世纪70年代后才有些起色。尽管如此,70年代后英语写作课堂教学理论研究急起直追,并在写作基本理论指导下取得了卓有成效的进展,其中最突出的是传统的写作与听力、写作与阅读教学结合的更新。21世纪以来,写作课堂教学综合运用多种理论研究成果,产生了成果教学法与过程教学法的结合和过程教学法与文体教学法融合的课堂教学,将英语写作课堂教学更新引向深入。

(1) 英语听写课堂教学的更新

传统的英语听写指教师读出英语单词、短语、句子或短文,学生写出听到的语言,包括标点符号等细节。据说中世纪英语教学中就使用了听写,语法翻译法占主导地位时期听写更被普遍用于英语课堂教学中。受此影响,世界各地的EFL教学中,听写都是常用的教学方法。虽然听说法创始人之一的拉多(R. Lado)认为,听写不能测量真实的英语水平(Lado, 1961:34),导致听说法时期听写教学法发展停滞。但是,20世纪70年代后出现了转机:1971—1975年,英语测试研究者奥勒(John Oller)发表了他在

UCLA 的实验结果,其中学生听写成绩与整体英语能力水平测试的相关系数高达 0.94(Oller,1971),高于词汇、语法等其他类型的英语测试方法。此后他与另一位研究者施特雷夫(V. Streiff)又进行了多次实验,取得了类似的结果,充分表明根据一定理论设计的听写对提高学生英语能力有非常积极的作用,奥勒的研究成果大力推动了80年代后英语听写教学理论与实践的发展。

- **英语听写的理论基础**

首先,听写能同时提高听力与写作的准确度,这是听写的优势所在。而且,学生在听写语篇的过程中必须通过阅读检查所写内容是否正确,因而也是提高阅读能力的过程;同时,听写还需要掌握语音、词汇与语法知识,否则无法写出正确的词句;其次,在英语听写中,学生在写出他们听到的英语词汇与语法时,实质上是外来的英语语言与人脑内化的英语知识与交际能力互动的心理过程。因此,为了完成听写任务,仅记忆单词与语法项目远远不够,必须在长期记忆中构建内化的语言知识网络;最后,听写教学通过语言音、形、义结合和口语与书面语结合帮助学生掌握使用语言的规律。在英语学习中,听写不仅有利于学生掌握语言音、形、义三者结合的学习方法,而且能帮助学生在英语课堂上记笔记与听英语报告时作记录。

- **英语听写教学方法的更新**

传统的英语听写教学由教师掌控课堂:测试目标为听写单词或句子或短文,教师朗读测试内容三遍。测试短文时,第一遍使用正常语速,学生静听,了解大意;第二遍按词组慢读,给学生时间写出语句;第三遍再次以正常语速读出,使学生检查写出的内容。经过多年教学实践,当前传统听写教学方法一般仅在英语初级阶段使用,教师们从培养多种语言能力、发挥学生主动学习精神和加强写作中思维能力培养等方面更新了英语听写教学。

> **培养多种语言能力**:听写教学的重点是培养听与写的能力,但也能兼顾培养阅读与口语能力:在教师读出第三遍后,要求学生阅读写下的短文,并与同桌交换对方所写短文,互相纠正错误,增加阅读机会。如有需要,还可在此基础上开展小组口语活动,就短文内容互相提问与回答,提高口语能力。

> **发挥学生主动学习的精神**:在听写教学中应发挥学生的主动性,克服传统听写教学中学生被动应付的弊病。方法之一是:教师准备两篇内容与难度相当、但文字不同的短文,分别发给同桌两个学生,互相听写与阅读,教师在学生中走动,随时回答学

生的提问。同桌听写完成后,教师选择两个学生在全班朗读短文,然后教师与学生共同分析听写错误及原因,给出正确答案。在这样的听写教学中,学生全面参与了听写教学,同时教师也灵活指导了学生的听写活动。

➢ **加强写作中思维能力的培养**:传统听写教学在培养学生思维能力方面十分有限。当代听写教学中出现了加强培养思维能力的方法:当教师第二遍读出短文时,要求学生记下关键词与短文要点,然后用自己的语言写出短文大意;教师读第三遍后再修改并完善自己写出的短文大意。学生在听短文时不仅必须理解其内在含义,而且需通过构思重新构建并写出一篇短文大意,有助于提高学生的思维能力。

(2) 英语阅读与写作教学结合的发展与更新

众所周知,作为语言输入与输出,阅读与写作密切相关。然而,由于两者关系涉及应用语言学、认知心理学与语篇分析等学科知识,在英语教学中如何确切认识它们的关系,并将其贯彻于课堂教学中,提高阅读与写作两方面的教学效益,依然是一个有争议的难题。

● **阅读与写作关系的传统观点**

虽然英语教学界早已认识阅读与写作的密切相关,但是,有关两者关系却有着不同的看法:

➢ 一派学者持"**方向性观点**(the directional approach)",认为一方影响另一方,其中多数人的观点是阅读影响写作,因为语言输入是输出的前提,从阅读到写作是语言输入到输出的转移,因此,在实际教学中教师往往偏重于阅读,放松了写作教学;另一些人却认为,写作影响了阅读,因为写作是主动构建书面语与创作过程,而阅读则仅为接受写作所传授的信息,前者大脑活动的深度超过了后者,因此,他们主张帮助学生通过写作提高阅读能力;

➢ 另一派学者持"**非方向性观点**(the nondirectional approach)",反对方向性观点,认为听、说、读、写都服从于人的总体语言能力,并受制于认知能力,阅读与写作之间正如同它们与听力和口语之间一样,不存在方向性的关系;

➢ 深入的讨论导致大部分学者持"**双向性观点**(the bidirectional approach)",认为阅读与写作互相影响。他们指出,阅读与写作同属于书面语方面能力,它们之间的关系比它们与听、说之间的关系密切得多。他们通过教学实验表明,大量阅读能显著提高写作能力,经常进行有效的写作教学也有利于提高阅读水平。因此,不能以服从于人的总体语言能力的观点来否定阅读与写作交互作用的关系,同时,认为阅读与写作仅为一方影响另一方的观点也是片面的。

- **阅读与写作关系的研究之更新**

阅读与写作关系的传统观点缺乏具有深度的实验与具体指导实践的科学分析,因而对实际课堂教学未产生重大影响。自20世纪80年代起,特别是进入了21世纪后,阅读与写作关系的研究在广度与深度方面都取得了进展:

➢ **一是以语言交际理论为基础,将阅读与写作定义为社会交际活动**,写作为交际的产出,阅读为交际的接受,两者在交际活动中有互相衔接的紧密关系,阐述了阅读与写作关系的社会本质;

➢ **二是以语言功能理论为基础,在课堂教学中将阅读与写作结合**,如在科技英语教学中采取阅读学术论文后写摘要与作报告等教学措施,使阅读与写作的结合体现在具体的课堂教学过程中,其效果优于阅读与写作分开教学;

➢ **三是通过大量实验,分析阅读与写作的组成部分,寻找两种能力组成部分的相关度,从中研究阅读与写作具体的异同**,并将研究成果运用于教学实践中,这是近代与当代有关阅读与写作关系最卓有成效的研究。1986年,阅读与写作关系研究者沙纳汉(T. Shanahan)与洛马克斯(R. G. Lomax)将阅读能力分解成单词语音与符号分析、词汇意义和文本理解三个组成部分,写作能力分解成拼写、词汇、句法和语篇结构四个组成部分,分别采用权威性的测试试卷,对小学低、高年级学生进行测试,然后使用阅读—写作、写作—阅读、阅读写作互动三种模式分别计算阅读与写作各组成部分测试成绩的相关系数与互相影响的程度。他们多次的研究表明,阅读的三个组成部分与写作的四个组成部分都有不大于0.5的相关度,阅读的各组成部分对写作均有影响,而写作在文本结构上,即语篇层面的知识方面,对阅读影响较大。这说明,阅读知识教学可运用于写作教学中,反之亦然,特别是写作中的语篇知识应运用于阅读教学中;但是,数据也表明,阅读与写作各部分的相关系数并不高,这说明阅读与写作仍然有很多不同之处,各有独特与不同的组成部分,不能互相替代(Shanahan & Lomax,1986:116-123)。随后他们又进行了多次实验,1988年,根据多年研究成果,沙纳汉提出了阅读与写作课堂教学的七项原则:阅读与写作教学都必须得到充分的重视,不能仅重视其中的一项;实验表明,低年级学生完全能够写作,阅读与写作都需从学校最早期的教学开始,改变过去写作教学晚于阅读的课程设置;阅读与写作相结合进行教学,但是,两者结合必须根据不同发展阶段的特点进行教学,初级阶段从阅读的单词结构与写作的拼写结合开始,高级阶段可进行阅读理解与写作中语篇结构相结合的教学;通过阅读、分析范文与写作练习使学生明确阅读与写作的密切关系;教学中应重视阅读与写作相同与不同的各种知识内容、认知过程与使用策略;使学生关注阅读与写作的交际本质,作为交际手段,阅读时需了解作者意图,写作时需具有一定的目的与对象,作者需与读者沟通,建立良好的交际关系;阅读与写作教学都必须置于有意义的情境之中,切忌那些无目的、无意义的教学活动(Shanahan,1988:636-647)。

进入21世纪后,沙纳汉等研究者们又在阅读与写作关系中加入了两者在认知、语篇结构等方面知识的异同,不仅更新了传统观念,而且推动了阅读与写作课堂教学的改革。

(3) 成果教学法的更新

当前成果教学法的主导地位已被过程与文体教学法所取代。但是过去数十年中,写作教学界已对成果教学法进行了改革,主要体现在该教学法本身的更新和与其他教学法相结合两方面:

- **由控制性写作(controlled writing)发展为指导性写作(guided writing)**

成果教学法被批判的主要原因是它带有很强的控制性,限制了学生写作自由,约束了他们思维的发展,在培养写作能力方面存在局限性,也不利于提高学生总体英语能力。因此,成果教学法的改革就从改变对学生写作的控制着手,"控制性写作"遂发展成"指导性写作"。

指导性写作的特点是:在教师有步骤的指导下,学生按照教学要求写作,但表达意见时具有一定程度的自由度,以利于培养学生的思维能力。指导性写作的教学也始于提供范文作为示范,教师先指出范文的特点,给出写作题目后,通过指导性问题,使学生掌握背景知识、结构要点与需要使用的词汇和语法,并明确写作的主要内容与大致结构。学生做好准备后,教师有时给出写作的第一段落,其中包含下文各种可能发生的因素,要求学生根据已有内容并发挥想象力继续写作,直至完成写作任务;有时给出第一与最后两个段落,中间部分让学生自己构建内容,但必须合乎逻辑与参照范文的写作模式。写作完毕后,一般可选择几个学生在课堂上朗读作品,全班对不同版本进行评议,达到共同提高的目的。由于写作的难度由教师提供的第一段落决定,指导性写作可以在低、中、高各级英语水平的学生中使用。

低级水平的指导性写作可采用简单但有趣的小段作为第一段落,如:

One day Olivia was walking down the street when she saw a wallet on the sidewalk. She picked it up, opened it, and found it contained $10,000! ... (White, 1995:163)。

在进行中、高级水平的指导性写作教学时，可提供作文第一段或第一段与最后一段两种形式，在采用后一种形式写作时，学生既需具有想象力，又必须回到最后一段的结论。

虽然指导性写作已较成果教学法提高了一步，但是在指导性写作中，学生仍然受到相当多的控制，对于高级水平的学生来说，这并不是写作教学的最终目标，指导性教学应走向自由写作，使学生完全按照自己的想法表达意见。这样，写作教学中的成果教学法可包括熟悉写作、控制性、指导性与自由写作四种形式(Pincas，1982)，由英语低级水平向中、高级水平发展，控制度逐渐减弱，自由度逐渐加强。

- **成果与过程教学法相结合**

成果教学法更新后的另一种形式是它与过程教学法结合，即吸取成果教学法的可取之处，同时利用过程教学法的长处，提高培养写作能力的效益。

写作教学实践表明，成果教学法中使用范文进行教学有积极的意义。根据教学目标选择典型的范文作为示范，扬弃传统教学中要求学生模仿范文的做法，揭示范文在使用词汇和语法规则、体现主题与语篇结构方面的特点，能有效增进学生对写作目标的感性认识，将写作理论与实践结合，使范文教学产生引领作用，而且添加了语言输入，增加了语言输出的源泉；成果教学法另一可取之处是它以词汇、语法与写作基本知识教学见长，适当运用其教学方法有助于学生掌握这些知识，为写作打下基础，在英语低、中级水平写作教学中这一环节是必不可少的。

另一方面，过程教学法主张通过计划、起草、修改与编辑等过程加强写作教学，其长处是能发挥学生写作的主动性，帮助他们在写作过程中发展思维能力，但是，过程教学法的缺点是语言输入甚少，如它能与成果教学法结合，就能互相弥补对方的弱点。因此，当代不少教师的写作教学是始于成果教学法中的范文教学，然后采取过程教学法，将语言与写作知识教学贯穿于计划、起草、修改与编辑等教学过程中，克服了单纯的过程教学法缺乏语言输入与未重视词汇、语法与写作基本知识的缺点。通过成果与过程教学法的结合，取两者之长，补两者之短，更新了成果教学法，也充实了过程教学法。

(4) 过程与文体教学法之结合：过程文体教学法（the process genre approach）

在文体教学法形成的过程中，它已吸取了成果教学法使用范文的理念与方法，使其改造成符合文体教学法要求的模式展示，并将它列为写作教学的步骤之一，增加了文体教学法的语言输入部分；文体教学法形成后，又发现它与过程教学法互补，由此诞生了"过程文体教学法"。

过程文体教学法以文体教学法为主干，发扬文体教学法优势，同时吸取了过程教学法的长处。实践中最具代表性的是巴杰（R. Badger）与怀特（G. White）提出的教学理论与过程：

- **首先，根据文体教学法理论，他们强调必须明确写作的社会情境与目的**，在此基础上确定文章的文体与读者，使写作具有清晰的目标与进行交际的框架；
- **其次，作为语言输出，写作需要有充分的语言输入**，因此，根据教学目标选择范文为写作模式，使学生在学习与分析范文文体、词汇与语法等知识中获取语言输入，此后进入师生共同写作阶段，教师使用优质语言，学生开展小组活动，师生语言都成为学生语言输入的组成部分；
- **再次，师生共同写作阶段按照过程教学法的步骤**，通过计划、起草、修改与编辑等过程进行教学；
- **最后，学生独立写作后，与教师和同学进行评估**，完成写作文本。

因此，根据过程文体教学法理论采取的课堂教学程序是：社会情境→写作目的与对象→输入模式（文体、语言与写作知识）→师生共同起草、修改与编辑→学生独立写作→学生小组活动，互相评估，教师评估→完成文本（Badger & Write, 2000：153 - 160）。

上述教学理论与过程既体现了文体教学法关注社会情境、作者与读者交际、确定写作文体性质、保证一定数量的语言输入、师生与生生互动等特点，又增加了过程教学法中培养学生主动精神与发展思维能力的部分，充实了文体教学法的写作过程教学，克服了过程教学法未重视写作的交际因素与不同文体教学的弱点，教学目标与实效都胜过了单独使用过程或文体教学法。

纵观英语写作教学的发展过程，起始于重视词汇与语法的作文教学，在形成成果教学法后，又推进至过程、文体与社会—认知教学法及多种教学法结合，从重视写作外部形式发展至关注写作的认知过程、语篇文体、社会文化与交际功能，体现了对写作教学规律的认识与教学实践的不断深化以及英语写作教学的更新。可以预见，在未来的英语写作教学中还会出现更多深刻揭示英语写作教学的理论与实践，啃下写作教学这个英语实践能力教学中最难以对付的"硬骨头"。

结语

英语口语与写作能力教学同属于英语语言输出教学。

自 20 世纪初期起,"说"的教学在英语实践能力教学中始终占有重要地位,它的发展清晰地体现了英语教学发展的轨迹:英语教学中说的教学起始于对语音、词汇、词法、语法与句型教学。一个多世纪以来,英语说的教学从语言知识教学发展到口语语篇特征与文体结构的教学,从认识社会文化对口语的影响发展到了解人脑认知与元认知在使用口语中的重要作用,英语口语能力教学的理论研究与实践由片面发展到比较全面,由观察外部社会的影响发展到对人脑内部认知的探究,经历了一个由表层向深层次发展的过程。

英语教学中"写"的教学起始于与听力结合的听写、与阅读结合的书面练习和讲解写作基本知识与模仿范文的作文课,在此基础上形成了"成果教学法";后吸取了认知心理学理论,产生了"过程教学法";在语篇分析学科的影响下,又诞生了"文体教学法",指导学生关注不同语篇文体的组织与结构;在当代,多种教学法结合成一体,组成"过程文体教学法",更有利于提高学生写作交际能力;然而,这三种写作教学法仍然存在未重视写作的社会文化与发展学生思维能力等因素,这就催生了"社会—认知教学法",为英语写作教学注入了社会文化与思维过程教学的新内容。显然,英语写作能力教学也经历了一个由表及里、不断深化的过程。

由于英语说与写的能力有其自身的特点,它们教学的理论基础也有所不同。例如,说的教学中包含的功能教学大纲是以语用学"言语行动"为理论基础,写的教学中包含的"文体教学法"则以文体学为理论基础等。但是,总体而言,英语说与写教学理论与方法的发展基本上与整体英语教学主流理论与方法的发展是一致的,它们都受到语言学、心理学、第二语言习得、语篇分析、语义学与语用学等理论的深刻影响。

以往有关英语说与写教学的讨论,往往因口语与书面语存在差异而将它们割裂开来,将听与说归成一类,读与写归成另一类,很少关注说与写同为语言输出的共同点;当代英语教学观既注意说与写的差异,也重视两者同为语言输出的共同之处,比较全面地揭示了说与写教学的关系,不仅有助于发展说与写能力的教学,而且对全面认识英语实践能力的本质与提高英语教学质量也是有所裨益的。

第7章　英语社会文化教学的发展与实验

导言

近年来,社会文化与跨文化交际在各领域的重要性引起了人文科学界广泛的关注,其涉及的内容日趋多元。本章仅讨论它们与英语教学相关的部分,即社会文化与跨文化交际能力界定及其与英语学习的关系、对待中外文化的正确态度、如何掌握英语社会文化主要内容、跨文化交际能力教学等方面,并介绍一项中小学英语社会文化教学实验,以探讨英语学科进行社会文化教学的途径。同时,由于该社会文化教学是在英语语言教学过程中进行的,因而这也是一次实施英语学科人文性与工具性统一的教学原则之实验。

"文化"的概念起源于人类学对人类社会文明的研究。19世纪80年代,英国人类学家泰勒(E. B. Tylor, 1832—1917)在研究人类文明与文化期间率先提出了"文化"的定义;同一时期,社会学也开始研究社会文化的内涵,对文化要素的讨论使人们对文化的认识逐渐具体化;20世纪上半期,美国人类学家与语言学家博厄斯(F. Boas, 1858—1942)等人研究了文化与语言的密切关系。这些研究对英语教学产生了一定的影响,导致60年代社会文化教学进入了英语课堂。交际教学法盛行时期,社会文化教学迅速发展,及至20世纪末,英语教学领域将社会文化教学内容具体化至产物、实践与观点等方面,国际上一些教育机构都对英语教学中的社会文化教学提出了具体要求与内容。随着全球化的发展,20世纪90年代以来,英语社会文化教学内容不断丰富,从社会文化知识教学发展至培养"跨文化交际能力"的高度,即关注不同文化的人们使用英语互相沟通与交流的能力培养,从社会文化教学培养"文化意识"提升至跨文化交际能力教学中培养"跨文化意识",并开始重视学习英语的学生本国文化的意义及其与英语国家文化的异同,标志着社会文化教学的理论研究与实践正在向纵深方向发展。

本章最后部分将介绍华东师范大学附属外国语实验学校进行的英语社会文化教学实验。该实验的目的是探索新时代英语学科培养青少年热爱祖国文化与掌握最基本的英语社会文化的途径,并以此促进他们英语水平的提高,为培养他们成为时代所需要的人才打下基础。实验不另设单独的社会文化课程,而采取中外社会文化教学融入英语课程的方式,使社会文化教学与英语语言教学相结合,在进行社会文化教学过程中,更新教学理念,提高英语教学的水平。同时,由于该社会文化教学是在英语语言教学过程中进行的,这也是一次实施英语学科人文性与工具性统一的教学原则之实验。

本章提要

7.1　社会文化界定与英语社会文化教学的发展

　　7.1.1　社会文化的本质与界定

　　7.1.2　英语社会文化教学理论与内容的发展

　　7.1.3　英语社会文化教学实践的发展

7.2　跨文化交际能力教学理论、策略与方法的发展

　　7.2.1　跨文化交际能力的界定与组成部分

　　7.2.2　跨文化交际能力教学理念与原则

　　7.2.3　跨文化交际能力教学策略与方法的发展

7.3　中外社会文化教学融入英语教学实验

　　7.3.1　实验总则与实况

　　7.3.2　实验结果

　　7.3.3　讨论与结论

7.1　社会文化界定与英语社会文化教学的发展

探讨"社会文化"起源于欧洲18—19世纪形成的人类学对社会与人类文明史的研究,19世纪中叶形成独立学科的社会学也探索了文化与社会的关系。但是,人类学与

社会学研究社会文化的目的在于认识人类文明与社会的发展,来深入研究文化与语言的关系。20世纪初,美国人类学家与语言学家博厄斯与萨丕尔等人研究了美国原住民印第安人的社会生活与语言,丰富了对社会文化的认识,并指出了文化与语言的密切关系,推动了英语教学领域对社会文化的探讨。交际法兴起后,社会文化知识进入了英语课堂教学,但以介绍课文背景知识与充实交际活动为主。直到20世纪末,全球化形势揭示了社会文化的重要意义,应用语言学界确定了社会文化的界定与构成,使社会文化教学有了明确的方向与内容。但是,由于社会文化教学涉及的问题很多,至今社会文化教学仍然是一个疑难课题,世界各地的研究者与教师们在社会文化教学的理论、策略与方法等方面还在不断探索与实验。

7.1.1 社会文化的本质与界定

人类学与社会学对社会文化界定与要素的研究经历了一个多世纪的历程,研究者们试图从大量有关社会文化定义的探讨中揭示社会文化的本质。

(1) 人类学家论社会文化的本质

早在19世纪,文化人类学奠基人、英国学者泰勒就指出,文化是"一个复杂的整体,它包括知识、信仰、艺术、道德、法律、习俗与许多作为社会成员的人所习得的能力"(Tylor, 1871:1),在理论上阐明了文化的社会属性、主要内容和文化并非与生俱得的天性而需后天习得与学习等要点,对20世纪人们认识与界定社会文化产生了深刻的影响。然而,泰勒将文化等同于文明(civilization),并认为它们都经历了原始、野蛮与城市化的演变,这意味着文化有野蛮与文明、落后与进步之分。这些观点受到了博厄斯等人类学家的质疑。博厄斯指出,每一个民族都有独特的文化,该文化反映了民族的尊严与价值,文化没有优劣之分,博厄斯的论点已为当代人类学与语言学界主流学派所认同。

20世纪以来,在进一步探讨文化界定时,出现了大量有关文化的定义。50年代初,博厄斯的学生、人类学家克罗伯(A. L. Kroeber)与克拉克洪(C. Kluckhohn)收集了多达300种文化定义,在总结了其中164条的共同特征后,将文化的界定概括为"历史创造的不同人群的行为、表象与思想之有形与无形、理性与非理性的表现形式"(Hoijer, 1953:554)。他们还指出了有关文化的核心理念,认为"构成文化的基本核心是传统的(产生于历史并由历史选择的)思想,特别是附属于思想的价值观;一方面,可以认为文化系统是行动的产物,另一方面,也可认为它是进一步行动有条件的要素"

(Kroeber & Kluckhohn，1952:181)。人类学家们的论述为人们认识社会文化的本质与明确它的界定奠定了基础。

(2) 社会学关于社会文化界定的观点

社会学研究人类社会的本质、人际关系与互动和社会发展，由于文化普遍存在于社会并影响社会发展，因而是社会学研究的内容之一。总体而言，由于对文化界定的分析都立足于社会学观点，社会学界对文化界定的讨论集中于探讨文化的本质、要素及其与社会的关系，未出现众说纷纭的状况，这在一定程度上是由于社会学创始人之一的法国社会学家德克海姆(E. Durkheim，1832—1917)有关社会文化本质的论述在社会学界产生了深远的影响，至今德克海姆的观点仍是新形成的文化社会学的基本理论之一。

- **德克海姆有关社会文化界定的观点**

作为社会学创始人之一，德克海姆发表过多项重要的社会学理论，其中有关文化方面最具影响力的是社会文化"集体表征(collective representation)"理论与文化功能主义(functionalism)观点。

➢ **"集体表征"理论对明确社会文化的本质有着重要意义**。人类学或社会学早就认识到思想、信仰、价值观等都是社会文化的要素，但是仅认识到这一点，只是对社会文化表层的观察。德克海姆认为，思想、信仰、价值观等意识形态与社会习俗、准则等社会现象与象征物(symbol)、形象(image)等都是一定社会群体约定俗成的文化的"表征(representation)"，它们中有些是显性的，另一些则是隐性的，但都具有该群体公认的社会意义，并为群体中每一名成员所遵守与实行。因此，"表征"绝非个人的行动或个别现象，它们必须是一个集体(群体或集团，大至国家或城市，小至办公室)所共享的交际准则、表现与利用的手段，这就构成了"集体表征"，而群体全部的"集体表征"即组成了社会文化。除了人们已熟知的显性文化(如饮食、衣着等)与隐性文化(如信仰、价值观等)外，还有一些不言而喻的象征物体现了一个群体的文化，例如，国徽代表一个国家，十字架象征着基督教，金属牛的塑像体现了股票市场牛市等，"集体表征"在社会上被同一群体的人们所谙与实行，却常不为其他群体所知而成为交际的障碍。

➢ **社会学中的功能主义由集体意识、价值认同与社会秩序构成，其要点是认为社会是一个完整的系统**，其组织结构具有各种功能，它们的运作与发展旨在维持社会秩序，以保持社会的稳定。德克海姆以功能主义观点诠释文化的含义，认为文化是社会群体在共同价值观基础上形成的"集体表征"，它是稳定社会秩序的重要因素，深刻揭示了文化的社会功能。

- **社会学关于社会文化要素的分析**

社会学领域时常通过分析社会文化要素讨论文化的定义与内涵,如美国社会学协会指出,社会学认为,文化是"全体社会成员为使社会环境有意义而约定俗成的语言、习俗、信仰、规则、艺术、知识、集体身份与记忆"(American Sociology Association, 2020)。从社会学观点出发,一些社会学家从物质与非物质两类分析社会文化:物质文化以物质形态表达意义,包括一个群体内日常接触或使用的物件与开展的活动,如各种建筑、文学、艺术、习俗、饮食、衣着、人工制品、工具、交通、娱乐等;非物质文化指以意识形态表达意义的文化,如思想、信仰、价值观、社会准则与各种规则、道德操守、职场守则等,通常以隐性形式出现。社会学有关文化要素的分析进一步明确了文化的社会本质及其界定。

(3) 英语教学界有关社会文化本质与界定的探讨

在吸取人类学与社会学社会文化理论的基础上,英语教学界结合本领域的特点展开了有关社会文化本质及其教学的探讨。

- **英语教学界在讨论社会文化本质时出现了三派**

功能主义派(the Functional View)认同社会学的文化功能主义理念,注重讨论国家与民族文化和社会的关系,在教学中重点分析国家与民族的总体文化,对比英语文化及其与学生本国文化的异同;**解说派**(the Interpretive View)坚持说明文化观点与内容,关注国家与社会内部某一群体(如种族、城市、乡村、社区、职业、性别、年龄以及学校、医院与法院等公共机构等)不同的文化,拓展了探讨社会文化的内容;**文化冲突派**(the Conflict View)强调各个群体文化的特点、群体之间的互动与冲突,为个别群体发声,力争集团的平权。

- **莫兰(P. Moran)提出的社会文化界定**

英语教师与社会文化教学研究者莫兰认为,社会文化教学理论与方法不应局限在某一派的观点上,而应根据文化的本质确定精简明确的教学大纲,使不同水平的学生都能掌握社会文化最基本的内容。通过长期教学实践,他提出了社会文化的界定,认为文化是"群体的人们不断演化的生活方式,它包括与一组共享的产物相关的共享实践,以一组共享的观点为基础,并处于特定的社会情境之中"(Moran, 2001: Chapter 1)。据此,社会文化含有五个要素:

产物(Products):人工制品、地点、机构与艺术形式等,类似社会学提出的物质

文化;

实践(practice):群体中个人或集体的活动与互动,包括行动、运行、场景与生活习俗;

观点(perspectives):构成产物基础与指导群体实践的思想、信仰、价值观与态度等;

社区(communities):在特定社会情境中进行实践活动的群体(并非居住小区),如具有内部文化的不同种族、宗教团体、体育队、慈善组织等;

人们(persons):体现群体文化的个别成员,他们的身份与生活史,既体现了群体的共性,也具有不同的个性(Moran,2001:Chapter 1)。

莫兰提出的社会文化界定与要素吸取了历来学术界有关社会文化研究的成果,简明扼要地列出了教学内容纲要,具有现实可行的操作性。美国外语教学委员会于1996年起草、1999年公布的外语学习标准中有关社会文化部分就提出了"产物、实践与观点"的教学要求,莫兰的论述是对这一文化界定的深入阐述与论证,也是对进入21世纪以来英语教学界社会文化教学的总结与提炼,因此,受到英语教学界的广泛关注。

7.1.2 英语社会文化教学理论与内容的发展
(1) 对社会文化与语言关系认识的深化

英语教学界普遍认为,在明确社会文化界定的同时,应科学地认识社会文化与语言的关系,这是社会文化教学的基础,只有将其贯彻于英语教学实践中,才能有效地进行社会文化教学。

人类学与社会学一贯重视社会文化与语言的关系,以上提及的20世纪初人类学家与语言学家博厄斯主张通过研究语言认识文化的本质,这一观点在以后形成的语言人类学中产生了重要影响;社会学家也普遍认为,语言是文化的组成部分。但是,人类学与社会学研究语言与社会文化关系的主要目的是分析社会文化对人类和社会的影响,社会学中研究文化与语言关系的学派已与社会学分离,形成了独立的"社会语言学",成为语言学的一个分支。因此,探讨社会文化与语言和语言教学关系的重任就落到了社会语言学、英语教学研究者与英语教师们身上。

自20世纪初起,人类学、社会学与语言学领域关于社会文化与语言关系的问题长期存在争议:一派认为语言产生于文化之前,社会发展也表明语言形成了社会文化,因而语言是第一性的;另一派观点与此相反,认为语言是社会文化的表现手段,后者决定了前者。直至90年代,大部分讨论都强调社会文化与语言互相依存与在互动中发展的关系,正如韩礼德指出,语言既不驱使文化,也不被文化所左右。哪一方决定另一方是无关紧要的,因为它们之间的关系不是互为因果,而是同时变化与发展(Halliday,1992:7-21)。

近年来,英语教学界认为语言与社会文化不分主次、密不可分已达成共识,有人将语言与文化比喻为人的肉体与血液,两者紧密地融合成一体;有人将它们比喻为钱币形象与币值的两面,共同合成一个钱币。英语教学研究者布朗(H. D. Brown)总结了各种看法后认为,学习语言就意味着学习文化,"语言是文化的一部分,文化也是语言的一部分;两者错综复杂地交织在一起"(Brown,2000:177),指出了文化与语言关系的根本性质。在此基础上,英语教学界认识到,语言是社会文化的载体,无论是文化的产物、实践或观点,主要都通过语言表达与传递;另一方面,由于语言与文化都植根于社会,文化渗透于语言之中,不仅赋予语言在实际交际中的意义与内涵,而且也引导人们在社会交际中正确地使用语言。

可见,学习一门外语,必须学习与理解使用这种语言的民族之社会文化,否则不可能学好这门外语;同理,忽视社会文化的外语教学亦难以达到帮助学生正确理解语言意义与使用语言进行交际的教学目标。因此,对英语教师来说,为了保证英语语言知识教学与能力培养的质量,在教学中正确认识与科学地处理语言与文化的关系是至关重要的。

(2) 社会文化教学基本理念的提升

- **从重视信息的传递发展到关注社会文化的意义**

社会文化教学形成之初,研究者与教师的教学理念是扩大教学内容面,收集来自各种渠道有关文化的信息,以便构成丰富的教学内容,但未重视分析信息的社会意义,致使教学在很大程度上成为传递信息的过程。这样的教学使学生了解越来越多的社会文化表现形式,但未能深刻理解它们的意义,更缺乏在实际交际中运用社会文化知识的能力。20世纪80年代后,特别是90年代以来,英语教学界提升了教学理念,明确了社会文化教学大纲与原则,在社会文化教学中不再停留在罗列具体内容上,而是注意挖掘它们的社会意义与对人们实际进行交际的影响,促使理论研究与课堂教学实践深入发展。例如,以往在进行有关英语国家民族特点的教学时,仅要求学生掌握民族的构成及其特点。当代社会文化教学要求学生关注民族构成的意义、由此产生的社会多元化带来的发展、社会问题与语言变化,帮助学生在运用英语进行交际中遇到涉及民族问题时尊重不同民族的礼仪,掌握正确的观点与态度,使用恰当的语言,如我们一般习惯称美国黑人为"black people",但是,当前已称他们为非裔美国人"African Americans",以示尊重。重视类似的细节体现了英语教学对文化内涵中社会意义的关注。

- **从社会文化表现形式的教学发展到重视培养文化意识与跨文化意识**

长期以来,社会文化教学专注于讨论文化的界定、要素与涵盖的具体内容,教学目标仅为掌握目标文化的表现形式,但是,由于学生没有目标文化的亲身经历,又未主动关注文化的内涵,所学知识的遗忘率很高,课堂上列举文化形式与就事论事的教学往往不能达到教学目标。20世纪80—90年代后,英语社会文化教学开始关注"文化意识"教学理念,培养学生有意识地关注学习与使用英语的社会文化内容,自觉认识社会文化的意义,形成学习社会文化的内动力与主动从外部信息中获取知识。在跨文化交际能力教学理论形成后,社会文化教学又吸取了前者"跨文化意识"的内涵,要求学生在关注目标文化的同时,重视本族文化的重要意义,并通过本族与目标文化对比掌握两种文化,这是社会文化教学在理念上的重要发展。

- **教学内容从社会文化的表面现象深入至本质内涵**

根据早期社会文化教学理念提出的教学内容多为食物(food)、神话(fairy tales)、民间传说(folklore)、社会事实(facts),即所谓四个"F",仅涉及社会文化知识浅层次的表面现象;随着教学理念的提升,吸取了文学、艺术以及观点等意识形态内容,称为大写文化(Culture),将食物与习俗等称为小写文化(culture),使社会文化教学内容扩大并深入了一步;自莫兰等人提出社会文化包括成果(product)、实践(practice)与观点(perspective)后,社会文化教学内容不仅较以往更为全面,而且深入至价值观、信念等社会文化深层次的本质内涵,使社会文化教学的内容发生了质的变化。

(3) 英语教学中社会文化教学内容的充实

虽然社会文化界定与教学原则的讨论为社会文化教学构建了框架,但是,社会文化包罗万象,在教学时还需考虑一些重要因素,从浩瀚的文化海洋中选择与确定具体的教学内容。首先,社会环境、教学要求与学生构成的差异应产生不同的教学目标与内容:如在EFL环境中学习英语社会文化的学生学习目的是掌握英语进行交际活动,不同于英美等国移民为了融入当地社会而学习社会文化;其次,EFL环境中绝大部分学校的社会文化教学都安排在英语课程之中,其内容需与英语语言教学相结合;最后,社会文化教学内容有难易之分，应根据初、中、高级不同的英语水平进行教学。据此，本书总结了多年英语社会文化教学的经验，提出一般初、中级英语社会文化教学拟涵盖以下内容的专题：

组成部分专题	社会文化内容
地理与气候	面积、主要河流、山脉、周围海洋、邻国、气候特征
人口	人口数量、民族及其分布特点
国家象征	国徽、国旗、国歌、国花
国家体制	最高权力机构名称与职能
区域、省(州)与城市	大区、省(州)、首都、主要城市
建筑与景点	标志性建筑、主要景点、国家公园
事件与名人	重大历史事件、名人、著名科学家
教育	教育制度、学制、知名学府
文学作品、作家与音乐	文学名著、著名作家、音乐家与乐曲
体育、娱乐与休闲	大众喜爱的运动、娱乐与休闲方式
姓名、家庭	姓名、称谓、家庭关系、问候方式
节日	最基本的节日、主要习俗
饮食	主食、副食、饮料、早/中/晚餐、饮食礼仪
交通	主要交通工具、日常出行方式
社交礼仪	肢体语言、面部表情
非言语表达方式	手势语、肢体语言、社交距离
颜色与数字	各种颜色的寓意、幸运与忌讳数字
价值观等观点	爱国主义、自由与法治、自强与自立、个人与集体、竞争与合作

必须强调的是，在 EFL 教学环境中，以上列举的教学内容并非仅指英语国家的社会文化，而是学生本国与英语国家两种社会文化，对中国学生来说，就是学习上述专题的中国与英语国家两种文化。中国文化是中国学生英语学科素养的根基，掌握中国文化是英语社会文化的教学目标之一；而且，由于中国学生在学习英语时已经内化了一定程度的中国文化，只有明确中国文化的精髓，才能从对比英语社会文化的过程中正确学习与运用英语社会文化。正如社会文化教学研究者菲普斯(A. Phipps)与冈萨雷斯(M. Gonzales)所说，"进入另一种文化是再次进入自己的文化(To enter other cultures is to re-enter one's own.)"(Phipps, & Gonzales, 2004:3)。

7.1.3 英语社会文化教学实践的发展

英语教学界对社会文化课堂教学的实践随着英语语言教学理论的变化而发展:语法翻译法时代通过文学作品教学不自觉地进行社会文化教学,听说法时代注意不同社会文化对英语学习的影响,交际法时代强调英语国家文化为唯一目标文化,发展到全球化培养跨文化交际能力的时代,提出了对本族与目标文化两者的重视,社会文化课堂教学理论与实践逐渐丰富。但是,社会文化课堂教学涉及不少因素,如何在英语语言教学与社会文化教学结合的同时使本族文化与目标文化教学融合于一体,仍然是世界各地教学中面临的新课题。

(1) 英语教学中社会文化教学原则的发展

• **教学目标的转变**:以往英语教学中社会文化教学唯一的目标是:要求学生学习与掌握以英语为本族语社会的文化准则,视外国学生本国文化为消极因素,甚至是干扰。随着全球化的发展,英语教学界开始关注非英语国家民族的本族文化,以英语为本族语的人们也增强了了解外国文化的愿望,同时,英语教学中社会文化教学实践也证实,外国学生本族文化必然存在于学习英语的过程中,并且也有其积极作用,这些因素促使当代英语教学中社会文化教学目标转化为:学习与熟悉以英语为本族语的社会文化,同时,掌握本国社会文化,有意识地关注两种文化的异同,以便恰当地使用英语进行交际。

• **"文化意识"及其培养**:以往的社会文化教学仅为讲授英语社会文化的具体内容,教材列举各种文化产物、实践与观点。但是,学生在实际运用英语进行交际时,仍然产生了很多社会文化方面的困难。其中一个重要原因是教学中仅涉及文化中某些事实,未重视培养学生总体的社会文化意识,使他们从观念上主动意识并关注语言学习中的社会文化。英语教学界就"文化意识"的概念进行了多年的探讨,文化教学研究者汤姆林森(B. Tomlinson)与马苏哈拉(H. Masuhara)指出,文化意识的内涵是:认识到不同社会文化是平等的,了解本国文化与所学的外国文化,对于两者异同持有积极的兴趣(Tomlinson & Masuhara, 2004:5-11),汤姆林森与马苏哈拉对"文化意识"概念的总结得到英语教学界普遍认同,并认为"文化意识"应贯穿在社会文化具体实例教学的过程中。在此基础上,英语教学界又提出了"跨文化意识"的概念,即培养学生理解本民族文化与对外国文化持有尊重、了解与敏感的态度,并明确英语社会文化教学不仅包含文化的具体内容,而且还应培养学生整体跨文化意识;

- **学生在教师指导下主动构建社会文化知识**:以往的社会文化教学基本上都是教师讲解内容,学生被动听讲,其依据是外国学生缺乏英语国家的社会文化知识。当代社会文化教学与此不同,其原则是发挥学生的内动力与创造性,使他们在教师指导下主动构建与体验社会文化知识,使学生真正掌握社会文化的内容,并将其运用于实际交际活动中。

(2) 社会文化教学与听、说、读、写教学的结合

在 EFL 教学环境中,除了专业英语与特殊需要的培训班外,一般学校不单独开设社会文化教学课程,而是将社会文化教学置于日常英语课中,这就产生了社会文化教学如何与英语语言教学结合的问题。探讨这个问题时出现了多种看法:

- 有些人提出,既然社会文化极为重要,就可将它作为与听、说、读、写并列的第五种语言能力。但是,社会文化教学研究者克拉姆斯奇(C. Kramsch)认为,社会文化是听、说、读、写语言与能力教学的核心,如将它与听、说、读、写分离,后者就失去了社会文化意义;如仍将它保留于语言能力教学中,那么,又使它与作为第五能力的社会文化教学内容重复,因此,较好的做法是将社会文化与听、说、读、写能力教学结合,而非将它另设成一个第五能力(Kramsch, 1993:1, 8),她的意见得到了普遍的赞同。

- **在 EFL 教学中,将社会文化与听、说、读、写能力教学结合主要有两种方式**:一是将社会文化分别与听、说、读、写能力教学结合,即在原有的听力、口语、阅读与写作课中加入与英语语言教学相关的社会文化内容;二是将这四种能力组合后加入社会文化教学,其中最佳组合是听与说组合、读与写组合,即先组成听说课与读写课,然后在听说课与读写课中加入相关的社会文化内容。根据不同的教学目标,可采取以上不同方式的社会文化教学。但是,无论采取何种社会文化教学方式,各种课型的教学实践都应注意实践中已取得的经验:

  ➢ **教学大纲中应系统确定社会文化的教学内容**:在制定听、说、读、写或听说、读写课程的教学大纲时,总体以各课程语言与能力教学目标和规律为依据,听、说、读、写均按照各课程特点进行教学,但需将社会文化专题具体安排在每阶段的教学中,确保有计划、全面覆盖社会文化内容,防止社会文化教学的随意性与碎片化。社会文化专题应与英语语言教学内容一致,同时考虑社会文化教学的系统性与内容由浅入深等规律,但并非每节课都有社会文化内容,如课文涉及自然科学时就无须进行社会文化教学。

  ➢ **听力、口语与阅读教材中体现社会文化内容的形式**:听力、口语与阅读教学中

的教材体现社会文化内容有两种形式,一是教材中有1—2篇课文整篇围绕一个社会文化专题展开。此时可补充一篇本族文化中同样专题的短篇进行对比分析,使学生既多次学习了语言教学中要求掌握的词汇、语法等项目,又加深了对本族文化和目标文化意义与异同的认识;另一种情况是整篇叙述一个事件或一个故事,其中仅涉及某个社会文化专题,此时可简要补充相关语言材料,要求学生掌握该社会文化专题的内容。如课文内容为马丁·路德·金的生平,就可通过补充美国黑人的社会生活进行社会文化教学等。

> **口语与听说教学常采取角色扮演、任务型教学与课堂讨论等方法**:口语与听说课的长处之一是它们能经常与社会文化教学自然地结合,特别是交际教学法盛行后,教学大纲一般都规定了教学内容中的言语功能项目(如请求、道歉、同意、许可、赞美等)与口语会话中必须遵守的社会准则与交际策略(如开始与结束对话、维持对话、要求重复、打断对方、澄清事实等)。但是,这些言语行动方面的内容仅为社会文化的一部分,学生还需掌握体现在口语或听说结合的课文中的社会文化"产物""实践"与"观点"。

世界各地在这些方面取得了一些教学经验,例如:当教学内容与社会文化"实践"(如衣、食、住、行等社会习俗)相关时,常采取角色扮演的教学方法与任务型教学;当口语教学内容与社会文化"观点"(如合作与竞争的关系)相关时,常采取先小组讨论、摆出小组观点,再全班讨论,甚至辩论,同时指出本国与英语文化的异同。这些教学形式与一般口语与听说课的不同在于:它们既进行英语语言知识与能力教学,又加入了社会文化知识教学。

> **阅读与写作教学结合进行社会文化教学**:阅读教学可以单独加入社会文化教学,但是阅读与写作教学结合后的社会文化教学效果更佳;就写作教学而言,如果需加入社会文化知识教学,一般都需通过阅读给以语言输入,否则学生写作的内容会比较贫乏。因此英语读写结合加入社会文化教学是常见的课堂教学形式。

读与写结合进行社会文化教学应十分细致地确定教学目标,它不是简单的阅读与写作教学相加,也不能等同于一般的读写结合教学。因为时间有限,不可能要求学生全面达到一般阅读或写作课的要求,只能有重点地要求学生达到阅读与写作的基本要求,以便腾出时间进行社会文化教学,因此,阅读、写作与社会文化教学内容分量的比例取决于教学目标,在教学计划中应考虑周全;在教学内容方面,阅读教材应含有比较重要的社会文化内容与实例,但难度不宜偏高,新词不能太多,一般不应使中等水平的学生感到困难,否则就不能顺利达到教学目标;写作教学应注意有别于阅读理解测试,如做书面简短回答问题练习是远远不够的。但是,要求学生阅读后书面回答有一定深度与广度的问题仍不失为一种练习形式。中、高级英语水平读写结合课最常用的写作教学是:阅读后进行撰写文章大意(summary)或故事梗概(synopsis)的教学,或要求学生根据阅读材料中的社会文化问题发表书面意见,特别是写出本族与目标文化的异同,是对阅读内容中社会文化知识进一步的理解与有意义的写作实践。

(3) 英语社会文化教学方法的发展

英语社会文化教学发展至今,不仅教学理论与内容发生了重大变化,而且教学方法也得到了更新,其发展经历了初级、成长与多元等多个阶段。

- 初级阶段与"外国文化教学法(the foreign-cultural approach)"

20世纪60—80年代是英语社会文化教学早期发展的初级阶段,丹麦社会文化教学研究者丽萨格(K. Risager)称该时期为"外国文化教学法"阶段(Risager,1998:243),也有人称之为"单一文化法(the mono-cultural approach)"时期,因为这一阶段将英美文化定为"目标文化",教学目标仅为掌握英美文化,对学生来说即为掌握单一的外国文化。此时也要求任教者应为以英语为本族语的教师,如没有英、美、澳等国教师,就设法邀请外籍教师作讲座或报告,教材必须是地道的英美原著,教学方法以教师讲授为主,80年代后也有角色扮演与模拟等教学活动,但教学中学生都被动地听取教师的教导,教学目标仅为掌握教师教授的英美文化。这一教学理念与方法有着排除学生本族文化与忽视学生主动学习的弊端,不利于学生的成长,因此,这一阶段的教学效果不甚理想。

- 成长阶段与"跨文化教学法(the intercultural approach)"

20世纪90年代后,在英语教学领域,特别是在发展中国家的英语教学领域,出现了要求重视学生本族文化的呼声与实践活动,英语社会文化教学走出了热衷于"外国文化教学法"的初级阶段,进入了成长阶段,"跨文化教学法"应运而生。该教学法仍认为英美文化是"目标文化",但是教学目标不仅是掌握英美文化,而且是熟悉相关的本族文化,要求学生通过本族与目标文化的对比分析掌握目标文化;与此相适应的是教学策略与方法发生了重大变化:一是由教师主讲改变成教师指导学生主动通过观看影视与阅读材料讨论社会文化特征,二是采取比较本族与目标文化异同的方法理解两种文化的社会意义,因而"跨文化教学法"有时也称为"文化对比教学法"。显然,从"外国文化教学法"发展至"跨文化教学法",英语社会文化教学理念与方法都发生了质的变化。

- 多元教学阶段:"多文化教学法(the multicultural approach)"与"超越文化教学法(the transcultural approach)"

随着"跨文化教学法"的发展,英语社会文化教学的理念与实践不断向纵深方向拓展。在讨论与研究本族与目标文化关系的过程中,出现了认识一个社会多民族文化的必要性。例如,美国是一个多民族的国家,目前各种教材中论述的美国文化一般是主流社会白人文化。为了全面认识美国文化,在社会文化教学中需了解具有独特性的非裔和拉丁裔美国人文化。这一思考导致了"多文化教学法"与"超越文化教学法"的诞生:出于教学目标的需要,前者要求学生在掌握本族文化与目标文化(通常是目标语国家的主流文化)的同时,了解目标语国家多个主要民族的文化,后者更进一步要求学生了解这些不同民族在社区等小单位进行超越文化交际时的表现,两者使用的教学策略与方法基本上与"跨文化教学法"相同。这两类教学法一般适用于教学目标有此需要的教学项目,对于大多数 EFL 学校而言,教学内容、策略与方法基本上都采取上述第一、二种方法,仅在教学内容涉及目标文化中少数民族文化时添加有关信息而已。

7.2　跨文化交际能力教学理论、策略与方法的发展

跨文化交际能力(intercultural communicative competence)教学是社会文化教学的发展,虽然两者同属于文化教学范畴,但是它们的内涵不同:"跨文化交际"意味着涉及两种以上文化的碰撞与交流,"能力"意味着知识的运用。显然,跨文化交际能力教学的内涵与涉及的方面较社会文化教学更为深刻与多样。

7.2.1　跨文化交际能力的界定与组成部分

探讨跨文化交际能力的努力首先聚焦于分析与确定跨文化交际能力的界定,热烈的讨论吸引了包括商业集团等社会各界的兴趣,产生了诸多观点。其中与英语教学密切相关的观点对教学中培养跨文化交际能力最具重要的意义。

(1) 跨文化交际能力的界定

英国学者拜勒姆(M. Byram)以社会语言学与应用语言学观点探讨跨文化交际能力的界定。在确定界定前,他认为有必要先关注英语教学中跨文化交际双方的身份:
- 双方来自不同国家并使用不同语言,其中一方以英语为本族语;
- 双方来自语言不同的国家,本族语都不是英语,交际中使用世界通用语(英语);

- 双方来自同一国家,一方本族语为英语,另一方本族语不是英语(Byram,1997:22)。

以往讨论跨文化交际能力时,大部分人不关注第二种情况,有时关注第三种情况,最关注的是第一种情况,而且理所当然地认为,以英语为本族语的人无须了解对方的文化特征,仅强调非英语为本族语的一方排除本族文化,学会使用英语国家文化。但拜勒姆认为,仅根据第一种情况诠释跨文化交际能力的界定是不全面的。根据上述三种情况,他提出的跨文化交际能力的界定是:人们"……使用外语与不同于本国和本族文化的人们互动的能力"(Byram,1997:71),其中包括具有了解自己与别人的知识(knowledge)、掌握文化意识与说明和互动等方面的技能(skill)、具有评价观点与价值的态度(attitude)(同上)。拜勒姆的诠释不仅指出了跨文化交际能力的核心要素,而且也具有运用于教学的可行性,得到了跨文化教学研究者、学校行政工作者与教师们的广泛认同(Deardorff,2006:247)。

(2) 跨文化交际能力的组成部分

尽管跨文化交际能力界定的讨论取得了一致意见,但是,界定毕竟是笼统的概念,实际进行教学与评估跨文化交际能力都需要更具体的内容。因此,在讨论界定的过程中,英语教学界探讨了跨文化交际能力的组成部分,力图将这方面具体的研究成果运用于实际教学中。

不少人建议,跨文化交际能力的组成部分应包括文化意识、理解自身与他人文化及两者的差异;很多学者还赞同类似跨文化交际能力的"全球性能力(global competence)",其组成部分包含"世界知识、同情感、认同外国人民与文化、外语水平、完成具体国际任务的能力等"(Lambert,1994:285)。最终在一次就跨文化交际能力议题举行的调查会上,与会者都认同拜勒姆关于跨文化交际能力界定及其组成部分的论述,此后一般就将跨文化交际能力概括为"在基于跨文化知识、技能与态度的跨文化情境中有效与恰当地交际的能力"(Deardorff,2006:247)。但本书作者认为,拜勒姆等学者提出的跨文化交际能力界定与组成部分仅提供了理论基础,在实际教学中应根据当时当地的情境与需要确定培养跨文化交际能力的教学内容。对于 EFL 学生而言,"态度"应以认识为前提;"技能"的概念远远不够,其内容应为人们内在的跨文化交际"能力(ability)",在教学时应将其作为"能力"培养,而非"技能"进行训练。据此,本书作者认为,跨文化交际能力拟由以下三方面构成:

- 认识与态度

正确的认识是具备跨文化交际能力的基点。在跨文化交际中,首先必须认识到文化只有特点不同,而无优劣之分,只有热爱与熟悉本族文化并尊重他人文化,才能以平等的态度启动良好的交际活动。在开展交际活动的过程中,如认识到跨文化交际对自身与对方的意义,就能保持主动、积极的内动力与良好的心理状态,对任何不同于本族的文化持开放、好奇、理解与包容的态度,使交际顺利进行。当遇到文化差异而产生误解时,就能理性检查误解的原因,使对方了解自身的本族文化,并谦逊地修正自己的误解,通过互相沟通理解对方文化的特征。显然,正确的认识与建立在健全心理基础上的态度是培养跨文化交际能力的前提。

- 知识

知识是跨文化交际的实质内容,因此,在进行跨文化交际活动前,必须在知识上做好多方面充分的准备:一是具备本族文化与对方文化或共同使用语言的社会文化等方面的知识;二是语言知识,跨文化交际都是通过双方共同的语言进行的,如果使用英语,就必须具备必要的英语知识;三是具备基本的世界知识,因为交际双方不属于同一国家或民族,双方交际的内容时常会涉及世界事务发展的一般状况,缺乏这方面的知识会影响交际的顺利进行。

- 能力

为顺利进行跨文化交际活动,正确的认识与态度是前提,知识是基础,但要落实到活动本身,还必须具有多方面的能力。首先,在跨文化交际的过程中,交际者必须具备、保持并不断提高"跨文化意识",无论是在使用语言或非语言交流时,都对其中的文化因素保持敏感,及时消除文化差异产生的误解,虽然拜勒姆未提出这一点,但却是实际进行跨文化交际活动时极需关注的;其次,跨文化交际者必须正确理解对方文化、观点与需要,并将其与本族文化与观点相联系,从中评价对方的价值观与信念,这一能力不可能一蹴而就,需要通过不断学习与实践才能积累与获得;最后,跨文化交际者需具备主动发现交际机会与对方互动的能力,而不能被动等待或应付对方的行动。为达此目的,必须恰当使用双方都理解的语言,因此,为具备上述能力必须正确掌握交际双方使用的共同语言,这就表明,跨文化交际能力与语言能力的关系十分密切,在 EFL 语言教学中培养跨文化交际能力不仅是必要的,而且也是完全可能的。

7.2.2 跨文化交际能力教学理念与原则

跨文化交际能力理论与实践的产生有外因与内因两方面原因,即全球化发展对文化交际的迫切需求与英语教学领域内部社会文化教学朝着培养跨文化交际能力的方向发展,从这两方面认识跨文化交际能力理论与实践,就能理解其教学的基本理念与原则。

(1) 正确理解与处理本族文化与目标文化的关系

全球化发展促使人们认识到文化交流中了解多元文化的重要性,跨文化交际能力教学比以往的社会文化教学更广泛与深刻地涉及本族与目标文化,正确认识与处理两者的关系对跨文化交际能力教学的成败至关重要。

- **本族文化是学习英语国家文化的基础,也是跨文化交际必须具备的知识**

跨文化交际能力教学要求学生学习目标文化,并掌握本族与目标文化的异同,因此,跨文化交际能力教学应科学地认识与处理这两类文化的关系。在这方面,跨文化交际能力教学的基本观点是,视 EFL 学生本族文化为学习外国文化的基础,而非干扰因素。一方面,由于 EFL 学生在学习英语社会文化时已经内化了本族文化,在跨文化交际能力教学中应充分利用它与目标文化的异同进行教学;另一方面,不少学生对本族文化还有不了解之处,在进行目标文化教学时,也应通过目标与本族文化的对比充实与提高学生对本族文化的理解,使他们认识到,牢固掌握本族文化有利于他们在交际时以自身文化的世界观与价值观判断对方的观点与意见,也有助于交际对象正确了解非英语国家的文化,促进双方的交流。

- **本族与目标文化教学不是单独与系统课程,而是语言教学中跨文化交际能力教学的一部分**

必须指出,跨文化交际能力教学中的本族与目标文化教学不是单独与系统的一门课程,而是与英语语言教学结合成一体的教学,占据的课时也很有限。为此,在学年的教学计划中必须细致安排好每阶段结合英语课文的本族与目标文化教学要点,在教学进程上应遵循由浅入深与由表及里的规律,简明扼要地将本族与目标文化内容落实到课堂教学中,而且教学应控制在较少的时间内,以便腾出大部分时间进行跨文化交际能力多方面的教学。

(2) 跨文化交际能力教学是社会文化与交际能力教学的有机结合

- **跨文化交际能力的理论与实践将社会文化教学提高到一个新高度**

从上述跨文化交际能力界定与组成部分中可以看出,英语社会文化教学为跨文化交际能力教学提供了重要内容,并为跨文化交际能力教学理论与实践奠定了基础。

从社会文化教学本身的角度来看,早期的社会文化教学仅为英语教学中背景知识的一部分,后来被列入教学大纲,配合语言能力教学,近年来发展成一门独立课程。但是,就其性质而言,社会文化教学基本上是以知识教学为主,而且是辅助英语交际能力培养的副课。因此,长期以来,很多学生仍感缺乏在真实社会情境中运用社会文化的能力。跨文化交际能力理论与实践产生后,将社会文化教学从知识教学提高到培养能力的高度,实现了质的飞跃。当然,这并不是说,社会文化教学便不复存在或已蜕变成跨文化交际能力教学了,在英语学习的初级阶段,不可能要求学生全面具备跨文化交际能力,仍然应以结合英语语言进行社会文化知识教学为主;但在英语学习的高级阶段,就不能停留在社会文化知识教学的层面上,而应根据学生的水平进行跨文化交际能力的教学,即关注学生对待不同文化的内动力与态度、掌握本族与目标文化等知识、培养文化意识与实际运用社会文化知识进行交际的能力,这就不仅克服了过去社会文化知识教学的不足,而且培养了学生在实际社会情境中的跨文化交际能力。

- **跨文化交际能力教学发展了"交际能力"教学**

自 20 世纪 60—70 年代起,"交际能力"理论与实践在国际英语教学领域占据了主导地位,强调培养学生具有以英语为本族语的语言能力、社会语言学能力与交际策略。80 年代后,随着全球化进程的加速与国际交流的扩大,英语课堂里学生身份与文化更加多样,他们使用英语时遇到的交际对象也更加多元,客观环境的变化促使教师们需要了解学生不同文化与语言背景,过去强调培养学生单向跟从以英语为本族语教师的"交际能力"理论显示出严重不足。

同时,在亚、欧等非英语为本族语地区实施上述"交际能力"教学理论时遇到的问题甚多:当地英语教学是在非英语社会中进行的,教学目标是培养学生使用英语与各国人民交流,教学任务一般都由非英语为本族语的教师担任,要求学生达到以英语为本族语的交际能力是不现实的,因而很多国家都根据本国国情采取多种理论与方法培养学生的英语交际能力。

"跨文化交际能力"理论较"交际能力"理论前进了一步:首先,在涵盖交际能力的同时,它指出了使用英语时"跨文化"的特征,不仅使非英语为本族语的师生关注使用英语时的文化差异,而且使以英语为本族语的师生关注与他们文化和语言不同的交际对象,交际双方主动双向文化沟通促进了交际的顺利进行;其次,"跨文化交际能力"理论不要求 EFL 学生不切实际地达到以英语为本族语的水平,而是要求他们熟悉本族文化,并通过与英语文化的对比中学习与掌握英语语言与文化,从中加深对本族文化的热爱与了解,也从感性上增进英语语言与文化知识;最后,"跨文化交际能力"理念从知识(语言、文化与世界知识等)、能力(使用语言、理解文化与评价价值观等)与情感

(内动力、态度等)等多方面诠释了跨文化情境中交际能力的含义,易于在实际教学中实施。通过跨文化交际能力的理论研究与教学实践,社会文化教学内涵得到了提升,培养交际能力的教学目标也更加切合各地 EFL 教学实际。

(3) 从"文化意识"发展到"跨文化意识"的教学

"文化意识"的概念是社会文化教学发展的产物,它要求语言与文化的学习者不仅要学习具体的文化与语言知识,而且要认识社会文化的重要意义;而"跨文化意识"则是"有意识地理解基于文化的规范、实践和行为准则在跨文化交际中的作用与在实际交际时根据具体情境灵活地将这些概念付诸实践的能力"(Baker,2011:9-10),它强调在跨文化环境中的英语语言与文化学习者应意识到在实际交际时本族文化与交际对象文化两方面的意义,并了解两者的异同,交际双方在运用社会准则进行交际活动时都理解对方的文化,使交际得以顺利进行。因此,"跨文化意识"是跨文化交际能力教学的内容,它比社会文化教学中的"文化意识"更重视学习者的本族文化及其与交际对方文化的异同,在教学中除了关注交际双方语言与行动中的文化差异外,还要求学生了解人物身份与交际情境等方面的特点,比"文化意识"的要求更高了一个层次,因而是 EFL 教学中培养学生跨文化交际能力的重要组成部分。

7.2.3 跨文化交际能力教学策略与方法的发展

跨文化交际能力教学落实到英语课堂教学时,除了践行以上的教学理论外,还应该掌握具体的教学策略与方法,才能达到教学目标。

(1) 跨文化交际能力教学中促使多种成对因素互动的策略

英语教学界普遍重视"互动"在英语教学中的重要意义。由于跨文化交际能力教学与语言教学有着共同的"交际"目标,"互动"对于跨文化交际能力教学也具有重要意义。在跨文化交际能力教学中实施"互动"理念与采取"互动"策略体现在多方面,其中与英语语言教学相同的师生与生生互动已在本书有关章节讨论,这里不再赘述。以下仅探讨对跨文化交际能力教学十分重要的三种成对因素的"互动"教学策略及其理念:

• 促进理解与表达跨文化信息的互动

无论语言交际或跨文化交际活动都是人们互相接收与发送信息的行动,而接收与发送信息客观上就是一个互动的过程。然而,接收信息的条件是理解信息的意义,发送信息也必须具有表达意义的能力,而且理解信息与表达意义之间关系密切,也需通过互动才能持续进行,因此,在跨文化交际能力的教学中,"理解信息"与"表达意义"就是接收与发送信息的关键。为了促进学生间跨文化信息的接收与发送，教师必须提高学生理解跨文化信息与表达意义的能力，同时还应加强他们理解与表达意义的互动，即学会理解后需善于表达，在表达中再加深理解，如此循环往复。这一教学工作必须采取以教师为指导与加强学生的集体合作学习的课堂教学理念、策略和方法进行。

- 促进跨文化信息输入与输出的互动

与理解与表达跨文化信息互动密切相关的是跨文化信息输入与输出的互动，即以输入促进输出，以输出推动输入，促使两者产生互动，对提高学生跨文化交际能力有着重要的意义。

如果说采取理解与表达互动的策略能培养学生跨文化交际内在的能力，那么，采取语言与文化信息输入与输出的策略就是为学生提供外在资源与培养他们利用该资源提高跨文化交际的能力。在 EFL 环境中，目标文化的资源非常有限，缺乏文化资源往往成为学生提高跨文化交际能力的桎梏，教师应尽可能加大本族与目标文化的信息输入，并在输入教学后即通过小组活动、课堂讨论、任务型教学、角色扮演与模拟等各种教学方法与形式推动学生进行信息输出活动以及信息输入与输出的互动，才能有效提高他们的跨文化交际能力。

- 促进跨文化交际能力教学与语言教学的互动

跨文化交际能力与语言紧密地交织在一起，学生在 EFL 环境中培养跨文化交际能力是通过学习英语语言和开展与语言相关的交际活动完成的，因而 EFL 环境中的跨文化交际能力教学与英语语言教学互相促进与影响，并交互作用。充分利用两者的互动就能达到培养学生跨文化交际能力与巩固他们所学英语语言知识与能力的目的。

具体地说，由于学校中的跨文化交际能力教学并非一门课程，而是在英语课教学中进行的，跨文化交际能力教学的专题应与英语教材中的课文内容密切结合。在进行跨文化交际能力教学时，教师提供学生的语言输入应为语言课上学生正在学习或已学过的词汇与语法结构，同时鼓励学生在语言输出时尽量利用语言课上所学知识，这样就使语言教学与跨文化教学产生了互动，促进了两者的发展。必须注意的是，此时主要的工作是跨文化交际能力教学，使用所学语言是为它服务的，因此，在教学中不能使用过多的新词与疑难词语，或过于复杂的语法结构，否则就会花费大量时间进行语言教学，削弱了跨文化交际能力教学，更谈不上促使它与语言教学的互动，这是师生都应该注意防止发生的现象。

总之,促进理解与表达跨文化信息、跨文化交际信息输入与输出、跨文化交际能力教学与语言教学三类成对因素的互动是有效进行跨文化交际能力教学的重要策略。

(2) 跨文化交际能力常用教学方法:文化比较法

人类学在研究社会文化的过程中使用了整体法、比较法与相对法等方法,其中比较法影响较大。19世纪形成了历史比较语言学后,在语言学领域研究语言时也常使用比较法,英语教学中的社会文化与跨文化交际能力教学就受到了这些学科研究方法的影响。更重要的是,跨文化交际能力教学目标中包含培养学生掌握本族与目标文化异同的要求,因此,在跨文化交际能力教学中,教师们很自然地经常采用文化比较法进行教学。

- **文化比较法的理论基础**

文化比较法理论的基本观点是:各种文化无优劣之分,但它们各有特点,虽有共同之处,但存在着差异,这是由各民族不同的历史、地理、社会、政治、经济等原因造成的,因此,可通过比较各种文化的异同了解它们的特点;同时,不同文化的异同涉及面很广,只有将其系统化才能比较全面地认识各种文化的特点,故文化比较法不是点状与零星地比较不同文化,而是先按系统将文化专题归类,在教学中分析两类文化在该专题中的异同;构成系统的原则是由浅入深与由表及里,确定从文化组成部分的"产物"发展至"实践",再深入至"观点"的专题。

- **课堂教学中实施文化比较法的步骤**

虽然制定了跨文化交际能力教学中的文化教学专题系统,但是它不会与英语教材中课文内容的系统完全一致,因此,在采取文化比较法前,第一步是熟悉跨文化交际能力确定的文化教学专题系统,再寻找教材中每课含有与上述系统中专题对应的文化内容,根据由浅入深与由表及里的原则,确定每课进行跨文化交际能力教学的专题,然后细化到一定的专题内具体的对比内容。为此,应在学期与学年教学计划中制定对比本族与目标文化教学的总体专题框架,然后在每课备课时再将文化对比的内容与方法具体运用至教学环节中。

- **课堂教学中实施文化比较法的教学方法**

跨文化交际能力教学的文化比较法提倡在教师指导下调动学生学习的主动性,学生通过回答教师开放性问题充分发表自己的意见,并通过教师指导的多种合作学习方法自觉培养跨文化交际能力。跨文化交际能力教学一般在课文语言教学基本上完成

后进行,此时学生已掌握课文主要内容。教学过程中采取的教学方法如下:

> **课的起始**:教师提出开放性问题:已学的本课课文中主要体现了目标文化中的什么专题?同桌双人议论后,全班讨论并经教师小结,明确本课所体现的目标文化中的主要专题;

> **课的进行**:教师给出结合专题的阅读或听力材料,学生阅读或听取材料后进一步了解专题内容;教师提出开放性问题:根据该专题,本族与目标文化有什么异同?小组议论后全班讨论本族与目标文化异同,寻找两者的连接点进行比较,最后教师小结;小组活动:以本课专题、根据课文内容与本课阅读或听力材料编写角色扮演对话;选若干小组在全班展示角色扮演;

> **课的结束**:师生共同总结所学专题内本族与目标文化的异同,教师解决学生提出的问题;布置作业:书面写出本专题内本族与目标文化异同的要点与角色扮演对话。

(3) 采用网络等教学手段增强学生跨文化交际的体验

随着跨文化交际能力教学的发展,多年来的实践表明,除了在课堂上增进理性认识与参加各种学习活动外,还需亲身体验本族与目标文化的实践,使之成为跨文化交际的基础,建立在实践经验基础上的态度、知识与能力能巩固课堂中培养的跨文化交际能力。因此,在EFL条件下培养跨文化交际能力需要学校与教师为学生提供体验跨文化交际的环境与资源。

不断扩大的改革开放国情与高科技的发展都为学生接触与体验本族和目标文化的环境提供了条件,学校与教师能利用比以往更多的教学手段为跨文化交际能力教学服务,例如:

● 从网络上收集图像、音像、录像、动画与影视片段等生动与形象的资料,制作并使用结合教学内容的视频课件,使学生在学习语言材料的同时,从感性上体验跨文化交际知识的实际意义,培养跨文化交际能力的感性认识。当然,这样做会加重教师备课的负担,但如加强教师间的合作,每位教师分工负责部分课件制作,然后交换使用,应能减轻教师的负担;

● 在有条件的学校,开设一个英语教学课堂,布置实物、图书、图画、动画、音乐与音像等物件,形成中外文化环境,上课需要时可随时使用,使学生学习书面材料时如同身临其境,课外学生可自由出入,感受中外文化氛围。

总体而言,跨文化交际能力教学比社会文化知识教学前进了一步。但是,目前无论在国际或国内,它仍然处于初始阶段,很多问题需要继续探讨。随着全球化的深入与改革开放的发展,跨文化交际能力教学在英语教学领域中的重要性日益凸显,跨文化交际能力教学理论与实践值得引起我们深切关注与进一步探索。

7.3 中外社会文化教学融入英语教学实验

随着全球化的发展与改革开放的深入,新时代的新型人才不仅应具有创新精神与社会需要的专长,而且应熟悉中外文化,具备国际视野、全球意识与跨文化交流的能力。因此,英语教学将中外社会文化教学融入语言知识教学与能力培养是朝着培养新型人才方向跨出的一步。

长期以来,英语教学中偏重于学科的"工具性",社会文化教学中存在着与语言教学割裂和随意性、碎片化现象。故此,有必要探究英语教学如何有效进行社会文化教学,并实施"工具性"与"人文性"统一的英语学科教学原则。具体地说,在根据课程标准完成英语教学大纲要求时如何不增加学生负担,将中外社会文化知识融入英语教学便成为英语教师们关注的议题。在这方面,华东师范大学附属外国语实验学校进行了三个学期的实验,其结果可供英语教学中社会文化教学参考。

华东师范大学附属外国语实验学校(华外实验)成立于2014年,是由华东师范大学与上海市普陀区人民政府联手建设的一所公办九年一贯制学校,前身为上海市普陀区一所普通学校,学生英语学习基础比较薄弱。近年来,通过全校师生坚持不懈地努力,学校面貌发生了极大变化,英语教学水平不断提高,已成为一所快速前进中的学校。为了探索基础教育如何更好地为培养新时代所需人才打好基础,经该校夏海萍校长等校领导与本书作者共同研究,决定于2017—2019年在华外实验进行英语学科社会文化教学实验。

参加实验的教师团队与班级:

组长:夏海萍

教师成员:李怡斐　王秋芷　鲍珍　汪晓如　胡琦

实验班:2017—2019年4(2)后升为5(2),6(3)后升为7(3),7(2)后升为8(2);2018—2019年6(2)

控制班:2017—2019年4(3)后升为5(3),6(2)后升为7(2),7(3)后升为8(3);2018—2019年6(3)

指导教师:左焕琪

7.3.1 实验总则与实况

（1）实验目标

通过实验，使学生热爱祖国文化，尊重多元文化，掌握最基本的、与英语教材相关的中国与英语国家社会文化知识及其差异；提升学生学习英语学科的自信心与兴趣，增强英语学习的内动力，促进学生英语知识水平与实践能力的提高；帮助学生提升对国际重大事件的关注度，拓展国际视野，增强全球意识。

（2）实验原则

● **本次实验的基本原则是将中外社会文化教学融入英语语言教学中，而非另设一门社会文化课程**，即密切结合英语语言教材中单元教学的主题进行社会文化教学，如语言教学单元为"学校生活"，则可适当结合中美英教育进行社会文化教学。与此同时，必须保证总体英语教学根据课程标准达到教学大纲的要求，力争进一步提高学生的英语语言水平，而不能因加入社会文化教学而削弱日常的语言教学，或降低对学生语言知识与能力的要求与水平。为达此目的，必须充分发挥教师的指导作用，激发学生的内动力与主动学习精神，以师生互动与生生互动等当代教育理念与方法改革以往教师一言堂等教学弊端，促使语言教学与社会文化教学向前发展；

● **选择社会文化教学内容的依据**：一是根据当代国际英语教学中关于文化教学内容的共识选择最基本与适合学生实际和接受水平的知识，二是密切结合各年级的教材单元教学内容，不加重学生的负担，作出社会文化教学内容专题列表，按计划逐一落实到各阶段课堂教学中；

● **正确处理中国文化与英美文化教学的关系**，注意培养学生热爱与熟悉基本的祖国文化并能简单地介绍中国文化，不能因为加强了英美社会文化知识教学而忽视中国文化的重要性，同时也要培养学生尊重英美人民的文化，了解其中最基本的知识及与中国文化的异同，使学生认识到世界上各民族文化各有特点，以便恰当地与外国友人进行交流；

● **参加实验的教师应学习和思考与教材结合的社会文化教学专题**，总体确定整个学期教学内容后，制订教学计划，经实验小组讨论后执行。要求每堂课后写简单教学日志，归纳成效与问题，积累实验资料，经常交流，分工制作课件，分享教学资料，定期小结，实验结束时写出报告。

(3) 实验内容

- 实验使用的中、美、英社会文化专题列表

1. 姓名、称谓、问候方式、手势语	9. 基本教育制度
2. 国旗、首都、主要城市、大区划分、省(州)数量	10. 主要交通工具与规则
3. 地理位置、气候、主要河流、山脉、邻国、领海	11. 主要家庭结构、家庭关系特点
4. 人口、民族及其特点	12. 主要国定节假日
5. 最高权力机构	13. 主要饮食内容与礼仪
6. 主要领导人、历史上重大事件	14. 体育与休闲方式
7. 标志性建筑、主要景点、国家公园	15. 颜色与数字文化蕴意
8. 三国中全球知名科学家、文学家	16. 礼貌用语与行为

- **各年级选择以上与每学期使用的英语教材相关**,以及个别课文内容特别适合社会文化教学的专题,共五个左右,结合学生年龄特点与认知水平,准备少而精、新鲜与生动的内容,尽量采用图片与网络等教学手段,一周两次在英语课内进行10分钟左右教学,第一学期后,在英语语言练习中,如有可能,就将社会文化专题内容融入练习中。文化教学内容与每课所学课文密切相关,使其对英语语言教学产生促进作用。

(4) 实验方法

- **选择与实验班英语水平大致相当的平行班作为控制班**,英语语言教学计划与内容与实验班相同,但不加入社会文化内容,通过对比两班情况,分析实验班的教学结果;
- **采取问卷调查、试题测试、观察、讨论等方法进行实验**:课堂教学中,小学4、5年级使用讲授＋谈话、演示＋练习、任务型教学等教学方法,6、7、8年级使用讲授＋举例、对比法、讨论＋结合生活实际、复述等教学方法。

(5) 实验过程

实验从小学4、6年级起始,后扩展至中学阶段的7、8年级。整个过程经历了试行、巩固、提升与拓展三个阶段:

- **试行阶段**(第一学期——2017/10—2018/1):从小学中、高年级开始实验的试行阶段;4、6年级各选两个平行班(一为实验班,另一为控制班)参加实验;
- **巩固阶段**(第二学期——2018/3—2018/7):小学4、6年级继续实验,期中后中学7年级一个实验班与一个控制班加入实验;
- **提升与拓展阶段**(第三学期——2018/10—2019/1):原4、6、7年级升至5、7、8

年级后继续实验,新 6 年级两个平行班加入实验。这样,第三学期参加实验的是 5、6、7、8 四个年级中的八个班级(四个实验班与四个控制班)。

7.3.2 实验结果

(1) 实验班三学期社会文化教学内容之专题(专题数字取自以上实验内容列表)

班级	第一学期专题	第二学期专题	第三学期专题	总数(不计重复)
4(2)—5(2)	1(姓名,称谓),2(城市),6,7,13(主食),15(颜色)	12,14,15(数字)16,音乐	1(手势语),2(国旗),3,13(三餐)	10
6(3)—7(3)*	1,4,7,8,10,13(饮食内容)	前半学期:3(气候,河流),7	3(邻国领海),5,13(饮食礼仪),14	9
7(2)—8(2)		10,12,14	1,2,4,7,9,11	9
新 6(2)			4,7,8,11,13	5

*6(3)—7(3)实验班第二学期期中后因教师病假,实验仅进行前半学期,数据仅供参考。

以上数字表明,除了新 6(2)班因仅参加一学期,只完成了 5 个专题外,其他实验班都完成了 9—10 个专题。4(2)—5(2)班因年龄小未进行"最高权力机构"与"教育制度"等专题教学;6(3)—7(3)班因进行了"最高权力机构"与"邻国、领海"等内容丰富的文化教学而第三学期专题数量较少;7(2)—8(2)班在一个半学期教学中涉及的专题较多(9 个),体现了中学阶段社会文化教学内容应能比小学阶段适当增加数量与加大难度。

(2) 四个实验班三学期期末社会文化测试成绩与英语课程学习成绩(满分为 100)

● 社会文化测试成绩

班级	第一学期	第二学期	第三学期
4(2)—5(2)	52	70	79
6(3)—7(3)	50	67	89
7(2)—8(2)		88*	71
新 6(3)			63

*7(2)—8(2)班于第二学期期中后参加实验,时间短,内容少。

以上成绩显示,4(2)—5(2)班和6(3)—7(3)班第一学期处于文化教学初始阶段,学生对之不熟悉,教师缺乏经验,复习巩固不够,测试成绩处于预期低线。7(2)—8(2)班第一次教学时间只有一个月,测试内容只有三个专题,故成绩高于预期。三个班级第二学期起即掌握了所学内容60%—70%,以后虽然难度加大,但成绩仍然上升。

- 实验前后实验班与控制班英语课程学习成绩(相同试卷期末平均分)比较

班级	实验前一学期	实验第一学期	实验第二学期	实验第三学期
4(2)—5(2)实验班	94	98	89	86
4(3)—5(3)控制班	91	93	82	79
两班分差	3	5	7	7
6(3)—7(3)实验班	67	72	72	74
6(2)—7(2)控制班	74	78	80	75
两班分差	−7	−6	−8	−1
7(2)—8(2)实验班	71		76(第一次参加)	72
7(3)—8(3)控制班	68		77	67
两班分差	3		−1	6
新6(2)实验班	77			83(第一次参加)
新6(3)控制班	74			80
两班分差	3			3

上表显示,实验前实验班4(2)—5(2)、7(2)—8(2)成绩比相对应的控制班略高,实验班6(3)—7(3)比控制班成绩低且差距较大。实验一学期后,实验班与控制班比较,实验班4(2)—5(2)进步略大,7(2)—8(2)略退步,6(3)—7(3)班与控制班差距跟实验前大致相当,这说明,实验一学期前后实验班与控制班英语学习成绩差距变化不大。但是,4(2)—5(2)班、6(3)—7(3)班实验三学期后,7(2)—8(2)班实验两学期后,与控制班比较,4(2)—5(2)班从实验前高3分上升至7分,6(3)—7(3)班从实验前低7分上升至仅低1分,7(2)—8(2)班从实验前高3分上升至6分。这说明,实验两至三学期后实验班成绩开始有较大的提高。

(3) 实验班学生喜爱社会文化教学与英语课程的情况
- 回答问卷中问题"你在英语课教学中最爱学习什么?"的学生数(%)
 (1) 文化知识　　(2) 阅读　　(3) 听说　　(4) 生词语法

班级	第一学期				第二学期				第三学期			
	(1)	(2)	(3)	(4)	(1)	(2)	(3)	(4)	(1)	(2)	(3)	(4)
4(2)—5(2)	**48**	7	10	35	**67**	12	15	6	**91**	3	3	3
6(3)—7(3)	**32**	22	28	17	**43**	26	23	9	**33**	30	24	12
7(2)—8(2)					**52**	15	15	18	**54**	21	4	21
新6(2)									**44**	26	15	5

以上数据表明,实验班四个年级各班学生在三学期英语课社会文化知识、阅读、听说、生词语法四类教学中,最喜爱学习社会文化知识的学生数最多。

- **通过实验对英语课喜爱程度的变化:实验三学期对英语课喜爱程度的学生数(%)**

(1) 以前喜爱英语课,现在比以前更喜爱 (2) 以前一般,现在喜爱了 (3) 以前喜爱,现在不喜爱 (4) 跟以前一样喜爱英语课 (5) 一直不喜爱

班级	第一学期					第二学期					第三学期				
	(1)	(2)	(3)	(4)	(5)	(1)	(2)	(3)	(4)	(5)	(1)	(2)	(3)	(4)	(5)
4(2)—5(2)	59	17	4	21	0	46	30	0	21	3	**68**	19	0	13	0
6(3)—7(3)	46	35	0	19	0	11	23	0	43	23	**49**	12	3	36	0
7(2)—8(2)						41	19	4	33	3	**46**	8	0	42	4
新6(2)											**41**	27	0	29	3

除了6(3)—7(3)班第二学期因教师病假实验中断影响了数据外,比实验前更喜爱英语课的学生数在各班各学期都占多数,各年级比以前更喜爱英语课的学生人数第三学期也超过了第一学期。除个别班级外,"以前一般,现在喜爱了"的人数也很可观。

(4) 每学期末认为文化教学实验对英语语言知识与能力学习有帮助的学生数(%)

- **认为文化教学实验对英语语音、词汇、语法学习有帮助的学生数(%)**

班级	第一学期	第二学期	第三学期
4(2)—5(2)	80	67	94
6(3)—7(3)	81	46	88
7(2)—8(2)		74	79
新6(2)			76

除6(3)—7(3)班外,总体上各班认为文化教学实验对英语语音、词汇、语法学习有帮助的学生数都在67%以上,第二学期较第一学期有所下降,但第三学期大幅上升。

- 认为文化教学实验对提高英语听、说、读、写能力有帮助的学生数(%)

班级	第一学期	第二学期	第三学期
4(2)—5(2)	69	67	70
6(3)—7(3)	85	57	76
7(2)—8(2)		78	84
新6(2)			70

以上二表显示,除了6(3)—7(3)班第二学期外,四个实验班中有67%以上学生认为实验对学习英语语言知识和培养听说读写能力是有帮助的。

(5) 实验班对国际事务关注的学生数(%)

(1) 以前关注,现在比以前更关注　(2) 以前不关注,现在关注了　(3) 跟以前一样关注　(4) 跟以前一样不关注

班级	第一学期				第二学期				第三学期			
	(1)	(2)	(3)	(4)	(1)	(2)	(3)	(4)	(1)	(2)	(3)	(4)
4(2)—5(2)	17	24	38	21	12	55	21	12	24	39	30	7
6(3)—7(3)	39	31	23	8	12	29	23	31	12	39	33	15
7(2)—8(2)					15	48	33	4	8	42	29	21
新6(2)									9	27	41	21

上表显示,实验后,比以前关注国际事务的学生[(1)+(2)]数量超过了跟以前一样关注或不关注国际事务的学生数,特别是,各班各学期"以前不关注,现在关注了"学生数都在24%(接近1/4)以上,7(2)—8(2)班第二学期甚至达到48%。

(6) 实验班学生对英语课中社会文化学习难度的反映(%)

(1) 很难　(2) 难　(3) 刚好　(4) 很容易

班级	第一学期				第二学期				第三学期			
	(1)	(2)	(3)	(4)	(1)	(2)	(3)	(4)	(1)	(2)	(3)	(4)
4(2)—5(2)	10	7	62	21	6	9	64	21	3	9	79	9
6(3)—7(3)	12	19	50	19	9	17	63	11	12	15	70	3
7(2)—8(2)					0	19	74	7	0	13	63	25
新6(2)									3	24	59	9

总体来看,三学期都有50％以上的学生感觉社会文化学习难度适当,近70％的学生感觉适当和容易,有0％—12％的学生感觉很难。但第三学期除6(3)—7(3)班外,各班感觉"很难"的学生数已下降至3％以下。

(7) 实验班学生对英语课中社会文化学习负担的反映(％)

(1)负担很重　　(2)负担比较重　　(3)负担不重　　(4)没有负担

班级	第一学期				第二学期				第三学期			
	(1)	(2)	(3)	(4)	(1)	(2)	(3)	(4)	(1)	(2)	(3)	(4)
4(2)—5(2)	4	31	45	21	0	6	61	33	9	3	70	18
6(3)—7(3)	8	12	62	19	9	14	66	11	6	21	61	12
7(2)—8(2)					4	19	48	30	4	0	67	29
新6(2)									9	18	50	15

实验班各学期反映负担不重和没有负担的学生数都在70％以上,其中反映负担不重的学生比例在各项反映中均占大多数。反映负担比较重的学生数,第一学期至第三学期,4(2)—5(2)班从31％大幅下降至3％,7(2)—8(2)班从19％(第二学期)大幅下降至0,但是6(3)—7(3)班从12％上升至21％,新6(2)实验一学期中也有18％,值得引起注意。

7.3.3　讨论与结论

(1) 学生们更加热爱与熟悉祖国文化,初步掌握了与教材相关的英语文化基本知识

综合本次实验的测试成绩、问卷、座谈会与调查报告等资料显示,参加本次实验的学生通过以英语形式学习古今中华文化,了解了以前未全面认识的中国文化的含义,如国旗上五颗星的意义、56个民族的特征、人民代表大会制度、天安门华表与兵马俑等文物体现的文化等,更加热爱与熟悉祖国文化,增进了热爱祖国文化的情怀。同时,按照计划,实验班学生也初步掌握了与英语语言学习相关的最基本的英语社会文化知识。

但是,实验也经历了一个不断探索与调整的过程:实验之初,师生们热情高涨,4(2)—5(2)与6(3)—7(3)实验班社会文化专题都多达6—7个。由于学生们是首次学习全新的文化内容,无亲身体验,小学生抽象理解力有限,遗忘率较高,第一学期期末测试时,预估总成绩底线与中等分别为50％与70％,结果两个班实际成绩均仅达到底线的50%。第二学期开始后,社会文化专题减少至4—5个,注意与语言教学更加密切结合并加强了复习,期末测试成绩上升至70%左右,第三学期两班教学内容难度均有所提高,而成绩则分别上升至79%与89%。第二学期中期加入了初中学生,他们轻松地在半学期内学习了三个文化专题,因此,在下一学期内将文化专题增加至6—7个,期末测试成绩达到71%。以上数据表明,小学生理解社会文化的能力有限,且英语语言教学内容很简单,不易与社会文化结合,因此,英语社会文化教学宜从中学起始,一学期学习六个左右专题,能掌握与英语教材相关约70%的社会文化基本知识。

(2) 有效的社会文化教学能促进英语教学,但这是一个渐进与积累的过程

在校领导的大力支持与积极参与下,教师们努力探索并精心备课,使本次社会文化教学实验受到学生们的欢迎,并得到他们的密切合作,师生互动与生生互动有效地促进了英语教学的进展,主要体现在学生英语学习成绩的提高与学习内动力和兴趣的提升等方面。在四个实验班,学生们学习社会文化知识的热情都很高,并能积极主动地投入各种学习活动,新鲜与生动的教学内容激发了他们的参与度与兴趣,并推动了整体英语学习,促进了英语学习成绩的提高。

- **实验2—3学期后学生整体英语学习成绩提高较快**

实验之初,选择了两组不同的实验班与控制班以求对比,实验班与控制班英语语言教学要求与进度相同,除六年级为两位教师分别任教实验班与控制班外,其他年级实验班与控制班均由一位教师任教。实验班4(2)—5(2)原有英语平均成绩略优于平行班的控制班4(3)—5(3)——94:91(实验班高3分),实验班6(3)—7(3)原有英语平均成绩低于控制班6(2)—7(2)——67:74(实验班低7分)。实验期间,除6(3)—7(3)班第二学期因老师病假成绩退步外,其他两个实验班成绩均有所提高:实验第一学期后,4(2)—5(2)班与4(3)—5(3)班差距开始拉大,但与实验前相比,前者成绩仅略超出后者,为98:93(实验班高5分),6(3)—7(3)班与6(2)—7(2)班成绩为72:78(实验班低6分),与实验前相差无几。但是第三学期结束时,4(2)—5(2)班成绩进一步提高,超出4(3)—5(3)班7分(86:79);6(3)—7(3)班迅速赶上6(2)—7(2)班,两者差距缩小至1分(74:75)。再看第二与第三学期分别加入的实验班7(2)—8(2)班与新6(2)班:实验一学期后,前者成绩反低于控制班1分(76:77),后者与控制班差距不变;但7(2)—8(2)班在参加实验第二学期后成绩提高较快,超出控制班6分(72:67),详见第230页表格。

再从学生们的感受来看,实验最后一学期末,四个实验班认为文化教学对自己英语语音、词汇、语法学习有帮助的学生百分比是:94%,88%,79%,76%;认为文化教学对提高英语听、说、读、写能力有帮助的学生百分比是:70%,76%,84%,70%,均占70%或以上,详见第231—232页表格。

综上所述,实验第一学期后,除了4(2)—5(2)班英语成绩提高较多外,其他实验班英语成绩与实验前持平或差别甚微;但是实验2—3学期后,实验班成绩提高加快。这一实验结果表明,社会文化教学能够促进整体英语教学,但是,社会文化教学不是简单的知识传授过程。它对英语教学的影响不仅体现在知识的增长,而且体现在教师社会文化教学理念的变化推动了英语教学,也体现在学生主动参与教学、内动力的提高和社会文化知识量增加后促进了英语知识与能力增长等方面,因而是一个逐渐推进与积累的过程,英语学习成绩不会出现立竿见影式的提高,而是通过社会文化教学一段时间的积累后才逐步上升。

- **学生英语学习内动力与兴趣得到提升**

实验表明,学生整体英语学习成绩的提高产生于多种因素:在实验过程中,教师们学习并实践了改变教师主宰课堂、发挥学生主动性的教学理念,实施师生互动与生生互动的教学策略,学习并践行了各种外语教学法与外语测试理论与方法,学生们较实验前更主动地学习英语,都促成了学生成绩的提高。三个年级的实验班与控制班都由同一位教师执教并实施基本上相同的教学理念、策略与方法,虽然原六年级实验班与控制班分别由两位教师任教,但是控制班教师是实验团队成员,也参加了实验教师的教学理念学习并改进了英语教学,唯一不同的是实验班进行了社会文化教学,因此,实验前后实验班与控制班英语成绩的比较在很大程度上反映了社会文化教学对整体英语教学的影响。

在教师们三学期参加实验的教学日志与多次的师生小结中,教师与大部分学生都提到社会文化教学实验促进了学生英语学习内动力的提高,这一感受集中体现在社会文化课堂教学时学生们高度的主动性中,并在每学期调查问卷中得到了印证:在回答问卷中的问题"你在英语课教学中最爱学习什么?"时,在文化知识、阅读、听说与生词语法四个选项中,每学期各班选择文化知识的人数均为最多。对社会文化教学的喜爱促进了学生对英语学科的喜爱,四个班级实验后比以往更喜爱英语课的学生百分比分别为87%,61%,54%,68%。

- **社会文化教学广度、深度与学习负担符合学生实际水平**

社会文化是一个浩瀚的领域,中小学生通过英语学习认识的社会文化知识与理解能力都很有限,教学中掌握社会文化教学的数量与难度就十分重要,不适当的广度或深度会影响教学的有效性;同时,本次实验目标还指出,社会文化教学实验需达到课程标准提出的各项要求,但不应增加学生的负担。为了达到实验目标,实验团队始终关注社会文化教学的广度与深度,调整内容难度,使之符合学生实际的接受水平。实验第一学期,由于缺乏经验,社会文化专题数量过多。当时考虑到不能加重学生负担,因而没有测验或期中考试,绝大部分学生未感到负担加重,但期末掌握社会文化知识的程度却不理想。第二学期后,减少了社会文化专题,更加注意将社会文化教学内容和英语词汇与语法练习密切结合,提高了社会文化教学与英语语言教学的质量,学生负担也未加重;第三学期四个实验班学生反映社会文化教学难度"刚好"的百分比分别为79%,70%,63%,59%,反映"很容易"的百分比为9%,3%,25%,9%;反映"负担不重"的百分比为70%,61%,67%,50%,感觉"没有负担"的百分比为18%,12%,29%,15%,即第一次参加实验的新6(2)班反映负担不重或没有负担的学生百分比最低,共计65%,中学阶段7(2)—8(2)班反映负担不重或没有负担的学生百分比高达96%,基本上达到了实验目标。

- **学生们提高了对国际事务的关注度**

近年来,国际上不断发生重大事件,关注国际事务有助于学生拓展国际视野,增强全球意识。师生的小结表明,通过社会文化教学实验,学生们更加关注国际事务,也促进了他们大胆与国际友人交流。调查问卷显示,比以前更加关注国际事务的学生数为:4(2)—5(2)班(实验三学期):63%;6(3)—7(3)班(实验两个半学期):51%;7(2)—8(2)班(实验两学期):50%;新6(2)班(实验一学期):36%。总体趋势是:实验时间越长,更加关注国际事务的人数越多。

(3) 社会文化教学实验提高了教师们的英语教学水平与科研能力

参加本次实验的英语教师具有较好的英语专业基础与一定的教学经验,但是她们过去并未系统学习祖国与英语国家社会文化知识,掌握当代英语教学理论与方法也不够全面。实验中边学习边上课,逐步掌握了中外社会文化系统知识,提高了英语课堂教学质量。更重要的是,在社会文化教学实验的过程中,教师们学习了英语教学各学派理论,更新了教学理念、策略与方法,加强了教学中的师生互动与生生互动,促进了学生主动成长,并从中研究教学规律,三学期的实验使教师们的英语教学水平得到了较大的提高。

本次实验也提高了教师们的科研能力。参加实验的教师过去很少独立从事英语教学科研工作。本次实验要求教师们在教学过程中学习英语教学理论、思考与探索行之有效的教学实践、培养反思教学能力,从中总结科学的教学规律。在本次实验中,教师们除了学习系统的社会文化知识外,还学习了传统与当代英语教学理论、方法与英语测试基本知识并努力运用于实践,通过每课后记教学日志与集体教学研讨会小结教学成效,反思教学中的教训,积累各种数据与寻找教学中产生问题的原因,学习与使用了统计与分析数据、进行多项选择题与综合填空等英语试题的命题与试题分析、撰写研究报告等英语教学科研基本手段,加强了英语教学科研的基本功,为今后进一步提高英语教学科研能力奠定了基础。

综上所述,本次社会文化教学实验取得了一些成果,为今后英语教学中进行社会文化教学提供了参考。实验之初,有些教师担心,进行英语社会文化教学会不正确地宣扬各种外国价值观与世界观,在英语教学中产生负能量。本次社会文化教学实验关注了这个问题。实验结果表明,只要我们明确并在实践中把握好英语社会文化教学的目标:使学生热爱祖国文化,尊重多元文化,掌握最基本的、与英语教材相关的中外社会文化知识及其与祖国文化的异同,为跨文化交流打下基础,英语社会文化教学不仅不会产生消极后果,而且有利于增进学生热爱祖国文化的情怀,增长中外文化知识,拓宽国际视野,并促进英语语言知识能力与水平的提高。

本次实验表明,有计划地、恰当地进行英语社会文化教学能促进英语教学的发展,并能切实落实英语学科"工具性"与"人文性"统一的教学原则。本次实验不是另设一门文化课程,而是设法将社会文化教学融入英语语言教学与能力培养中,社会文化教学内容与英语语言教学的专题完全一致,除了进行社会文化背景知识教学外,还将英语词汇和语法练习与社会文化内容结合成一体,去除过去一些无意义的练习,充实了语言练习的内容,而且不加重学生的负担。这不仅显示了社会文化教学能加强英语语言教学,而且表明,只要努力探索,就能在实践中做到英语学科教学"工具性"与"人文性"的统一。同时,本次实验还重视发挥学生的主动学习精神,有些社会文化内容通过学生交流已有或收集的知识进行教学,新鲜与生动的社会文化内容激发了学生学习的内动力与兴趣,促进了整体英语课程的教学质量与学生英语学习成绩的提高。

在英语课程中进行社会文化教学对英语教师提出了新的、更高的要求:他们需要具有丰富的中外社会文化知识,并更新传统的教学理念,采用科学的教学策略与方法,帮助学生主动参与教学,不断成长。参加本次实验的老师过去没有系统学习过中外社会文化知识与外语教学理论的新发展,也无亲身体验外国文化的经历,但是,她们在实验过程中潜心学习新知,努力探索改革传统教学的路径,在实践中提高了教学水平,也培养了反思教学与终身学习的良好学风。她们的实践表明,英语教师能够胜任英语社会文化教学,并能在社会文化教学中健康地成长。

结语

英语教学领域社会文化教学经历了一个长期发展的过程。自1871年文化人类学奠基人泰勒提出了文化的定义并拉开了学术界关注社会文化的序幕后,人类学与社会学有关社会文化的内涵与要素的研究以及语言学有关社会文化与语言及语言教学关系的研究都为EFL教学领域的社会文化教学奠定了理论基础。20世纪60年代,英语教学的蓬勃发展催生了社会文化教学,从此启动了数十年来英语教学领域对社会文化教学理论与实践的探索。

总体来看,英语教学领域对社会文化教学理论与实践的探索经历了两个阶段:

20世纪60—90年代,理论上处于探讨社会文化的本质含义与界定以确定社会文化教学内容的阶段,实践方面处于就各种社会文化具体表现形式进行教学的阶段。在此阶段,理论研究深化了对社会文化本质的认识,并产生了包括"产物、实践、观点、人们与社区"等因素的社会文化界定,不仅使社会文化教学理论逐步从分散与表层向集中与深化的方向发展,而且由于它们具有很强的操作性,易于与实践结合,受到英语教学界的认同,推动了社会文化教学实践的发展;

20世纪90年代后,特别是进入21世纪以来,在全球化推动下,社会文化教学理论与实践产生了质的飞跃,社会文化教学理论从研究它所涵盖的具体内容发展到对"文化意识"的探究,即不仅要求学生掌握目标文化的具体方面,而且关注他们有意识地认识本族文化与目标文化的异同,并进一步提升到研究"跨文化意识"能力的内涵,其中出现了一个重大的突破,即EFL学生本族文化从过去被视为干扰的消极因素转化为有利于增长"跨文化意识"的积极因素,与此同时,教学实践也从社会文化知识教学发展到跨文化交际能力的培养。

在国际全球化迅速发展与国内改革开放的新形势下,华东师范大学附属外国语实验学校进行了为期三学期的中外文化融入英语教学的实验。该实验的缘由是出于探索英语学科如何进行社会文化教学,为培养时代需要的人才打下基础。具体目标是使学生热爱祖国文化,尊重多元文化,掌握最基本的、与英语教材相关的中外社会文化知识及其异同。实验结果基本上达到了原定目标,而且拓宽了学生的国际视野,增强了全球意识,并提高了学生英语学习的内动力与学习成绩。这表明,制定与实施科学的英语社会文化教学目标后,英语学科中的社会文化教学将有利于学生增进中外社会文化知识,促进学生英语知识水平与能力的提高,为培养时代所需要的人才打下良好的基础。

第8章 英语教学中思维能力、学习能力、情感与品格的培养

导言

在讨论英语教学理论与方法时，以往英语教学界往往止步于论及英语语言知识、文化教学与听、说、读、写能力培养。根据新时代对新型人才的要求、当代育人价值理论与英语学科的特质，本书在讨论英语语言知识教学、能力培养与文化教学后还将探讨思维能力、学习能力、健康情操与优良品格教学理论与实践。当然，这些方面的教学不能游离于英语教学之外，而是融入英语语言知识文化教学与能力培养之中，以达到新时代的英语教学目标。

思维是"在表象、概念的基础上进行分析、综合、判断、推理等认识活动的过程"（中国社会科学院语言研究所词典编辑室，1983:1085）。因此，思维能力对于人在社会中生存与发展起着至关重要的作用；同时，由于思维与语言之间存在交互作用，思维能力也直接影响英语学习能力的提高。故此，英语教学应将培养思维能力置于学科育人价值教学中重要的地位。在各类思维能力中，逻辑思维能力是思维能力的基础，创造性与批判性思维能力是最重要的思维能力。因而在英语教学中，可通过培养这三种思维能力达到培养学生基本思维能力的目的。

新型人才的要求与学科育人价值必然涵盖学习能力培养。鉴于英语学习是在汉语环境中进行的，学习的特点是极需自觉反复练习与合作交流，无论从获得学习资源、最大化取得学习成效、课外巩固学习收获或离开学校后的终身学习等方面来看，都需要具有独立自主与合作学习能力，同时也需具有符合整体英语学科特点的学习能力，因此，英语教学中培养的学习能力包括自主学习、合作学习与英语学习三方面的能力。本书第5、6章已讨论了英语听、读、说、写单项能力培养，育人价值中的英语学习能力

则是整体学科的学习能力,并体现了单项能力的共性。

如何认识与处理学生在英语学习中的学习动力、自信与兴趣等情感因素不仅与英语教学成效相关,而且会影响学生生命的健康成长。因此,情感因素也是新型人才素质与英语教学育人价值的组成部分。但是,我们研究情感因素的内容与西方国家的研究不同。欧美英语教学界普遍认为,持有融入他们主流社会的愿望能产生巨大的英语学习动力,但中国学生强大的学习动力主要来自振兴中华与培养自己成为新时代新型人才的愿望。在讨论育人价值教学中的情感因素时,我们应明确不同观点与实践的差异。

最后,英语教学应将美育和勤奋、勇于实践与坚韧不拔精神等优良品格列入育人价值教学中。以往有人认为,美育属于艺术教育领域,培养优良品格是德育教育的事。实际上,英语学习与审美能力融为一体,并与培养品格密不可分,有意识地培养鉴赏、审美能力和优良品格,不仅能提高学生英语学习的成效,而且有利于他们生命的成长与培养他们成为时代所需要的人才。

本章提要

8.1 英语教学中思维能力的培养
  8.1.1 逻辑思维能力培养
  8.1.2 创造性思维能力培养
  8.1.3 批判性思维能力培养
8.2 英语教学中学习能力的培养
  8.2.1 自主学习能力培养
  8.2.2 合作学习能力培养
  8.2.3 英语学习能力培养
8.3 英语教学中情感与品格的培养
  8.3.1 学习动力、自信与兴趣培养
  8.3.2 语言文化鉴赏与审美能力培养
  8.3.3 勤奋、勇于实践与坚韧不拔精神培养

8.1 英语教学中思维能力的培养

新时代要求新型人才具有创新意识与能力,其核心是具有以逻辑思维为基础的创

造性与批判性思维(亦称思辨)能力。21世纪以来,学校各门课程都重视培养学生的思维能力,与思维能力密切相关的英语教学当然也不例外。然而,在英语教学领域,这样的观点往往仅体现在对语言本质的分析上,在教学理论或实践中,很少进行语言教学中培养思维能力的研究。

20世纪90年代,"生命·实践"教育学"新基础教育"英语教学团队在关注青少年生命成长的过程中注意到,发展思维能力是生命成长的重要因素,而英语学习与思维能力又自然地联系在一起。因此,"新基础教育"英语教学开启了英语教学中培养思维能力的探索:以培养逻辑思维为基础,探讨学生创造性与批判性思维能力的培养途径。

8.1.1 逻辑思维能力培养

逻辑思维(logical thinking)是一切正确思维的基础。小学与中学时代是儿童与青少年抽象逻辑思维形成与成长的时期,掌握这一时期学生逻辑思维能力成长的规律,在英语教学中培养学生的逻辑思维能力,使他们在学习英语的过程中恰当运用逻辑思维,不仅能为发展他们的创造性与批判性思维能力打下基础,而且也能促进他们的英语学习。

(1) 作为正确思维基础的逻辑思维及其发展阶段

人类大脑具有思维功能,为认识事物本质提供了物质基础。但是,为了认识事物本质,大脑必须具备掌握事物发展规律的思维能力,才能逐一认识事物本质,并运用规律解决现实问题。

- **逻辑思维的界定**

逻辑思维是"人们在认识的过程中借助于概念、判断与推理反映现实的过程……它用科学的抽象概念揭示事物的本质,表述认识现实的结果"(辞海编辑委员会,1979:1058),形成概念、正确判断与合理推理是理性认识世界最基本的基础性思维,创造性与批判性思维等高层次的思维都建立在它的基础之上。

- **逻辑思维发展的阶段性**

逻辑思维的发展经历了由量变到质变、从低级到高级的发展过程,形成概念、判断与推理也是从认识简单的现象发展到对复杂事物的认识,其间表现出稳定的阶段性:根据对一般学生的调查研究,小学时期儿童处于从具体形象思维向抽象逻辑思维的过渡阶段;少年期(12—14岁),即初中学生,主要具有以经验型为主的抽象逻辑思维;青年初期(15—18岁),即高中学生,主要具有以理论型为主的抽象逻辑思维(朱智贤,林崇德,1986:135)。因此,从小学阶段起,学生们就具备了培养逻辑思维的心理基础,从具体、形象与简单的概念、判断与推理逐步发展到高中学生的抽象逻辑思维。这表明,根据逻辑思维发展的阶段,在英语教学中培养中小学生逻辑思维能力是必要的,也是可能的。

(2) 逻辑思维能力与英语学习的关系

英语是极为丰富的语言,仅词汇量就十分庞大。据 2010 年哈佛大学与谷歌研究人员的估计,英语现有约 1,022,000 个词汇;1989 年出版的《牛津英语辞典》(*Oxford English Dictionary*)第二版收集了仍在使用的 171,476 个词条;一般以英语为本族语的人使用 20,000—30,000 个词汇,最基本的英语日常用语至少需 2,000—3,000 个词汇。如此大量的词汇靠记忆单个单词是无法掌握的。但如果知道在《牛津英语辞典》中收集的 171,476 个词条中有 1/2 是名词,1/4 是形容词,1/7 是动词,熟悉这三类词的结构与变化规则,并能运用逻辑思维理解与记忆它们的意义与使用规则,掌握英语词汇就准确与快捷得多。不仅如此,逻辑思维对英语学习的重要性还体现在以下方面:

- 逻辑思维是理解、记忆与运用英语语言知识规则的基础

虽然英语语言内容浩瀚与变化多端,但是英语语音、词汇与语法规则仍有约定俗成的规则可循。英语语音有系统的读音与语音语调规则,词汇分类、变化与句法规则都较规范。总体而言,英语语言规则的逻辑性比较强,语法规则的例外较少,不少语音与词汇规则的例外是由于词源不同,只要了解词汇来自何种语言体系,仍能迅速掌握规则。因此,运用逻辑思维理解语言知识规则与习惯用语,通过判断与推理掌握其要领,配合以大量接触语言素材并在实际中运用,就能掌握英语进行交际活动。但是,在 EFL 环境中学习英语不能随时得到语言环境帮助自然地习得英语或修正语言错误,因而必须自觉系统地学习英语语言知识的规则并培养使用这些规则的能力,显然,离开逻辑思维不可能学好英语语言规则,更不能正确使用它们进行交际活动。

- 逻辑思维对理解与记忆英语语言意义起着至关重要的作用

逻辑思维是理解英语语言内容的意义与记忆必不可少的条件,具体体现在以下四个层面上:

  ➢ **单词层面**:英语词汇在历史上吸取了多种外来词汇,这就使它变得十分多样,而且产生了不少一词多义现象,仅根据拼写的形式不足以理解词义。正确理解上下文需要以逻辑思维形成概念,做出判断后再进行推理,逻辑思维能力的强弱会影响诠释词义与理解全文的能力;

> **词组层面**:英语词组是两词以上多词的组合,是介于单词与句子之间的语言单位。英语词组种类繁多,为了学会理解与运用英语词组,需要运用逻辑思维明确词组的概念与功能,作出正确的判断后进行推理,才能逐一释义。单词与词组都需要通过记忆储存于大脑,以备随时提取,而识记、保持、回忆与认知等记忆的基本环节都必须运用逻辑思维才能得以完成;

> **句子层面**:句子是语言表达完整意义的最小单位,为了理解句子,除了掌握单词与词组外,还必须熟悉并运用相应的词法、语法规则与社会文化准则,此时运用逻辑思维能分析与综合各种因素,采取形成概念、正确判断与合理推理等手段推动理解句子的进程。而且,只有理解上下文才可能理解句子完整的含义,而缺乏逻辑思维就不可能全面理解上下文与句子的意义;

> **语篇层面**:理解语篇不仅需要理解句子之间的关系,而且必须从句子的连接中提炼出整个段落的中心思想,再分析与综合多个段落的意义与关联,找到整个语篇的主题,此时需要的逻辑思维,已从一般的形成概念、判断与推理上升至抽象与概括的高度,缺乏分析语篇教学中隐藏在深处意义的逻辑思维能力,就不能正确理解语篇的含义。

● 逻辑思维对培养英语交际能力的重要意义

> **逻辑思维对培养听力与阅读能力的重要意义**:为了培养作为语言输入的听力与阅读能力,必须帮助学生正确接收与加工英语信息,这就不仅需要掌握英语语言与社会文化知识,而且必须通过形成概念、正确判断与合理推理的逻辑思维恰当理解发出信息的逻辑结构,才能通晓整个信息语篇的含义。缺乏逻辑思维的介入,即使掌握了语言与社会文化知识,也会使接收的信息碎片化,不能达到理解全篇信息主题的目的。

在英语教学史上,沉浸法与自然教学法都提倡学生沉浸于听取自然的英语之中,但不重视培养包括逻辑思维的理性思维,结果教学难以奏效;在阅读教学中也曾经试图通过阶段性的"大量阅读"提高阅读能力。但是仅依靠阅读量而不重视培养阅读过程中包括逻辑思维的思维能力,阅读能力的效率就受到了限制,而且不能持久。当代英语听力与阅读教学中,高级阶段已开始重视段落主题句、语篇中心思想、推断词义与掌握语篇内容发展等教学,其中已包含了培养逻辑思维的教学,从而提高了阅读教学的成效。

➢ **逻辑思维对培养口语与写作能力的重要意义**：作为语言输出的口语与写作有明确的语言输入对象，只有通过输出者与输入者不断交流才能达到交际的目的，因此，英语说与写的过程包括语言输入与输出两方面的要求，也就是需要逻辑思维在输入时协助理解，在表达意见时发挥构建思想与组织意见结构的作用。因此，英语说与写的能力对逻辑思维的要求比听与读更高。以往在发生英语口语语无伦次或写作缺乏条理时，常以为这是由于缺乏语言知识或练习不够，实际上，忽视培养逻辑思维能力是影响学生提高口语与写作能力的一个重要原因。

(3) 英语教学中培养逻辑思维能力的方法

在英语教学中培养逻辑思维能力并非设置逻辑思维课程，而是在语言知识教学与能力培养中采取培养逻辑思维的教学方法，通常采用的方法为：归纳法、演绎法与分析法、综合法。

● **归纳法与演绎法的运用**

归纳与演绎是广泛运用于科学研究与教学的逻辑思维方法。"归纳"指"由一系列具体的事实概括出一般的原理"（中国社会科学院语言研究所词典编辑室，1983：418），与归纳相对的是"演绎"，它指"由一般原理推出关于特殊情况下的结论"（同上：1328）。虽然归纳与演绎的概念是对立的，但是两者是逻辑思维方法辩证的统一：归纳是演绎的基础，演绎是归纳的结果，但也可作为另一组归纳的先导，两者有着互补的功能。因此，在实践中人们经常交替使用这两种方法加深对事物本质的认识。在英语教学中，使用归纳与演绎的方法不但能帮助学生掌握英语，而且也能培养他们的逻辑思维能力。

在英语教学中，归纳法与演绎法最常用于语音、词汇与语法规则的教学中。在这些语言规则的新授课中，教师通常先采取演绎法，即先使用课文中的一个例子给出规则的一般原理，结合课文内容说明其形式、意义、特点与用法，然后将课文中以后出现与该例子同类的现象逐一列出，最后再使用归纳法总结共同点，回到开始时使用演绎法提出的一般原理；在复习课时，可以采取归纳法，根据同一类规则，先逐一复习已学过的语音、词汇与语法项目，最后得出同一类规则特点与用法的结论，回到新授课时使用演绎法给出的原理。

使用归纳法与演绎法的目的不仅是教师运用它们达到英语教学目标，而且还必须帮助学生学会使用归纳法与演绎法掌握英语知识与提高使用英语的能力，只有这样才能达到培养学生逻辑思维能力、从根本上提高学生自主提高英语水平的目的。在以往的英语教学中,不少教师在采用归纳法与演绎法时,往往单独演示,未能有意识地帮助学生在英语学习中使用归纳法与演绎法,更没有使他们从中提高逻辑思维能力,这是在英语教学中应该注意克服的短板。

- **分析法与综合法的运用**

归纳法与演绎法有助于揭示同类事物的共性,但是,它们却不能帮助人们认识每一个体事物的具体特点。这一缺点可以从分析法与综合法中得到弥补。

> **分析法的界定与运用原则**:"分析法"指"将任何复杂的事物分解成多种简单成分的方法"(Oxford English Dictionary,1989),但是其目的并非停留在对事物成分的描述,而是通过分解成分以揭示事物整体的性质。因此,使用分析法时应遵循科学的原则:首先,分析法的基本出发点是尊重客观现实,离开事实基础的分析不是发展逻辑思维正确的途径;其次,分析个体成分是为了发现它在整体中所起的作用,认识个体如何影响整体的性质与意义,使个体分析始终有明确的方向并得出符合整体要求的结论;最后,分析成分时不能平均使用精力,而应确定主要成分,重点思考与分析主、次要成分间的逻辑关系,达到分析整体性质的目的。

> **综合法的界定与运用原则**:与分析法相对的是"综合法",该方法"将个别的想法、信念、风格等各种事物结合起来以认识互相关联的整体"(Oxford English Dictionary,1989)。所谓"综合",不是单个成分简单的总和,而是吸取每一成分精华,通过形成概念、判断与推理的逻辑思维过程,使各成分成为具有一定模式或规格的整体。运用综合法时也必须遵循科学的原则:首先,必须认识到整体各成分是以一定的结构组合的。在理解各成分意义的基础上,需了解它们之间的关联,分析它们是否属于因果、主次、主从或平行等方式的关系;其次,在了解各成分意义及其关系后,还需明确这些关系的发展模式,可以先论证再总结,也可采用假设方法,即先假设再求证,目的是通过形成整体的概念、判断与推理明确整体所表述的基本观点;最后,综合了整体基本观点后,应以简洁明了的语言给出结论。显然,使用综合法的整个过程都显示了逻辑思维的重要性。

上述讨论表明,分析法与综合法密不可分,前者是后者的基础,后者是前者的必然结果,两者经常交织在一起,成为人们认识事物本质的重要手段。在英语教学中,运用分析法与综合法能帮助学生正确理解英语语言的结构与意义,有助于他们有条理地表达自己的观点。因此,教师们不仅自己应运用分析法与综合法进行教学,而且还应培养学生运用分析法与综合法学习英语。

8.1.2 创造性思维能力培养

进入21世纪后,创造性思维(creative thinking)能力已成为新型人才必须具备的能力,很多国家都将它列为教育核心目标之一,学校各门学科都在探索如何在教学中培养创造性思维能力。在英语教学领域,由于历来强调模仿、记忆、重复、背诵等教学方法,创造性思维能力常被视为难以培养。然而,近年来的实验与实践表明,只要明确创造性思维能力的界定与组成部分,将其与英语教学密切结合,就能在英语教学中达到培养语言能力与创造性思维能力的双重目的。

(1) 创造性思维能力的界定与要素

在人类各种思维中,创造性思维是最重要与最复杂的思维活动之一,创造性思维能力也就成为十分重要与复杂的思维能力。正因如此,学术界多个领域都从不同角度对创造性思维进行了诠释:心理学从认知与智力等视角分析了它的特点,哲学界将其与其他类型的思维活动进行对比剖析,教育学从人才培养的高度论述它的内涵与意义,社会学则研究环境与创造性思维的互动,因而出现了多种有关创造性思维及其能力的界定。

在英语教学中培养学生的创造性思维能力不可能涵盖所有上述内容,但需择其精髓,并结合英语教学的特点、需要与可能进行教学,英语教师需了解创造性思维能力的基本界定与要素,以及它们与英语教学相关的要点。

- **创造性思维,简言之,就是驱动创造崭新与符合社会需要产品的思维活动**,这些产品不仅是新颖的,而且必须是实用的,其价值应得到社会大众的认可(Gardner,1993)。麻省理工学院教授史蒂文·金(S. H. Kim)提出了"创造性"的五要素,为认识创造性思维能力的界定与要素提供了参考:目的性(purpose)——创造性思维有既定的目标,通常有一个需要解决的具体问题;多样性(diversity)——创造性思维启动时呈现出多种多样的发散性思维活动;相关性(relationships)——多样的发散性思维之间是互相关联的,各相关部分最后形成一个完整的整体;形象性(imagery)——除了语言文字外,创造性思维还常利用视觉与听觉所接受的图表与音像等形象以形成概念;外在性(externalization)——创造性思维具有各种有形与无形的外在表征,如创作一座雕像需要更多有形的表现形式等。多样性与相关性体现了创造性思维的结构;形象性与外在性则体现了创造性思维的表现形式(Kim,1990:25-36)。

- **创造性思维中的发散性与收敛性思维**

在上述创造性要素中,多样性与相关性是最重要的部分,两者的内容与美国心理学家吉尔福特(J. P. Guilford)于20世纪50年代提出的发散性与收敛性思维基本相同。1967年,吉尔福特在他的著作《人类智力的性质》(*The Nature of Human Intelligence*)中更明确界定了两者的概念:发散性思维指从已有信息中产生新的信息,其特点是从一个思维原点产生出大量多样化的思维线索;收敛性思维则指从现存信息中一次性逻辑演绎或推断出结论(Guilford,1967:171)。吉尔福特更重视发散性思维,认为它是创造性思维最重要的组成部分。具体地说,发散性思维有四个特点:流畅性(fluency),对问题有快速的思考,并流畅地提出大量解决问题的意见;灵活性(flexibility),能同时考虑大量不同的意见,并从中选择解决问题的观点与看法;原创性(originality),提出的观点或意见是崭新的、具有创意并与众不同;详尽性(elaboration),能详尽思考自己提出的原创性观点或意见,并使之付诸实行。虽然70年代后很多学者对发散性思维的特点作了大量补充,但吉尔福特提出的基本观点至今仍被公认为发散性思维的重要特征,无论对认识发散性思维的本质或培养创造性思维的教学都有重要意义。

但是,仅有发散性思维显然是不够的,它必须与收敛性思维结合,使大量创新的思考与意见按照已确定的逻辑推断出确切的结论,切实解决面对的疑难问题,才能实现创造性思维的功效。因此,在实际教学中,必须同时发展发散性思维与收敛性思维,并正确处理两者的关系,才能达到培养创造性思维能力的教学目标。

- **想象、想象力与创造性思维**

所谓"想象",不是现实中的存在,而是人脑中的构想,多以形象的形式出现,《现代汉语词典》将其定义为"对于不在眼前的事物想出它的具体形象",《剑桥英语辞典》(*Cambridge English Dictionary*)将"想象力"定义为"在人脑中形成图画的能力"。

虽然想象不是现实,但是,由于它是人脑活动,就必然反映人们的经历与经验,其中包含对以往的回忆、对现实的喜恶或对将来的憧憬,充满着各种各样的思想、心理、心态、情绪,表现出无数不同的形式与形象。然而,正如提出"头脑风暴(brainstorm)"概念的奥斯本(A. F. Osborn)所说,想象仅分为"不可控制"与"可控制"两类。前者包括无目的的遐想、幻想,甚至错觉、幻觉与无边际的狂想,后者则是有目的与有意识的构想,人们经历了无数场景,见到图画、摄影与影视作品等图像,人脑将它们构建成各种不存在于现实的情景与图像。奥斯本后又有研究者再将"可控制想象"分成两类:一是"综合性想象(synthetic imagination)",即分析与综合各种想象后得出结论;二是"创造性想象(creative imagination)",即通过分析与综合各种想象创造出新型产物,这类想象推动了创造性思维,并构成了创造性思维的要素之一。

创造性想象与创造性思维有着密切的关系:由于创造性思维的要素之一是形象的表征,而创造性想象是人们生活中各种经历在人脑中形成的图像,它为创造性思维提供了线索,最显著的例子如:人类屡见飞禽的经历产生了在空中飞翔的愿望与想象,导致了飞机的诞生。事实上,社会上各种新产品的产生几乎都源于人类的创造性想象力。因此,在培养创造性思维能力的教学中应重视培养想象力。

(2) 英语教学与培养创造性思维能力的关系

在英语教学中培养创造性思维能力的目的是培养学生成为新时代需要的创新人才,因此,应从整体上增进他们生命的成长,同时也要提高他们的英语水平,培养创造性思维能力不能另辟蹊径,而必须与英语语言教学紧密结合,这就需要正确认识与妥善解决以下一些问题:

- **培养创造性思维能力与英语语言规则教学的结合**

创造性思维能力教学需要培养学生发散性思维与想象力,要求学生的思维与语言活动开放的程度很高,而英语语言规则教学需要学生掌握相对固定的规则,做必要的机械练习与加强记忆,从表面上看,这两类教学似乎是对立的。但是实质上,创造性思维能力有助于达到掌握语言规则的目标,它与语言规则教学能做到相辅相成。

首先,创造性思维是有目的、有价值的创新思考活动,在培养创造性思维的过程中,既要发展学生的发散性思维,也要培养他们的收敛性思维。在进行英语语音、词汇与语法规则教学时,可选择时机先发挥学生的发散性思维,再使其收敛成固定的规则进行教学。只要掌握了发展学生发散性思维的"度"与"量",并使之与收敛性思维相结合,在培养创造性思维能力的同时,也能促进语言规则的教学;其次,英语语言规则教学包括理解规则、机械操练与灵活运用等部分,理解规则与灵活运用教学过程都为培养创造性思维提供了良机。只要教师改变以往仅重视机械操练与未充分利用灵活运用的教学策略,帮助学生在发现与创造中学习新的语言规则,探索结合自己特点与灵活的方法记忆规则,就能培养创造性思维,并创造性地掌握语言规则。

- **培养创造性思维能力与英语语言能力教学的结合**

英语听、说、读、写能力与创造性思维能力的关系十分密切。如听力与阅读能力中包含的预测整篇或后段内容,实际上是想象与发散性思维活动的过程,培养预测能力也是在培养创造性思维能力,但如果不有意识地注意到这一点,很可能将重点仅放在预测的事实上,就不能达到培养创造性思维能力的目的。除了在听力与阅读教学中关注创造性思维能力培养外,在英语语言能力教学中培养创造性思维能力比较集中在口语和写作两项表达性能力教学与听、说、读、写相结合的教学中。

> **英语口语教学中创造性思维能力的培养**:英语口语教学中的句型教学一般被认为是听说法推崇的机械操练而加以排斥。实际上,在简短的机械操练后,句型教学中可给以结合实际的主题与情景,要求学生创造性地运用所学句型造句,并在此基础上作简短的连贯叙述,从中培养学生的创造性思维能力;在使用口语教学中常用的角色扮演与模拟教学法时,不应停留在模仿课文内容的层面上,而应在熟悉课文内容后鼓励学生发挥创造性,运用所学语言表达方式与结构创作出新颖的角色扮演与模拟小故事,发展学生的创造性思维;在英语学习中、高级阶段,讨论、辩论与口头作文中更能与培养创造性思维相结合:教师在关注学生正确使用英语语言知识的同时,必须重视学生说话的内容及其意义,及时发现与表扬其中的创意,引导学生创造性地思考与创造性地运用所学知识,使学生从中既学习与运用了英语语言知识,也发展了创造性思维能力。

> **英语写作教学中创造性思维能力的培养**:在英语写作教学中,教师一般比较重视使用英语语言的正确性与结构的逻辑性,常要求学生模仿范文,这些无疑是英语写作教学的部分内容。但是,在英语写作教学中也应重视写作内容的创意与独特的见解,促进学生创造性思维的发展。

为了培养学生的创造性思维能力,在写作前可给出激励学生想象与思考的线索:例如,一系列引导思考的问题,或给出内容方面可以有各种发展可能的第一段文字,或展示与写作主题有关的实物,如植物、书本等,或出示与写作主题有关的图画、照片或视频,给出写作题目后要求学生发挥创造性,结合所学语言知识与结构写出自己想表达的内容;在学生写作过程中,除了个人思考与写作外,还可在个人列出写作提纲后进行小组讨论,调动集体智慧,互相建议写出更多的创新内容;学生递交了写作的段落或作文后,在阅卷后评议写作时,教师可与全班学生共同表扬具有创意的写作,分析其中创造性思维的特点,鼓励学生进行创造性思考与写作,在提高写作能力的同时,发展创造性思维能力。

> **听、说、读、写相结合培养创造性思维能力**:听、说、读、写相结合是培养创造性思维能力最好的方法之一,但是,就其教学目标而言,除了培养创造性思维外,并非同

时培养这四种能力,而是将重点放在其中一种或两种能力上,培养两种能力较多的做法是听、说结合或读、写结合,重点分别为培养听与说或读与写的能力。

近年来,有一个听、说、读、写结合培养创造性思维能力与重点为写作练习的课堂教学,受到英语教学界的赞赏:教材为故事《不断付出的树》(*The Giving Tree*)梗概。该故事讲述了一棵树如何为一个不断索取的人从童年到老年付出了所有的果实、树枝、树干,最后仅剩树桩供老人休息。教师打破了写作课与阅读课的传统教学过程,一开始就让学生简短写出自己在失败的友谊中的一则经历,然后用英语进行小组交流。接着先听课文,想象自己看到此情景与在众人评论此人时自己的态度,再阅读课文,并写出个人对此人的看法,最后,全班假设为道德"陪审团",对此人是否为好朋友进行讨论与投票(Richards & Cotterall,2016:98)。在这一课中,听、说、读、写结合,写作活动两次,是语言能力教学的重点;与此同时,贯穿着创造性思维能力教学:开始时从本人经历出发提出对主题的看法,为创造性思维打下基础,给出的课文提供想象的空间,听课文后进行想象活动,阅读课文后再进一步写作与讨论,要求提出有创意的意见。整个教学过程是发展英语语言能力与培养创造性思维能力结合有益的尝试。

另一种教学形式是培养创造性思维能力与两种语言能力(听与说或读与写)相结合,由于听说结合与读写结合是英语教学中常用的教学形式,它们的实用性很强。但是,它们与一般听说课和读写课不同,即除了培养语言能力外,还需培养学生的创造性思维能力,主要体现在:教材应选择有创意、适合学生思维水平与学生喜闻乐见的内容;在进行听力与阅读教学前,需通过与课文内容相关的图画、照片或视频等形象物件激发学生的想象力与发散性思维,然后通过收敛性思维教学将想象与发散的内容聚焦到课文内容上;教师再根据课文内容提出开放性问题,供学生在听材料与阅读的过程中思考,并提出有创意的回答;在表述性教学环节的"说"与"写"的阶段,要求学生发表独特的见解,"说"的教学可采用小组准备后进行角色扮演、讨论或辩论的方法,发展学生的创造性思维;在"写"的教学中,也可要求学生在小组讨论个人有创意的提纲后再写作,教师阅卷后的点评不能停留在仅指出英语语言错误,而要突出分析学生写作中创造性的表现,以巩固学生在写作过程中培养的创造性思维能力。

(3) "生命·实践"教育学"新基础教育"英语教学中培养创造性思维能力的实验

在新基础教育英语教学实践中,我们就英语教学中培养创造性思维能力问题进行了多年的实验,主要做了三方面尝试:一是在英语知识与能力教学的练习活动中培养学生的创造性思维能力。例如,在句型练习的灵活运用阶段,鼓励学生给出有创意内容与创造性地使用句型进行人际交流,在口语教学中创造性地开展角色扮演活动,在口头作文与写作教学中,要求学生发表有创见的看法等;二是尝试了在多种课型中培养学生发散性思维与收敛性思维相结合的能力;三是通过发展学生的想象力、联想及猜想能力培养创造性思维能力。

- **培养发散性思维与收敛性思维相结合的能力**

以上提及,发散性思维与收敛性思维的结合是创造性思维的要素。在英语新授、拓展与复习等课型中,都可以在课的开始与进行阶段培养学生将发散性思维与收敛性思维相结合的能力。在课的开始阶段,我们将过去教师讲解的暖身活动改造成开放式导入,即展示含有悬念的图画、照片或视频给出一课主题后,通过开放式提问激发学生发散性思维,在多种回答的基础上,再通过学生收敛性思维集中到需要进行教学的语言点;在课的进行阶段,根据词汇、语法等语言知识教学或听、说、读、写能力教学的特点灵活培养学生发散性与收敛性思维相结合的能力。

以下是"生命·实践"教育学新基础教育基地学校上海市闵行四中仇颖老师在9年级1班英语阅读课"Qian Xuesen:Father of China's Aerospace"中新授课与常规课教学设计摘要对比(中文版):

本次教学	一般常规教学
教学目标: 培养学生寻找段落主题句与理解文章中心思想的阅读能力,并通过培养学生发散性与收敛性思维相结合的能力发展创造性思维能力。	**教学目标:** 培养学生寻找段落主题句与理解文章中心思想的阅读能力。
课的开始(开放式导入): 教师出示带有钱学森照片及其活动的图片后提问:What do you know about Qian Xuesen? Tell us a story about him. 学生看图与小组讨论后,全班回答问题并由几个学生小结,从发散性思维集中到收敛性思维。教师总结,带领学生正确理解课文标题及其中生词。	**课的开始:** 复习前一课语言重点后,教师简要介绍钱学森事迹。
课的进行(课文共四小段): **第一阶段:** 教师带领学生学习与理解第1段与第4段课文内容(因该两段含有全篇的主题):先学两段的生词,分别听两段课文后,再阅读两段课文,并找出每段的主题句,以求通过听与读理解文章开始与结束阶段的内容与主题,并为学习第2、3段课文作好准备。采取先听后读的教学方法是为了强化语音与语义的结合,帮助学生正确学习与理解内容。	**课的进行(课文共四小段):** **第一阶段:** 全课生词教学:按照生词表顺序,学生跟读教师生词发音,教师讲解各词词义。

本次教学	一般常规教学
第二阶段： 在理解第1段与第4段内容的基础上，学生先进行小组活动预测第2段与第3段内容，发展发散性思维，并派代表向全班报告小组预测结果。教师指出预测正确部分，与学生一起收敛发散性思维，然后带领学生学习第2、3段生词，再通过听与阅读理解课文，找出每段的主题句。 **第三阶段：** 学生通读全篇后，小组讨论整篇的中心思想并向全班报告，教师总结后，发给每个学生一份综合填空书面练习，内容为全篇中心思想，学生填空后，全班对答案，并请个别学生朗读全篇中心思想。	**第二阶段：** 教师讲解课文第1、2、3、4段内容后，要求学生找出各段的主题句，教师提出各段正确的主题句。 **第三阶段：** 学生通读全篇后，要求学生找出本篇中心思想，教师说出正确的中心思想。
课的结束： 在学生谈了本课收获后，教师再次提出本课教学目标，与学生一起小结本课在完成教学目标方面之长短处，要求今后扬长补短。	**课的结束：** 教师小结本课完成教学目标情况，指出全课优缺点。
课外作业： 上网查询并阅读有关钱学森的事迹，写一篇短小作文：A scientist: Qian Xuesen。	**课外作业：** 写一篇作文：A scientist: Qian Xuesen。

- **发展想象力、联想与猜想能力**

在英语教学中培养想象力、联想及猜想能力有多种教学方法，选择方法时应遵循简便易行而有效的原则，如：使用简洁的图画、照片或视频培养学生的想象力、联想与猜想能力等。

以下为小学三年级英语课"Insects（昆虫）"一课实验课教学设计摘要（中文版）与一般常规教学设计对比。该教学设计摘要为英语词汇与句型教学中培养想象力与联想能力的尝试。英语课由上海市闵行区鹤北小学陈艺老师担任教学，本书略作修改。

本次教学	一般常规教学
教学目标： 通过教学，使学生掌握单词"body""wing""feeler"的发音、语义、拼写形式与运用句型"_____ can (do) with _____"简单描述事物，并从词汇与句型教学中培养学生初步的想象力与联想能力。	**教学目标：** 通过教学，使学生掌握单词"body""wing""feeler"的发音、语义、拼写形式与运用句型"_____ can (do) with _____"简单描述昆虫。
课的开始（开放式导入）： 教师打出一张充满鲜花、树木与绿草的花园摄像图，并提问：What do you see in the picture? Imagine: Who lives here? 由于学生已学过包括昆虫在内的多种动植物的英语单词，花园的图像与问题促使学生发挥想象力与联想能力，使他们能说出多种在花园里的动植物，同时也复习了已学单词，并引导出课文"Insects"的标题。	**课的开始：** 教师出示昆虫图画，先复习有关昆虫的单词：fly, butterfly, dragonfly。教师带领学生逐个朗读这些单词，然后指着有关图画带领学生朗读以下句子数遍：This is a fly. This is a butterfly. This is a dragonfly. 教师提问：What is this? 学生回答：This is a fly (butterfly, dragonfly)。

本次教学	一般常规教学
课的进行： 第一阶段：词汇教学 A. 教师将学生说的动植物集中到昆虫，引出苍蝇，再从苍蝇引至其身体部位教词汇；学生从想象花园中的动植物联想至昆虫，再联想至苍蝇及其部位，开始学词汇。 B. 教师提出开放式问题培养发散性与收敛性思维：What do you know about a fly? Describe a fly. 通过小组活动后，学生能说出多种简单句，其中带有"head""leg"等已学过的苍蝇身上部位的名称。 C. 生词教学：教师出示放大的已标出"head""leg"的苍蝇图，将写着生词"body"的单词片放在苍蝇身体的部位，请学生根据发音规则读出该词，指出词义后学生跟着教师拼读数次，再将单词放在句子中练习，提出开放式问题：A fly has a body. What do other insects also have? 学生回答后，再出示多种昆虫身体的图画，并从昆虫扩大到其他动物和人的身体；提出问题"What else does a fly have?"后，以同样方法进行生词"wing""feeler"的教学，但仅扩大到动物。最后学生小组活动，互相问答：What does a fly（butterfly, dragonfly）have? A fly（butterfly, dragonfly）has ...，然后教师总结生词教学。 第二阶段：句型"_____ can（do）with _____"教学 A. 教学从学生已学过的"can"开始。要求学生想象昆虫能做什么，教师提出开放式问题：What can a fly（butterfly, dragonfly）do? 学生小组活动后回答问题。 B. 教师从学生的回答"A butterfly can fly"中引出"A butterfly can fly with wings""A fly can smell with feelers"。 C. 句型运用——教师提出开放式问题：What can you do with your hands（eyes...）? 学生小组活动后回答问题。 第三阶段：综合练习 教师提出3个小题目：A fly, A butterfly, A dragonfly, 要求学生按小组选择一个题目，先想象内容，再根据所学生词与句型作简短对话，然后表演。	课的进行： 第一阶段：词汇教学 直接出示一个放大的苍蝇图画，标出苍蝇各部位的英语名称。 A. 教师根据图上写出的单词带读生词音标，解释词义，学生跟读数遍。 B. 逐个练习新词"body""wing""feeler"。 教师根据图画提问：Does a fly（butterfly, dragonfly）have a body? 学生回答：Yes, it has a body. 同桌两人练习，互相问答。 采取同样方法进行"wings""feelers"教学。 三个生词教学后，教师总结性提问：What does a fly（butterfly, dragonfly）have? 学生回答：It has a body. It also has wings and feelers. 同桌两人练习，互相问答。 第二阶段：句型"_____ can（do）with _____"教学 教师出示苍蝇、蝴蝶和蜻蜓飞舞的图画后，指着有关画面说：A fly can fly with wings. A butterfly can fly with wings. A dragonfly can fly with wings, too. 教师提问：Can a fly（butterfly, dragonfly）fly with wings? 学生答：Yes, a fly（butterfly, dragonfly）can fly with wings. 学生小组活动，以上述内容互相提问与回答。 第三阶段：运用与表演 教师给出题目：A fly, A butterfly, A dragonfly. 根据本课所学内容，学生同桌两人准备简短对话后在全班表演。
课的结束：教师带领学生简要小结本课主要内容，布置课外作业。	课的结束：教师简要小结本课主要内容，布置课外作业。
课外作业： 画一个昆虫，标出该昆虫身体部位的英语名称，并用所学英语词汇与句型简单写出昆虫形象。	课外作业： 拼写生词；写出表演的对话。

在以上两种教学设计中,闵行四中与鹤北小学根据"生命·实践"教育学英语教学理念与中、小学生的特点,在英语语言知识与能力教学中进行了培养创造性思维能力的尝试。坚持实践数年后,英语教学发生了很大变化,学生不仅在英语课上思维活跃,英语语言表达中经常出现创意,而且英语学习成绩也提高了。当然,"生命·实践"教育学英语教学实践也仅为英语教学中培养创造性思维能力的开端,更多的规律、策略及方法还有待今后长期的探索。

8.1.3 批判性思维能力培养

批判性思维(critical thinking)中的"critical"原意为"表达不同意某人或某事的意见"(Oxford Advanced Learner's Dictionary),它"以仔细分析与判断为特征"(Webster's New World Dictionary)。虽然在《现代汉语词典》中,"批判"意为"对错误的思想、言论或行为作系统的分析,加以否定"(中国社会科学院语言研究所词典编辑室,1983),但是,"批判性思维"是一种科学的思维方式,指对事物进行仔细思考、分析与判断,并非否定一切,也不应将思考的事物完全指向负面而产生消极的影响。因此,批判性思维能力亦称为"思辨能力"。

(1) 批判性思维概念的产生与发展

批判性思维并非全新的概念。2500年前,古希腊哲学家苏格拉底就认为,未经审视的生活是无价值的,权威的观点不一定是事物的真相,他与他的弟子柏拉图等人使用"诘问法"寻求事物的本真面目,产生了批判性思维的萌芽;欧洲文艺复兴时期,大批学者对传统的社会、宗教、艺术、法律等领域进行了分析与批判。1605年,英国哲学家培根(F. Bacon)在他的著作《学习的进展》(*The Advancement of Learning*)中,明确指出了以实际经验审视与研究世界的重要性,批判了导致信任虚假信息的"部落偶像(idols of the tribe)""剧院偶像(idols of the theater)"与"学院偶像(idols of the schools)"等传统的思维习惯与错误用词,奠定了现代科学思维的基础,被公认为批判性思维早期的重要观点;18与19世纪时,批判性思维研究在哲学与自然科学界得到进一步发展;进入20世纪后,社会学、人类学与教育学等社会科学推动了批判性思维的深入发展,其中美国教育家杜威(J. Dewey)于1910年发表了《我们怎样思维》(*How We Think*)一书,提出了"反思性思维"概念,该书于1933年再版,明确了反思性思维的界定是:"根据信念或假定的知识形式之依据与它们导致的进一步结论,对它们进行坚持不懈的、仔细的思考"(Dewey,1933:9),反思性思维理论对批判性思维的形成产生了深刻的影响。1941年,哥伦比亚大学教授格拉泽(Edward M. Glaser)提出了批判性思维涵盖的三方面:对所经历的问题与题材具有习惯于深思熟虑的态度;具有逻辑探究与推理方法的知识;具有运用这些方法的能力(Glaser,1941),这些观点为批判性思维界定设定了框架。

自20世纪70年代起,国际上出现了三次批判性思维研究与实践的热潮:第一波热潮(1970—1982年)的特点是从发展逻辑思维出发,探索学校的批判性思维教育,设计批判性思维课程,培养学生分析、判断、批判事物与辨别事实真伪的能力;第二波热潮(1980—1993年)拓展了批判性思维研究面,不仅探讨批判性思维与认知心理学、情感与学生家长的关系,而且研究它与媒体、解决问题、创造性思维、经济管理与政治等各方面的关系,加深了对批判性思维本质的理解,并开始进入学校的课程;第三波热潮(1990年至今)克服了第一与第二阶段的短处,探讨更加深刻的理论问题,涉及批判性思维智力标准、它在形成情感与行为中的主导地位、情感与价值观在思维中的作用、认知心理学与批判性思维结合等方面。

进入21世纪后,不少国家都将批判性思维作为21世纪新型人才的主要能力之一,培养批判性思维能力已深入至教育界与学科教学中。然而,迄今为止,人们对批判性思维及其培养途径的认识还十分有限,批判性思维理论研究与实践仍然任重而道远。

(2) 批判性思维的界定及其能力涵盖的内容

- **批判性思维的界定**

批判性思维的界定,简言之,就是思考与分析如何辨别事物的性质。当人们遇到一个问题时,批判性思维主要表现为:辨认问题假设,评估论点、论据与得出结论等方面。

1987年,批判性思维研究者斯克里文(M. Scriven)与保罗(R. Paul)总结了各种观点后认为,"批判性思维是一种智力训练过程,在这一过程中,人们将观察、体验、反思、推理或交流所获取或生成的信息主动与熟练地形成概念,运用于实践,分析与综合,并进行评估,以此作为信念与行动的指南。其具有代表性的表现形式应基于超越不同议题的共同智力价值观:清晰,准确,精准,连贯,关联,实证,合理,深刻,广域与公正"(Scriven & Paul, 1987)。斯克里文与保罗对批判性思维作出的界定被公认为比较全面地诠释了批判性思维的内涵。

上述界定表明,批判性思维的过程始于明确的目标,有一个既定的议题,根据大量的信息提出假设,通过分析、综合与推断后确立论点与论据,最终产生对有关议题的结论。

- 批判性思维能力涵盖的内容

批判性思维能力不可能自然形成,而必须通过教育才能逐步获得。为了在整个教育过程与学科教学中有效地培养学生的批判性思维能力,必须了解批判性思维能力涵盖的具体内容,并将它落实于实际教学。学术界对批判性思维教学涵盖的内容并无统一看法,我们从已有的研究与实践中认识到,进行批判性思维能力教学拟包括以下几方面能力培养:

➢ **观察能力**:有效的观察是收集信息的第一步,也是批判性思维活动的前奏。在观察时应防止仅注意表面或孤立的现象,应关注培养观察事物本质的能力。具体方法为:多次观察,每次小结,去伪存真,去粗取精,并组成小组,使个人与集体观察相结合,以求获得真实与有价值的信息;

➢ **提问能力**:发现与提出问题是批判性思维活动的第一步。这并不意味着否定每件事,而是思考事物缘由,找出其中利弊,提出可能出现的问题。由于提问的方式与语言都会影响取得答复的准确性,因此需要通过教学提高正确提问的能力;

➢ **分析与综合能力**:运用逻辑思维的方法找出遇到的问题属于何种性质,即先逐一分析问题各种成分的性质,再将它们综合成总体性质,这是培养批判性思维能力的核心部分之一;

➢ **推断能力**:通过分析与综合事实能初步了解问题的性质,但是有些本质因素可能尚未显现或隐含在内部,还需要运用推断能力认识事物产生的内在原因与发展方向,找出事物之间的序列、关联与因果等因素,才能全面把握事物的本质。这样的推断能力需要悉心培养与训练;

➢ **情感控制能力**:心理学提出了情感因素在培养批判性思维中的作用:只有主动、认真、坚持学习才能获得批判性思维能力,愿意掌握它会推动批判性思维的培养过程,而焦虑与沮丧情绪则会影响批判性思维能力的提高。因此,学习批判性思维的内动力与控制情感至关重要;

➢ **判断与决策能力**:判断贯穿于批判性思维的每一个步骤,最后的判断决定了批判性思维的决策,而决策则是批判性思维最后的结果,因此,忽视判断与决策能力就会导致培养批判性思维能力的失败,同时还应培养果断判断与决策能力,防止产生犹豫不决与拖延决策的弊端。

综上所述,批判性思维能力对于人们认识世界与生命的成长有着重要意义,它是21世纪新型人才必须具备的能力。在英语学习中,批判性思维能力也有助于掌握英语语言知识与提高使用英语的能力,因此,培养批判性思维能力是当代英语教学育人价值不可或缺的组成部分。

(3) 英语语言知识与能力教学与培养批判性思维能力的结合

由于语言与思维关系密切,在英语教学中进行批判性思维教学时,可使它与英语教学结合,同时提高学生批判性思维能力与语言知识和能力水平。以上提及,批判性思维能力涵盖观察、提问、分析、综合、推断与决策等方面,在英语教学中进行批判性思维教学即可从这些方面切入(分析与综合能力培养已在讨论逻辑思维能力培养时论及,这里不再赘述):

- **培养观察与发现问题的能力**

"观察",主要依靠视觉,但也必须得到听觉、嗅觉、味觉与触觉的协助;"观察能力"就是使用感觉器官察看客观事物或现象的能力。英语教学涉及大量外国事物、现象、文化与语言,为培养学生观察能力创造了有利条件。英语教学中培养观察能力应掌握以下原则:

➢ **培养集中关注事物和现象本质与事件主题的能力**:在英语课程中观察事物时,不少学生出于好奇会被一些未见过的外国现象所吸引,因此观察活动前,必须使学生明确观察的目的与主题,有的放矢地观察重点事物,防止被表面现象所迷惑;同时,也不应过多地关注词汇与语法知识而忘记了观察事物本质与主题,整个观察过程都要正确处理语言知识教学与培养观察能力的关系;

➢ **培养发现问题的能力**:发现问题是观察能力的重要组成部分,在英语语言知识与能力教学的新授课上都能培养学生发现问题的能力。在"新基础教育"英语教学中,我们曾在中学进行了英语阅读课中词汇新授课培养学生发现问题能力的实验:选择一篇中等长度与难度、包含3—4段落的阅读课文(如选四段,第四段应无生词),教师将第一段落的生词写在小黑板上带入课堂,上课时进行暖身与课文背景教学后,出示小黑板,带领学生学习第一段落的生词与课文,待学生完全理解后,让学生阅读第二、三段落,自己发现其中的生词并猜测其含义,然后小组讨论,确认后在全班提出小组发现的生词及其含义,最后师生查阅书本上该课生词表,教师指出学生正确与错误之处后,学习全篇课文,通过学生个人与小组查找生词,在已学知识的基础上发现新知识,培养发现问题的能力。这样做了一段时间后,不仅培养了学生发现生词与猜测词义的能力,从而提高了阅读水平,而且使他们在学习语法与听、说、读、写英语课上也喜爱发现新知,推动了批判性思维能力的发展。

- 培养提问的能力

发现问题还远远不够,只有在发现问题后提出问题并进行判断与决策,才能达到培养批判性思维的要求。在传统的英语教学中,很少培养学生提问能力,导致学生提问能力十分薄弱。

实际上,由于英语教学目标中含有培养学生交际能力的部分,而交际能力就包括提问、回答等方面的能力,因此,在教学中培养提问能力的同时也能提高学生使用英语进行交际的能力。在"新基础教育"英语教学实践中,我们从内容与形式入手,进行了以下两方面实验:

➢ **在英语语言知识教学中培养提问能力**:在词汇与语法教学中,我们改变了过去重形式、轻意义的倾向,在进行词汇与语法形式变化教学的同时,加强了学生理解词汇与语法意义的教学,鼓励他们为了深刻理解语义而提问。例如,英语动词过去时与现在完成时的区别是中小学生英语学习中的难题之一,以往的教学着重关注它们形式的变化,学生一般都死记硬背地记忆两者的区别,从不提问。我们在进行形式变化教学时加强了语言意义教学后,鼓励学生在思考语义与运用时大胆提问,师生共同解答问题后,他们就加深了对两种时态的认识,减少了运用时的错误,既培养了提问能力,也提高了英语语言练习的质量。

➢ **在英语口语教学中培养提问能力**:在口语教学中,我们改变了过去都是教师提问、学生回答的教学策略与方法,加强了学生思考后使用英语提问的教学。在口语惯用语与语法教学中,重视练习各种疑问句,并开展同桌两人问答、小组问答与学生提问、教师回答等活动,使学生勤于思考与提问。学生们非常喜爱这些课堂活动,特别是学生问、教师答的方式,往往充满着学生思考的智慧与生动的课堂氛围,坚持这样做后,提高了学生提问频率与质量,培养了他们提问与使用英语进行交际的能力。

- 培养推理的能力

"推理"是根据已有信息以自己的知识与经验推断出符合原意的论断,它与阅读理解中的"预测"不同。后者是主观的推测,而前者更强调原意的客观性与逻辑推断的结果,因而是高层次的思维活动,它对准确掌握英语语言内容与有效进行交际活动具有重要意义,因而在英语知识与能力教学中,都能够将它们与推理能力教学结合起来,从中培养批判性思维能力:

> ➤ **在英语语言知识教学中培养推理能力**:英语语音、词汇、语法中有很多互相关联的规则,以往在进行教学时一般都是由教师逐一讲解,学生只是被动地接受知识。如果采取培养学生主动运用推理的方法掌握它们,情况就会发生变化。例如,在进行语法中动词过去进行时、过去完成时与过去将来时的教学时,可改变过去逐一分别讲解与练习三种时态的教学方法,要求学生从已学过的现在进行时、现在完成时与一般将来时推断出相对的三种动词过去时态,由教师总结正确的概念后,通过练习使学生掌握它们;再如,在进行难度较大的动名词教学时,改变以往完全由教师仔细讲解的做法,先让学生通过小组活动分别列出已学过的动词与名词的语法功能,教师将学生提出的重要内容写在黑板上,再要求学生推断两者语法功能相结合的动名词具有哪些特点,教师总结并给出需要掌握的要点后,通过大量练习使学生掌握动名词的语法功能与使用特点。实践表明,经学生推理后所进行的语法教学不仅使他们更好地掌握了语音与语法规则,而且培养了作为批判性思维能力组成部分的推理能力,同时也培养了他们自主学习精神与学习语法的兴趣。

> ➤ **在英语阅读教学中培养推理能力**:推理能力与阅读理解能力密切相关,阅读理解实际上是推断材料中的观点、人物、事件与各种情况之间关系的过程,因此,英语阅读教学为培养学生推理能力提供了极好的机会。

阅读中的推理指使用语篇中两个或更多的信息达到理解另一个信息内涵的目的(Kispal, 2008)。心理学教授辛格(M. Singer)提出了三类推理,在英语阅读教学中有利于具体培养学生的推理能力:一是掌握"起桥梁作用的推理(bridging inferences)",即帮助学生发现并理解连接单词与句子的衔接词;二是掌握"表示原因与结果的推理(causal bridging inferences)",即培养学生发现与理解语篇中事件的因果关系;三是"详尽推理(elaborative inferences)",指从阅读材料拓展的知识与能力中推断阅读内容的意义,如从材料的背景知识与读者本人的世界知识及常识等方面进行推理(Singer, 1994)。这些推理能力也是阅读能力的组成部分,三类推理能力论述为英语阅读教学中加强学生的推理能力提供了理论基础与具体措施。

英语阅读教学中推理能力教学过程一般可采取三个步骤:首先帮助学生理解语篇中作者陈述的事实,如故事的情节、观点的陈述或事件的经过等;其次是让学生发表对这些事实的看法与观点；最后从推理中确定语篇的主题与作者的意图。这样做能帮助学生通过推理掌握阅读材料的主题与要点，这也正是培养英语阅读理解能力的主要内容。

总之，多年来英语教学实践表明，通过培养观察与发现问题能力、提问能力与推理能力十分有利于发展学生的批判性思维能力。

8.2 英语教学中学习能力的培养

对英语学习能力的认识经历了一个漫长的过程。20世纪前，英语学习能力被定义为掌握英语语言知识的多寡，20世纪中期时发展为运用听、说、读、写技能的程度，70—80年代后又发展为英语交际能力与跨文化交际能力水平的高低，这些无疑是英语学习能力的组成部分，但是，仅具有这些能力是不够的。从新时代对新型人才的要求来看，英语学习能力必须包括掌握英语学习独特规律的独立自主与合作学习的能力，才能比较全面地具备英语学习能力。

8.2.1 自主学习能力培养

在传统的英语教学中，学生自主学习英语能力非常薄弱。当代英语教学观认为，自主学习能力是体现生命自觉的学习能力之一。实践表明，自主学习能力是个人英语学习能力的基础，它对总体学习能力的形成与发展起着重要作用，因此，在英语教学中应根据年龄特点与教学目标及要求培养学生的自主学习能力。

(1) 英语教学中自主学习能力的界定

1979年，法国南希大学霍莱克(H. Holec)受欧洲理事会(Council of Europe)委托，作了"自主与外语学习(Autonomy and foreign language learning)"的报告，首次提出了外语学习者自主学习问题。1981年，他的同名著作出版，受到广泛关注，揭开了应用语言学界讨论外语教学中学习者自主学习的序幕。霍莱克将"自主学习(autonomy)"界定为学习者"负责管理自己学习的能力"，即"具备并坚持负有对学习各方面都作出决定的责任，即决定目标；确定内容与进程；选择使用的方法与手段；监控恰当习得的过程与言语节奏、时间、地点等；以及对语言习得进行评估"(Holec, 1981：3)。霍莱克就外语教学中"自主学习能力"的概念提出了原则性的界定，为探讨该问题奠定了基础。

进入21世纪后,"自主学习"成为英语教学界热门议题,不少学者对英语教学中具体的自主学习理论提出了多种模式。美国应用语言学家奥克斯福德(R. L. Oxford)认为,多种诠释自主学习理论的模式具有片面性,应用语言学界应建立自主学习理论系统的模式,全面分析自主学习的概念。为此,她于2003年对自主学习理论进行了总结,此后多年不断修改与充实其内容,从四维视角剖析了自主学习的内涵:

● **心理层面**:自主学习是主动构建与调节英语学习的心理过程,自主学习者不断认识与掌控自己认知的特点,管控相关情感与智力因素,自强不息;

● **社会文化层面**:各种社会文化对自主学习有不同的理解与看法,发展自主学习能力时应考虑不同社会文化的环境及其特点,采取不同的教学策略与方法培养学生的自主学习能力;

● **技术层面**:自主学习需要得到除学校外的外界环境及学习手段的支持。为培养自主学习能力,应提供充分外界物质条件,当前应利用高科技,为自主学习创造良好的条件;

● **政治批评层面**:有关自主学习会受到社会环境中政治与思想上影响,如认为培养与发展自主学习能力是公民行使个人权利,需得到应有的保护与支持等(Oxford,2003:75-91;2015)。

奥克斯福德的观点为认识自主学习实质与进行自主学习能力教学提供了一定的参考。

(2) 英语教学中培养自主学习能力的途径

霍莱克提出的自主学习能力界定只是一个总原则,即充分调动学习者自觉学习的积极性,管理好自己的学习。在学校中实际培养学生自主学习能力时可采取以下途径:

● **根据社会文化特点与学生年龄等制定学生集体与个人自主学习的教学目标**

学生自主学习能力与社会、本地及学校的文化和学生在不同年龄阶段认知的特点密切相关,各地社会文化与环境不同,学生在小、中、大学与研究生阶段自主学习的潜能随着年龄的增长而变化,学生的自主学习能力存在着多种不同层次的等级,在进行自主学习能力教学时,应按照本校与学生的实际情况制定切实可行的教学目标。除了教师应有目的、有计划地培养学生自主学习能力外,学生也应在教师指导下制定目标:小学阶段,教师应指导学生逐步形成自主学习的习惯与理解学校的教学目标;中学阶段,巩固自主学习习惯,并与教师一起制定自主学习目标;大学阶段,学生应与教师共同制定集体自主学习目标,并自己制定个人自主学习的目标。在三个阶段中,学生自主学习的目标应与教师制定的教学目标相结合,形成统一的教学目标。

- **在英语课堂教学过程中培养学生的自主学习能力**

在课堂教学过程中培养学生自主学习能力是英语教学发展学生自主学习能力最重要的途径。具体体现在以下几方面:

➢ **教学内容需建立在学生现有知识的基础上,并密切结合学生的生活实际**:为了培养学生的自主学习能力,首先必须使学生理解与接受包括英语教材与练习在内的教学内容,因此,教学内容与练习活动需密切联系学生的实际生活,使学生能够发挥主动性,从容与愉快地参与新鲜的知识学习与能力培养,并从中发展自主学习能力;

➢ **凡是学生经努力能认识与运用的知识,应尽量让学生自己通过实践掌握之**:在传统的英语课堂教学中,教师在语音、词汇与语法规则教学中一般都详尽讲解规则,学生缺乏自主学习与实践的空间。实际上,教师只需简明指出语言知识要点,凡是学生能掌握的,就应放手让学生自己深入思考、理解与运用,并通过主动参与大量的实践活动牢固掌握教学内容;

➢ **教学内容与方法应带有趣味性,又具有一定的挑战性,以激发学生充分发挥自主学习精神**:教学内容与方法的趣味性能激发学生参与教学和学习的内动力,使他们在多种教学活动中乐此不疲。但是具有趣味性的教学必须健康与有意义,而且无论在质与量方面都应对大部分学生构成一定的挑战性,才能促使学生充分发挥自主学习的精神掌握教学内容;

➢ **包容学生不同的学习风格,鼓励学生独立思考与发表多种意见**

学习英语的学生有外向型、内向型、视觉型与重听说型等多种学习风格。教师应包容各类学习风格,指导他们扬长补短,防止自觉或不自觉地偏爱某类学生。同时要求他们独立思考,并鼓励各类学生发表不同意见,充分肯定他们自主学习的成果,不断提高他们自主学习的能力。

(3) "生命·实践"教育学"新基础教育"英语教学培养学生自主学习能力的实验

根据"生命·实践"教育学基本理念,并按照各校各班级英语课教学目标与学生年龄特点,"生命·实践"教育学"新基础教育"英语教学团队在培养学生自主学习能力方面进行了多年的实验。以下是基地学校常州市第二实验小学朱明亚老师在六年级英语语法教学中的课堂教学设计摘要(中文版),该课为江苏译林版《牛津英语(6A)》"Unit 5 On the farm"第二教时:

教学目标：通过独立阅读，在发现中学习实义动词过去时，初步感知其读音及构词规律；
通过对话，学习动词过去时特殊疑问句句式"What did ... do...?"；
在英语教学过程中培养学生自主学习能力。

教学过程	教师活动	学生活动	教学目的
课的开始(开放式导入)：简要提出教学目标后，在学生已学的动词一般现在时基础上，结合学生生活实际，以开放式问题引导至新教学内容。	1. 提问：What do you usually do on weekends? 2. 将学生向全班报告中使用到的一般现在时的动词原形写在黑板上，作为以下动词过去时教学的备用。	同桌两人使用教师提出的问题互相问答，再使用英语动词一般现在时向全班报告个人平时周末经常做的事。	1. 复习巩固已学英语动词一般现在时，促使学生生成丰富教学资源。 2. 新知教学建立在学生已有知识基础上并结合学生实际，以求有效培养自主学习能力。
课的进行： **第一阶段：新知识的出现** 要求学生发现出现在课文语篇中新的语法现象：动词过去时，并初步理解其功能与意义。	1. 以幻灯形式展示带有新词（动词过去时）的课文。 2. 提问：Can you find anything new about the verbs in this passage? 3. 学生发现新动词后提问：Why are the verbs in the text different from those here（指着黑板上记录的学生说的动词一般现在时）？ 4. 总结学生回答后，说明本课教学内容：动词过去时。 Today we'll learn how to express the activities in the past.	1. 观看幻灯中的课文，先个别思考与阅读，然后小组讨论，找出语篇中的新动词后向全班报告。 2. 同桌两人讨论后，全班举手回答教师提出的第二个问题，并讨论动词一般过去时最常用的形式与意义。	改变以往教师注入新知的教学理念与方法，通过学生自己发现新知，培养他们自主学习能力，并发展批判性思维。
第二阶段：新知识教学 通过动词过去时的词汇音、形、义教学与陈述句和疑问句教学，使学生掌握所学动词一般过去时的基本知识，并初步运用于实际交流活动。	1. 学生试读本课动词过去时形式后，教师纠正不正确发音，带领学生朗读生词，掌握动词尾音[d], [t], [id]及其发音规则。 2. 提问学生本课动词过去时形式的音、形、义后小结。 3. 放语篇录音，使学生关注动词过去时在语篇中的意义，并理解整篇内容。 4. 从本课开始时使用学生学过的动词一般现在时特殊疑问句"What do you do?"引导至新句型：动词过去时特殊疑问句"What did ... do ...?"先通过结合学生生活的内容练习句型，然后以"What did ... do ...?"句型提问课文内容，加深练习句型，并使学生进一步掌握课文语篇的意义。	1. 先根据音标试读动词过去时形式，后跟教师正确朗读生词。 2. 回答教师提出的动词过去时形式的发音、拼写与语义问题，并小结。 3. 听课文录音，进一步理解动词过去时与课文内容。 4. 通过师生互动、同桌两人互动与小组活动形式学习一般疑问句"Did ... do ...?"句型与特殊疑问句"What did ... do ...?"句型，掌握整篇课文内容，并初步运用句型表达语义。	1. 生词教学由学生先试读，教师纠正后再跟读，培养生词学习中的自主学习能力。 2. 回答教师问题后小结词过去时形式，培养自主认识词类音、形、义的能力。 3. 通过师生互动、同桌两人互动与小组活动等课堂活动形式培养学生在学习语法中的自主学习能力。

续表

教学过程	教师活动	学生活动	教学目的
第三阶段：知识的运用 通过学生自己的活动，学会初步运用英语动词过去时与相关的一般疑问句和特殊疑问句在日常生活中进行简短的交流，为今后巩固与运用所学知识打好基础。	1. 教师给出题目做练习：A survey: My classmate's activities in the past，要求每个学生了解另一位同学过去的一次活动，运用所学英语动词过去时与疑问句简短表达过去活动的内容。 2. 挑选有代表性的学生发言后，简单指出优缺点，鼓励与表扬好的报告。	根据教师要求作简短的调查，用英语写下一位同学过去的活动，注意动词过去时及其一般疑问句和特殊疑问句"What did ... do ...?"句型的用法，准备向全班报告。	在运用词汇与语法知识中培养自主学习能力。
课的结束： 小结与提出课后巩固本课学习内容方式。	1. 师生共同小结本课主要教学目标与内容。 2. 布置课外作业。	课后使用本课所学词汇与语法写一段有关自己家庭过去活动的简短语篇。	巩固所学动词过去时与特殊疑问句"What did ... do ...?"句型的用法，并通过写作练习培养自主学习能力。

多年来的实验表明，在教师指导下，学生主动发现、分析、理解与运用英语语言知识不仅能提高他们的英语语言水平，而且有利于培养他们的自主学习能力，为终身学习奠定基础。

8.2.2　合作学习能力培养

早在两千多年前，春秋时期的教育名著《学记》中就记载着"安其学而亲其师，乐其友而信其道""独学而无友，则孤陋而寡闻"，将与学友共信其道视为与亲近师长同样重要，从古代的书院到近代学校，学友之间互相切磋之风始终流传。自20世纪90年代起，在全球化发展与改革开放迫切需要新型人才形势推动下，教育界对合作学习理论与实践的研究出现了热潮。

国际上，公元1世纪时，欧洲教育家昆体良（M. F. Quintilian）就在古罗马教学中运用了合作学习的方法。从17世纪至20世纪上半期，课堂教学中出现了学生同伴互学(peer learning)等教学实践。自20世纪60—70年代起，教育界开始关注合作学习研究，80—90年代后，教育界对合作学习能力的研究迅速发展，并形成了系统理论，成为各学科教学研讨的重要议题。

英语教学领域对合作学习的重视还有一个重要原因,即英语学习本身就是使用英语进行人际交流与合作的过程,合作学习成效影响英语学科的程度超过了它对许多非语言学科的影响。因此,合作学习较早就受到英语教学界的关注。

(1) 合作学习的界定与组成部分

教育界与英语教学界长期研究了合作学习的界定,英语教学中合作学习理论与实践应吸取两方面的研究成果。教育界普遍认为,合作学习的基本特质是它不同于少数人胜出的竞争性学习(competitive learning)与仅关注个人的个体化学习(individualistic learning),它是"若干小组的学生作为团队一起工作,以解决问题、完成任务与达到共同目标"(Artz & Newman, 1990:448),合作学习能培养团队精神与提高学习成效,因而是21世纪人才培养的重要手段。

英语教学界汲取教育界关于"合作学习"界定的基本内容,并赋予"合作语言学习"界定以社会语言学与心理语言学理论基础。应用语言学家凯斯勒(C. Kessler)指出,合作语言学习的界定是:在语言教学中"有组织的小组学习活动,它依靠小组成员间根据社会结构交流信息进行学习,每个成员都对自己的学习负责,同时也应具有提高他人学习成效的动力"(Olsen & Kagan, 1992:8)。根据这一界定,合作语言学习是有目的、有组织的语言教学活动,集体语言学习活动应根据当地社会结构模式进行,各成员都对自己的学习与集体需达到的学习目标负责,成员之间是平等与伙伴式的关系;合作语言学习的心理语言学基础体现在它必须达到语言学习的认知目标,并具有在心理上推动学生间互相学习的动力。按照这样的界定进行教学,预期能达到既培养学生对个人学习负责的独立精神与学习能力,也培养他们对集体学习负责与共同提高的团队精神,从而达到提高全体学生学习能力的目的。

为了更加明确合作学习的内涵,合作学习研究者约翰逊兄弟(D. W. Johnson & R. T. Johnson)提出了合作学习的组成部分:积极的互相依存,每个学生都努力取得成功,也了解离开小组其他成员不可能成功;面对面促进互动,小组成员分享资源,互相帮助、支持与鼓励进步;每个成员都对个人与小组负责,为达到个人与小组目标作出贡献;掌握人际社交与小组活动的技能,支持小组有效的领导,掌握集体决定与解决不同意见等基本技能;小组活动运行过程定期评估,对合作学习中的问题自由发表意见(Johnson & Johnson, 2017:3-4)。

英语教学界广泛认同约翰逊兄弟有关合作学习组成部分的论述,并认为,合作学习组成部分是衡量英语教学中合作学习成效的重要标准。

(2) 培养合作学习能力的教学原则

为了将合作语言学习的界定具体落实到课堂教学实践,还需明确培养合作学习能力的教学原则与方法。在长期的实验与实践中,英语教师们积累了以下的教学原则:

- **合作学习教学是培养能力与促进生命成长的过程,不是简单的语言教学方法**

早自听说法时期起,双人对子互学就在英语教学中盛行;交际教学法与任务型教学法产生后,小组活动与课堂讨论等教学方法也被广泛运用于英语教学中,使用这些教学方法的目的是培养语言能力。合作学习教学也采用这些方法,但是,其教学目标除了培养语言能力外,还要求培养合作学习能力。因此,在开展双人对子互学、小组活动或课堂讨论时,如果只注重给出答案,不关注其中是否达到了合作学习的要求,就不是在进行合作学习。

在合作学习教学中,师生都应了解合作学习界定与内涵,明确学生应具备互相依存的团队意识,对个人与集体学习负责,为共同达到学习目标作出贡献,并学会投入团队活动、恰当发表己见、尊重与信任同伴、包容各种意见等合作技能,从中培养合作共事能力,促进生命成长。

- **教师应与学生共同努力达到教学目标与掌握培养学生合作学习能力的过程**

作为合作学习的指导者与促进者,教师应与学生共同努力确定与实现总体目标与规划,然后应明确全体学生在合作学习中的角色定位,恰当发挥成绩好与学习困难学生在小组活动中的积极作用。具体地说,教师还需决定小组成员人数、小组负责人及适宜合作学习的教室座位安排等;同时,教师应掌握合作学习中小组活动的过程:活动前,提出教学要求,讲述合作学习的目标、行为准则、小组成员的责任。活动过程中,掌握各组活动概况,防止活动偏离教学目标。小组活动结束后总结要点,评估合作学习质量,奖励表现好的小组,并指出需要改进之处。

- **正确认识与处理合作学习与自主学习和竞争的关系**

表面看来,合作学习与自主学习似乎是对立的,与竞争学习更是水火不相容,有些观点更认为它是取代竞争学习的教学原则,这些认识不利于有效进行合作学习的教学。

首先,合作学习是每个成员对个人与集体学习负责并作出贡献的过程,自主学习正是这样学习之基础,没有自主学习何以在合作学习中生存?同样地,自主学习也正是在合作学习中才能得到巩固与发挥,特别是在英语学习中,极需双向交流,两者必须相辅相成;其次,竞争普遍存在于集体学习中,积极与健康的竞争能激励学生的上进心与求知欲。在合作学习教学中,由于小组成员都希望集体能取得最佳成绩,因而不存在损人利己的动机。即使是小组间的竞争,目的也是为了达到共同的教学目标,这种积极与健康的竞争与合作学习互相促进,在合作学习教学中适当运用健康的竞争有利于集体学习与生命的成长。

(3) 培养合作学习能力的教学方法

合作学习常用的教学方法是双人对子互学与小组活动。双人对子互学的优点是费时少,效率高,特别是当教师提出问题后举手人数很少时,采用这一形式可使教师很快获得学生商议后的意见;小组活动是教学内容难度略大、需要多人合作时常用的教学方法,其组织形式需要一定的规格与活动准则:成员一般为 4—6 人,各组应有组织者(组长)、发言人、记录员、督促与鼓励员,每个成员都对小组工作负责并各司其职,有时可让学生轮流担任小组内各种职务。大部分英语课堂教学有固定的小组,以便于课堂管理;有时也可采取小组人员流动的方式,使小组有不同的组合,学生有新鲜感,给教学带来更多活力。因此,不少学校采取小组成员相对稳定、偶尔灵活重组的方法进行合作学习教学。小组活动可采取以下教学方法:

● 小组调查法

这一方法有两类:一是题目较大与内容较多的调查项目,小组需制订计划与进行分工,每个成员收集信息后,通过小组讨论,综合收集的信息并确定调查结果,向全班报告;另一类是较简单与快捷的调查项目,只需成员很快分工合作,了解情况后,经小组讨论与小结后就可向全班报告。采用这一方法时,小组成员通过计划、调查、协商与合作能培养小组内合作的技能。

● 合作项目法

为了系统小结一个阶段的教学内容,可以组织一个较大的学习项目,全班以小组为单位共同完成:教师向全班学生提出教学目标、内容、英语学习要求与完成项目的时限,然后提出数个构成该大项目的小项目,各小组认领一个小项目后,讨论分工合作的计划与完成项目的步骤,由每个成员具体执行计划,再汇总成小组成果在全班展示,然后总结各组展示内容,形成一个大项目内容的总结。采取这一方法时,学生除了收集信息外,还需要深入学习语言知识,并向全班报告对语言的理解与分析,达到深入学习英语与培养合作学习能力双重目的。

● 小组竞赛法

小组竞赛法将合作学习与竞争学习的长处结合成一体,激励学生增强合作学习与提高英语水平的愿望。采用这一方法时应防止只关注竞争而忽视合作学习的倾向,如有时采取小组竞赛法复习英语单词拼写,以小组为单位竞赛,每个成员上黑板拼写单词,但是竞赛过程中没有任何小组合作学习,这样的竞赛不能达到培养合作学习能力的教学目标。因此,小组竞赛中教师提出的问题必须经过全体小组成员集思广益与讨论后才能回答,提出的任务必须由小组成员合作才能完成,确保实现培养合作学习的教学目标。

- **自由组合法**

有时英语教学小组可根据教学内容灵活变换形式,使课堂教学更加充满活力。如复习课上可采用小组自由组合进行教学:教师给出题目后,学生打破原来小组的限制,根据自己的选择,按 4—6 人一组进行多组讨论,再在全班展示。采取这一教学方法时,仍需选出临时的组长、记录员、督促与鼓励员等以保证全体组员都投入合作学习,集体讨论问题后再向全班展示,同时也要求小组活动中多运用已学语言知识,达到培养合作学习与英语语言能力双重教学目标。

(4) "生命·实践"教育学"新基础教育"英语教学培养合作学习能力的实验

"生命·实践"教育学"新基础教育"英语教学团队在培养学生合作学习能力方面进行了多年的实验。以下是"新基础教育"英语教学研讨课培养合作学习能力的教学设计实例(中文版概要)。该设计原稿为上海市闵行区七宝二中潘菊青老师在该校 9 年级 5 班执教"More Practice"一课时使用的教案。研讨会上说课与评课后,本书作者对原教案略作修改与补充:

课文标题:More Practice — *A Blind Man*
课型:语言练习课,课文内无新的语法结构,少量生词中多为形容词。
教学目标:语言知识:掌握作表语用的英语形容词用法;
语言能力:培养英语阅读过程中掌握中心思想的能力;
在英语知识与能力教学中培养合作学习能力,并体会自主、合作与友情的意义。

教学过程	教师活动	学生活动	教学目的
课的开始(开放式导入):以幻灯形式出现一张图画,背景为纽约夜景,图中有一位盲人手持带有蜡烛的灯,他身旁有一位男士。	宣布上课后,要求学生同桌双人谈论图画内容,猜测本课故事情节。学生发言时,教师不断将其引申至与课文相关的内容,最后将各种想法集中到课文主要内容。	1. 看图画后,同桌双人谈论图画内容,猜测故事情节。 2. 双人谈论后举手发言,形成全班讨论。	1. 发挥学生的想象力、发散性思维与收敛性思维,使英语语言教学与培养创造性思维能力和合作学习能力三者相结合。

续表

教学过程	教师活动	学生活动	教学目的
课的进行： 第一阶段：形容词教学 1. 通过阅读与听读课文找出生词与形容词； 2. 小组集体找出生词与形容词，并猜测生词词义，讨论形容词用法； 3. 教师带领学生学习生词的语音与词义，重点进行作表语用的形容词之用法。	1. 课前将课文打印在纸上，在开始教学时分发给学生阅读； 2. 学生阅读后播放课文录音，要求他们边听边关注生词与形容词的意义与用法； 3. 小组讨论后，教师在黑板上出示课文生词表与主要形容词，小组简要报告讨论结果的正误后，教师带领学生学习生词的发音与语义； 4. 教师总结学生对形容词用法的认识，讲解其特点后，在黑板上打出一个简短的填空练习幻灯片，学生回答练习中的问题后，作关于形容词教学的小结。	1. 快速阅读了解课文大意后，边听边读课文，找出生词与形容词； 2. 小组讨论共同的生词与对形容词用法的认识，由组长向全班报告； 3. 在教师指导下学习作表语用的形容词之用法； 4. 同桌双人讨论填空练习后，全班讨论填空练习。	开始教学时不使用课本中的课文，目的是不让学生初次阅读时参阅课文前后的生词表与难点解读，培养他们独立发现生词、思考词义与语篇的能力，这也体现了培养合作学习能力能与英语语言教学和培养自主学习能力的教学相结合。
第二阶段：阅读能力教学 1. 本课文可分成两部分，要求学生分别提出各部分的主题，然后找出全篇的中心思想； 2. 再听读一遍课文后，师生明确理解语篇主题与中心思想的学习方法； 3. 分小组讨论两部分的主题与全篇中心思想，并为课文提出一个更好的标题； 4. 小组报告后，全班简要讨论课文标题，确定师生一致的意见。	1. 教师指出课文分两部分（如时间允许，让学生提出如何分段）； 2. 教师提问：如何找出各部分的主题与全篇的中心思想？学生回答后，教师小结掌握语篇中心思想的学习方法，如注意关键词、主题句、段落起始与结尾部分内容等； 3. 小组讨论结束后，教师请各组报告第一部分主题，并说明依据。全班讨论提出一致意见后，再以同样方式讨论第二部分主题与全篇的中心思想，最后提出一个更好的课文标题。	1. 第二遍听读课文的教学要求是全面理解课文内容并掌握语篇的主题； 2. 小组讨论前，应在教师指导下掌握分析语篇中心思想的学习方法； 3. 小组活动时，每个组员都应积极投入讨论，提出课文两部分主题与全篇中心思想，并说明依据； 4. 在讨论全篇中心思想基础上提出小组建议的课文标题。	采取三种合作学习方式：内容简单时采取双人对子互学；内容较复杂时开展小组活动；需要全班探讨时进行课堂讨论。无论使用哪种方式，在关注语言教学的同时，都应培养学生的合作学习能力。课堂讨论中不能只让少数学生参与，发言者应互相尊重与配合，共同努力达到教学目标。
课的结束： 小结并再次给出本课文标题与中心思想，提出课后巩固本课学习内容的方式。	1. 小结本课阅读能力与合作学习能力培养中的优缺点； 2. 布置课外作业。	明确课外作业：给出课文标题并简要说明依据；书面完成形容词填空练习。	回顾本课时完成教学目标的得失，提出巩固本课教学的措施。

以上实验表明,英语课堂中培养合作学习教学不仅必须与当代英语语言能力教学密切结合,而且还可与学生思维能力和自主学习能力教学结合。最后在全班学生讨论课文的中心思想与为课文提出新标题时,学生的合作学习能力、思维能力与自主学习精神得到了充分的发挥,为课文标题提出了充满智慧的建议。实验显示,当合作学习能力教学与思维能力和自主学习能力教学结合时,合作学习能力的教学内容更加丰富,并从总体上提高了英语教学的质量与效益。

8.2.3 英语学习能力培养

当代英语教学可通过以下三方面培养学生整体英语学科的学习能力:

(1) 掌握学习与运用英语语言文化知识的基本原则、策略与方法

英语学科教学的主要内容是英语语言文化知识教学与能力培养,因此,英语学科学习能力主要体现在学习英语语言文化知识与运用这些知识的能力两方面。

- **正确认识并掌握英语语言文化知识学习与能力培养的基本原则**

学习英语语言文化知识与培养运用这些知识的能力并非盲目花费大量时间苦读英语,而应正确认识并掌握英语语言文化知识学习与能力培养的基本原则:首先应明确,英语语言知识是英语学习的基础,但它必须运用于实践,从中培养使用语言的能力。换言之,在英语教学中,师生必须增强学习与运用英语语言文化知识的意识,并认识到仅学习而不运用知识是无效的学习,仅关注能力培养,不重视语音、词汇与语法知识,也不可能提高语言能力;其次,无论在英语语言文化知识教学或能力培养中都不应孤立地重视个别语言点或能力项目的教学,而应将每一教学项目与同类相关的项目相联系,使学生理解与记忆个别语言知识与能力项目在整个系统中的地位,并掌握知识与能力完整的体系,才能达到学好英语的目的。

- **增强学习策略意识,掌握整体英语学科的学习策略**

英语教学中"学习策略"的界定为:"学生用以增进他们学习的具体行动、行为、步骤或技巧"(Scarcella & Oxford,1992:63),学习策略影响学生如何选择、获得、组织与整合新信息。学生的学习策略在英语学习中具有战略意义,师生都应重视掌握适合个人的学习策略。

英语教学中可从多方面培养学生的学习策略:首先,师生必须增强学习策略的意识,掌握学习策略的界定,明确学习策略是对学习行动与步骤的总体谋划,而非具体的学习方法;其次,在增强学习策略意识与明确学习策略的意义后,教师应指导学生在学习语音、词汇、语法知识与培养听、说、读、写能力时学习与运用各项知识与能力的学习策略。本书在以上讨论英语语言知识与能力教学时已论及认知、元认知、补偿与社交等学习策略，还将在以下章节中讨论记忆与情感等策略，可供教学时参考。在上述英语学习策略中，对整体学科学习影响最大的是元认知学习策略，即分析自己在语言文化知识、实践能力、情感态度与品格等方面的长短处，在此基础上制订长短期计划；检查与监控学习中出现的问题，及时克服困难；不断调整不适合教学要求的学习计划、步骤或方法；评估学习计划与学习成效，思考继续努力的方向。教师在教学中应做好学生英语学习档案，分析与记录学生学习策略的优缺点，在学期开始时与学生共同制订学习计划，期中交流与检查，期末小结与表扬。师生持之以恒这样做会收到提高英语学习能力的成效。

- **采取科学的学习方法提高英语学习能力**

世上并不存在独一无二的学习英语的好方法。只要以科学的理论与实践为指导，掌握与运用英语语言文化知识学习与能力培养的规律，根据个人学习特点不断探索，就能找到适合个人的英语学习方法。以下三项从实践中总结的英语学习方法可供参考：

➢ **全面掌握单词、词组与短语、句子、语篇等层面上的语言规则与意义**：近年来应用语言学等领域的研究表明，只有从单词、词组与短语、句子、语篇等多个层面上掌握语言规则与意义，才能正确理解与运用英语语言。无论是孤立地记忆单词、词组与句子，或过分强调语篇的重要性，轻视单词、词组与句子的意义都不利于提高英语学习能力；

➢ **理解、记忆与运用是掌握语言文化知识的三步骤**：学习英语的科学步骤是：首先正确理解语言的结构与意义，然后使大脑将其储存于长期记忆中，再通过多种渠道运用所理解的语言文化知识，经过反复多次的理解、记忆与运用的学习过程，每次过程经螺旋式上升才能逐步掌握所学的语言文化知识并提高运用知识的能力；

➢ **通过模仿、练习、应用与内化语言形式表达思想感情**：在汉语环境中学习英语，模仿正确的英语语音语调、词汇与语法形式及其应用是不可避免的。但是，模仿仅为手段，而非学习目的，学习者在利用模仿形式时，仍需表达思想内容。在新知教学中，确定教学目标后，可从模仿与理解语音语调、词汇与语法的形式开始，再通过赋予这些形式思想内容的大量练习逐步内化模仿的形式，运用它们表达思想感情。教师可从两方面指导学生的模仿与应用语言形式：一是在教学中有计划地帮助全体学生采取科学的学习方法；二是指导学生个人采用科学的与适合自己特点的方法。实践表明，加强对学生这些学习方法的具体指导有利于他们掌握英语语言文化知识与提高他们运用英语的能力。

(2) 培养主动、有效输入与输出英语语言的能力

语言文化知识及其规则是实际生活中语言的框架,它只有融入鲜活的语言之中才能发挥作用,英语学习能力最终也体现在能否确切运用真实与鲜活的语言上,因此,在掌握语言文化知识与规则的同时,必须培养有效输入与输出鲜活的语言文化信息的能力,才能达到英语学习的目的。

- 英语语言输入(input)与能力培养

语言输入指语言经各种渠道进入人眼或耳后由大脑加工并储存。语言输入是输出的前提,没有语言输入就不可能掌握语言,因而英语语言输入能力是英语学习能力重要的组成部分。

英国语言学家埃利斯(R. Ellis)提出了对语言输入两方面的基本要求:数量方面,必须保证语言输入中所学语言出现的频率(input frequency),即学生需接触大量语言,输入量越多,收获越大;质量方面,学习者所接触的语言应该是克拉申提出的"可理解的语言输入",即比学习者英语水平略高的语言,使学习者在每次语言输入时有所收获与提高(Ellis,2003:269)。因此,英语教师在教学中应尽量加大英语语言输入与提高其质量,控制语言规则讲解时间,培养学生主动获取语言输入的能力;学生应充分利用课内外语言输入,从中提高整体英语学习能力。

- 英语语言输出(output)与能力培养

语言输出指人们通过说与写表达信息,即产出(produce)语言。埃利斯给出了人们交际活动中从语言输入到输出过程的模式是:"语言输入(input)→吸收(intake)→掌握知识(knowledge)→语言输出(output)"(Bahrani & Nekoueizadeh,2014:3)。可见,语言输出是输入的目的之一,语言输出能力就是实际运用语言的能力,它又反过来巩固了语言输入。因此,语言输出与输入相辅相成,构成了语言学习两个不可分割的整体。

学生英语语言输出有两种情况:一是课内外学习与练习,如口语教学中的问答、对话、造句、句型操练与写作教学中的书面问答、作文等;另一种是在真实情景中运用英语。无论在哪种情况下,教师都应根据语言输入与输出的规律和学习者的水平进行教学。

- 英语语言输入与输出能力相结合与互动的教学

在进行听、说、读、写能力教学中,如认识到语言输入与输出的关系并掌握其教学原则,就能将四种能力有机结合,克服孤立进行一种能力教学的偏颇,有效提高学生的英语学习能力。

长期以来,英语能力教学并未关注语言输入与输出结合对学生实践能力的重要作用。实际上,英语语言输入与输出互相关联主要是由于两者之间存在密切的互动:当甲、乙双方使用语言进行交际活动时,甲方的输出即为乙方的输入,乙方将输入加工后的输出又成为甲方的输入,双方语言输入与输出内容相互衔接并产生互动构成了语言意义的交流,语言输入与输出的互动带来了语言交流质量的提升,对于提高学生英语语言水平有着积极的作用(Long,1996)。基于这一认识,近年来英语教学中出现了加强语言输入与输出结合的教学,听、说、读、写各种形式的结合促进了语言输入与输出的连接与互动,十分有利于全面提高学生英语水平。

(3) 有效增强英语学习中的记忆能力

记忆是掌握知识的必要条件,在 EFL 环境中学习全新与大量的英语文化知识更需具有较强的记忆力。由于记忆英语不同于一般知识的记忆,学习者必须根据记忆运作过程与形式、英语学习中记忆的特征与个人特点等因素培养记忆英语的能力,才能取得成效。

- 记忆的界定

心理学教授斯皮尔(N. Spear)与里乔(D. C. Riccio)概括了"记忆"三方面的界定:记忆是保存信息的场所;记忆持有经验的条目,它是人们经历事件与感知事物在人脑中留下的痕迹,故记忆是脑力的表征;据此,记忆是用以获得、储存与提取一切信息的心理过程。整个记忆的过程是以特定方式利用信息的行动,它使现有信息备以后用,或使它们加入当前加工的信息流中(Spear & Riccio, 1994)。这三方面的含义全面总结了有关"记忆"界定的讨论。为了探讨英语学习中的记忆能力,还需认识记忆过程中的三个阶段与记忆运作的三种形式:

- 记忆运作过程中的三个阶段

1963年,实验心理学家梅尔顿(A. W. Melton)提出了记忆心理过程的三个阶段:

➢ 第一阶段为编码(encoding),即获取信息、开始加工与连接所有信息的阶段,期间声音、形象(实物、图画等)能唤起人们的注意,它们与意义的结合使人们能够理解信息;

> **第二阶段为储存(storage)**，这是创造信息永久保存的过程。人脑有一个整体信息结构系统，在理解信息意义后，该系统就将接收的信息列入某一部位。此时它有一定的储存信息容量与时间，任何环节出现问题，储存阶段就不能完成，信息就会消失；

> **第三阶段为提取(retrieval)**，即通过回忆找出已储存的信息以便运用的过程。如前两个阶段进展顺利，就能提取信息。如提取信息遇到困难，就需寻找相关线索，如声音或形象的刺激物，进而找到所需信息(Melton, 1963)。

以上记忆运作过程的三个阶段互相关联并密不可分，第一阶段是第二阶段的前提，也是第三阶段提取的依据。每一阶段都你中有我、我中有你，三个阶段形成一个记忆的整体。

- 记忆运作的三种形式

1968年，美国心理学教授阿特金森(R. C. Atkinsen)与希夫林(R. R. Shiffrin)提出了三种记忆形式模式(The Atkinsen-Shiffrin Model)，具体揭示了记忆的基本规律与过程：

> **感知记忆(sensory memory)**：人脑最初的记忆过程"编码"产生前，外界已出现了形象、声音、气味与味道等刺激物，有一些会通过人脑的自觉注意转化为感知记忆，并传递至下一步的短期记忆；另一些未被注意的刺激物由于不断重复，也会被人的感觉器官接收，产生感知记忆。然而，感知记忆历时极短，人脑对一项刺激物感知的时间只有约 $1/5-1/2$ 秒，如未能及时传递至短时记忆，它就会稍纵即逝。

> **短时记忆(short-term memory)**：感知记忆进入短时记忆后，就开始了编码、储存与提取的运作，成为记忆的核心部分。每一项目短时记忆的时间为 20—30 秒；但短时记忆的容量比感知记忆小得多，其容量为 $7+/-2$ 个(5—9)个组块(chunk)，如在一系列数字组块中，短时记忆大约为 5—9 个数字(Miller, 1956)，因而一般电话号码就在这个区间内。但在实际生活中，人脑短时记忆往往更短。2001年，美国心理学家考恩(N. Cowan)发现，短时记忆仅为 $4+/-1$(3—5)个组块(Cowan, 2001)。

短时记忆的主要功能是接收与加工听觉、视觉与词语的信息，在迅速编码与储存后传递至长时记忆。但如加工遇阻、时间过长或受到干扰，短时记忆即消失。

> **长时记忆(long-term memory)**：长时记忆在时间、容量与功能等方面相当于一台电脑的硬盘，可以长期保存与经常反复提取；其功能是对短时记忆传递的信息进一

步编码与储存,特别是明确听觉与视觉信息的意义与方位,以便随时准确地提取;更重要的是,长时记忆是一个复杂的神经网络,其形成和变化都与人脑神经元之间的活动与连接密切相关,神经元之间不断被连接活动所激活,使长时记忆能长期完成其编码、储存与提取的功能,这正是短时记忆所缺乏的重要生理机制。

长时记忆有外显与内隐两类:外显记忆(explicit memory)是有意识地通过努力记住事物,它需要人们经历过(通常为学习)才能获得与巩固。外显记忆又可分为两类:一类是对事件或经验的记忆,另一类是对语义或概念的记忆,两类都是学习时必须具备的记忆;内隐记忆(implicit memory)指无意识、通过多次反复行动形成自动的记忆,它产生于过去经验的积累。

感知、短时与长时记忆均影响英语学习成效,为了提高英语学习能力,应培养这三方面记忆。

> **记忆的遗忘**:随着时间的推移,长时记忆会出现遗忘现象,究其原因,一是记忆力衰退,即记忆能力得不到重复时会下降;二是受到了干扰,即人脑接收了大量新信息,取代了旧信息;三是记忆编码不够扎实,信息加工不到位,造成提取困难。因此,减少遗忘率是提高记忆力不可或缺的部分。

1885年,德国心理学家埃宾浩斯(H. Ebbinghaus)从无意义音节记忆的实验中总结了遗忘曲线(forgetting curve),指出了遗忘的规律:遗忘的进程是先快后慢,人脑得到的信息在一小时后只能记忆44.2%,即很快就会遗忘一半以上。如不复习,一天后记忆再减少至33.7%,六天后仅能记忆25.4%,即遗忘了原信息的3/4(Snasta(from Elearning Council),2010)。同时,大量实验还表明,短时间内重复多次记忆的效果远差于长期分散的重复记忆,例如,一天重复20次不如一周重复10次的效果好。在此基础上产生了"间隔重复(spaced repetition)"的记忆法,即有计划地间隔记忆的时间,通过长期反复记忆加强记忆,如一天内进行复习,就能记忆原信息的80%,两天内再复习一次,能记忆85%,三天内再复习一次,就几乎能全部记忆原信息(Britton, 2016)。这些科学实验结果说明,学习新知识后需立即复习,以后还必须经常复习,才能保持长时记忆。

- **英语学习中记忆能力的培养**

英语学习中的记忆能力是记忆的一般规律在英语学习中的体现,因此,培养学生学习英语的记忆能力既应遵循一般记忆的规律,也需符合英语语言学习的特点。

> **感知记忆与外显记忆相结合,掌握英语语言的音、形、义,并加以运用**:以上提及,人脑的记忆起始于对视、听、嗅、味与触觉等感知的记忆,对语言的感知主要通过听觉与视觉进行,此时感知记忆接收的对象是英语语音与文字形象,但只有当这些音和形具有意义并为记忆者理解时,它们才能被完全接收,最后储存于长期记忆网络中,因此,掌握英语单词、词组与句子的音、形、义就是记忆英语语言的基本要领,如再反复运用,则能加深记忆。

> **单项与整体系统记忆相结合,建立、巩固与拓展长期记忆网络**:长期记忆是一个整体的信息系统网络,其结构越严密与完整,储存与提取就越顺利与快捷,因此,英语学习从一开始就应逐步构建长期记忆的网络,在学习中将需储存的英语知识分成语音、词汇、语法、文化等大项,再在大项下设立小项,并将记忆网络写在笔记本上,在课内外学习小项时将其对号入座。在学习新项目时,按其特征在网络中增添一类,使网络得到充实。

> **培养联想、概括特点与多次复习等科学的记忆方法**:"联想"是学习与记忆知识常用的记忆方法。近年来的脑神经科学与心理学研究表明,联想方法的生理机制来自结构为外显记忆的"联想记忆(associative memory)",它是由于重要的生物信息聚合后推动了脑神经的可塑性而形成的(Fanselow & Poulos, 2004)。

英语学习中的联想方法有三类:一是新旧概念与知识的联想,即通过已知信息引导出相关的新信息;二是意义联想,通过对同类的英语语言文化项目内容的联想,如词汇中的同义词、反义词联想与同一专题的中外文化对比等,都可更好地理解与记忆这些知识;三是语言形式的联想:在学习者根据语言规则认识一个新语言项目后,联想到相关的已知项目之意义。

"概括"指通过分析与综合将多种事物概括成共同特点,是记忆的重要方法。由于人脑有一个储存大量信息的长期记忆网络,科学地组织该网络是有效提高记忆能力的基础。在英语学习中,需要记忆的语言与文化知识极多,使用概括的方法归纳各大项中具有共同特点的小项,再分析小项与大项关系,概括的条理越清楚,提取信息的速度越快,准确度也越高。

"多次复习"是培养记忆能力必不可少的方法,因为大脑神经元之间不断被连接活动所激活,留下记忆痕迹,该痕迹重复次数越多,记忆功能就越强。但是,多次复习应建立在记忆规律的基础上,根据记忆与遗忘的科学依据采取正确的复习方法:不断加深对语言的理解,并灵活运用记忆内容,就能加强记忆与减少遗忘。1967年,应用语言学家平斯卢尔(P. Pimsleur)根据"间隔记忆"原则提出了英语语言小项目记忆日程表(memory schedule),以5秒为基数,间隔时间为5的平方数:即5秒、25秒、2分钟、10分钟、1小时、5小时、1天、5天、25天、4个月、2年,共复习11次可达到复习目的。此后多位研究者进行了各种实验,认为英语语言项目(如词汇)复习至少需7次,或需10—20次不等,疑难或容易项目复习间隔时间与频率需根据具体项目而定,这些数据为英语教学中师生复习英语的时间提供了基本依据。

8.3 英语教学中情感与品格的培养

进入21世纪后,随着全球化巨变与英语教学迅速发展,应用语言学界加强了研究英语教学中的情感因素(the affective factor),目的是唤起英语教学界重视学生在社会变化中出现的多种情感等心理因素,提高英语教学质量。在国内,时代对新型人才提出了更高的要求,英语教学中情感与品格的教学目标不仅是提高教学质量,而且已提升至培养新型人才的高度。我国英语教学中情感与品格教学不同于国外的教学,应引起师生的关注与深入探讨。

8.3.1 学习动力、自信与兴趣培养

英语教学界对学生学习中情感因素的讨论主要集中在学习动力、自信与兴趣等方面的教学。

(1) "学习动力(motivation)"的教学

英语教学领域探讨学习动力始于20世纪50年代末,多项研究结果表明,学习动力是在一定目的与愿望驱使下产生的激励自觉学习的推动力,它是情感教学中最重要的因素。

国际上英语教学中学习动力理论与实践的讨论深受心理学影响,它跟随着心理学领域学习动力研究的发展经历了三个阶段,从宏观研究逐渐走向微观研究:

- **20世纪50年代末至90年代是英语学习动力研究的起始阶段。**受"社会心理学"影响,这时集中研究了学生在一定社会环境中学习英语的态度与动力的关系,其中最重要的研究成果是加拿大心理学家加德纳(R. C. Gardner)与兰伯特(W. E.

Lambert)1959年与1972年提出的英语学习动力的社会心理学模式。他们认为,有些英语L2学习者的动力表现为"工具观(instrumental orientation)",学习目的是掌握阅读或翻译的工具;另一些人的学习动力是融入L2社会,被称为"综合观(integrative orientation)"。根据研究结果,持综合观的学生比持工具观的学生学习态度更积极,学习成效更好(Gardner & Lambert, 1972)。

- **20世纪90年代是"认知情境"时代**,此时认知心理学观点将英语学习动力的研究从分析学生的学习态度深入至认知特质、过程与经验,并使英语学习动力总体研究发展至具体个体研究。如英籍匈牙利心理语言学家多尼(Z. Dornyei)建议英语学习动力的内涵分为三个层次:一是语言层次,包括加德纳与兰伯特提出的概念;二是学习者特点与学习动力的认知过程;三是环境与情境层次,包括教师、课程与学生集体对个人学习动力产生的影响等。

但是,90年代最引人注目的是有关学习"内动力(intrinsic motivation)"与"外动力(extrinsic motivation)"的热议。20世纪70—80年代美国心理学教授德西(E. L. Deci)与瑞安(R. M. Ryan)提出了"自我决断论(Self-Determination Theory)",剖析了生活中面临问题时的自我选择与决策,并深入阐述了内动力与外动力概念及其重要性:内动力指发自个人内心的驱动力;外动力指来自外部对个人行动的推动力或压力(Deci, 1975; Deci & Ryan, 1985)。内动力是在生活中自动产生与最常见的动力,它体现了人们的能力。然而,内动力也受到外部世界推动力的影响与社会准则的制约。但当人们能够内化外来的推动力并将它与内动力相结合时,内动力就会得到加强。显然,这时的学习动力观较社会心理学动力观前进了一步。

- **21世纪开始了"过程导向"时代**,英语学习动力研究开始重视学习动力形成与发展的过程,关注学生学习过程中愿望、意向与决策的经验。多尼与奥托(I. Otto)指出,以往的研究未能系统阐明学习动力如何在课堂里影响英语学习过程,没有说明学习目的对动力的指引作用,也未揭示学习动力能动与变化的特征。他们提出了学习动力的行动模式,将学习动力分为三阶段"行动顺序(action sequence)":行动前阶段(pre-actional period),开始教学前先产生行动意愿、希望与预估会出现的机会;行动中阶段(actional period),启动与执行教学任务;行动后阶段(post-actional period),评估完成教学任务结果。在三个阶段中,学习动力都发挥具体的推动作用(Dornyei & Otto, 1998)。此后在"过程导向"理论基础上,英语学习动力的研究更重视动力能动性,研究内容更加联系课堂教学实际,推动了学习动力研究的进一步发展。

(2) 自信(self-confidence)与兴趣(interest)的培养

在英语教学中,与学习动力关系最密切的情感因素是学生的自信和兴趣,它们能与学习动力互动:前者能导致与推动后者,而后者又可反过来提高前者,这两种情感因素紧密结合,构成了英语学习能力重要的组成部分。

● **自信**:自信是个体在自我理解基础上确认自我价值与能力的心理特征,即对自己的判断与完成任务的能力具有信心。该任务可以是英语学习,也可为日常生活中个人需要处理的事情,建立在科学认知基础上的自信能推动任务的完成;相反的,缺乏这样的自信就会导致失败。实践表明,自信不仅能激励与提高学生使用语言进行交际的愿望,而且与学生的英语水平呈正相关。

● **兴趣**:英语教学领域通常认为,兴趣有两类:一是在某个特定情境中被某事或某物吸引而产生的注意与情感,这类兴趣较短暂,被称为"情境兴趣(situational interest)";另一类是对某物的注意发展成长久的爱好与探索,这类兴趣较稳定,被称为"个人兴趣(personal interest/individual interest)"(Krapp et al., 1992)。情境兴趣与个人兴趣密切关联,没有前者就不可能产生后者;没有后者,前者就会消失。

心理学家海迪(S. Hidi)与伦宁格(K. A. Renninger)在大量实验后提出了建立在情感与认知两因素基础上的"四阶段兴趣发展模式(the four-phase model of interest development)":在第一阶段,学生处于被激发的情境兴趣(triggered situational interest)状态,一旦失去外界支持,兴趣就可能消失;第二阶段目的为维持情境兴趣(maintained situational interest),在激发了学生的情境兴趣后,教师给出有意义的教学活动并指导学生参与其中,便能使他们保持对信息的兴趣。如不能做到,就不能进入下阶段;第三阶段为出现个人兴趣(emerging individual interest)时期,学生开始认识兴趣价值,此时教师需提供更多的支持与机会巩固学生的兴趣,否则仍可能不能进入下一阶段;在第四阶段中,学生处于已发展的个人兴趣(developed individual interest)时期,学生对信息的感觉更加积极,更加认识了兴趣价值,会自觉寻求外来的支持并从中获益,因而能持续保持兴趣(Hidi & Renninger, 2006)。

"生命·实践"教育学"新基础教育"英语教学团队根据我国国情与"生命·实践"教育学理论,参考国外经验,进行了学生学习动力、自信与兴趣的教学实验与实践。在学习动力教学中遵循的原则是:以时代对新型人才的需要为客观外动力,激励学生为振兴中华而学习,加上鼓励学生为个人生命成长、了解新知与培养能力的努力,产生强大的学习英语的内动力,与国外社会心理学派所赞赏的"为了融入英语社会的内动力"

截然不同;在鼓励自信的教学中,团队分析了学生的特点,主要是遇到较难的英语语言项目时需要增强自信心。因此,在与学生共同明确教学目标后,引导他们将教学内容与自身实际经验相结合,并指导他们认真学习他人从经验中总结的知识,采取鼓励的教学策略,支持学生从学习与运用新知中增强自信。通过多年努力,学生逐步提高了学习英语的自信心;在进行学习兴趣的教学中,明确培养兴趣的教学目标主要是激发学习热情,促进生命主动健康成长,而非简单地取乐。据此,在新授课的导入与复习课的模拟和角色扮演等教学中,密切结合学生实际生活与兴趣爱好,以学生关心和熟悉的主题与喜闻乐见的事项为教学内容,并使新鲜的教学内容与发展正能量精神和促进思维活动相结合,给出需要运用集体智慧才能解决问题的练习与活动,为培养学生长期学习英语的兴趣打好基础。

8.3.2 语言文化鉴赏与审美能力培养

进入21世纪后,随着时代对新型人才要求的提升,对于含有大量外国语言文化的英语教学来说,培养基本的语言文化鉴赏与审美能力已成为英语学习能力必不可少的组成部分。

(1) 语言文化鉴赏与审美能力的教学目标与内容

英语教学中培养语言文化鉴赏与审美能力的教学既具有学校美育教学目标的基本内容,又体现了英语教学的特点。学校美育教学的任务是传授美学知识,培养感知美、鉴赏美、创造美的能力(顾明远,1998),通过美育教学,使学生增强人生正能量,提高认知水平,发展高尚的道德情操,培育优良的品格与素养,这是英语教学培养语言与文化鉴赏与审美能力的总体目标。

对语言文化的鉴赏与审美,包括感知、鉴别、欣赏与创造等方面。鉴赏与审美的内容不仅包括认识语言文化的外部形状与特点,更重要的是理解其内在的深刻含义,培养学生从理论上客观地评估美的能力,并将这种能力内化至自身的素养与情操之中,在此基础上创造美。在有限的学生时代,培养辨别真伪、善恶、美丑的基本能力,为终身学习奠定基础。

- **感知、认识与体验自然美、社会美与艺术美**

英语教学中语言、文学与文化涉及的美主要可归纳为自然美、社会美与艺术美。自然界中存在着大量美的因素与现象;从古至今的人类社会出现过世界各地的民族、社会、社区的政治、经济与文化活动;人类创造的文学、艺术、音乐、戏剧与建筑等都构成了英语教学内容。在英语教学中,应培养学生感知、认识与体验其中的自然美、社会美与艺术美,提升自身的审美能力。

- 取其精华,去其糟粕,培养正确的鉴赏与审美能力

无论在自然界、社会与艺术领域中都不乏鱼目混珠,不能照单全收。为了感知、认识与体验真正健康的自然美、社会美与艺术美,在理解自然、社会与文学作品的基础上,应指导学生学会对其进行分析与评价,作出正确的判断,取其精华,去其糟粕,欣赏与品味其中美的含义,这就需要指导学生掌握真、善、美的标准,认识"美"的基本准则是科学地认识世界、激发正能量、促进社会和谐发展与产生健康的感知美,伪科学、负能量、违反社会公德与道德低下和品位低俗的现象、人物和事物不应出现在学习与鉴赏美的教学中,除非选择个别实例作为反面教材。在此前提下,可从不同角度或以不同观点对各种美的特质作出评价,提升鉴赏与审美能力。

- 学习、感知与理解英语语言、文学与文化美

英语教学中的美育教学应与英语语言教学结合成一体,学习英语语言、文学与文化之美实质上是进一步认识英语内在的特质。就语言而言,英语语音有抑扬或扬抑规律性的节奏,语调有升降调变化,能产生独特的乐感,英语词汇十分生动多样,英语语法又呈现出逻辑简洁明了的优点,通过学习与运用英语语音、词汇与语法不仅能体验语言文字的美,而且能感受语言内容的美;就文学而言,以英语表达的文学拥有许多脍炙人口的作品,其中被选为英语教材的代表作往往体现了人类对自然的热爱、奋发上进的精神、高尚的情操与艺术美;在社会文化方面,使用英语多民族的文化体现了民族精神的精华与生活的多姿多彩。因此,在英语教学中,有必要也有可能培养感知英语语言形式与意义的美感,并以正确的标准欣赏其自然美、社会美与艺术美。

(2) 语言文化鉴赏与审美能力的教学步骤与方法

根据学生年龄与英语学习各个阶段的特点,英语教学中基本鉴赏与审美能力的教学要求与步骤有所不同:英语学习初级阶段,鉴赏与审美对象主要是自然美、社会美与艺术美外在与具体的表现形式,适当加入一些适合学生水平的内在美;随着年龄的增长与英语学习提升至中、高级阶段,可逐步增加内涵较深的抽象的内在美教学,具体实施时可采取以下步骤与方法:

- 发现与注意英语教学内容中的自然美、社会美或艺术美

很多学生进入英语课堂时仅关注英语语言与文字的形式与意义,很少注意其中的美,教学中就需要指导学生感知与认识英语学习中的自然美、社会美或艺术美。为达

此目的,首先应帮助学生发现并注意英语中存在的美。例如,在语音教学中,可引导学生发现与注意英语语音语调节奏产生的美感,并感受到常犯的错误如何使英语语音失去了美,进而克服自己不正确的语音语调;在词汇教学中,除了帮助学生发现课文中的语言美外,在解释词义与练习中都能通过图片、视频和音乐加入美的因素,改变过去单调地跟教师朗读单词的做法,而发现与注意了英语的美后又能加深对语义的记忆与理解,有助于实现审美与认知两方面的教学目标。

- 感知、认识与体验所发现的外在美与内在美

在发现与注意英语学习中美的基础上,可采取多种方法引导学生感知、认识与体验其中的外在美与内在美,否则发现与注意到的美不会留下深刻的印象,甚至会遗忘。首先,应结合教学内容利用实物、网络、媒体、软件与电影等手段,选取健康与优美的物件、自然景象、艺术品、音乐与影视中的素材进行教学,组织学生学唱英语歌曲与背诵儿歌或诗歌,通过视觉、听觉、触觉等感觉器官感知融入英语语言的美;其次,应灵活运用多种方法进行教学,如指导与带领学生表情朗读体现美的英语课文,当教学内容与自然景象相关时,可偶尔在校园上课,体验英语表达的自然美等。此外,采取"拟人法"也不失为认识与体验英语语言美可取的方法:在英语学习初级阶段教学中,可指导学生将自己比拟为可爱的植物或动物等,在中级阶段,可将自己比拟为自然现象或宇宙中的事物(如月亮、太阳),运用已学英语描绘与赞美自己的特点,体验其中语言的美,比发现与注意美深入了一步,也是英语教学中培养鉴赏与审美能力重要的一步。

- 理解与创造语言美

在感知、认识与体验美的基础上,再加深理解美的含义进而创造语言美,就能在实践中进一步提高鉴赏美与审美能力。培养学生理解与创造语言美可使用口语与书面语两种形式:使用口语时,可鼓励学生在造句、回答开放式问题、完成对话、角色扮演与模拟等教学中发挥创造性,给出美的语言,教师应指导、改正或建议学生使用更恰当与优美的英语,提高语言美的质量;使用书面语时,可通过学生书面回答问题与写作文等方式培养创造语言美的能力。由于学生写作时一般仅注意语篇结构与用词造句,较少考虑语言美,教师可提供简短的英语范文作为示范,让学生先阅读范文,学习其中的语言美,然后自己创造语言美。教师批阅书面作业后,应对学生的作业进行讲评,分析学生作业中创造美的优缺点,帮助他们在实践中不断提高鉴赏与审美能力。

8.3.3 勤奋、勇于实践与坚韧不拔精神培养

新时代的新型人才必须具备符合时代需要的素养与品格。英语学科为培养优良品格提供了条件,学习英语应能培养与学科密切相关的品格。实践表明,在英语教学中培养勤奋、勇于实践与坚韧精神不仅能提高英语学习能力,而且能培养优良的品格,促进生命主动、健康地成长。

(1) 勤奋精神的培养

如果说学习任何学科都需具备勤奋精神,那么,由于英语学习是在学习资源相对较少的非英语环境中进行的,勤奋便成为英语学习成败最重要的因素之一。可以毫不夸张地说,在 EFL 环境中,不具备勤奋精神是不可能学好英语的。培养勤奋学习精神可从以下几方面努力:

- **明确英语学习目的与每阶段学习目标**

勤奋学习不是人类本能的行为,它必须具有推动力,经外部环境的驱动与人们内在的主观努力才能形成勤奋精神。实践表明,具有明确的学习目的是驱使人们奋发学习的重要动力,因此,在英语教学中培养勤奋精神时,首先应树立明确的学习目的。学生个人的学习目的各不相同,可由他们在教师个别指导下确定;教师的主要工作是使全体学生明确,他们共同的学习目的是培养自己成为符合新时代需要的新型人才,并清晰地认识到,当他们完成学业走向社会时,全球化与高科技的迅猛发展必然要求他们使用英语获取更多信息,只有在学生时代打好英语学习的基础,才能在未来的工作岗位上为振兴中华的宏伟事业作出贡献。学生们树立了高瞻远瞩的学习目的就能产生强大的内动力,养成勤奋的习惯,使勤奋精神伴随终身学习。

- **掌握恰当学习策略与方法,保持与发扬勤奋精神**

勤奋学习绝不等同于加班加点。只有苦干加巧干,勤奋精神才能持续,勤奋学习才能产生应有的效益。因此,学生需掌握学习英语的一般策略与方法,并找到适合自己的策略与方法。

学习英语的一般策略与方法是:全神贯注,调动大脑与感觉器官的能动性,勤于动脑、动眼、动耳与动手,通过反复练习掌握语音、词汇与语法规则,并不间断地将规则运用于实践,坚持采取这样的学习策略与方法,就能从中培养勤奋学习精神。与此同时,教师应帮助学生分析自己英语学习的风格,以发扬优点与克服缺点。如外向型学生需发扬大胆实践的优点,但要加强思考能力的培养;内向型学生要克服英语学习中胆怯与腼腆的缺点等。当学生们基本上掌握了英语学习的一般策略与方法,再结合自己的

特点学习英语,就能保持与发扬勤奋学习的精神。

- 培养班级集体勤奋学习的学风

班级勤奋学习的学风是培育勤奋精神的土壤。一方面,集体勤奋学风的环境由个人的勤奋精神所组成;另一方面,集体勤奋学风的环境又能培育与激励个人的勤奋精神,一个具有勤奋学风的集体能感染与推动个人奋勇前行,缺乏勤奋学风的环境往往是滋生个人懈怠的温床。因此,在英语教学中,教师不仅应培养学生个人的勤奋精神,而且需带领学生形成班级集体勤奋学习的学风:无论在知识教学或能力培养中,教师都必须严格要求学生勤学苦练,达到准确度与流利度的标准,为了形成优良学风,师生都要作长期艰苦的努力。当然,勤奋学风应该始终存在于积极与愉悦的氛围中,教师应鼓励学生勤奋学习,热情帮助不努力的学生改变学习态度,表扬原来基础较差但经勤奋学习取得进步的学生,使愉悦氛围中的勤奋学习在整个集体中蔚然成风。

(2) 勇于实践精神的培养

学习任何学科都需要具有勇于实践的精神,但由于英语学习是不断学习英语语言知识并将其运用于实践的过程,勇于实践精神对英语学习具有更加重要的意义。

- 英语学习中勇于实践精神的必要性

英语是一门实践性非常强的学科,它与其他实践性较强的学科不同:英语学习是在非本族语的环境中进行的,学生实践的客观条件相对比较困难,需要具有更强的克服困难的主动性。而且,由于英语学习中的实践活动需要开口说英语,语音语调或用词时常不完美,有时还会闹出笑话,使说话人非常难堪,甚至产生焦虑等心理压力。如果缺乏应有的勇气,就会放弃实践,降低学习质量与水平。故此,培养学生勇于实践的精神已成为英语教师们普遍关注的课题。

- 营造勇于实践与互相尊重的课堂氛围,制止嘲笑等负面行为

为了使学生们在英语学习中勇于实践,教师需引导他们了解实践是英语学习的必要手段,并始终爱护学生实践的积极性,将严格要求与鼓励进步结合,与学生共同营造勇于实践的课堂氛围,教学内容较难时,应采取适合学生水平与激发他们兴趣的教学方法,促进英语实践活动。

课堂教学中互相尊重是学生应该具备的优良品质,也是英语教学中集体勇于实践的催化剂。教师应培养学生互相尊重与赞赏的品德,防止产生嘲笑同学等不良行为。

- 正确认识与处理学生在英语实践活动中产生的语言错误

在英语教学中,为了培养学生勇于实践的精神,教师应采取科学的教学理念、态度

与方法认识与处理学生的英语语言错误。有的教师教学认真负责,但不能容忍学生犯英语语言错误,学生出现任何错误都立即打断并加以纠正,导致学生因害怕犯语言错误而放弃实践机会。事实上,每个人,包括教师自己,都会在学习英语时犯语言错误,因此,当发现学生在实践中产生语言错误时,应待他说完或写完后再分析错误的性质。如果是影响意义的错误,或是学生普遍易犯的错误,就应指出错误所在,并带领全班改正错误;如果是由于粗枝大叶而犯的小错,只需点一下,让学生自己改正错误,他们改正错误后应给予肯定,以保护他们勇于实践的积极性。实践表明,正确认识与处理学生英语学习中的语言错误对培养学生勇于实践的精神起着至关重要的作用。

(3) 坚韧不拔精神的培养

"坚韧"意为:坚固有韧性(中国社会科学院语言研究所词典编辑室,1983:548)。在英语学习中,坚韧意味着坚持奋进,始终具备胜不骄、败不馁与持之以恒的精神。

● **英语学习中坚韧不拔精神的重要性**

学生们从小学到大学学习英语十余年,有些人走上工作岗位后,还需继续学习与查阅英语资料。如此长期在非本族语条件下学习英语与培养相应的能力,没有坚韧不拔的精神就不能取得成效。人们注意到,在一些地区,小学生学习英语的积极性较高,成绩也不错;中学时代,英语学习的难度加大,学生学习英语的成效有所下降;到了大学时代,英语学习成绩两极分化十分明显,部分学生产生了焦虑情绪,这一现象充分说明了英语教学中培养学生持之以恒精神之重要。

再则,学习英语需要反复接触语言素材与开展大量实践活动,但在非本族语环境中创造这样的条件受到一定的限制,这就加大了遗忘与使用语言时产生错误的概率,学生们经常会遇到测验、考试、表演或竞赛的失误,产生了失落情绪。这时,英语教师应帮助学生了解,在学习英语的过程中失误是经常发生的,失败是一种考验,只要具备承受失败的能力,以不怕困难的韧劲找到失败的根源,克服失误中暴露的弱点,继续努力向前,最终就能学好英语。

● **培养专注于英语学习的毅力,不断克服学习中遇到的困难**

坚强的毅力,即意志力,是坚韧不拔精神的精髓,在英语教学中应致力于培养学生的毅力。首先,与培养勤奋精神一样,必须明确英语学习目标,并以此作为学习的基本动力。教师要帮助学生立足于全国与世界的远大格局,以振兴中华的学习目标激励自己,以新时代需要的新型人才之标准要求自己,培养专注于英语学习的毅力;其次,教师应指导学生分析英语学习中的优缺点,制订可行的计划,从执行学习计划中培养克服困难的毅力，并以坚强的毅力完成计划；最后，师生应共同努力，培养学生克服疲惫与排除干扰的能力。英语教学中多次反复练习容易产生疲惫，教师除了改进教学策略与方法以减轻学生的疲惫外，还应引导学生认识英语学习的艰苦性。此外，由于近年来上网机会较多，学生会接触网上的英语游戏与娱乐节目，产生对正常学习的干扰，教师应指导学生抵制网上各种消极因素的诱惑，并从中淬炼英语学习的意志力。

- **克服焦虑情绪是培养坚韧不拔精神必要的手段**

焦虑(anxiety)情绪是影响英语学习中坚韧不拔精神的负面因素。20世纪70年代以来的研究表明，至少有1/3学习英语的学生存在不同程度的焦虑情绪，影响了他们坚持学习英语(Horwitz et al., 1986: 125; Horwitz, 2001)，显示了关注焦虑情绪的重要性。

多项英语教学研究显示，在三种情况下学生常产生焦虑：一是课内外使用英语交际时担心不能正确与及时表达意见而感到紧张；二是测验与考试时担心成绩不好而不安；三是等待评估结果时害怕出现负面评估被批评而产生担忧心情(Horwitz et al., 1986)。使用英语进行交际、测验与考试、成绩评估都是英语教学的重要内容，学生此时产生焦虑会影响他们的英语学习，也失去了培养坚韧精神的基础，教师应特别注意防止学生在这些场合产生焦虑情绪。

焦虑情绪最多出现在学习困难的学生之中。因此，在英语课堂教学中，教师既要面向全体学生，更应关心容易产生焦虑情绪的学生。为达此目的，教师需要营造生动与包容的课堂氛围，正确处理严格要求与理解学生困难两者的关系，尊重学生的自尊，鼓励他们的点滴进步。在开展疑难的课堂练习、口语交际与测验、考试、成绩评估等教学活动前，应采取措施消除他们的顾虑；在这些活动中应审慎掌控学生的心理变化，将他们的焦虑消除在萌芽状态；布置课外作业时，坚决反对采用罚抄生词等滋生焦虑的惩罚手段。总之，消除学生的焦虑情绪不仅能克服影响坚忍不拔精神的消极因素，而且有助于促进学生生命主动、健康成长。

结语

通过多年的研究与实践，根据新时代对新型人才的要求、当代英语学科育人价值理论与英语学科的特质，在讨论了英语语言文化知识与听、说、读、写能力培养后，本章将思维能力、学习能力、情感与品格培养列入英语学科育人价值的组成部分，并讨论了其理论与实践。

在英语教学中发展学生的思维能力对于培养时代所需要的新型人才与提高英语水平都至关重要。由于逻辑思维能力是思维能力的基础,创造性与批判性思维能力是最重要的思维能力,本章起始便讨论如何通过发展学生这三方面思维能力达到培养学生综合思维能力之目的。在讨论了上述思维能力的界定与组成部分后,本章探讨了在英语语言文化知识与听、说、读、写能力教学中培养这些思维能力的内容、策略与方法,列举了两个"生命·实践"教育学"新基础教育"英语教学实验教案,探讨在中小学英语课程中培养思维能力的课堂教学。

新时代要求新型人才具有独立自主与合作共事的能力,有效的英语学习也要求具备自主与合作能力,同时具有英语学习特有的能力,因而本章讨论了如何通过培养自主、合作学习与英语学习三方面能力达到育人价值中培养英语学科总体学习能力的目的,列举了"生命·实践"教育学"新基础教育"英语教学培养自主与合作学习能力实验课程教学各一例,体现了实施这两种能力教学的尝试;同样的,由于新时代要求新型人才具有优良素养与品格,本章根据英语学科的特点,讨论了学习动力、自信、兴趣等情感因素教学,并探讨了培养语言文化鉴赏和审美能力与勤奋、勇于实践、坚韧不拔精神等品格教学。

英语学科育人价值是一个全新的课题,本书所讨论的仅为研究与实施英语学科育人价值教学的尝试,更加深入与全面的理论与实践还有待进一步探究。

第 9 章 英语教学手段与技术应用的发展

导言

　　任何课程都需要教学手段的辅助,但对于处在 EFL 环境中的英语教学来说,外语教学极需调动视听等感知器官的能动作用与掌控心理和情感因素,教学手段的重要性更加突出。因此,自早期 EFL 教学起,实物、图表、地图与照片等各种教具就在英语课堂中频繁使用。20 世纪 50—60 年代,以行为主义为理论基础的听说法大力提倡运用教学手段,使传统英语教学手段发展至运用电化教具阶段,课堂教学从使用投影机、录音与录像等设备发展至综合运用电化教具的语言实验室,对提高英语教学质量起了重要作用。

　　60 年代后,计算机辅助语言学习(Computer Assisted Language Learning—CALL)进入课堂,使英语教学手段发生了革命性变化。CALL 的发展经历了行为主义、交际与综合三个阶段,其理论基础从行为主义发展至建构主义与社会认知学。90 年代以来,随着高科技的突飞猛进,多媒体与互联网被广泛采用,促使 CALL 发展至网络提升语言学习(Web-Enhanced Language Learning — WELL)时期,进入了以计算机为中介之交际(Computer-Mediated Communication — CMC)的新阶段。

　　随之而起的是 21 世纪蓬勃发展的英语线上教学。起始于远程教学的英语线上教学,内容十分丰富,学生也能更加主动地学习。但因师生不能如线下课堂教学那样当面即时交流,更加需要关注教学中的师生互动与生生互动,才能保持线上教学的生命力。在实践中诞生的线上与线下融合学习(Blended Learning)吸取了线上与线下两种教学所长,既具有网上丰富的资源,又克服了师生不能面对面即时交流的短板,受到师生们的欢迎。

英语线上教学发展至新冠疫情时期的常规教学后，无论在词汇、语法等语言知识教学或听、说、读、写能力教学方面都取得了长足的进展。本章最后部分以实例具体剖析了英语线上教学在语言知识与能力教学方面的优势与不足之处，从中可以看出，当代英语线上教学手段的特质已超越了以往仅为辅助教学的手段，促使英语教学发生了深刻的变化。

本章提要

9.1 英语教学中传统教学手段的运用
  9.1.1 使用英语教学手段的理论基础
  9.1.2 从使用无声教具到电教设备的运用
  9.1.3 语言实验室的特点与运用
9.2 从计算机辅助语言学习到以计算机为中介之交际
  9.2.1 CALL之发展与CMC之诞生
  9.2.2 短视频、多媒体与线上教学的运用
  9.2.3 英语线上与线下融合学习
9.3 英语线上语言知识教学与能力培养
  9.3.1 英语词汇与语法线上教学
  9.3.2 英语听力与阅读线上教学
  9.3.3 英语口语与写作线上教学

9.1 英语教学中传统教学手段的运用

英语课堂中使用教学手段历史悠久，并采用过多种形式，各种传统教学手段的产生与运用也有一定的科学依据。当前各地各校英语教学情境与条件多种多样，有时仍需使用传统教学手段。因此，在提出英语课堂教学手段的理论基础后，本章将讨论传统英语教学手段，进而探讨当代英语高科技教学手段的应用。

9.1.1 使用英语教学手段的理论基础

教学手段是为达到教学目标而采用各种教具的总称。课堂学习中，学生仅依靠教

师讲解与教材文字的信息远远不够,外语环境中的英语教学利用具体与生动的教学手段提供直观教学资源是必不可少的教学措施,但它运用教学手段有不同于其他学科的理论基础与特点。

(1) 脑神经科学研究成果对使用英语教学手段的支撑

多年来脑神经科学研究成果表明,在大脑吸取的信息中,80%—90%是通过视觉取得的信息(Jensen,2008),储存视觉记忆的容量也相当大,从听觉与其他感知器官获取的信息较少,但听觉记忆也能保存,因此,两者结合后大脑接收信息的效率就大于单独依靠视觉或听觉获取信息,很多英语教学手段中的教具都具有同时提供视觉与听觉信息的长处;在通过视觉获取的信息中,又有图像与文字两类,前者是大脑储存信息原始与本能的方式,大脑加工图像信息比文字信息快得多,有时需要阅读数以千字的事物,只需看一张图像就一目了然。同时,大量心理学实验表明,在教学中,图像与有声语言结合优于仅为有声语言的教学(Clark & Mayer,2011)。英语教学中使用的大部分教具都是有声与无声的图像或动态与静态带有声语言的图像,配合教师的讲解与教材文字的说明,十分有利于提高教学质量。

(2) 应用语言学和第二语言习得的理论基础

应用语言学和第二语言习得为使用英语教学手段提供了理论基础:应用语言学教学理论指出,英语教学必须创设英语语言文化学习环境和学生交际活动的情境。在运用计算机之前,英语教学中利用广播、电影、电视与录像等手段满足这方面教学要求,当前运用多媒体与网络等高科技手段更为学生创造了接近真实的英语语言环境与情景;第二语言习得理论认为,大量可理解的语言输入是学好第二语言的必要条件。教师与教材给予学生的语言输入非常有限,使用英语教学手段能为学生提供大量鲜活的英语语言输入。因此,以应用语言学和第二语言习得理论为基础的英语语言知识文化教学与能力培养都需要运用教学手段,如语音教学必须运用录音设备,词汇与语法教学使用语言实验室与计算机能大力提高教学效益,英语听、说、读、写能力培养更需利用录像、影视与网络等手段,因此,运用英语教学手段的过程也是实施应用语言学和第二语言习得有关英语知识教学与能力培养理论的组成部分。

(3) 心理学理论基础

运用英语教学手段还得到心理学理论的支持:本书第 8 章讨论英语学习能力时提及,心理学实验表明,认识与学习新知起始于通过视觉与听觉等感知器官记忆信息的感知记忆,它是短期与长期记忆的第一步,也是掌握英语语言文化知识与培养能力的基础；另一方面，为了降低记忆的遗忘率，必须反复巩固已掌握的知识与能力。在英语教学中，无论是需要加强感知记忆或克服遗忘现象，使用教学手段都是必不可少的教学措施；同时，以心理学为理论基础的情感因素是英语教学育人价值的组成部分，在学习动力、自信与兴趣等情感因素的教学中，没有图画、视频、影视等教学手段的支撑难以达到教学目标。

  脑神经科学、应用语言学、第二语言习得理论、心理学为使用英语教学手段提供了坚实的理论依据，数百年来，促使英语教学手段随着科学技术的发展不断更新。

9.1.2　从使用无声教具到电教设备的运用

  自传统英语教学时期起，教师使用的教具就非常多，教学手段从黑板、实物、图画等无声教具发展至广播、录音、电影、电视与录像等电教设备，运用教学手段取得了可观的进展。

(1) 黑板、实物、图表与照片等无声教具的运用

  在传统英语教学时期，黑板与粉笔是最早与最常使用的教具。英语教学中教师利用黑板与学生上黑板书写的频率都比其他学科高，形式也很规范与多样；教师备课时即确定在黑板上出现文字或图画的时机，板书必须正规化，以示范标准书法；除了大黑板外，还将突出的教学要点写在小黑板上，吸引学生注意；小组竞赛时常让学生分别上黑板写出答案供全班检查成绩，这些都是利用教具达到教学目标与即时检查教学效果可取的方法，因而流传至今。

  除了黑板与粉笔外，实物、图画与照片也是传统英语教学中常用的教具。实物可以是真实的物件，也可为模型等模拟物品；图表包括图片绘画、地图与表格等；照片的特点是真实与灵活多样，有时教师自己摄影，比找寻合适的图画或请人绘画更加省时。使用这些教具的准则是它们必须为教学目标服务，同时也应清晰美观与一目了然，才能达到使用教具的目的。

  教学中运用实物、图画与照片的长处是直观性强，能迅速简明地帮助学生理解英语语言文化的意义，并直接刺激感知器官，促使感知记忆转向短期与长期记忆。更重要的是，使用实物、图画与照片可以使学生不用汉语翻译，直接理解学习对象英语的意义，有利于英语思维活动的连贯性，至今仍常运用于英语教学中。但是，这些教具也有局限性，即作为无声与静态的教具，它们主要的功能是使学生视觉感官接收物体形象，需要教师给予有声语言与文字，才能促使学生同时运用视觉与听觉器官接收信息，转入脑神经后达到掌握语言音、形、义的目的。由于无声与静态教具不能表达复杂的内容,其生动性也有限,较多用于单项语言文化教学项目之中。

(2) 幻灯、广播、录音等静态电教设备的运用

幻灯片是英语教学中最早使用的电化教具之一。幻灯技术诞生于17世纪,自20世纪起,照相技术的发展推动了幻灯片的使用,英语教学中运用幻灯作为教具逐渐增多。幻灯机能将单个的图片与有声文字连贯成有主题的长篇语篇,无论在说明问题或讲述故事方面,幻灯片都有文字、图画与语音三者结合,比仅有文字的课文或阅读材料更加形象化与生动,而且使用也很方便,因而很快成为在英语教学中普遍使用的电化教具。但是,由于市场上适合教学的幻灯片不多,自己制作幻灯片比较费时,使用幻灯片教学仍受到了限制。

20世纪20年代后,随着收音机的普及,国际上英语广播教学迅速发展。美国与加拿大等国利用广播进行远程语言教学,虽然教学效果并不理想,仅有约25%—30%的学生能完成学业,但由于参与学习的学生数量很多,广播教学仍然发展很快。在国内,自50—60年代开始,上海等城市进行了数十年的英语广播教学,推动了英语教学的发展;各地学校利用课余或课间休息时间广播英语歌曲或新闻,发挥了创设英语学习环境的作用;有些高校使用国内外英语广播作为部分教学内容,提高学生英语听力水平。这些都推动了广播成为英语教学领域的教学手段。

虽然幻灯与广播推动了英语教学的发展,但是,它们在课堂教学发挥的作用十分有限。19世纪后期出现了雏形录音机,20世纪40年代末,磁带录音机在商业市场上问世,并很快进入了教育领域,使英语课堂教学手段发生了深刻的变化。录音机独特的优点是它能随时记录、储存、提取与放送有声文字资料,还可反复聆听所选择的部分,使师生课内外都能灵活运用配合教材与书面练习的有声语言,而且由于教学用的资料都是精心准备的地道英语,统一了课堂教学语言标准,提高了英语教学质量。对学生更为有利的是,他们可使用录音机录制并聆听自己的英语,检查并纠正语言错误,在提高英语水平与培养独立自主学习精神方面都发挥了一定作用。

(3) 电影、电视与录像等动态电教设备的运用

幻灯、广播或录音机等教学手段只能从图画或声音单方面为英语教学服务,而且所提供的图像是静态的,其教学效果必然受到限制。随着科学技术的发展,音像同步出现的电影、电视与录像等动态教学手段很快在英语教学领域引领潮流。

电影是英语教学领域较早使用的动态电教手段。其优点是语言地道、生动,既有丰富的语篇作为背景,又得到细腻的面部表情、肢体语言与音乐的配合,社会文化内容很自然地融入其中,构成了来自现实社会的鲜活语言文化知识学习的材料。同时,纪录片与科教片提供有意义的知识,故事片的情节引人入胜,能激发学生的学习内动力与兴趣,广受学生欢迎。电影教学有两种形式:一是使用一部完整的影片,要求学生掌握影片的主题、主要内容与重要语法结构与词汇及短语;二是根据某一阶段教学目标,选择电影片段为教材,成为同一阶段教学内容的组成部分。但是,市场上专为英语教学拍摄的电影极少,英语影片涉及的词汇很多,对初学英语的学生难度很大,因而英语电影教学适合在中、高级英语阶段进行。而且,教师为了选择适当的英语影片与为疑难词语注释需花费大量时间与精力,这使一般学校较少使用英语电影教学。

电视与电影一样,用于英语教学时都属于音像同步出现的电化教学手段,但是,电视的优点胜过电影:首先,英语教学可利用的电视资源远大于电影,国内外英语频道提供政治、经济、文化、教育、艺术、体育、各种社会生活与知识的信息,形式有新闻报道、长短剧、故事、音乐、游戏与动画等多种,语言表达有单人叙述、演讲、对话、讨论与辩论等方式,无论低级或中、高级英语阶段都可从中选择适当的内容进行教学;其次,电视中的英语口语很自然与简短,生活气息较浓,而且各种社会文化知识融入其中,有时对于难点还会作一些解释,有利于语言文化知识教学;最后,电视内容涉及全球各地发生的事件与多民族的社会生活,有助于拓宽学生的国际视野与全球意识。故此,不少英语教师选择电视节目中与教学内容相关部分加强课堂教学。

英语教学中的录像是指教师们根据教学目标自己制作的音像电化教具,它们不仅是音像同步出现的动态电化教学手段,而且比电影与电视更直接和密切地与每一阶段英语教学内容结合。英语录像有明确的主题,选择学生喜闻乐见与来自现实生活的题材,通过人物之间和人物与情境的互动说明英语语言文化的意义,可用于新授课的背景介绍、词汇与语法意义的解释与运用、听说课与口语课对话、复习课综合应用等教学环节之中。由于它们针对性强,内容贴近学生生活,难点易被学生理解,人物角色可由教师与本班学生担任,既能激发学生学习的兴趣,也能吸引他们参与教学,因而教学效果往往优于其他电化教学手段。然而,制作录像也非易事:首先,录像的剧本得由教师撰写,教师需深入了解教学要求,以最精简的方式展现录像主题;其次,制作录像需要一定的设备、技术与专业摄像人员,这些都构成了挑战。但是,实践表明,随着英语教师素质的提升与摄像科技的普及,很多英语教师都能与技术人员合作制作教学录像。

9.1.3 语言实验室的特点与运用

英语教学实践性很强,教学手段也比较多,必然导致英语教学工作者考虑如物理与化学等学科一样,为学生学习设置实验室,使学生集中一处利用多种教学手段学习英语。

(1) 语言实验室的产生

1908年,法国格雷诺布尔大学(Université Grenoble Alpes)首先创立了语言实验室,使学生能在实验室使用唱片与唱机等当时已有的电化教具学习外语,不久多国也出现了语言实验室。第二次世界大战后,由于受到听说法的推崇,语言实验室发展很快。20世纪60—70年代,听说法受到批判,语言实验室的使用有所减少。但是80年代后,计算机教学推动了语言实验室的改革,语言实验室又显示其重要作用。国内改革开放后,大学、外国语学校与有条件的中学语言实验室迅速发展。21世纪以来,随着高科技与数字科技的发展,语言实验室设备不断更新,使它成为教师指导下计算机系统控制各种教学手段与充分发挥学生自主学习能力的教学场所。

语言实验室的诞生体现了20世纪整个外语教学领域理论与实践的发展,特别是加深了对教学手段重要性的认识,同时也是科学技术进步对语言教学推动的结果。

(2) 语言实验室的特点与使用原则

● **集中系统地管理与使用教学设备,提高了教学手段的效益**

语言实验室的特点是将多种电化教具置于一室,随时供教师带领学生使用,教师可灵活切换教具,学生单个座位都设有可自由调节的屏幕、耳机与录音装置,改变了以往教室中分散、零星地运用电化教具与学生只能集体使用教学设备的状况。特别是个人能使用录音设备反复聆听需要了解的资料与录制自己的发音或口语,检查其中的正误,有利于提高学生的自学能力。即使在早期使用语言实验室时期,无论从课内教学或课外活动的角度来看,运用语言实验室的英语教学都提高了录音、广播、电视、电影与录像的利用率与教学效益。

● **提供多种自由选择的教学手段,促进教师教学的创造性与学生学习的自主性**

语言实验室比一般课堂提供了更多的教学手段,为教师创造性教学与学生学习自主性提供了条件。但是,如果不掌握使用语言实验室进行英语教学的原则,仍然不能发挥教师的创造性与学生的主动性。首先,使用教学手段的是人,而不是物。师生都应先关注如何使学生在语言实验室更主动地学习,给学生更多的思考与自觉实践的机会,然后再考虑使用何种教学手段;其次,在选择教学手段时,既要考虑趣味性,更要将是否符合教学目标放在首位。如果忽视这两项基本教学原则,就会失去运用语言实验室进行教学的目的与意义。

- 语言实验室活动与一般课堂教学相结合,全面提高英语教学质量

由于语言实验室造价昂贵,一校一般仅有一个语言实验室,各班英语课程不可能都在语言实验室内进行。而且,语言实验室内活动毕竟是受到限制的语言练习,与实际生活中的交际活动仍有一定距离。故此,语言实验室活动应列为整个英语教学的一部分,与日常课堂教学密切结合,完成各阶段的教学目标。具体地说,一方面,语言实验室可作为学校创设英语语言环境的手段之一;另一方面,课堂教学中的重点、疑难部分或复习、总结时可利用语言实验室多种教学手段进行教学;更多情况下,语言实验室可作为学生课外练习的场所,教师布置作业后,学生课外可通过在语言实验室做练习达到巩固课内知识学习与能力培养的目的。

9.2 从计算机辅助语言学习到以计算机为中介之交际

20 世纪 60 年代,计算机辅助语言学习(CALL)进入英语教学领域;70—80 年代,CALL 迅速发展;80 年代后,英语教学进入了信息交流技术(Information and Communications Technology)时代,英语教学手段发生革命性变化,CALL 进入了以计算机为中介之交际(CMC)的新阶段。

9.2.1 CALL 之发展与 CMC 之诞生

随着语言学教学理论与科学技术的发展,CALL 经历了不同的发展阶段。20 世纪 80 年代,以计算机在教学中扮演的角色为依据,美国哥伦比亚大学泰勒(R. W. Taylor)教授提出,CALL 具有计算机充当教学辅导员、工具与被辅导者三种运作模式(Taylor, 1980),在此基础上形成了 CALL 的发展经历了计算机作为教学辅导员、学生与工具三个阶段的共识。90 年代后,语言学教学理论与计算机科学的发展使人们进一步认识了 CALL 的特质。加州大学沃斯乔尔(M. Warschauer)教授提出了 CALL 发展的以下三阶段(Warschauer, 1996):

(1)"行为主义"阶段(Behavioristic CALL):酝酿(20世纪50年代)与实施(20世纪60—70年代)

这是 CALL 起始的第一阶段,其理论基础为 20 世纪 60 年代盛行的行为主义教学观,表现形式为反复语言操练,即充当泰勒称为"教学辅导员"的角色,教学理念为:反复接触同样的语言材料对学习语言是必不可少的;计算机是提供反复练习理想的工具,因为机器会不厌其烦地出示同样的材料与即时反馈;同时,计算机能以个性化方式提供语言材料,允许学生根据自己的速度学习与练习语言。根据这一理念制作了不少计算机软件,包括词汇练习、语法解释及操练、翻译练习与测试等,并被运用于英语教学中。随着行为主义教学观受到批判,这一阶段便戛然而止,但是,有些计算机软件提供的练习仍然流传至今,有时被用作课外作业。

(2)"交际"阶段(Communicative CALL):20 世纪 70—80 年代

随着交际与认知教学法的产生与发展,CALL 进入了"交际"阶段,其特点表现为:从关注语音、词汇、语法的形式转变为运用语言形式进行交际活动;从注重语言外在形式的变化转变为内在意义的表达,进而鼓励学生进行思考与讨论;提倡开放式问答,鼓励学生使用有创意的语言;利用计算机提供大量自然与地道的英语语言输入,创设良好的英语语言环境。这一阶段 CALL 不仅帮助学生正确回答问题,而且提高到激励学生深入思考的层面,从"教学辅导员"的角色上升到培养学生认知能力与促进师生互动、生生互动的高度,推动了交际与认知教学法的发展。但是,由于受到技术水平的限制,这一时期人机互动仍然十分有限。

(3)"综合"阶段(Integrative CALL)——以计算机为中介之交际(CMC)阶段:20 世纪 90 年代至今

20 世纪 90 年代后,CALL 发生了巨大变化,进入了"网络提升语言学习(Web-Enhanced Language Learning — WELL)"新时代。这一时期的特点是运用计算机综合利用学习资源与进行语言文化教学与能力培养,沃斯乔尔称这一阶段为"综合"阶段。该阶段又可分为两分段:多媒体进入教学为起始阶段;后一阶段以运用互联网为特征,产生了全球以计算机为中介之交际(CMC)阶段(Warschauer,1996)。CMC 指以计算机为中介的人际交流活动,它由互联网文本、图形、图像、照片、动画、音频与视频中两种以上的媒体构成。CMC 有两种类型:同步(synchronous)与非同步(asynchronous)交际。前者指交际双方或多方同时出现在现实交际活动中,但不一定在同处,如利用计算机的语音通话、聊天室闲聊、网络教学与视频会议等;后者指交际双方或多方非同时出现于交际活动中，如收发电子邮件、短信与博客等。

- **综合利用学习资源**

综合利用学习资源是学生提高语言输入数量与质量的重要手段。在以往的教学中，师生一次只能使用单个教具，即使在语言实验室内，学生也仅能在小屏幕上看到单个动态画面与听到语音。多媒体与CMC产生后，教学手段集多种媒体于一体，教师掌控的大屏幕与学生面前的小屏幕能提供大量教学资源，学生可使用计算机灵活运用多种媒体，提高了语言输入的数量与质量，甚至可使用计算机内设置的对话机制进行人机互动，促进了理解、记忆与掌握英语语言文化。

- **综合进行语言文化教学与综合培养听、说、读、写能力**

使用多媒体与CMC进行英语教学，在创设英语环境与为语言活动提供真实情景等方面都优于语言实验室。同时，在进行语言知识文化教学时，过去只能分别进行语音、词汇、语法或文化教学，使用多媒体、互联网与网络教学时，利用录像与视频可以在语言知识教学的同时提供生动的文化知识，利用CMC可随时切换图像与文本，使语音、词汇与语法知识教学随时密切联系与有机结合；在培养英语语言能力方面，使用多媒体与CMC能将听、说、读、写结合，培养综合运用英语的能力，其效益远胜于使用实验室进行教学。

英语教学手段发展至今已能为教学提供多种高科技产品，但这并不意味着以往教学手段的消亡。由于教学手段为不同的教学目标服务，有时使用实物与图画等简单教具亦能达到某些课堂教学目标，并取得立竿见影的教学效果。更重要的是，无论使用什么教学手段，都不能取代教师的指导作用与学生参与教学的主动精神，这是使用英语教学手段时必须坚持的教学原则。

9.2.2 短视频、多媒体与线上教学的运用

随着数字时代的到来，短视频与互联网都已成为大众日常生活中常用的社交工具，多媒体也常被电视上各种广告所采用。但是，英语教学中的短视频、多媒体、线上教学与个人生活中使用社交媒体或电视广告不同，只有掌握其特点与运用规律，才能达到既定的教学目标。

(1) 英语教学中短视频的特点与运用

以往视频需要专业团队才能制作。但是，在数字化时代，教师们可以通过手机自行拍摄，经简单处理后上传至网络，视频配合教学内容，供学生们课内外学习与复习，

十分灵活与快捷。

- 英语教学中短视频的特点

  ➢ **时间短,教学目标明确**:虽然英语教学中短视频与网络上流行的短视频都有时间短(一般不长于5分钟,教学短视频可略长)与效应强烈的特点,但是两者的区别是:前者目的是达到英语教学目标,内容应根据教学大纲要求与教材内容展开,而后者则以强刺激博取观众眼球为宗旨。当然,教学短视频也应具有符合教学需要的趣味性,但绝无搞笑、怪异或荒诞的内容;

  ➢ **密切联系学生的实际情况与水平**:教学短视频与学生生活与愿望结合,难度符合学生的思维与英语语言水平,内容为学生所喜闻乐见,有时视频中角色可由学生扮演;

  ➢ **主题明确,重点突出**:英语教学短视频有明确的主题与重点,结构严密与有层次,英语语言规范清晰,并传递应有的文化与背景知识。

- 英语教学中短视频的运用

  ➢ **何时运用短视频?** 教师可根据实际情况运用短视频,但短视频主要用于三处:一是用于课的开始之暖身或课文背景介绍阶段,发挥集中学生注意的作用;二是进行重点或疑难语言点教学时,使用短视频给出解释与形象的实例,帮助学生理解与运用困难的语言点;最后,当教学内容为学生不熟悉的自然现象、科普知识或社会文化时,短视频能帮助他们较快认识与理解陌生的教学内容。

  ➢ **如何制作与运用短视频?** 并非每堂课都需使用短视频。因此,首先应根据教学内容与短视频的特点确定在哪个教学环节使用何种短视频达到教学目标;其次,应考虑是否已有现成视频,可以从中剪辑部分内容满足需要,如无此选择,再自制短视频。在构思阶段,应根据教学目标确定主题与内容的逻辑发展线索,然后决定采取故事或叙事等具体表现形式。制作时可多摄制一些有关场景,以便编辑时选择最能突出主题与生动的画面与表象完成视频;在课堂上应根据教学需要播放短视频数次,每次有不同要求,并利用视频开展师生互动,得到学生充分的反馈,直至达到预期教学目标。

制作短视频需花费一定的时间与精力,但是通过教师集体分工完成任务就省力得多,教师们可分工制作短视频后互通有无,或请专业人员指导,组成小组制作短视频,供全体教师使用。

(2) 英语教学中多媒体的特点与运用

数字化时代到来后,具备计算机系统的学校都能设置多媒体教室,使广大一线英语教师运用其中的多媒体装置进行教学。因此,学习与掌握多媒体教学手段已成为英语教师的又一课题。

- **英语教学中多媒体的特点**

多媒体提供了文本、图像、音频、视频与动画等多种媒体。学生在使用多媒体时,动脑、动眼、动耳、动手,视觉、听觉与触觉等各种感觉器官同时运作,促进了大脑功能的发展,有利于开发智力与培养思维能力。同时,多媒体比单个媒体对学生的吸引力更强,更易于激发思考并产生兴趣,有利于持续保持学习的内动力。

➢ **多媒体比单个媒体更有助于英语语言知识教学与能力培养**:首先,多媒体能创设多样化的英语语言环境与情景;其次,在进行语言知识教学时,它具有文字、声音、图画、表象与动画等多种形式,由静态到动态、具体到抽象诠释语义与语言表达方式,有助于学生全面理解与记忆语音、词汇与语法知识;最后,在培养语言能力方面,多媒体能使听与说结合培养口语能力,读与写结合培养读写能力,并能将听、说、读、写四者结合,培养综合运用语言的能力。而且,多媒体用于任务型教学时,能提供多种多样的学习任务,十分有利于培养交际能力。因此,无论培养哪方面语言能力,运用多媒体都比单个媒体效益更高。

➢ **运用多媒体有利于个性化教学**:使用多媒体时,不同学习风格的学生能发挥其所长,弥补其不足,从而提高他们的教学参与度,并提高英语水平。以上提及,学生中存在着不同的学习风格。使用单个媒体时,喜爱该媒体的学生教学参与度比较高,进步也快,不适应或不喜爱该媒体的学生就会落后。例如,有些视觉型或内向型学生喜爱阅读,对口语视频教学兴趣不大。运用多媒体时,在视频中穿插多种文本与图像教学,使口语与书面语教学结合起来,既激发了他们对阅读的兴趣,又弥补了他们口语之不足,同时也增强了听说型与外向型学生的阅读能力。

- **英语教学中多媒体的运用**

英语教学中运用多媒体教学有多种形式,这里主要讨论在计算机房或多媒体教室运用已有多媒体设置与软件上课的教学原则与运行过程。

➢ **采用多种媒体进行英语教学**:一般课堂教学中只采取最基本的媒体,即文本、图像、音频与视频,如有可能,在初级阶段还加上动画。无论在新授、复习或拓展课型中,都可根据教学需要使用它们反复形象与生动地将课文、注释、图表与练习展现在学生面前,供他们观看、思考、学习与运用。进行课堂教学时,可采用相应的教学软件或自制文档演示 PPT 等方法。当代适用于英语课堂教学的多媒体软件逐渐增多,有些可在网上免费下载,但是大部分软件内容不符合教学要求,仅可作为补充教学材料,故 PPT 便成为英语教师们常用的多媒体教学工具。

> **使用 PPT 作为英语多媒体教学工具时的教学原则**:英语教学中使用 PPT 的主要教学原则是:不能只注意具体教学内容与屏幕美观,而应以促进学生生命主动健康成长的教学理念为指导,充分发挥教师的指导作用与学生学习的主动性,培养他们的思维能力、学习能力、健康情操与高尚品格;同时,不能照抄教材内容,使 PPT 文档成为课本的电子版,机械地按课本的编排上课,或使用 PPT 进行知识满堂灌教学,使英语教学重回学生被动学习的老路上去。

> **充分利用单个媒体所长与多种媒体之间的关系,帮助学生掌握学习内容**:多媒体中的文本、图像、音频、视频与动画等单个媒体各有所长,应充分发挥单个媒体的长处:文本与音频是准确掌握语言的基本要素,可经常采用,但不应冗长与沉闷,而应以短小精悍的形式反复使用;图像能形象地说明语言与文化的意义,因而可尽量采用网上多种相关图像;视频与动画的特点是动态、生动并具有连贯性,便于学生理解与记忆语篇的含义,但由于课堂教学时间有限,因而必须精心选择与准备最符合教学目标与要求的短篇视频或动画。

除了关注个别媒体的特点外,还应处理好各种媒体之间的关系:图像与文本、静态与动态应交叉出现,音频与视频需配合得当,各种媒体应互相配合,使教学呈现张弛有度的节奏,有利于学生在良好的心理状态中掌握知识与培养能力。

(3) 英语线上教学的特点与运用

CALL 进入"网络提升语言学习(WELL)"时期后,英语线上教学发展很快,主要有两大类:一类是适应业余教学与终身教育发展而产生的远程教学,它是正规教学的补充,已有数十年历史;另一类是与线下课堂教学平行开设的正规英语线上课程,使学生有更多的选择。新冠疫情期间,学生居家的英语线上课程发挥了重要作用,也发展了线上教学的理念与方法,但是也遇到了教学与网络技术等新问题,需要根据英语线上教学的特点认真探讨其运用规律。

● **英语线上教学的特点**

英语线上与线下的教学原则是一致的,它们只是教学形式不同。概括地说,线上教学的主要特点是发扬其网络优势与克服师生不能面对面进行教学的短处。

➢ **英语线上教学运用计算机系统、通过互联网的连接而运作**:网上有丰富的教学资源,如各种文献资料、语言练习、图画、表格与动态视频,都有助于介绍课文背景知识与解释英语语言的意义,一些词汇、语法练习与会话材料的软件可用于课外练习等,由于学生都坐在计算机前,使用网上信息比较方便,教学中可充分利用网上有关资源达到教学目标。

➢ **线上教学对教师提出了更高的要求**:由于师生不能面对面讨论问题,线上教学要求教师熟练掌握教学内容,突出教学重点,力求使用精确、清晰与明了的语言对学生提出要求、发出指令与讲解难点,同时也需掌握运用计算机网络进行教学的基本知识与技术,当教学过程中出现简单的计算机网络问题能从容应对,排除对教学的干扰。

➢ **线上教学使学生更能掌控学习,增强了学习的主动性**:学生比坐在课堂里更独立自主,提高了参与教学和完成语言练习的积极性。但是,线上教学中学生不能随时与同学讨论,疑难问题往往不能立即解决,使他们感到困惑。因此,教师需增强观察学生表现的敏感度,善于发现学生的疑惑,及时解决问题,使学生保持学习主动性和参与教学的积极性,顺利达到教学目标。

➢ **线上英语学习中学生心理状况与线下上课时的差异很大**:首先,学生在校学习是处于集体之中,而线上上课则是独自一人面对屏幕,失去了与同伴随时生动的对话和欢笑,时间久了,乏味与孤独心态油然而生;同时,近年来研究表明,人的注意力在听讲 10—15 分钟后即开始下降,因而面对讲话不应超过 18 分钟(Bradbury, 2016)。在课堂教学中,教师利用教室环境与集体活动等形式可增强学生的注意力,但无此条件在网上持续保持学生的注意力,何况学生家中还有各种干扰影响学生线上教学中的专注程度。因此,学生线上学习比在校时遇到的问题多,甚至会导致焦虑情绪,教师应特别关注学生的心理情感因素。

- **英语线上教学的基本原则**

在进行英语线上教学时,应以英语教学的科学理论与实践为依据,根据英语线上教学的特点,参照在校英语课堂教学的实践经验,使线上教学完成教学大纲提出的目标与要求。

➢ **根据科学的英语教学理论与教学大纲要求,掌握线上与线下教学的异同**:有些教师担心学生线上不能学好英语,在线上教学中会不自觉地回到仅关注英语知识教学与教师一言堂的老路上去。故此,在进行英语线上教学时,教师应如同在校教学那样,坚持以科学的教学理论为指导,按照教学大纲的要求组织与管理教学,在英语知识教学与能力培养中应关注学生生命的成长;同时,也应重视培养他们的思维能力、学习能力、健康情感与高尚品格。

当然,在实施科学的教学理论与贯彻教学大纲要求时,应掌握英语线上与线下教学主要的差异:首先,线上教学因缺乏面对面交流而更需探索多种方法加强师生与生生之间的沟通与互动;其次,在英语语言文化教学中,虽然线上教学缺乏在校教学具有真人真事交际活动的优势,但应充分利用网络提供的教学资源,激发学生兴趣并加深记忆;情感因素方面,由于线上教学中学生经常处于个人独自学习的状态,更需培养他们的注意力、自律与自我调节能力并注意加强学生之间的联系;最后,在课堂管理方面,线上教学中干扰学生的因素与临时发生的情况较多,课堂管理应更加灵活机动,教师更需作好面临各种情况的思想准备,冷静处理干扰教学的问题。

➢ **开展师生互动与生生互动,永葆线上英语教学的生命力**:在线上英语教学中,由于学生不能直接面对教师与离开了同学间的密切联系,师生互动与生生互动的重要性比在校教学更为突出,特别是师生互动,更是重中之重,当教师自觉与有效开展师生互动并以此带动生生互动时,线上英语教学就会充满生命力。

英语线上与线下教学中师生互动与生生互动的核心理念与教学原则是一致的,本书在第2章中已探讨了其基本精神。然而,两者的表现形式与实施方法不尽相同:线上教学要求教师更加关爱与了解学生,才能取得学生真实的反馈;更加关注培养学生独立自主的精神,才能使学生主动与教师互动。同样是主张教师指导学生自主学习与反对教师一言堂,线下教学中教师需防止成为绝对权威或保姆,而线上教学在此基础上还应防止充当演说家或电视节目主持人的角色,因为离开了鲜活的学生群体后,教师面对镜头时很容易将对话变成个人独白;线下师生互动的形式都是口头与同步即时进行的,而线上教学中师生互动可采取口头与文字、同步与非同步等多种形式;学生的合作学习是生生互动的重要形式,也是教师了解学生的重要方式。虽然线上的双人对话与小组活动不如线下教学中那么快捷与灵活,但只要课前做好组织工作,明确双人对子与小组成员,选出组长,上课时可利用网络聊天室或微信开展口头或文字对话或讨论。当学生使用文字交流时,也复习了拼写与语法,这是线上合作学习优于线下教学之处。

➢ **掌握英语线上教学的管理与节奏**:英语线上与线下教学管理的基本理论与原则相同,其进程都包括三个阶段:课前准备、课堂教学过程(课的开始、进行与结束)、课后评估及小结。但是,由于两者的特点不同,三阶段关注的内容不尽相同。在课前准备阶段,线上教学需更细致了解学生对线上学习是否作好准备,他们的心理状况与网络条件,与学校电教人员沟通解决存在的问题,备课时应考虑如何利用网络技术手段实现教学目标,以及如何应对线上教学过程中可能出现的问题,甚至准备好备份,当一种教学手段行不通时可使用另一种方法;在线上教学的起始阶段,教师应强调线上教学的纪律,即上课期间不能利用网络浏览其他网站,其间除了做好暖身与创设教学环境等常规工作外,还应时刻关注学生的注意力必须集中于教学;在课的进行阶段,不仅要关注教学内容、策略、方法实施情况,还应关注网络教学中学生的心理与生理承受能力。以上提及,一般情况下,人们的注意力仅集中在15—20分钟内,而学生在网络教学时注意力集中的时间通常少于处于线下教学的环境中。因此,英语线上教学中不能让学生长时间保持紧张状态,特别是在新授或教学内容难度较大时,应注意使学生的紧张学习与宽松心态相结合,一张一弛与张弛有度地进行教学;在课的结束阶段,应重视小结一课收获与奖励优秀表现,并保证学生明确课外作业,防止仓促切断网络连接,损失课的结束阶段的重要信息。

9.2.3 英语线上与线下融合学习

近年来,英语线上与线下面对面课堂教学结合的融合学习模式发展很快。然而,这方面的研究相对滞后,如何掌握线上与线下融合教学的规律进行教学仍然需要我们认真思考与探索。

(1) "融合学习(Blended Learning)"的形成与界定

早在20世纪60年代就出现了远程教学与面对面课堂教学结合的概念,但那时远程教学规模很有限,两者结合的概念未引起教育界的重视。直到90年代后期,远程教学规模不断扩大,CALL演变成以计算机为中介的线上教学,其中出现的问题需要通过线下面对面教学解决,世界各地两者结合的教学项目逐渐增加。1999年,以美国亚特兰大为基地的计算机技术训练教育机构"Interactive Learning Centers"首次提出了该机构将使用线上与线下教学相结合的"融合学习(Blended Learning)"教学方法,此后各地出现了多种形式的融合学习与教学,亦称"Hybrid Learning"。2019年新冠疫情暴发后,在疫情好转的地区,"融合学习"已成为学校主要的教学形式,其重要性引起了各界广泛的关注。

最初提出的"融合学习"仅包括师生面对面教学与使用科技教学手段两方面。显然,以此作为"融合学习"的界定不够确切,因为线下教学也可具有上述两方面的要素,但并非"融合学习"。2006年,《融合学习手册》(*The Handbook of Blended Learning: Global Perspectives, Local Designs*)问世,全面阐述了"融合学习"的界定、潮流与发展前景。该书编者之一的格雷厄姆(C. R. Graham)从系统理论的角度分析了"融合学习"界定,指出"融合学习"是线下课堂教学系统与线上计算机科学技术系统的结合,强调了计算机技术在"融合学习"中处于中心地位,而且"融合学习"具有线下与线上计算机科学技术系统两种教学环境,后者的作用完全不同于零星使用计算机科技教学手段(Graham, 2006:5)。由于在传统课堂教学中计算机系统未占中心地位,也不具有系统的线上环境,因而即使课堂教学中播放了一些影视片段,也不能称为"融合教学"。这样,格雷厄姆所阐述的"融合学习"界定就明确区分了使用电化教学手段的线下教学与"融合学习"的概念。在此基础上,另两位研究者加里森(D. R. Garrison)与沃恩(N. D. Vaughan)又指出了"融合学习"另一特点:线下传统课堂中面对面口语交际与线上以计算机为中介的文字书面交流相结合(Garrison & Vaughan, 2008)。这里所说的文字书面交流的素材不仅来自师生间通过计算机进行的书面交流,而且还包括学生从网络中获取的信息,正是课堂里的口语交际与如此大量的书面交流相结合构成了"融合学习"的优势。

综上所述,"融合学习"是线下面对面课堂教学与线上计算机科学技术系统的有机结合,它不同于使用电化教学手段的线下教学:在"融合学习"中,不仅计算机技术占有重要地位,而且它具备线下与线上两种教学环境,因而它享有线下与线上教学两者的长处,并具有口语交际与文字书面交流相结合的优势,是英语教学在网络时代发展的新生事物。

(2) "融合学习"的模式

根据不同的教学目标与条件,产生了多种"融合学习"模式。最初出现了六种模式:一是"线下教学驱动模式",以线下教学为主,线上教学为辅;二是"线上与线下教学轮换模式";三是"线上与线下教学伸屈模式";四是"线上实验室模式",学生主要在课堂中线上学习,有时去学校线上实验室学习;五是"个人融合学习模式",学生主要在学校课堂上课,但也去校外参加线上学习;六是"充实的虚拟教学模式",以线上教学为主,加上少量的线下课堂教学。经多年研究,取消了模式一,并将模式四与五合并,最终形成四种模式:

- 线上线下教学轮换模式(the rotation model)

学生在校学习,但主要形式是线上教学。教师交替使用线上与线下教学,两者或固定轮换,或由教师决定如何轮换。实施轮换有多种方式:一是学生去"轮换课程站"完成课程;另一种是学生去计算机实验室学习课程;还有"个别学生轮换"方式,即在教师指导下,根据个人情况采取轮换模式学习;最后为"反向课堂(the flipped classroom)",即与先上课再回家做作业的过程相反,学生先在家线上学习,然后再去学校参加教师组织的线下教学,进一步学习。

- 线上线下教学伸屈模式(the flex model)

该模式以线上教学内容为主,将线上教学作为教学的伸张部分,需要时由教师线下对学生提供指导,作为教学的收缩部分。学生仍在校集体上课,课程的伸张与收缩比较灵活,虽然线下教学时间较少,但包括师生对话、小组活动等多种形式,有助于解决学生学习中的困难。

- 个人融合学习模式(the self-blended model)

当学生需要在正常课堂线下教学外补充学习内容时,一些学校提供个人融合学习,即由教师开设线上选修课程,学生根据个人需要与能力自己选择线上课程与上课时间,可以在家上课,也可选择去计算机实验室上课。

- 充实的虚拟教学模式(the enriched virtual model)

该模式一般是远程线上教学,它具有比较完善的线上教学环境,虽然有线下固定的面对面教学,但所占时间极少,担任线上与线下教学的是同一位教师,故教师能了解学生。这一模式在使用计算机技术方面比一般线上教学更加丰富,因此,在教学过程中要求师生都具有较强的计算机技术知识(Stalker & Horn, 2012:8-15; Friesen, 2012:7)。

(3) "融合学习"的优点及其挑战

"融合学习"的优势体现在理论基础与实践效益两方面。为了取得"融合学习"的成效,必须认识"融合学习"的实质与理论基础,并将其付诸于实践。

- 建构主义学习观与当代英语教学观相结合的理论基础

"融合学习"以建构主义学习观与当代英语教学观为理论基础。其核心理念是:在教师指导下,关注学生自主构建英语语言知识与培养使用英语的能力,在英语线上与线下双重教学中促进学生的成长,这正是"融合学习"的生命力所在。

首先,建构主义学习观强调学生主动构建知识,当代英语教学观重视学生自主学习与合作学习。在"融合学习"中,线上学习给予学生更多自主学习时间与空间,有利于发挥学习的主动性,又由于存在线下面对面教学,学生在"融合学习"中不仅能获得线下课堂教学中自主学习与合作学习的机会,而且还能通过当面沟通解决线上学习中遇到的问题；其次，建构主义学习观与当代英语教学观都认为，为了自主构建知识与培养能力，学生必须与包括社会和周围师生的环境互动，并通过互动取得获取知识与培养能力的经验。"融合学习"为学生提供了通过大量线上线下与环境和师生互动获取知识与培养能力的机会，有助于达到英语教学目标。

- 线上与线下教学的结合与互补

"融合学习"最突出的优势是它具有线上与线下教学两种形式的长处，一方的短处能得到另一方长处的补偿，这一优势对于英语教学尤为重要：线下课堂教学有利于培养听、说能力，但课内培养读、写能力往往需要课外大力巩固才能奏效。而线上教学本身就有口语与书面语的交流，学生通过网络又能阅读大量信息，十分有助于提高读、写能力，因此，"融合教学"在全面培养学生听、说、读、写能力方面比单纯的线上或线下教学更具优越性；同时，在师生互动与生生互动方面，线上教学中通常采取电子邮件或聊天室等手段，不如线下教学中当面互动那么灵活与快捷，但如采取两种形式教学，不仅能克服线上教学的短处，而且能使互动方式更加多样；更重要的是，线上与线下教学结合增强了学生的自主学习与合作学习能力，并为教师提供了更多创造性教学的机会。以上提及的多种"融合学习"模式与实施方案就是教师们在实践中创造的。因此，实施"融合学习"的过程已成为教师不断创新与成长的过程。

- 英语"融合学习"教学模式对教师与学生的挑战

显然，"融合学习"对教师与学生都是前所未有的挑战。学生们以往没有参与过线上与线下教学相结合的课程，而"融合学习"既需适应线上教学的环境，还得适应线上教学不断转换成线下教学，不容易始终保持很强的学习动力与注意力。对教师来说，实施"融合学习"的挑战更大：首先，教师必须理解与掌握建构主义学习观与当代英语教学观的核心理念，防止实施"融合学习"时回到传统教学的老路上去；其次，教师需在教学中探索适合自己实际情况的"融合学习"教学与课堂管理规律、策略与方法；最后，教师必须掌握基本的以计算机为中介的信息交流技术，并指导学生使用信息交流技术上课。只有认真学习英语"融合学习"理论，开展教师间合作交流，更新计算机技术知识，才能应对挑战，提高"融合学习"的教学水平。

9.3 英语线上语言知识教学与能力培养

在英语教学中，线上与线下教学理论、目标与内容基本上一致，本书已讨论了这些问题。前者不同于后者主要在于：它通过网络进行教学，以计算机为中介的交流活动占有重要地位。因此，以下将讨论以计算机为中介进行英语线上语言知识教学与能力培养时需关注的问题。

本节未含语言知识组成部分的语音之线上教学，因为除了英语专业外，一般学校英语课中不单独进行语音教学，而是将其贯穿于词汇教学与听、说能力培养之中。本书第4章已讨论了英语语音教学的基本理论、实践与使用高科技进行语音教学，此处便不再赘述。

9.3.1 英语词汇与语法线上教学

(1) 英语词汇线上教学

当代英语词汇教学包括词汇音、形、义、用与语篇教学，成为培养英语交际能力的组成部分，线上与线下词汇教学都遵循当代英语词汇教学的基本理论与原则，但是，两者教学过程与方法有所不同。线上词汇音、形、义、用与语篇教学在利用网络方面优势更加明显：

- **线上英语新授课起始阶段的词汇音、形、义教学**

英语新授课一般都以词汇教学起始，由于此时的词汇是学生首次遇到的新词，教学第一步的重点是进行词汇音与形教学，并使学生初步了解词汇的基本意义。线下英语词汇教学新授课起始阶段一般过程与方法是：教师带领学生按课文生词表熟悉生词，使用实物、图画或电化教具解释词义。线上这一阶段教学过程与方法则不同：它更关注词汇在语篇中的运用，生词教学始终都与语篇（即课文）关联。生词教学前，计算机大屏幕上出现课文标题，然后教师以开放式提问要求学生回答与课文标题相关的亲身体验或认识，师生简要小结后指出本课主题，为进入词汇与课文教学打下基础；开始进行词汇教学后，除了使用书本上新课的生词表外，还在计算机屏幕上发放按同样顺序出现的生词表，但生词不仅以字母形式出现，而且还显示音节的划分，教师教学时每点击一个生词，该词以单独放大的形式出现在屏幕中央，然后教师指示新词并带领学生朗读单词，引导他们正确发音与记忆单词拼写；在朗读单词后，再启动音频，一边出现生词的文字，一边播放生词录音，以打好掌握词汇音与形的基础；解释词义时，尽量选用网络上图画、照片、表格甚至动画，帮助学生迅速与正确理解词义，完成对词汇音、形、义的基础教学，最后屏幕上出现课文中与单词相关的词组与体现主题的几个句子短篇，要求学生说出它们的意义，这些步骤使学生初步理解了新词意义，并为下阶段课文教学作好了准备。

- **线上课文教学后运用重点词汇的教学**

课文教学后,一般都从生词表中选择若干常用词汇作为每课重点词汇进行教学,学生在上阶段已初步掌握了新词的音、形与义,但需进一步理解词义与运用词汇,因此教学目标为巩固已学新词的音与形,掌握重点词汇的义与用。线上重点词汇教学可采取四步骤:先将所教词汇或词组以及课文中含有它们的句子打在大屏幕上,同时发放音频,唤起学生对它们发音与拼写的注意后教师简短讲解词义;然后通过短视频显示在实际生活情景中运用这些词汇的实例,形象地说明其意义与运用;此后教师提出3—4个含有重点词汇或词组的问题,学生将回答发送给教师后,教师选择3—4个较好的回答在大屏幕上展示,并说明其中使用词汇或词组的优点;最后教师给出一个包括重点词汇的短篇,要求学生以小组为单位,通过聊天室讨论,就短篇内容提问,其中必须使用重点词汇。通过阅读语篇,学生进一步理解重点词汇或词组在语篇中的运用,通过就语篇提问,学习使用重点词汇或词组。各组提交问题后,教师点评其中2—3组问题。

教师布置课外作业时,大屏幕上出现一个以上述重点词汇与词组为空格的综合填空题,要求学生通过完成综合填空题掌握该课重点词汇。

(2) 英语语法线上教学

由于英语语法的内容是英语语言规则,使用图表与动态表达等教学手段能迅速说明规则的组成形式、意义与运用,线上语法教学显示出在这些方面有其独特的长处。以下就从英语词法和句法结合教学与英语语法教学遵循的教学原则两方面探讨线上英语语法教学的优势。

- **线上英语语法教学中词法与句法教学的结合**

在语法教学中有意识地关注词法与句法的结合,有利于学生掌握语言的结构、意义与正确运用语法。在语法项目教学中,有时该项目同时涉及词法与句法,这正是将两者结合进行教学的好机会,应充分利用。此时的词法与句法教学都可能是新授,也可能是复习,目的是使学生同时掌握词法与句法规则。

在初、中级英语水平线下教学中,学生对于一堂课中需要同时掌握英语词法与句法常感比较费力,因而通常需要将词法与句法分开教学。但在以计算机为中介的线上教学中,句法与词法教学能够有机结合。例如,进行带"since"的复合句教学时,线下教学一般都是在进行复合句句法教学一段时间后再进行带"since"的词法教学,而线上教学可在一堂课上同时进行词法与句法教学：首先进行词法教学，帮助学生复习该句型涉及的不规则动词过去分词，然后进行句法教学，介绍复合句句型，此后再进行作为介词的"since"的词法教学，利用网络提供的表格制成图表，使用PPT将下表打在大屏幕上，同时播放音频，使学生边听边读，加深印象：

主语	谓语	宾语	状语（表示地点）	状语短语（表示时间）	
名词	动词	名词	副词（或副词短语）	介词since	表示时间的名词
He	has taught	English	at this school	since	2010.

教师根据屏幕显示内容说明句型的形式与语义后，给出一个动词与一个作为主语的名词，要求学生根据自己的生活，运用带有"since"的句型，以上述两个词在计算机上写出两句句子，然后请2—3个学生将他们的句子发送至大屏幕，师生纠正其中的错误后，大屏幕上出现了正确的句子。全体学生检查自己的造句后，将正确答案发送给教师。

完成这一任务后，已为下一步的句法教学构建了桥梁：学生已掌握了"since"的意义，只需将"since"后的名词改成带有动词过去时的句子，就形成了句法教学中需要新授的复合句。此时，大屏幕上重现以上句型，并在其下面出现与它相关但略为不同的句型与句子：

主语	谓语	宾语	状语（表示地点）	状语从句（表示时间）	
名词	动词	名词	副词（或副词短语）	连词（since）+从句	
He	has taught	English	at this school	since	he left his hometown.

教师简要指出上述句型结构与意义后，学生打开课本，阅读带有"since"的课文，教师播放课文录音，学生通过听与阅读课文，进一步理解了"since"在语篇中的运用。

以上教学过程显示了线上词法与句法结合教学的长处：首先，利用计算机网上功能，语法例句能按规则大量同时出现在大屏幕上，而且词法与句法自然结合，便于学生迅速理解语法形式与语义；其次，每个学生都需将作业即时发送给教师，也可立即向全班展示，提高了学生教学的参与度与积极性；最后，全部资料与教学过程都能保存，课后发送给学生，作为复习材料，帮助了他们巩固所学词法与句法。

- **线上英语语法形式、意义与运用结合的教学**

语法形式、意义与运用三结合是当代英语语法教学不同于传统教学的主要特点之一,因而是英语语法教学中的重要议题。在教学方法上最常采取归纳法与演绎法,有时也使用对比法加深对语法规则的诠释。在这些方面,由于线上教学可以随时利用 PPT 放送大量信息与通过网络获取各种生动的人物、图画与表格等形象,因而具有较大的优势。例如,学生对英语句型"主语+表语(非动词 be 的系动词+形容词)"非常陌生,线下进行教学时十分费力,但是,在线上教学中却能取得相对较好的效果。试以初级英语阶段该句型线上教学为例:

为了使学生具有句型的感性知识,可在上述句型出现两次前只解释意义,不讲语法;待三篇课文陆续出现了三个体现该句型的句子后才开始进行以下语法教学:

➢ **语法形式教学**:通过复习,引导学生说出课文中带有该句型的三句后,教师利用 PPT 立即将它们打在大屏幕上,并指出其中动词的名称为"系动词":

> Your dress **looks** nice!
> The fish **tastes** delicious!
> It's **getting** dark. (黑体部分为"**系动词**")

然后大屏幕上再出现教师给出的两句新句子,要求学生使用归纳法说出句型的形式:

> Do they often **feel** hungry?
> Leaves **turn** brown in autumn. (黑体部分为"**系动词**")

教师引导学生共同总结出该句型的形式为:"主语+表语(系动词+形容词)"。

➢ **语法意义教学**:教师说明"主语+表语(系动词+形容词)"句型表明主语的状态,而非动作,大屏幕上即出现该句型与体现动作最常用的句型"主语+谓语动词+宾语"之对比:

主语+表语(系动词+形容词)	主语+谓语动词+宾语
Your dress **looks** nice!	He often **looks** at the picture of his hometown.
The fish **tastes** delicious!	I have **tasted** the soup. It's delicious.
It's **getting** dark.	She **got** an email from her friend yesterday.
Leaves **turn** brown in autumn.	You can **turn** the key and open the door.

要求学生指出同样的动词在不同句子中用法与意义的差别后,教师简要小结。

➢ **语法运用教学:** 大屏幕上出现题为"A beautiful flower garden in spring"的图画或视频。同时放送一篇描述该图画或视频并含有上述句型的短文三遍,学生回答四个有关短文的问题后,以上述标题为题目,根据图画、视频与所听短文内容,利用所学句型写6—8句意义连贯的短文发送给教师,达到通过从单句到语篇的输入与输出练习运用所学语法的教学目标。

综上所述,由于线上教学能利用网络快速与大量获取图画、表格、音频与视频等工具,线上语法教学的质量与效益都能得到提高。

9.3.2 英语听力与阅读线上教学

听力与阅读均为语言输入,英语听力与阅读教学有一些共同之处。然而,培养听力与阅读能力的线上教学又有各自的特点与教学原则。以下就根据两者的异同探讨它们的线上教学。

(1) 英语听力线上教学

虽然英语线上与线下培养听力的基本教学理论与原则是一致的,但由于教学形式与环境不同,两者关注的重点与教学方法不尽相同。

- **关注交际活动中有效听力活动的三个方面**

交际活动中有效听力活动具有三方面内容:一是注意聆听交际对方的说话(attentive listening),保持与对话者接触;二是在听的过程中,通过简短语言与非言语方式作出积极反应(responsive listening)与对方互动;三是主动听取对方说话(active listening),即理解了对方意义后,鼓励对方继续对话,引导对话达到预期的结果(Hutzel, 2016)。在线下教学中,由于学生都在教室上课,集中注意聆听说话不构成很大问题,教师一般将重点放在第二、三方面教学。但是,在线上听力教学中,由于学生单独在线上学习,不时会受到各种干扰,网络也会出现故障,教师们需重视第一方面的问题,帮助学生排除干扰,时刻关注学生上课的注意力;而且,线上教学中师生不能当面交流,在第二、三方面教学中,如无相应的设备,不能采取线下教学中学生当面切磋等教学方法,但可通过师生聊天室问答或对话作为练习手段,学生听教师问题或说话后可采取口头或书面形式作出反应,以检查听力理解能力。

- **线上单向听力活动的特点**

本书第5章曾讨论英语听力教学中单向与双向活动,前者指听者仅听取说话,后

者指听者边听边与交际对象交流,线上教学以单向听力活动居多。实施线上听力教学应注意以下特点:

> **掌握线上听力材料的难度与长度**:听力材料通过网络传送,语言常不如线下那么清晰,学生有时还会受到干扰或遇到困难,因此,线上听力教学的难度应该适度,生词不能太多,语法不能太难,背景知识不宜复杂,听力材料不宜太长,每课听力材料的长度应控制在学生线上注意力能承受的范围之内。

> **单向听力教学中听与读、写相结合**:由于线上双向听力教学涉及较多设备问题,当前大部分学校线上听力教学一般使用单向听力教学,即通过听语篇培养听力理解能力。线上单向听力教学可与阅读与写作教学结合,此时需明确教学目标是培养听力,不能过多注重读与写的教学。在线上听力与阅读教学结合时,不能先读后听,而应先听后读,待学生基本上达到了听力理解要求后再开始阅读或边听边读,通过阅读检查听力理解正误,巩固听力理解活动,防止学生依赖阅读而影响听力水平的提高;采取听与写结合教学时,教师在学生听了语篇材料后提出问题检查听力理解程度时,要求学生使用书面语作出反应,并需要他们运用基本的写作知识。但是,由于教学目标主要是培养听力理解能力,对写作的要求不能太高,一般仅要求基本上能正确运用所学词汇与语法知识表达意义即可。

- 听力线上教学中"自下而上"与"自上而下"结合的教学

本书第 5 章已讨论听力教学中"自下而上"与"自上而下"教学理论与方法,并指出两者结合能达到最佳教学效果,在这方面线上教学能发挥网络的优势。线下听力教学的一般过程是从"自下而上"教学开始,教师带领学生学习生词并解释词义,然后逐段听取材料,过渡到分析语篇意义的"自上而下"教学。线上听力教学则与此不同:

> **从"自上而下"教学开始**,在生词教学前,大屏幕上出现课文标题与有关图画或视频后,请几位学生用英语简要预测本课内容,教师小结学生谈话,使学生初步了解本课听力材料主题;

> **第二步**,进行"自下而上"的生词、词组、短语与句子教学,采取以上讨论的线上词汇教学过程与方法完成教学;

> **第三步**,再进行"自上而下"教学,开始第一次听课文,教学目标为掌握主要内容;听第一遍后,教师在大屏幕上出示 3—4 个难度不大与涉及课文主要内容的多项选择题,学生回答后,教师将答案点在大屏幕上;

> **第四步**,再进行"自下而上"教学,要求学生带着上述问题及答案第二遍听课

文,找出并理解支持主要内容的主要细节;听完第二遍后,教师先指导学生明确关键词与句,再在大屏幕上显示根据课文内容顺序的 3—4 个多项选择题,它们比第一次听课文后提出的问题更具体,目的是使学生理解听力材料每段的主要细节,学生回答问题后,教师在大屏幕上显示正确答案;

> **最后,再进行"自上而下"教学**,学生第三遍听课文,要求掌握主题与作者意图。这一要求有一定的难度,故听完课文后再以小组形式通过聊天室讨论 5—10 分钟,各组反馈给全班答案后,教师将正确答案公布于众。这样,通过"自上而下"与"自下而上"线上教学多次有机结合,培养学生的听力理解能力,提高英语听力教学的效益。

在"自上而下"与"自下而上"结合的听力教学中,线上教学能充分利用网络优势,为学生提供快速、生动与大量信息,学生学习更加主动,因而教学效果较线下教学略胜一筹。

(2) 英语阅读线上教学

本书第 5 章讨论了英语阅读教学的内容、原则与方法,它们基本上都适用于线上与线下教学。但基于两者的教学环境与手段不同,英语阅读线上与线下教学也有差异。实践表明,在具体进行英语阅读线上教学时,需集中关注以下几方面的问题:

● **英语阅读线上教学内容**

英语阅读线上教学内容由知识、策略与能力三部分组成。

> **知识**:英语阅读知识包括语音、词汇、语法、语篇结构、社会文化、世界(自然界与人类社会)等方面知识,它们也构成了英语阅读线上教学的基础。早在远程教学初期,英语阅读线上教学就重视词汇与语法教学,在语言知识教学方面积累了经验。在英语教学领域明确了社会文化知识与语篇的重要性后,这两方面的教学也逐渐融入了英语阅读线上教学。

然而,近年来的研究发现,由于过去阅读教学中忽视了语言知识中语音与文字结合的拼读教学,降低了单词拼写成绩,减弱了自动认字能力,进一步影响了阅读能力,因此,在英语初级阶段的阅读知识教学中增加了语音教学;当代英语阅读教学还指出,全球化与气候变化等社会与自然界现象与英语阅读内容日趋密切,学生在英语阅读中应具备常识性的世界知识。由于过去英语阅读线上教学几乎没有拼读教学,也未重视世界知识,当代英语阅读教学界提出的这些要求已引起英语阅读线上教学的关注。

> **策略**:阅读策略指"为达到一定的目标而有意识地控制与调整理解词汇、解码文本与构建语篇意义所作的努力"(Afflerbach et al. , 2008:368),即阅读时需决定采

取何种手段达到理解内容的目的。有些策略是个人经验的积累,因人而异;但是,有些阅读策略具有普遍意义,特别是针对线上教学应采取的策略:一些研究发现,线上阅读时,视力集中于屏幕上文字,大脑思考力度减弱,因此线上阅读时应重视采取分析、推断与综合内容等思维活动的策略;同时,线上阅读时注意力容易分散,为防止偏离主题,应注意加强掌握段落主题句与语篇中心思想的策略;更重要的是,应关注元认知阅读策略,即掌控计划、监控与反思阅读过程的思路与情绪,使线上阅读始终运行在正确的轨道上。传统的阅读教学在策略教学方面是薄弱环节,当代英语阅读线上教学应注意克服以往阅读教学的短板。

➢ **能力**:如果阅读策略是为达到理解语篇目的而有意识地作出的努力,那么阅读能力就是通过努力已能自动达到阅读目的之行为,即在单词与句子层面上,能自动与迅速认字,理解词汇和语法形式与意义;在语篇层面上,能流利地阅读并理解其结构与意义,掌握与其相关的社会文化知识与世界知识;在元认知阅读层面上,能监管与控制自我阅读过程;综合各种能力,达到正确理解阅读内容主题、真实意义与作者意图。这些就是英语阅读线上教学应培养的能力。

- **英语阅读线上教学的实施**

确定了英语阅读线上教学内容后,可采取以下相应措施将其付诸实施:

➢ **利用网络资源,采取"自下而上"与"自上而下"结合的教学方法**:阅读线上教学中"自下而上"与"自上而下"教学方法与听力教学中相似,但是,因阅读内容一般比听力内容更丰富或复杂,难度也略大,"自下而上"教学应十分重视单词、词组到句子的教学,为理解语篇打好基础,更应加强语篇背景知识、语篇结构、社会文化与世界等方面的知识,重视预测、分析、推断、寻找主题句等策略,以达到掌握语篇中心思想与作者意图的目的。实践表明,与听力教学一样,"自下而上"与"自上而下"教学方法结合能取得最佳教学效果,因而是英语阅读线上教学的基本教学方法。但在英语初、中、高级阶段使用这两种方法略有不同:在初级阶段,采取"自下而上"多于"自上而下"教学方法,随着学生英语水平的提高,使用"自上而下"教学方法应逐渐增多。

英语阅读线上教学的长处是师生能充分享用网络资源,灵活使用网上的截图、照片、表格、音频与视频形象地说明疑难、抽象或新出现的概念,并能通过互联网获取大量与教学相关的英语素材,不仅有利于学生理解英语生词、词组、句子与语篇的真实含义,也有助于他们认识社会文化、语篇结构及世界知识的意义。同时,师生与生生互相交换的电子邮件中含有的英语也是学生阅读自然的补充。恰当使用这些教学手段能提高学生的英语阅读水平,激发他们阅读的积极性与兴趣,并增强阅读的内动力。

> **开展读者与作者的互动,掌握语篇要素、主题与作者意图**:英语阅读的主要目的是理解语篇主题与作者意图,但这恰恰是很多学生阅读时遇到的困难。教学中经常会看到,有的学生认识语篇中每一个英语单词,但是不明了整篇中心思想与作者意图。出现这一现象的重要原因是阅读过程中读者未能与作者在语言意义上产生互动,不了解作者的原意与构思。这是一种隐形现象,线下课堂教学中教师能从学生的表情或疑问中感知,但线上教学中教师不能当面见到学生,影响了感知的灵敏度,这就更加需要有意识地关注学生阅读时与语篇作者的互动,也就是不断指导他们在思想上和语言意义上与语篇作者沟通。为了做到这一点,先要帮助学生了解所学语篇要素(如议论文的要素为论点、论据、论证与结论等),根据这些要素跟踪作者的观点及其发展,明确语篇各段落主题句及它们间的关联,从中概括语篇主题与作者意图。在线下教学中,教师能随时帮助学生解决遇到的困难,学生也可通过小组活动讨论问题。但是,线上教学中的聊天室小组活动不易有效用于集中讨论逻辑性很强的问题,而且不能随时得到教师的指导。故此,线上教学时,教师应给学生更细致与具体的指导,使学生能找到语篇要素、段落主题句及它们的关联,并在此基础上理解整个语篇主题与作者意图。

> **以元认知阅读理论指导线上英语阅读教学**:本书第5章论及,元认知阅读理论要求学生了解自己阅读的特点,并计划、监控、反思与评估阅读,重视学习动力与情感,管控阅读时的情绪,该理论对提高阅读能力有重要影响。但对于大多数学习英语的学生来说,元认知阅读理论是一个全新的概念,在教学中需要教师进行悉心与具体的解说与指导,然而线上教学时师生不能当面随时交流,学生身旁也无伙伴可以即时互帮互学,使落实元认知阅读理论产生了一定的困难。近年来英语教师们在这方面积累的经验是:线上阅读课中增加吸取学生反馈与鼓励的频率,在新授与复习课开展交际活动培养阅读能力时,教师需细致了解学生是否真正理解语言意义与运用是否确切,并以多次询问与及时收到反馈等方式了解学生阅读时的感觉、心情与困难,不断帮助他们掌控阅读过程中的情绪,评估与反思阅读收获,鼓励他们取得点滴进步,克服阅读中的消极情绪。实践表明,师生在教学中落实元认知阅读理论有助于学生克服在线上阅读中的困难,也能增强他们线上阅读英语的自信。

- **"自下而上"与"自上而下"结合的英语阅读线上新授课实例**

本次英语线上阅读课型为新授课,教学目标为培养掌握段落主题句、全篇主题与作者意图的能力，采取"自下而上"与"自上而下"结合的教学策略与方法，教学过程由三部分构成：

➢ **第一部分为简短的"自上而下"教学**：教师在大屏幕上出示课文标题后，放送有关课文背景的短视频，并提出开放式问题，要求学生根据课文标题与视频传递的背景预测课文内容，教师小结学生回答后，指出课文要点；

➢ **第二部分为"自下而上"教学**：教学内容为课文中的生词与语法教学，具体过程与方法可参照本章词汇与语法教学一节；

➢ **第三部分以第一、二部分为基础，再次进行"自上而下"教学**：学生开始第一遍阅读课文(共3—4段落)，教师播放课文录音，学生边读边听课文，以帮助学生理解阅读内容，也便于掌握线上阅读的时间。第一遍阅读后，教师在大屏幕上显示3—4个有关每段主要内容的多项选择题，学生个人完成后，教师带领全班学生正确回答多项选择题，达到基本理解课文的目的；第二遍听、读课文，要求找出每一段落的主题句、主题与全篇课文的中心思想。此时教师在大屏幕上出示有关段落与课文主题的是非题，供学生思考；看完第二遍与个人做完题目后，小组通过聊天室讨论是非题；教师播放第三遍课文供学生边听边读后，学生按小组回答是非题，教师总结全课，并在大屏幕上公布上述是非题的正确答案，说明如何确定段落主题句、主题与作者意图。最后布置作业：复习本课生词、语法与书面完成课内所做的多项选择题与是非题。

由于"自下而上"与"自上而下"结合的新授课内容较多，一般可分成2—3课时完成，第一课时为第一、二部分教学，第二课时为第三部分教学，第三课时为复习课。

9.3.3　英语口语与写作线上教学

口语中的"说"与写作均属语言输出，两者的教学有共同之处。但"说"与"写"使用的语言形式不同，写作使用的是书面语，其过程可以反复推敲，而"说"使用的口语却稍纵即逝，因而两者线上教学的差异较大。

(1) 英语口语线上教学

英语口语教学比听力、阅读与写作教学更需要开展师生与生生之间对话，而线上教学不能当面对话，教师指导也不如线下那么快捷，使口语线上教学产生了困难。但是，由于对话仅为英语口语教学的一部分，只要掌握口语教学的基本要素，发挥创造性，注意发挥学生主动性，采取口语与听力、阅读教学结合等方法，弥补客观上的困难，仍能提高线上口语教学的效益。

- 英语口语线上教学的基本要素

本书第 6 章讨论了传统与当代英语口语教学的基本理论与方法，线上与线下口语教学都应根据英语口语的特点，遵循其中经实践检验的规律进行教学。

➤ **根据英语口语语音、词汇与语法教学规律进行线上教学**：英语口语语音、词汇与语法的形式、意义与运用是英语口语线上教学的重要内容，在线上教学中应防止两种倾向：一是重视词汇与语法教学，忽视学生的语音语调；二是仅关注语言知识讲解，放松了运用语言的交际活动，偏离了当代英语口语教学方向。在教学中，运用语言部分的教学不能停留在单词、词组与句子层面上，而应发展至语篇教学，关注学生对话时不仅理解对方语篇的内容与结构，而且能形成与运用确切的内容与结构参与双方交际活动。

➤ **关注口语功能、言语行动（speech acts）与相关社会文化知识教学**：英语口语线上教学应将语言知识教学与口语功能、言语行动的教学结合成一体，即在进行语音、词汇与语法教学的同时，使学生理解言语功能，并掌握言语行动的规则。本书第 6 章口语教学部分提及，言语行动包括陈述、指令、承诺、表达、宣告五项内容，线上教学应突出重点，加强指令、承诺、表达三方面言语行动的教学，使学生掌握问候、告辞、邀请、询问、请求、感谢、道歉等最常用的言语行动与相关社会文化知识。

➤ **重视交际双方的互动与会话策略教学**：交际双方的互动是英语口语教学成败的关键，但是，线上教学中师生互动与生生互动不如线下教学当面交流时那么便捷，应防止产生教师一言堂现象；为了持续保持交际双方富有成效的互动，学生必须学会使用英语口语时的交际策略，包括避免使用未掌握的词汇与句型、正确要求对方重复、适时停顿、明确何时与如何启动、维持与结束对话，掌握表达同意与反对的礼节等。

➤ **关注英语口语中的元认知因素与情感变化**：英语口语教学要求学生学习口语中的元认知知识，即在进行口语活动前应认真思考，并作好充分的准备，了解本人和他人的特点与对话的目的和需求，并随时监控对话进程，掌握对话的方向，体验口语进程，使之成为自己有益的经验；在此期间掌控双方的情感，使对话始终处于积极与愉悦的状态，防止产生消极、焦虑甚至导致对话失败的局面。

总之，英语口语教学最基本的因素涵盖英语语言知识、口语语篇、言语行动与社会文化知识、运用口语的策略与元认知因素等方面教学，它们应贯穿于线上英语口语教学的实践中。

- **英语口语与听力线上教学的结合**

口语与听力教学结合是常用的英语教学方式,由于线上教学缺乏面对面交流的口语活动,因而各地线上口语教学较多采取听与说结合的方式,但在进行这类教学时应注意以下方面:

> **明确口语与听力结合的主要教学目标是培养口语能力**:口语与听力教学结合能为多种教学目标服务。因此,在进行英语线上口语教学时,必须始终把握培养口语能力这一主要教学目标,防止在词汇、语法与听力教学上花费过多时间与精力,使非口语教学分量超过口语能力的培养。为此,教学中使用的词汇、语法、语篇、言语行动与社会文化知识的数量不能太多,难度也不宜过大,以便集中精力培养口语能力。

> **正确处理作为语言输入的听力与作为语言输出的口语之关系**:在听与说结合的线上口语教学中,听力提供语言输入,口语活动则是语言输出,应用语言学关于语言输入与输出假设为两者的关系提供了理论基础:根据克拉申提出的"语言输入假设",当语言内容有意义与语言输入难度比学习者的水平高一层次时,学习者才能提高知识与能力水平,这为听与说结合线上教学选取教材与课堂练习提供了依据;斯温提出的"语言输出假设"指出,为了掌握语言,必须推动学习者通过不断假设、测试与反思等活动输出准确、流利与恰当的语言,这为听与说结合线上口语教学原则提供了理论基础。确定理论基础后,还应掌握语言输入与输出的量,一般来说,在英语初级阶段,语言输入量需略大于输出量,随着英语水平的提高,语言输出量可逐渐增加;在高级阶段,学生已有语言储备,语言输出量可略大。

总之,在线上听与说结合的英语口语教学中,听力教学目标是使学生理解语言的意义,而非全面培养听的能力,教学的重点是培养学生的口语能力,在教学中应推动与鼓励学生主动参与口语教学的各种活动,通过听的语言输入达到促进语言输出与提高口语能力的教学目标。

- **英语口语线上教学实例**

口语作为语言输出需要语言输入作为前提,而语言输入有听力与阅读两种手段,因此,除了"说"与"听"结合外,"说"也能与"读"结合进行教学,或同时采取听与读两种形式作为口语的语言输入。在多数情况下,英语线上口语教学选择对话体裁,但有时也选择叙事体或故事,以通过复述、概括大意等方法培养运用口语语篇能力。一般线上口语教学新授课大致可分为三部分:

➢ **第一部分——口语教学前阶段(准备阶段)**:**首先,开展暖身活动**:如教材内容涉及知识背景或社会文化,应作简要介绍,最佳方法是放送短视频,通过生动的形象迅速引导出课文的主题;**其次,进行词汇、语法与言语行动项目教学**:使学生理解课文中的生词、新的语法现象或言语行动项目,加强重点生词、新的语法现象与言语行动形式与意义教学,为理解课文打下基础;**最后,播放作为语言输入的课文**:播放课文三遍,第一遍听大意,第二遍听后采用问答题帮助学生理解主题与主要细节,听第三遍时学生打开课本,边听边阅读课文,通过听与读两种手段加强语言输入,确保理解全文。

➢ **第二部分——口语教学中阶段**:**首先,教学目标为初步运用重点生词、语法规则或言语行动项目**:教师在大屏幕上打出本课重点生词、语法规则与言语行动字幕,带领学生朗读后,字幕下出现两幅图画,要求学生使用以上任何生词、语法规则或言语行动简短谈论其中一幅图画,然后将文字传送给教师,教师选择较好的回答放在屏幕上展示,帮助学生初步运用所学重点生词、语法规则或言语行动;**其次,通过角色扮演学习在语篇层面上运用本课所学语言项目**:学生以4—6人为一组,通过聊天室开展小组活动,将课文改写成简短的会话语篇,每人担任一个角色,开展语篇中角色扮演活动,然后将改写后的会话传送给教师,教师可将质量高的改写会话放在大屏幕上;**最后,通过任务型教学进一步学习在语篇层面上运用本课所学语言项目**:教师给出一个简单教学任务,要求学生按小组使用所学重点生词、语法规则或言语行动完成任务,小组讨论后请代表报告完成任务的结果。在上述活动中,如具有科技设备,可通过网络开展对话。如无此设备,可要求学生自己说出对话后通过聊天室以文字形式与对方交流。以后如有机会,再采取线下教学进行巩固。

➢ **第三部分——口语教学后阶段**:教师带领学生小结口语会话内容后,布置作业:完成教材中本课重点生词与语法练习,改写课文会话(可使用课内小组活动成果)。

以上是完整的线上口语新授课实例。如时间不够,可分两课时完成。由于线上口语教学有时会遇到技术问题,因而比较理想的方式是采取线上与线下融合教学进行口语新授课教学。

(2) 英语写作线上教学

本书第6章提及,英语写作教学有成果法、过程法、文体法与社会—认知法等多种教学模式,各地写作教学差异很大。线上写作教学应根据当地特点,吸取各模式所长,实施当代科学的写作教学内容、原则与方法,形成符合写作教学规律与本地实际情境的模式。

- **英语写作线上教学内容**

纵观各种英语写作教学的理论与实践,总体而言,英语写作教学内容主要体现在社会性与认知特性两方面,线上教学也不例外。

➢ **英语写作线上教学内容的社会性**:以往英语写作线上教学考虑较多的是学生的个人意见与使用英语语言规则的准确性,很少关心写作内容的社会性,似乎这是专业作家考虑的问题。但是,随着网络与社交媒体的普及,各种个人线上写作与社会的关系更加密切,使英语线上写作教学必须关注写作的社会性。

首先,学生在英语线上写作的内容常与社会环境相关,并涉及社会问题,如有关学习的内容常涉及学校的教育政策与措施,对生活中各种问题的看法会涉及社区与社会文化;其次,任何写作都有一定的读者,作者在写作时也应明确写作的对象,了解读者对自己意见会作出何种反应,这也是预测写作的社会效应。特别是,由于线上写作中学生经常分享写作成果,个人的写作很容易传播,写作教学中关注写作涉及的社会问题是师生线上写作教学必须重视的理念。

➢ **英语线上写作体现的认知特性**:英语写作是一个复杂的思维过程,学生需具备多方面的认知能力:首先,他们必须具有一定的逻辑思维、创造性与批判性思维能力,才能产生有意义的观点与构思,并组织与完善思路,完成写作任务;其次,在英语语言知识的认知方面,学生必须具备正确拼写英语单词、理解词义和语法规则、使用标点符号与运用它们表达意义的能力,在此基础上还需运用衔接词连接句子,构成通顺达意的段落与语篇;最后,学生应具有故事体、叙事文与议论文等主要文体的语篇结构知识,学会使用语篇中对比、分类、因果、举例等英语写作基本表达方式。在线上写作教学中,师生不能当面沟通,教师不易发现学生在思考与写作中产生的问题,更应注意观察学生认知的动态,指导他们提高认知能力,这一理念也应始终贯穿于线上写作教学全过程。

- **英语写作线上教学的实施**

英语写作内容十分丰富,线上培养英语写作能力不可能一蹴而就。实施英语写作线上教学时,可根据学生的英语水平与写作能力分阶段进行教学。

➢ **英语初级阶段应打好写作的基础——拼写、词义、词组与基本语法教学**:当教学目标为培养写作能力时,除了一般线上词汇与语法教学外,还需进一步加强与写作相关的词汇与语法教学,如要求学生将重点单词与语法规则置于句子中造句,或通过听写教学加强学生对词义、语法和标点符号的理解,并提高拼写能力,为写作奠定基础。例如,做造句练习时,教师先在大屏幕上打出重点单词,学生造句后即发送给教师,然后教师选择较好的造句打在大屏幕上,其中的单词以红色闪光标出,加深学生的印象;又如,线上听写练习可利用网络提供的音频读出短篇,发音、语速与停顿都较规范,在听写练习后,学生可先在聊天室开展小组活动,互相纠正错误,然后教师将听写的文字打在大屏幕上,并放送短篇,使学生边听边对照自己的听写,掌握正确的版本。显然,这样的教学比线下课堂教学中的造句与听写教学效果更好。

> **英语中级与高级阶段需关注线上语篇衔接的教学:** 本书第 6 章讨论写作教学时已指出,英语的衔接与连贯是英语语篇的特质之一。语篇衔接包括词汇与语法衔接,是连接句子的基础与语篇连贯的组成部分,因而是英语写作重要的基本知识。学生在英语初级阶段早期与中期学习了单句造句后,后期就应开始关注语篇衔接中最简单的词汇衔接(如同一词复现)与语法衔接(如指称中的人称代词、连接中的连词等);进入英语中级阶段后,写作教学中必须学习与课文难度相当的词汇、语法衔接与语篇连贯知识;在高级阶段,更应重视语篇衔接与连贯理论和实践教学,才能培养学生英语语篇写作能力。

这里先讨论线上词汇与语法衔接教学。在教学前,教师应熟悉语篇衔接教学内容,教学中指导学生掌握词法衔接形式所含有的复现与同现形式和语法衔接形式所含有的指称、替代、省略与连接等形式(详见第 5 章)。根据词法与语法衔接形式,选择英语教材中已出现语篇衔接的具体语言作为实例,从句子教学开始过渡到语篇教学,先帮助学生理解语义,再通过实践学会如何运用。词汇与语法衔接教学可融入词汇与语法教学中,也可专项进行衔接教学。由于线上教学能利用各种网络资源,教学方法与手段都比线下教学多样:

- **句子层面的衔接练习**

句子衔接练习应使学生理解句子的语义,掌握句子衔接规则,防止将教学变成简单对答案的测试,线上教学有利于做这方面练习。例如,教师可在大屏幕上给出两道类似下述的问题:

> Combine the following pairs of sentences to be one sentence. Use appropriate cohesive devices.

(使用恰当的衔接手段,将以下成对的两句结合成一句。)

Karen and Sally are best friends. Karen and Sally have many things in common.

要求学生做完后发给教师,然后教师将正确答案打入大屏幕,并说明原因。正确答案:

Karen and Sally are best friends, **because** **they** have many things in common.
连接(因果)　　指称(人称代词)

(以上问题英文部分选自"Practice: Using Cohesive Devices"。https://englishuphfon.weebly.com,衔接手段的中文说明为本书诠释。)

■ 语篇层面的衔接练习

在句子衔接练习的基础上,可进行语篇层面衔接练习。线上练习的语篇不宜太长,词汇与语法难度不能太大,以便学生能集中思考语篇衔接问题。教学过程与方法基本上与句子层面衔接教学相似,但学生思考时间略长。例如,教师先在大屏幕上给出以下不含中文衔接词说明的英语语篇,要求学生指出语篇中的衔接词,并在它们下面用中文说明衔接词的形式。学生做完练习后,发送给教师。然后教师在大屏幕上显示正确答案,并加以说明:

<u>Animals</u> are an important feature of this earth **and** the past decades have witnessed the <u>extinction</u> of a considerable number of **animal** species. **This** is the consequence of human encroachment on wildlife habitats, **for example**, deforestation to expand cities. Some may argue that such <u>loss of species</u> is natural and has occurred throughout earth's history. However, the current rate of **species loss** far exceeds normal levels, **and** is threatening to become a mass **extinction** event.
复现　　　　　　　　　　　　　　连接(添加)
复现　　　　　　　　　　指称(指示代词)
连接(举例)
复现
连接(添加)
复现

(以上练习英文部分选自 EAP Foundation, 2021,衔接手段的中文说明为本书诠释)。

最后,教师与学生共同分析与讨论正确答案的意义。

➤ **英语中级与高级阶段还需关注语篇连贯的线上教学:** 除衔接外,语篇连贯还包括整个语篇前后一致地说明主题与合乎逻辑地发展等方面。因而在线上写作教学中需要使学生明确,每个段落都有主题,同时,各段落之间也需逻辑地保持语篇连贯,才能产生全篇的主题。

本书在讨论英语阅读与写作教学时都已提及,语篇中的段落主题句不仅体现了段落的主题,而且具有使语篇连贯的作用。因此,指导学生写好段落主题句是线上语篇连贯教学的重要内容:主题句一般在段落之首,受到其他句子的支持或说明,句尾作一小结,明确了该段落与整篇主题的关系。在线上写作教学中,可利用网络丰富的资源,在很多免费的写作网站选取典型的例子,帮助学生理解与使用英语段落主题句。

除了段落主题句外,段落之间合乎逻辑的连接也是语篇连贯的要素。一般记叙文、议论文与说明文都采取引言(introduction)、段落论述(body paragraphs)与结论(conclusion)三部分结构,其中段落论述部分需要以逻辑论述表达语篇的主题。英语写作中常用的逻辑论述手段有多种,如按时空顺序或观点重要性排列(first, then, finally)、按因果关系论述(cause and effect)或采用对比分析(contrastive analysis)等手段以表达观点或事物的内容及其意义。在线上写作教学中,培养学生运用这些逻辑论述手段的有利条件是可以使用计算机软件与利用网络丰富的资源,帮助学生理解与学习运用这些写作手段。

以下为段落逻辑论述练习一例:左栏中 A、B、C、D 是不连贯的四个段落,要求学生阅读后使其成为连贯短文,写出正确答案。在具备技术条件时,可做成动态课件,要求学生将不连贯的四个段落重新排序,并将它们拖移至右栏,形成连贯的短文(正确答案为 C, A, D, B)。

写作段落逻辑论述练习题	
(A) However, a lot of people still hesitate to travel by air, because it is more expensive than travel by train. They are also concerned about flight safety and security. As more airplanes fly daily, more accidents occur.	
(B) In recent years, hijacking and sabotage have become more frequent than before. But the good news is that due to increased security, some sabotage and hijacking plans have been foiled.	

续表

写作段落逻辑论述练习题	
(C) Today roughly 100,000 flights carrying about six million passengers take off and land daily all over the world. Journeys that used to take days can now be completed in a few hours.	
(D) Over 80 percent of all accidents are caused by human error. Other causes of air disasters range from structural problems to sabotage.	

(选自左焕琪,2000:173,略作修改)。

- **英语高级阶段:使用微软办公自动化文字软件(WORD)练习写作**

在英语高级阶段,可指导学生使用微软办公自动化文字软件(WORD),在计算机上练习写作,或完成用英语写作的教学任务。WORD软件比较容易操作,因此教学重点可放在指导写作内容与结构等方面。教学过程可分为写作前(pre-writing)、写作中(while writing)、写作后(post-writing)三个阶段。

➢ **写作前阶段**:本阶段目的是为写作作好准备。首先应保证学生学会掌握WORD软件自动页面设计、网站链接、删除粘贴与拼写检查等基本功能。线上教学时,仍应采取课堂教学形式,帮助学生一步步学习WORD功能。然后再帮助学生确定写作的主要内容、观点与写作对象,并决定文章大致结构,列出简要提纲。

➢ **写作中阶段**:根据写作提纲,帮助学生采取起草、修改、编辑与定稿等步骤完成写作。从起草开始时起,就应时刻考虑写作对象,内容与观点才会有的放矢;同时应先有观点,再考虑使用什么词汇与语法,不能为了使用某些英语语法或词汇而忽视内容的意义;修改阶段应着重全篇大局,检查是否符合提纲的基本精神与表达了主题,全篇结构是否达到连贯的要求,词汇与语法有无重大错误;在编辑阶段,就可检查用词造句、拼写与标点等写作基本知识的正误;因此,必须经过从总体到局部的审视,最后才能定稿。培养这样的写作过程,可从学生在课堂里在教师指导下完成简单作文开始,过渡到课外自己独立写出较复杂的文章。

➢ **写作后阶段**:在完成写作后,通过学生线上自评、同学分享与教师讲评等步骤,对写作做出评估,小结写作收获,发现优缺点,鼓励以后更好地写作。

实践表明,使用WORD软件在线上进行写作教学十分有利于提高英语写作教学的效益。

结语

本章从讨论英语教学手段的理论基础起始,指出了教学手段在英语教学中的必要性与重要意义。由于英语教学处于非英语环境之中,形象的语言交际活动、活跃的视听感知和积极的心理与情感因素对英语学习具有深远的影响,英语教学手段在这些方面都能发挥应有的作用。

英语教学手段的发展经历了四个阶段:早期的英语教学仅使用实物、图画、地图、表格等教具;20世纪50—60年代,英语教学手段进入了使用电化教具阶段,从简单的投影机与录音机发展至综合利用电教设备的语言实验室,然而,此时教学手段仅对教学起辅助作用,语言实验室在培养语言交际能力方面的作用很有限;60年代后,英语教学领域兴起了计算机辅助学习(CALL)的热潮,使英语教学手段的发展跃上了新台阶。初期的CALL仅为英语词汇与语法练习以及听力与阅读材料,但随着高科技的发展,多媒体与互联网被运用于日常英语教学;随后CALL迅速发展至网络提升语言学习(WELL)时期,线上教学开始普及,进入了以计算机为中介之交际(CMC)的新阶段。

从远程教学中产生的英语线上教学迅速发展,至新冠疫情期间成为各地正规课堂教学,建立在网络基础上的英语线上教学手段已全面融入英语教学。在词汇教学中,线上教学使词汇的音、形、义、用教学更加生动多样,并使词汇与语篇教学自然地融合成一体;在语法教学中,线上教学在词法与句法教学结合和语法形式、意义、运用结合等方面都体现出优势;在听力与阅读教学中,线上教学为学生提供了快速、生动与大量信息,并探讨了听力与阅读教学中的难题;在口语与写作教学中,线上教学探讨了口语与听力教学有机结合与写作教学中"语篇衔接与连贯"等重要课题,促进了英语口语与写作教学的发展。在线上教学发展过程中诞生的线上与线下英语教学结合的"融合学习"具有线上与线下教学两者的长处,受到师生的欢迎。

纵观英语教学手段的发展史,可以清晰地看到,英语教学手段与科学技术应用不仅已成为英语教学有力的助臂,而且促使英语教学发生了革命性的变化。

第10章 英语教学评估与测试的发展与更新

导言

英语教学评估与测试产生于课堂教学,是巩固与评估英语教学的手段,因而其理论与方法均受教学的影响。在传统的语法翻译法教学时期,书面语、语法规则与翻译是教学的核心,也是教学评估与测试的主要内容。20世纪中叶英语教学领域诞生了以结构主义与行为主义为基础的听说法,教学评估与测试遵循教学的基本理念,更新了传统的教学评估与测试理论与方法,产生了分别进行语言知识(语音、词汇、语法)与语言能力(听、说、读、写)的评估与测试。同一时期大规模标准化考试开始发展,促进了语言测试形成一门独立学科,并宣布"科学语言测试"问世。此后由于大规模标准化考试成为大学入学与外国学生进入英语国家的考试,其影响力不断扩大,英语测试领域形成了学校课堂教学与大规模标准化考试两大分支,前者受后者的影响,在测试内容与方法上都不断采取后者的模式,削弱了传统的全面教学评估。

20世纪90年代以来,特别是21世纪后,高科技迅猛发展,同时心理学、语用学与语篇分析等多元理论深刻影响了英语教学与测试,促进了英语测试的更新:课堂教学开始摆脱大规模标准化考试的桎梏,回归至全面评估与测试,着手研究形成性、总结性评估与新时期的课堂英语测试;英语测试研究人员与教学工作者们共同努力,以心理学、语用学与语篇分析等理论为基础,利用计算机软件与网络的强大功能,对英语语言知识与能力测试进行了更新。在语言知识方面,语音测试改变了测试目标并加强了体现语义的超音段测试,词汇测试融入语篇之中,朝着测试词汇广度与深度的方向发展,语法测试中出现了测试"语法能力"的新概念与实施步骤;在语言能力方面,听力测试中产生了以多元理论为基础的新型网络听力测试,阅读测试关注的重点从信度转化至效度,更加重视测试的理论结构,口语测试中更注意应对各种挑战,创设了新型的综合性口语测试题型,写作测试更新了传统的独立测试和与听、读、写结合测试的理论、形式与评分手段,使整体法与分析法两类评分方法实现了有机结合。当代英语评估与测试已全面更新了从传统到综合性与交际性测试时期的英语教学评估与语言知识和能力测试。

本章提要

10.1　英语教学评估与测试的发展与回归
　　10.1.1　从传统英语教学评估与测试发展至综合性与交际性测试
　　10.1.2　进入多元理论与高科技结合时代的英语测试
　　10.1.3　英语教学评估的回归:形成性与总结性评估
10.2　英语语言知识测试的发展与更新
　　10.2.1　英语语音测试的发展与更新
　　10.2.2　英语词汇测试的发展与更新
　　10.2.3　英语语法测试的发展与更新
10.3　英语语言能力测试的发展与更新
　　10.3.1　英语听力测试的发展与更新
　　10.3.2　英语阅读能力测试的发展与更新
　　10.3.3　英语口语能力测试的发展与更新
　　10.3.4　英语写作能力测试的发展与更新

10.1　英语教学评估与测试的发展与回归

　　英语教学评估(assessment)与测试(testing)源于英语教学,是英语教学的组成部分。20世纪60年代,以结构主义语言学为理论基础的测试理论与方法诞生后,促使语言测试形成一门独立学科,其理论被大规模标准化考试所采用,深刻影响了英语教学。70年代后产生了综合性与交际性测试,英语测试已成为英语教学评估极为重要的部分。然而,英语教学评估与语言测试不尽相同。90年代以来,英语教学领域出现了不能依附语言测试学科理论与实践的呼声,进入21世纪后,体现英语教学评估和测试特征的形成性评估(formative assessment)与总结性评估(summative assessment)成为英语教学领域研究评估与测试的重要内容,标志着英语教学评估与测试摆脱了对语言测试学科的依赖,回归至更恰当地为英语教学服务的初衷。

10.1.1 从传统英语教学评估与测试发展至综合性与交际性测试

(1) 传统英语教学评估与测试

传统英语教学评估与测试指20世纪50—60年代前的英语教学评估与测试。这一时期语法翻译法理论在英语教学领域占主导地位,检查教学成效、学生成绩评估与测试建立在测验学生掌握语法规则、翻译与写论说文的基础上。1913年剑桥大学地方考试评议会特别委员会(University of Cambridge Local Examination Syndicate)在"英语水平证书(The Certificate of Proficiency in English — CPE)"中提出的英语测试内容充分体现了这一特点:

	Paper	Time/hrs
Written	Translation into French or German Translation into English or grammar English Essay English literature English phonetics	2.0 2.5 2.0 3.0 1.5
Oral	Dictation Reading aloud and conversation	0.5 0.5

(Green, 2014:175)

上述测试内容显示,传统英语教学评估与测试的重点在于考查掌握书面语的程度,特别是测验掌握语法规则、翻译与写作水平;而且,其试题多与英国学校教学内容一致,它实质上是学业成绩考试;更重要的是,测试题型绝大部分是主观性试题,阅卷教师评分标准存在差异,成绩评定缺乏客观性,影响了测试信度,因而早期英语教学评估与测试时期被称为语言测试"科学前阶段(the pre-scientific period)",该阶段使用的测试则被称为"传统测试"(同上:174)。

但是,不应全盘否定传统英语教学评估与测试。首先,它不仅是测试,而且含有教学评估,测试后分析与评估教学成效和存在问题,以改进下阶段教学,发挥了测试在全面评估教学中的作用；其次，在早期英语教学中，每完成一段重要教学内容后都有测验的传统，这类不断测验实为形成性评估的雏形，为当代英语教学评估奠定了基础；再次，传统英语教学评估与测试中采用的论说文写作、听写、朗读与会话等测试形式一直被沿用至今。因此，全面认识与评价传统英语教学评估与测试对于发展当代英语教学评估与测试仍然是必要的。

(2) 心理测量与结构主义语言学相结合测试的兴起

心理测量（psychometrics）是心理学领域测量与研究心理能力、属性与特征的科学，它源于19世纪德、法、英、美等国的实验心理学。19世纪后期，英国实验心理学家高尔顿（Sir Francis Galton）将数理统计应用于心理测验中，首先使用了"psychometrics"一词，并创立了心理测量的基本理论与方法。在德国心理学家冯特（W. Wundt）、法国心理学家比奈（A. Binet）与高尔顿等人研究的基础上，曾与高尔顿共事的美国心理学家卡特尔（J. M. Cattell）在其1890年发表的论文（*Mental Tests and Measurements*）中率先提出了"心智测试（mental test）"概念。此后产生了多种"心智测试"，对美国学生与军人测试心理状况，发展了心理测量理论与方法，并推广了测试中使用的多项选择题等客观性试题。第一次世界大战后，心理测量理论与方法受到教育界重视，以卡特尔的博士生桑代克（E. L. Thorndike）为代表的教育心理学家将心理测量原理运用于教育测量，提倡测试的精确、客观、可靠与有效，为标准化测试理论与实践打下基础，随后教育界产生了数学、阅读等学业成绩标准化考试，继而发展成大规模标准化水平测试。

在心理与教育测量发展的同时，英语教学领域以结构主义语言学为理论基础的听说法取代了语法翻译法的主导地位。结构主义语言学提倡通过分析与对比语言的小单位达到认识语言整体结构的目的，将英语语言知识教学分成语音、词汇、语法教学，将语言能力教学分成听、说、读、写教学，英语测试自然也由这些部分组成。而且，语言知识与能力还可进一步分解成小单位，采取多项选择题等客观性试题进行测试。由于这类测试比传统英语测试更符合教育测量所要求的"精确"与"客观"，心理测量与结构主义语言学测试观念逐渐融合，英语测试告别了传统测试时期，实现了向心理测量与结构主义语言学结合之科学测试的飞跃。

心理测量与结构主义结合的测试提高了测试在英语教学中的地位，在一定程度上帮助学生提高了英语水平，但是在测试实际使用英语进行交际的能力方面显然不足。更重要的是，很多地区以测试代替教学评估，影响了对教学的全面总结。此外，多项选择题等客观性试题受到追捧,写作等主观性试题遭遇冷落,导致了忽视培养写作能力的偏向。

(3) 综合性与交际性测试的产生与发展

20世纪70年代,随着听说法在英语教学领域受到批判,心理测量与结构主义结合的测试也受到了语言测试领域的抨击,从中诞生了综合性与交际性测试学派。

● **综合性测试的基本观点与测试形式**

综合性测试学派建立在心理语言学理论基础上,该学派的主要代表人物奥勒(J. W. Oller, Jr.)认为,使用语言进行交际时,人们经常表达事实与情感双层含义:一是通过语音、词汇、语法与语言结构表达事实性信息(factual information),另一层是情感与态度的表达,两种意义都受到语言内部上下文与外在社会情境的制约。不仅同一个词、词组或句子在不同上下文中意义可能各异,而且轻声说话与大声喊叫意义也很不同,体现了语用学重视的语言内涵与情境,故综合性测试可被称为"语用测试";同时,奥勒还指出,交际一方在输出语言后会预期对方可能的反应,对方也会不断预测输入并作出反应。如果双方的预期内容与形式一致,交际就能顺利进行,奥勒将这种预期语言形式称为"语用预期语法(pragmatic expectancy grammar)",并认为语言测试应测验掌握"语用预期语法"与理解事实和情感双层含义的"语言能力",即测试理解与运用整体语言能力,而以结构主义为理论基础的测试不能达到测试整体语言能力的目的(Oller, 1979:16-38)。据此,综合性测试提倡以听写与综合填空测试整体语言知识能力:

➢ **"听写"**:听写原为传统英语测试形式,但是,经综合性测试学派提倡后,不仅测试目的从以往测试听与写的能力改变成测试综合理解语篇能力,而且测试方法也从按意群与短语听写改变成整句与逐段听写,其中朗读的语音语调、语速与停顿等方面更接近实际交际中自然的语言;

➢ **"综合填空"**:综合填空是综合性测试标志性题型,它提供一篇带有空格的短文,要求应试者阅读该短文后根据上下文语义将正确的词或词组填入空格中。这一题型由美国伊利诺伊大学研究生泰勒(W. Taylor)于1953年提出,他使用该题型的目的仅为检查文章的可读性与难度。但是,此后很多研究人员使用它作为综合填空测试,不仅能检查文章的可读性,而且也能用于测试英语阅读理解能力。20世纪70—90年代期间,综合填空题在理论与实践方面都取得了很大进展:在理论上,除了奥勒等人指出它符合综合与语用测试基本理论外，有些研究者还认为，综合填空之理论基础符合心理学中图式理论的"闭合原则"。该原则指出，外界有些图形是残缺不全的，但是人类认知中有使其闭合成整体的倾向。人脑若具备整体图形的知识，就能从残缺图形中感知与认识整体图形的意义，这一论述更为运用综合填空题提供了依据；同时，不少实验表明，达到信度与效度标准的综合填空测试与翻译、写作、词汇、语法测试，甚至与大规模标准化测试都显著相关，因此，综合填空题逐渐被运用于测试英语总体水平之中 (Fotos, 2006)。但是，实践表明，有些综合填空测试的信度与效度较低，引发了综合填空题能否达到测试目标的争议；此外，当代综合性测试强调试题语篇需来自实际交际中的语言，但是，一般英语教学中很难找到符合测试目标与应试者水平的自然语言，因而综合填空题未被学校日常教学普遍采用。

- **与交际教学法共享理论基础的交际性测试及其要素**

在综合性测试发展的同时，随着英语教学领域交际教学法的诞生，英语测试领域产生了交际性测试。20世纪80年代后，交际测试法发展迅速，并长期在英语测试领域占主导地位。

➢ **交际性测试的理论基础**：交际性测试与交际教学法的理论基础一致：1980年，卡内尔与斯温阐述了交际教学法与交际测试共同的理论基础（见本书第2章），即包含语法、社会语言学与策略三方面能力。1983年，卡内尔又撰文增加了语篇能力，为交际测试法奠定了基本理论基础。

此后出现了很多英语交际性测试。例如，美国的TOEFL考试在20世纪80年代增加了口语与写作项目测试；美国外语教育委员会（American Council on the Teaching of Foreign Languages — ACTFL）也于80年代起为学校外语教学制定了外语水平测试等级标准，通过口语面试测试交际能力；为了为进入英语国家的学生与移民提供英语测试，英国文化教育协会（British Council）与剑桥大学外语考试部（Cambridge English Language Assessment）发起、后由澳大利亚大学国际发展计划（The International Development Program of Australian Colleges and Universities）加入，制定了"IELTS（雅思考试）"，根据交际测试理论从听、说、读、写等方面全面测试学生使用英语的交际能力。

➢ **交际性测试三要素**：1990年，美国应用语言学教授巴克曼（L. F. Backman）总结了20世纪80年代交际性测试的理论与实践，提出了测试交际能力的三要素：语言能力、策略能力与心理生理机制。在语言能力中，除了包括卡内尔与斯温提出的能力外,还强调了提供交际的真实情境与测试交际者的语用能力,特别是双方互动的能力;策略能力方面,不仅测试交际中的策略,而且测试学生在计划、实施与评估交际全过程的策略;巴克曼还指出,交际性测试应关注表述性测试(说与写)与接受性测试(听与读)在心理与生理机制上的不同(Backman,1990:84-108)。巴克曼提出的交际测试三要素发展了卡内尔与斯温的交际测试理论,使英语测试理论更为丰富与具体。由于80年代英语教学领域诞生了任务型教学,受其影响,英语测试领域也出现了采用"任务"方式的测试项目,巴克曼提出的语用能力理论有利于提高这些测试质量,推动了英语交际测试的发展。

10.1.2 进入多元理论与高科技结合时代的英语测试

20世纪90年代以来,出现了以心理学、语用学与语篇分析等多种理论为基础的英语测试;与此同时,计算机辅助与适应语言测试发展至网络测试,开启了多元理论与高科技结合的时代。这一时代特征主要体现在大规模标准化考试的更新与学校英语测试回归至全面的教学评估等方面。

(1) 以心理学、语用学与语篇分析等多元理论为基础的英语测试

● **心理学**是英语测试重要的理论基础之一,但作为英语测试理论基础的心理学学派有所不同,20世纪90年代后,影响英语测试的心理学学派主要是认知心理学。该学派认为,以往的英语测试皆测验答题的最终成果,未通过测试考生答题的思维过程评估其英语语言能力,多项选择题、是非题与匹配题答题还含有猜测因素,影响了测试效度。认知心理学派指出,无论在语言输入或输出测试中,考生都需运用归类、对比、概括等方法分析、综合语言意义,并通过判断、推理正确理解语篇内涵与目的,语言输出测试中考生还需根据主题组织语言结构与选择恰当词语,这些都应构成英语语言能力测试的组成部分。以往英语测试中忽视了测试思维过程,即使测试语篇主题,也仅提出"What is the main idea of the passage?"一类思维成果问题,不足以测试英语语言能力。同时,由于大规模标准化考试重视增加试题数量以提高测试信度,而试题过多会使考生产生焦虑情绪,影响测试成绩。这些观点受到了英语测试界的关注,促进了英语测试的更新。

● **"语用学"** 一词由心理学家莫里斯(C. Morris)于20世纪30年代提出,70年代时语用学形成一门学科。应用语言学家克里斯特尔(D. Crystal)指出,"语用学研究语言使用者的语言,特别是研究他们的语言在社交中遇到的约束,以及他们使用的语言对交际行动参与者所产生的效应"(Crystal,1997:301),即语用学着重研究语义学、社会语言学与语言外情境等议题。

语用学起始于20世纪60年代英国哲学家奥斯汀(J. L. Austin)与他的学生瑟尔(J. R. Searle)提出的言语行动(speech act)理论(详见本书第6章)。70年代后,在研讨言语行动的基础上,出现了探讨语用学内涵的研究,其中对英语教学与测试影响较大的是英国哲学家格赖斯(H. P. Grice)提出了"含蓄表达(implicatures)"理论,并形成了当代颇具影响力的新格赖斯学派(Neo-Griceans)基本信条。"含蓄表达"的概念包括三方面:一是说话人话语的字面意义与他的含蓄意义不同;二是"含蓄表达"遵循理性、说话人与听话人合作与认知规则或原则;三是它表达了交际的意图,该意图因交际对象的理解而得以实现。"含蓄表达"的典型实例是:

A邀请B一起吃午饭,B的回答是:"I have a one o'clock class I'm not prepared for."这一回答的字面意义是:B一点钟有课,但他没准备好,而含蓄意义则是婉拒。
(Stanford Encyclopedia of Philosophy,2006,2019)。

显然,与交际性测试相比,当代语用学为英语测试提供的理论基础更为坚实:它不仅包括语法、社会语言学、策略与语篇等交际性测试的理论基础,而且更关注语言字面意义与内涵的区别、说话人或作者的意图和与其对象的互动、交际情境对语言的制约等因素,为当代英语测试的更新提供了重要的理论依据。

- **"语篇分析"** 是20世纪70年代形成的一门学科,它"系统研究在意义层面上最广义自然产生的交际"(Bavelas et al.,2002:102)。语篇分析是跨学科领域,最初产生于哲学、社会学、语言学等学科之融合,后又加入了人类学、教育学、心理学等学科,因而包含的理论与方法甚多。现代语篇分析对英语测试理论与实践的影响主要体现在三方面:

首先,语篇分析提倡使用自然与流畅语篇剖析语言意义,而非传统语言分析中使用的孤立单句。正如语言学家菲尔莫尔(C. Fillmore)所说,孤立单句与它们连接一起时的意义经常不同。他列举的例子是:当单句"Please use the toilet, not the pool"与"Pool for members only"两个指示牌分别列于两处时两者是无关的,前者置于游泳池内,意为"请使用厕所,勿在池内方便",后者置于游泳池门口,禁止非会员入内;但是,当两句连在一起时,可理解为泳池仅供会员方便(Tannen,2022)。这里对英语教学与测试的提示是:仅理解孤立单句会误解交际内容。

其次,语篇分析重视剖析整个语篇的框架结构、各组成部分的关联、语篇主题及其处于何种情境与上下文,关注整个语篇是在进行什么性质的交际行动,交际双方主要在思考什么与解决什么主要问题,而非拘泥于挖掘个别句子或段落的结构。这种观点有利于认识语篇的实质。

最后,语篇分析研究了语篇标记(discourse marker)的作用。语篇标记由促使语篇结构连贯与流畅的单词、词组与短语组成,以副词、连词、介词短语与主谓结构短语居多,最常用的有"well""now""then""in fact""you know""I mean""but""and"等。它们发挥改变话题、语篇计划、重组结构、加重语气、小结看法等功能,但不改变言语的基本含义。实际上,语篇标记就是衔接词与词组。在韩礼德提出衔接理论后,语篇标记受到了英语教学与测试领域的广泛关注。

(2) 从计算机辅助英语测试发展至线上英语测试

20世纪90年代后,英语测试进入了高科技时代,从计算机辅助语言测试(computer-assisted language testing)与计算机适应语言测试(computer-adaptive language testing)发展到了线上英语测试(online English language testing)的阶段。

- **计算机辅助英语测试**

利用计算机改进英语测试始于计算机辅助语言测试。自20世纪50—60年代起,英语测试中就利用计算机开展命题、评分、计算与报告成绩等工作,虽然这些工作实质上仅为将纸质测试搬到计算机上,但是计算机提供试题、考生成绩直接由计算机评分,测试结束时即能显示成绩等都提高了测试效率。同时,计算机能展示生动的图画与表格,有些软件甚至能利用录像与考生进行人机互动,提高了测试质量,可用于大规模标准化考试,也可因地制宜地用于课堂教学中。然而,这一阶段英语测试的理论基础仍为心理测量与结构主义语言学,测试一般只使用分立式试题,在测试口语能力与直接测试写作能力时仍需人工评分,因而使用受到一定的限制。

- **计算机适应语言测试**

20世纪80年代时出现了计算机适应语言测试,其特点是:英语试题难度随着考生水平不断调节,直到测出考生的水平为止。测试开始时,考生先在计算机上完成一组试题,以确定考生水平,然后根据考生水平一步步提高试题难度,直到考生在某一组测试中获得规定的成绩,就能确定考生英语水平。计算机适应语言测试命题的理论基础与形式比较多样,可采用以心理测量与结构主义理论为基础的试题测试语音、词汇与语法,也可使用以心理语言学为基础的综合填空题与以社会语言学为理论基础的交际性测试,计算机能处理各种形式的多项选择等客观性试题。

计算机适应语言测试理论基础优于计算机辅助语言测试,如命题与使用恰当,其信度与效度都比较高;在同样性质的大规模标准化考试中,计算机适应语言测试试题数量少于传统英语测试与计算机辅助语言测试,节省了测试人力与物力,也减少了考生的焦虑情绪,更使舞弊难以得逞。但是,计算机适应语言测试命题要求很高,掌握命题原则与方法的专业人士不多,难以满足测试需要;同时,考生不熟悉其运作会影响成绩,因而当前计算机适应语言测试未能广泛推广。

- **线上英语测试**

20世纪90年代时,随着全球互联网的兴起,英语测试进入了线上测试时期。从此,英语测试不仅使用计算机进行测试,而且行政管理、命题、评分与联系考生等一揽子事务都在网上进行,特别是新冠疫情暴发后,线上英语测试已形成常态,使英语测试发生了深刻的变化。

首先,线上英语测试改变了测试模式:在大规模标准化考试中,从命题到评分工作都通过计算机进行,测试前后需做大量研究,并统筹安置考场的计算机系统;学校使用线上教学时,需确保学生具有计算机与稳定的网络等线上测试的物质条件,并监管线上测试内容符合教学大纲要求;教师需掌握线上英语测试的基本理论、原则、方法与计算机运作过程;学生应熟悉线上英语测试特点,并在心理上作好线上测试会遇到各种问题的准备。21世纪以来,世界各地曾就线上英语测试作过多次调查,大部分师生对线上英语测试持积极态度。经多年实践,线上英语测试已成为英语测试中重要的测试模式。

其次,线上英语测试的理论基础更为坚实与宽阔,使测试内容更加丰富。近年来,线上英语测试因采纳了以心理学、语用学、语篇分析等多元理论为基础的英语测试而充满活力;同时,由于线上英语测试使用范围很广,它还采纳了以往的综合性与交际性测试,甚至分立式测试,以满足英语初、中、高级各阶段教学与测试的要求。20世纪90年代以来,互联网为教师们提供了互相交流测试素材的平台,线上英语测试内容与形式空前多样,增强了线上测试的生命力。

(3) 英语大规模标准化考试的更新

多元理论与高科技的结合推动了英语测试向前发展,其中突出的表现是大规模标准化考试的更新。试以 TOEFL 为例:TOEFL 是美国 ETS(Educational Testing

Service)公司为美国高等院校招收全球学生而设计与组织的大规模标准化考试。自 1964 年诞生以来,TOEFL 更新了多次:最初是以心理测量与结构主义为理论基础的分立式测试,内容为词汇、阅读、听力、英语结构知识、语法测试,题型为多项选择题;1980 年与 1986 年分别增加了口语与写作测试,1998 年起采用计算机辅助测试与计算机适应语言测试;2005 年以来,TOEFL 更新为以语言学、语用学与语篇分析等多元理论为基础的听、说、读、写能力测试,听力与阅读题型为多项选择题,口语与写作题型为交际性测试,形式从最初的纸质测试(Paper-Based Test — PBT)发展至 20 世纪 90 年代的基于计算机测试(Computer-Based Test — CBT),再更新到基于互联网的测试(internet-Based Test — iBT)。

更新后的 TOEFL 考试以多元理论为基础:首先,它吸取了以社会语言学为理论基础的交际性测试目标,取消了测试语音、词汇与语法的分立式测试,直接以测试考生听、说、读、写的能力为目标;其次,它吸取了语用学重视社会情境、交际意图与含蓄语义在语言交际中的重要作用。根据主要为美国大学招收学生的测试目的,更新后的 TOEFL 考试将内容从以往广泛涉及美国社会、文化与生活改为限定在大学教学与学习的情境之中;再次,更新后的 TOEFL 考试重视测试认知心理学关注的分析、推断与综合信息能力,同时吸收了综合性测试的理念,不仅考查考生对整体语篇的理解与表达能力,而且测验他们运用听、说、读、写结合的综合运用语言的能力;最后,TOEFL 考试更新后还吸取了语篇分析理论,重视测试考生对语篇连贯性与上下文衔接的理解与运用能力,除了增加了测试衔接词与词组外,还设计了测试语篇连贯性的新题型。

总之,21 世纪以来,以当代多元理论为指导,以 TOEFL 考试为代表的大规模标准化考试在测试目标、内容、形式与题型等方面都得到了更新,具体内容将在本章以下有关部分讨论。

10.1.3 英语教学评估的回归:形成性与总结性评估

英语评估与测试涵盖大量大、中、小学英语教学评估与测试。这一领域历史悠久,内容十分丰富,但由于近年来重要考试均为大规模标准化考试,语言测试形成一门学科后又提出了大量测试理论,使英语教学评估一度过多地跟从大规模标准化考试,忽视了早期从整体上评估教学工作的传统,不利于教学质量的提高。进入 21 世纪后,英语教师与研究者们一致认为现在是回归到全面评估教学的时候了!当代英语教学评估(assessment)开始受到高度关注,测试便被归纳为教学评估的组成部分之一。

英语教学评估有多种类型,但在日常教学工作中,最常采用的是形成性与总结性评估。1967年,澳大利亚哲学家斯克里文(M. Scriven)首先提出了"形成性评估"与"总结性评估"的概念,并指出了两者的差异。此后学术界深入探讨了这两类评估的界定、内容、方式与意义。

(1) 形成性评估(formative assessment)

21世纪以来,在英语教学评估研究中,形成性评估已成为研究重点,这是由它本身的特点及其对英语教学的重要影响所决定的。

- 英语教学形成性评估的界定

1998年,英国教育学教授布莱克(P. J. Black)与威廉(D. Wilian)提出了"形成性教学评估"的基本界定,指出"我们使用的一般词语'评估',是指教师们所进行的一切评估活动,而且也包括学生们的自我评估,这些活动会提供反馈信息,以改进教学。当活动中的证据真实用以满足学生的需求而改进教学时,这类评估就是形成性评估"(Black & Wilian, 1998:140)。在此基础上,教师们从实践中认识了形成性评估的性质:首先,形成性评估是在学科教学过程中持续不断评估教学的活动,其目的是改进教学,这就与来自外部的标准化测试划清了界限;其次,为了改进教学,必须有计划与系统地获取教学的反馈信息,而非仅了解学生考试的分数,因此,形成性评估并非成果,而是一个动态过程,评估的成效体现在改进教学的程度;最后,为了获取教学反馈信息的真实证据,学生应主动参与评估,不仅要评估教师的教学,也要对学习成效与存在问题作自我评估,学生之间应互相评估,以取得全面的反馈信息。

- 英语教学形成性评估的内容、方式与意义

英语教学形成性评估的主要内容是审视与评价实现教学目标的程度,包括英语教学内容、方法与课堂管理等实施与学生成长、学习内动力和自觉参与教学等情况。

形成性评估最常采用的方式是测试学生通过教学获得的英语语言知识与能力。测验内容应涵盖教学主要内容,评分后应分析整体测试结果,一方面分析整体成绩,了解学生整体掌握教学内容的程度与普遍存在的问题,另一方面还应分析好、中、差三类学生测试结果,从他们的测试中找出教学存在的具体问题;形成性评估的另一种方式是教师观察与记录学生在教学中的表现。教师应时刻关注学生对教学的反馈,并与学生互动,解决他们的疑惑,帮助他们克服困难后再进行下一步教学。同时,对一些重要问题可组织座谈会直接听取意见,或给出简单问卷,通过分析问卷了解学生对教学的意见。为了做好形成性评估,英语教师应备有教学评估日志,记录每阶段测验、观察与

问卷中收集的教学反馈信息,作为改进下阶段教学的依据之一。

英语教学形成性教学评估的重要意义不仅在于评估本身,而且在于它能随时发现与处理教学中出现的问题,保证教学按计划在正确的轨道上运行。不理解形成性评估的意义,就会在测试中仅注意学生的成绩,不能通过测试改进教学;形成性评估形成制度后,教师就能及时与从容地面对并解决各种问题。因此,形成性教学评估是按教学大纲完成教学计划的保证。

在形成性教学评估中,学生既要评估教师的教学,也要评估自己与同学学习的进展,并明确下一步学习的方向。学生的教学评估能使教师获取丰富的教学反馈信息,也有利于他们提高学习的自觉性与学习质量。从这个意义上说,形成性教学评估也是促进学生生命成长的手段。

(2) 总结性评估(summative assessment)

在日常英语教学中,仅有形成性教学评估显然不够,它必须与总结性教学评估结合,才能完整地完成教学评估的任务。

- **英语教学总结性评估的界定**

1967年,斯里克文在提出形成性与总结性评估概念时指出,总结性评估是"对一个项目或个人最后的评价",他强调了总结性评估的重要性(Scriven, 1967:42)。1971年,美国教育心理学家布鲁姆(B. S. Bloom)等人在《学生学习之形成性与总结性评估手册》(*Handbook on the Formative and Summative Evaluation of Student Learning*)一书中进一步阐述了总结性评估的概念。他们认为,总结性评估是"一个单元、期中、或课程结束时的测试,设计这些测试是为了判断学生掌握课程学习材料的程度,其目的是评定成绩、给予学业证书、评价进步,甚至是研究教学大纲的有效性",以后多年有关总结性评估界定的讨论基本上都以此为基础(Wiliam, 2000)。

根据上述界定,总结性评估的目的是评估学生一个阶段中获得知识与能力的程度,学生测试成绩将作为阶段学习总结记录在案,如期中与期终考试、初中与高中阶段结束时学业成绩考试等。但是,该界定仅将总结性评估定义为测试,忽视了对教学全面的总结;而且,它强调了总结性与形成性评估的区别,未能指出两者互相关联与共同为教学服务,造成不少学校以大规模标准化考试替代总结性评估,使总结性评估集中关注考试成绩,未达到全面总结教学的目的。

21世纪以来,英语教学界普遍认为,总结性评估应全面总结与评估一个阶段的英语教学,以校外标准化考试替代总结性评估偏离了教学评估方向。基于此,英语教学中的总结性评估应根据教学大纲要求,全面总结与评估每学期期中与期末英语教学的进展与存在的问题。

- **总结性评估的内容、方式与意义**

总结性评估是根据课程标准与教学目标检查与评估教学实践中达标程度的过程,因此,其内容为根据学期初提出的教学目标,总结教师教学、学生成长与掌握教学大纲提出的要求之程度,评估期中与期末教师教学、学生成长与英语学习成绩及存在的问题。

英语教学总结性评估的方式与形成性评估有共同之处,它们都包括测试、观察与记录、座谈会与问卷调查等。此外,总结性评估还可根据学生不同的英语水平采取不同的评估方式,如中级阶段的学生可采取写读书报告和面试,高级水平的学生可采取展示和写学期论文等方式。

由于总结性评估是对较长阶段的评估,它长期记录在案,其结果是对教师工作、学生成长与学习,甚至学校工作的评价,关系到教师晋升、学生升留级与社会对学校工作的认同,对于教师、学生与学校都具有重要意义。不仅如此,通过总结性评估,还可收集反馈信息,为改进教学提供可靠的依据,因此,总结性评估也是完成教学计划与提高教学质量重要的手段。

- **总结性评估与形成性评估的关系**

人们对形成性与总结性评估关系的认识经历了很长的过程。起初,教育界重视总结性评估,但以后又认为总结性评估着重评估学生学习状况,因而是"学习的评估(assessment of learning)",而形成性评估则是"为学习而作的评估(assessment for learning)",后者的重要性胜过前者。实际上,就性质而言,两者都是教学评估,形成性评估是教学过程中持续不断的评估,虽然其目的是改进以后的教学,但也建立在以往教学之基础上;总结性评估目的是评估项目或学期结束时的水平,是形成性评估的总结,但是其结果也为改进下一阶段教学提供信息。因此,两者在教学中的作用有共同之处,只是侧重点不同,应相辅相成,共同促进教学发展。

美国教育心理学教授斯泰克(R. Stake)就形成性与总结性评估的关系给出了一个生动的比喻。他说,教学评估就如日常煮汤一样,厨师在煮汤过程中不断品尝汤的味道并随时调味,这相当于教学中的形成性评估,当厨师煮好汤后顾客品尝汤味并对汤作出评价时,就相当于总结性评估。顾客对汤的评价是对汤的质量总结性的评估,但是只有不断调味,才能煮出好汤。这一比喻确切地诠释了形成性与总结性评估的关系(Scriven, 1991:169)。

21世纪以来,探讨形成性与总结性评估已成为英语教学评估与测试的重要议题,讨论中达成的共识是:评估是英语教学大框架中的重要内容,测试则是评估的组成部分。研究英语教学评估时,既要探讨如何全面进行教学评估,也要重视英语语言知识与能力测试的研究与实施。

10.2 英语语言知识测试的发展与更新

英语语言知识测试的目标是测定学生掌握已学英语语言知识的程度,获取教学反馈,为教学服务。因此,日常教学中英语语言知识测试的性质为形成性评估的一部分,期中与期末测试则是总结性评估的组成部分。

10.2.1 英语语音测试的发展与更新

英语语言知识测试包括语音、词汇与语法测试三部分。语音是语言的外壳,绝大部分单个音素都不表达意义。因此,除了英语专业的语音课程外,一般学校的语音测试通常都与词汇、语法与听说能力等测试结合进行。

英语语音测试与语音教学密切结合,其理论与实践也与语音教学理论与实践一致。本书第4章提及,传统英语语音教学以达到英语为本族语的标准语音为教学目标,早期教学以"直觉—模仿"与"分析—语言学"为理论基础,实践中也着重进行单语段(segment,即一个音节内的元音与辅音)发音规则的教学;听说法时期建立了英语语音教学系统体系与对比分析等理论,这两个时期英语语音教学理论与实践构成了传统英语语音测试理论与实践的基础;认知教学法时期语音教学与测试陷入低谷,交际教学法也不重视语音教学与测试,直到20世纪90年代EFL教学目标发生变化后,英语语音测试的发展才有了起色。进入21世纪后,英语语音测试理论与实践都取得了长足的进展,促进了英语语音测试的更新。主要体现在:

(1) 英语语音测试目标的研究与实施

英语语音教学目标变化(见第4章语音部分)后,英语语音测试目标也不再是考查是否达到英语标准语音(RP)或美语标准语音(GA)。经多年探讨,当代英语语音教学与测试界认为,英语语音测试目标应与教学目标一致,即为测试"清晰表达文字(intelligibility)"和"理解语言意义(comprehensibility)"能力,标志着英语语音测试理论与实践方向性的转变。

1985年,世界英语教授史密斯(L. E. Smith)与纳尔逊(C. L. Nelson)总结了20世纪60年代末以来英语教学中有关"intelligibility"的讨论,提出了讨论中涉及的基本概念:"intelligibility"指清晰表达单词或词语,比此概念进一步的是"comprehensibility",指理解单词或词语的意义,更进一步,另一词"interpretability"指诠释单词或词语内在含义(Smith & Nelson,1985:334)。1995—1997年,加拿大学者芒罗(M. J. Munro)与德温(T. M. Derwing)充实了英语语音测试标准的内容,他们提出,"intelligibility"指说话人的信息被听者实际理解的程度,这一说明与史密斯和纳尔逊的界定基本一致;但是,"comprehensibility"应指听者努力理解说话人意义的程度,即听者理解说话人意义的困难程度,芒罗与德温的这一说明与史密斯和纳尔逊的界定不同(Munro & Derwing,1995:76);芒罗与德温还提出了一个应考虑的概念:"accentedness",即说话人所带地方音的程度,也就是所谓外国人的乡音乡调问题。

进入21世纪后,英语语音教学与测试界将研究进一步引向深入与具体。2005年,德温与芒罗总结了上述三个概念,并诠释了英语语音测试标准与实施细则。测试方法是:被测试者为非英语为本族语的说话人,测试者为以英语为本族语的听者,说话人说出英语后,测试者写出听到的英语或回答问题,根据听者听懂说话人英语的程度评分:

测试标准	界定	测试方法
intelligibility	听者实际理解说话人词语的程度	听者记录说话人的词语,根据记录与说话人原话对比的百分率评分
comprehensibility	听者在理解说话人词语时感觉的难度	采用9分制测量听者理解说话人词语的难度:1为特别容易理解;9为特别难理解
accentedness	听者感觉说话人语音与听者不同的程度	采用9分制:1为无乡音;9为特别重的乡音

(Derwing & Munro,2005)。

虽然英语语音教学与测试界对德温与芒罗的观点提出了不少批评意见,如"界定不够精确""测试者使用的标准常不一致"等,但是,他们的理论与方法颠覆了以往英语语音测试目标,以交际双方互相理解为测试准则,不再以RP与GA衡量非英语为本族语考生,对英语语音与口语测试产生了重大影响,一些大规模标准化考试采用了这样的标准与方法测试英语口语水平。

(2) 深入研究单音段语音测试理论与实践,关注单音段在交际活动中的运用

单音段语音是语音测试的基础,传统英语语音测试在这方面已积累了不少经验。

当代英语语音测试在此基础上迈进了一步,不仅测试音素发音,而且关注单音段在交际活动中的运用:

传统英语语音测试通常测验英语全部元音音素(20个)与辅音音素(24个),根据以英语为本族语人发音的难点确定测试重点;当代英语语音测试除了测验一般难点外,也关注影响学生交际的英语语音音素,以通过测试使学生认识错误音素对交际的影响,并努力克服错误发音。例如,英语元音音素[i:]与[i]相似,但发音部位不同,前者是舌尖音,后者是舌根音。由于汉语中有[i:]而无[i]音素,有些以汉语为本族语的学生常将[i]发成[i:]的短音,如将"is"发成"ease",导致交际的误解;又如,英语词首、词中与词尾都有辅音连缀,但是包括汉语在内的很多语言都没有这一特点,一些学生在发"scramble"与"splendid"等词首辅音连缀的词时会在辅音连缀中加元音音素,而在发"taxi"等词中辅音连缀时会吃掉其中的辅音,影响了正常的交际活动。当代英语语音测试提倡关注不同地区影响学生使用英语交际的英语语音,在英语语音测试中涵盖了测验与上述问题有关的语音项目。

(3) 开拓了超音段(suprasegment)语音测试的理论与实践

开拓超音段语音测试理论与实践是当代与传统英语语音测试显著不同之处。对超音段语音的要求已成为英语语音测试标准"理解语言意义(comprehensibility)"中的内容之一。超音段语音测试可细分为词与句重音、节奏、意群、言语连接与语调等方面测试,但重点为词句重音、节奏与语调三部分,因为它们是影响交际最重要的语音因素。

绝大多数英语单词都由两个以上音节构成,其中的词重音是表达语言意义重要的组成部分。传统英语语音测试也包括词重音测试,但只要求考生标出单词重音,当代英语语音测试将词重音与语义结合,除了要求考生标出单词重音外,还考查他们理解该词重音在句子与语篇中的意义;句重音是表达信息的要点,但传统英语语音测试未重视句重音在语言交际中的作用。此外,有不少学习英语的学生不注意词与句重音,影响了交际的准确性。因此,当代英语语音测试界认为有必要将词与句重音列为超音段测试的一部分。

英语语言节奏指句子中重读与轻读音节按规则的强弱节拍。除了需要特别强调某词外,一般来说,强音坐落于实词(名词、动词、形容词、副词等),弱音坐落于功能词(介词、连词、人称代词、冠词、助动词等),节奏呈现出抑扬顿挫的规律是英语语音的特点之一,也是英语语音超音段测试的组成部分。传统英语语音测试仅考查考生单句中语言节奏的表现,当代英语语音测试重点考查英语语篇中语言节奏正确表达语义的程度,如由于说话时停顿时间过长、不规则与在错误处停顿会影响交际活动,英语语音节奏测试就包含掌握言语停顿的程度。

英语语调有升调、降调、升降调、降升调与平调等多种形式。传统英语语调测试考查机械地遵守英语语调规则,如一般疑问句用升调,陈述句与特殊疑问句用降调等。当代英语语调测试重点考查使用正确语调表达语言意义的程度,如除了一般疑问句外,运用表达惊讶与不能肯定的陈述句时也可使用升调;除了陈述句与特殊疑问句外,表达完整与肯定的意义时也应使用降调,表达不完整意义或还要表达更多意义时可使用平调等(Grant,2018)。

综上所述,当代英语语音测试从测试目标、英语单音段与超音段等多方面更新了传统英语语音测试的理论与实践。

10.2.2 英语词汇测试的发展与更新

近年来,有关英语词汇测试的研究常被纳入听、说、读、写能力测试研究,一些英语大规模标准化考试也将词汇测试归入阅读等语言能力测试,导致相较于语言能力测试研究,词汇测试研究相形见绌。即使如此,词汇测试研究在课堂测试与大规模标准化考试中都取得了一定进展,主要体现在词汇融入语篇测试、评估词汇知识广度与深度的理论与实践等方面:

(1) 从早期孤立的单词测试发展至融入语篇的词汇测试

早期的英语词汇测试理论和实践与教学理念一致,20世纪初,英语词汇测试即以孤立的单词翻译形式为主。听说法在英语教学中占主导地位后,词汇测试主要采取了多项选择题等客观性试题形式,但是摒弃了翻译,选择项改成了同义词,如:题干为"foolish",选择项为"A. clever   B. mild   C. silly   D. frank"。由于这类测试既不能全面测试词汇的意义与功能,又会鼓励学生孤立地死记单词,因而在当时就受到了批评。于是出现了将所测单词置于句子中的形式,如:题干为"A _____ is used to eat with.",选择项为"A. plow   B. fork   C. hammer   D. needle"。(以上试题均出自Pike,1979:16)

20世纪80—90年代,语篇分析理论的影响日益扩大,上述测试被批评为缺乏上下文情境支撑,促使很多测试测验考生理解词汇在语篇中的意义。此时不少研究表明,词汇与阅读测试相关系数较高,就将词汇测试与阅读测试结合成一体,即阅读大段语篇后测试其中某一词汇意义。但是,由于掌握词汇的标准除了理解词义外,还包括测试拼写、词组搭配、使用词汇的语法规则、词汇在不同语域中的变化等方面,仅测试语义不足以全面测试词汇知识与使用词汇的能力。而且,这类测试中阅读语篇的分量超过了词汇测试,它们更接近阅读测试,这就使词汇测试的效度受到质疑。这样,此后这类测试就并入了阅读测试,成为阅读测试的一部分。

认知教学法与交际教学法在英语教学领域占主导地位后,综合性与交际性测试受到关注。综合性测试的目的是测验理解整体语篇的程度,交际性测试则重视测试词汇在完成交际活动中的作用。因此,此时的英语测试出现了加强词汇测试与语篇结合的趋势。当然,英语水平测试中词汇测试的目的是考查全面理解与使用词汇的能力,词汇测试确应与语篇结合。但是在课堂教学的形成性测试中,为了检查学生某阶段教学中掌握词汇的程度,部分使用单句测验词汇也是可行的,不能因重视语篇而完全放弃课堂教学中使用单句测试词汇的传统测试方法。

(2) 评估英语词汇知识广度(词汇量)的发展

掌握必要的英语词汇知识之广度与深度是英语词汇教学的目标,测试词汇知识的广度与深度也是英语词汇测试需要探讨的重要议题。在英语词汇测试中,评估英语词汇知识广度主要通过测试常用英语词汇量(vocabulary size)进行。

测试英语词汇量的构想起源很早,但是,实际具有意义的是教育心理学家桑代克于1921年与1931年提出的常用英语词汇频率表。在此基础上,1944年,桑代克与心理学家洛奇(I. D. Lorge)制定了"Thorndike-Lorge List"英语词汇频率表,从大量的英语素材中收集了约18 000 000个词条,从中选出常用的30 000条目(约13 000个单词家族)较高频率的词汇,主要目的是供中小学提高学生词汇量参考,故被命名为"The Teacher's Word Book(TWB)"。1953年,英国英语教师韦斯特(M. P. West)分析了5 000 000余个词条后列举了2 000个高频常用词,以1 000词为一组,共两组,命名为"General Service List(GSL)"。由于词汇在使用语言时出现的频率能显示词汇的重要性,就能将词频率以1 000词为一组分成等级,根据掌握某一等级词汇的情况确定词汇量,即掌握词汇的广度。因此,TWB与GSL两种词汇频率表对学生需要掌握的英语词汇与测量常用英语词汇量都提供了依据,成为此后研究词汇量与词汇量测试的基础。虽然TWB与GSL之后出现了多种英语词汇频率表,但是它们的基本内容仍受到肯定,只是需要加入一些新词与去除不再常用的词汇,以更新原频率表。此后布朗(C. Browne)、卡利根(B. Culligan)与菲利普斯(J. Phillips)三位研究者于2000年将

GSL更新为"New GSL",受到教学界与测试界的欢迎。多年来的研究表明,掌握最常用的2 000—3 000个英语词汇就获得了日常口语交际中所需要的99%的词汇与书面语87%的词汇,这是英语教学界与测试界重视词汇量的主要原因。

使用词汇频率表估算词汇量的做法是:从最高的词汇频率开始,先从表内第一个1 000词中选取10词,再从第二、三、四个1 000词中各选取10词进行测试。如被测试者能全部写出第一个1 000词,1/2第二个1 000词,1/4第三个1 000词与0个第四个1 000词,那么他的词汇量就被估算成1 750个词汇,即第一组1 000、第二组500、第三组250之总和(Nation, 1990:76)。测试方法有多种,最简单的是采取翻译法,即被测试者用本族语写出单词的意义。另一种方法是采取内申(I. S. P. Nation)设计的词汇水平测试(Vocabulary Levels Test),它由两列构成,左列为测试词汇量的词汇,右列为需选择的词义。该试题选项多于一般多项选择题,增加了试题难度,且六个词汇只有三项词义,减少了命题与评分花费的时间与精力:

```
1. business
2. clock
3. horse        6    part of a house
4. pencil       3    animal with four legs
5. shoe         4    something used for writing
6. wall
```

(Schmitt, 2012:192)。

虽然使用词汇频率表测算词汇量一般能估算出人们掌握的词汇量,但因词汇频率表最多只计算到30 000词条,故不能估算掌握了多于该数字的人之词汇量;而且有些学术界人士掌握了大量专业词汇,但不一定掌握很多一般词汇,这样的方法就不能估算出他们真实的词汇量。为了弥补这一缺陷,出现了针对不同人群的词汇频率表,如供大学生使用的"The University Word List(UWL)"与供学术界使用的"The Academic Word List(AWL)",促进了多种形式测试词汇量的研究,推动了测试英语词汇的研究与实践向纵深方向发展。

(3) 评估英语词汇知识深度(深层词汇知识—depth of vocabulary knowledge)的发展

评估英语词汇知识深度主要通过测试深层英语词汇知识进行。相较于评估词汇知识广度的词汇量测试,评估深层词汇知识的难度更大,因为前者基本上是定量分析,有数据作为支撑,观点清晰与明确;而后者是定性分析,对该问题的认识存在多种观点。但是,经英语词汇研究者与教师们的努力,这方面研究仍取得了可观的进展。

评估深层词汇知识主要涉及两方面问题:一是什么是深层词汇知识?二是应评估学生哪些方面的能力? 20世纪30年代,"英国应用语言学之父"帕尔默(H. Palmer)在论述了英语语言教学规律后,率先将英语词汇结构中的"搭配(collocation)"问题引入词汇知识研究中。帕尔默指出,英语词汇的特点之一是大量固定搭配,并制作了一个约涵盖普通英语书面语95%的3000词汇条目搭配列表,供英语教学参考(Palmer,1931,1933),为研究深层词汇知识中的词汇搭配问题奠定了基础。同一时期,英语词汇频率表制定人韦斯特与帕尔默、桑代克等人共同确定了英语词汇选择标准,它们被运用于词汇频率表,促进了早期对深层词汇知识的研究。60年代开启了对学生掌握英语词汇过程的研究,教育家戴尔(E. Dale)提出了学生自我测试掌握词汇的四个阶段:以前从未见过;听说过,但不知其意;能从上下文中认识该词;已掌握该词(Dale,1965)。该测试词汇标尺用于L1学生词汇测试后,90年代后也用于L2与EFL学生词汇自我评估中。在上述成果推动下,英语词汇知识测试研究发展到探讨词汇知识的词法与句法、前后缀及其相关词、同义词和反义词及其搭配等方面。

自20世纪90年代起,评估深层词汇知识研究的数量与质量都有了显著提高,不少研究者提出了深层词汇知识的内涵与测试方法,其中内申提出的看法受到普遍关注,他认为学生应掌握的英语词汇知识内涵包括接受性(receptive)与表述性(productive)两方面内容:

接受性词汇知识	形式(form):口语与书面语(spoken & written) 地位(position):语法句型与搭配(grammatical patterns & collocations) 功能(function):频率与恰当性(frequency & appropriateness) 意义(meaning):概念与关联(concept & associations)
表述性词汇知识	发音正确、拼写与书写正确、能正确使用语法句型与词汇搭配、在适当场合能运用恰当的词汇、能正确运用体现原意的词汇、能使用恰当的替代词表达词汇原意

(Nation,1990:31-32)。

内申的论述在理论上回答了"什么是深层词汇知识"与"评估哪些方面能力"两个问题。在将理论付诸实施的过程中,产生了两类深层词汇知识测试。一类是由里德(J. Read)于1993年与1998年设计的测试,集中关注深层词汇知识组成部分中词汇意义的关联与搭配两个维度,在被测试的词汇下,给出两大选项,一个选项要求从四个单词中选出两个与被测试的词汇相关的词,另一个选项要求从四个单词中选出两个能与被测试的单词搭配的词,如:

sudden(被测试单词) 相关词选项：beautiful　quick　surprising　thirsty	搭配选项：change　doctor　noise　school

正确答案：quick, surprising, sudden change, sudden noise
(Schmitt，2012：176)。

另一种测试是帕里巴克特(T. S. Paribakht)与韦斯切(M. B. Wesche)于1993年设计的词汇知识量表(Vocabulary Knowledge Scale — VKS)，采取被测试者自我报告与测试结合的格式测验深层词汇知识的程度。试题如下：

---

1. I don't remember having seen this word before.
2. I have seen this word before, but I don't know what it means.
3. I have seen this word before, and I think it means _____ . (synonym or translation)
4. I know this word. It means _____ . (synonym or translation)
5. I can use this word in a sentence：_____.

(Schmitt，2012：175)。

综上所述，英语词汇测试发展至今，已从孤立的单词测试发展至融入语篇的词汇测试，词汇知识测试在广度与深度方面均向前迈进了一大步，使传统的英语词汇测试得到了更新。

10.2.3　英语语法测试的发展与更新

跟语音和词汇测试一样，英语语法测试与教学密切关联。也正如词汇测试逐渐被并入阅读能力测试一样，英语语法测试也常被并入口语与写作能力测试。但是，英语语法测试的发展不同于语音和词汇测试，有其独特的发展过程与特点。

(1) 英语传统语法测试的特点

本书第4章提及，英语传统语法教学主要传授英语词法与句法规则知识。作为巩固教学的手段，英语传统语法测试也以测试词法与句法规则为目的。语法翻译法主导时期，英语语法测试已有填空、改错、造句、匹配、看图写句与翻译等多种题型，测试内容为语法规则，形式均在单词与单句层面上；听说法主导时期，语法测试内容仍为语言结构，只是增加了句型测试，形式上也仍然是单词与单句；甚至到了乔姆斯基提倡的生成转换语法时期，语法测试也未克服注重语法形式、单句语法项目测试与忽视语言意义和运用等弊端。但是，由于听说法时期语言测试形成了一门独立学科，将英语语法测试推进了一步。因此，虽然传统语法测试有其局限性，但它在内容与形式上都为英语语法测试发展打下了基础。

交际法诞生后,国际英语教学界严厉批判了传统语法教学与测试,但是,在亚洲等地英语教学中,实际情况是学生不可能不学语法自然习得英语,传统语法教学与测试依然在发展,单词与单句测试仍然是语法形成性测试的一种形式。

(2) 英语交际性语法测试的特点

自 20 世纪 60—70 年代起,以交际教学法理论为基础的交际性语法测试取代了传统语法测试的主导地位。英国语言测试教授雷-迪金斯(P. Rea-Dickins)指出,交际性语法测试具有五个特点:它必须提供多于一个单句的上下文;被测试者必须理解测试的交际目的;他们需了解交际对象;聚焦于语言意义,而非仅回答形式方面问题;不仅认识语法,还必须使用语法表达意义(Rea-Dickins & Germaine, 2003)。具体而言,交际性语法测试的主要特点是:

● 聚焦于以社会语言学理论为基础的语言意义

交际性语法测试观认为,测试语法形式远远不够,英语语法测试必须测试语言意义,而语言意义很大程度上存在于交际的社会与时间背景、人物的社会关系与交际目的中,如不考量这些因素,测试就失去了基本的效度。讨论该观点时列举了很多实例,如单句"In August my parents will have been married for twenty-five years.",当父母子女与亲戚谈话,可能是商量如何庆祝父母结婚纪念日;与朋友谈话,可能是父母遇事需帮忙;与营业员谈话,可能需购物,意义大不相同。仅学习形式而不关注语言内涵就不能顺利开展交际活动,因此,英语语法测试必须测验考生认识与理解不同社会地位的人们在特定社会情境中开展既定目的之交际活动的能力。

● 在语言的上下文与语篇中测试英语语法

正由于英语交际性语法测试关注对语言意义的理解,交际性语法测试反对传统语法测试中孤立的单句测试形式,强调语法测试必须提供社会情境与简短语篇。例如,同样测试被动语态,传统与交际性语法试题截然不同:

传统语法测试—单句测试题	交际性语法测试—提供简单的上下文
Change the active voice into the passive voice in the following sentence: Alexander Graham Bell invented the telephone. _____.	Choose the correct sentence from A and B to follow the preceding sentence: A telephone is an apparatus for people to talk to each other over long distances. _____. A. Alexander Graham Bell invented it. B. It was invented by Alexander Graham Bell. 正确答案是 B,因为被动语态在语言意义上更与上句衔接。

可见,通过提供上下文测试语法,更重视测试考生对语言意义理解的程度。近年来,提供上下文已发展成提供听力或阅读简短语篇,测试理解其中体现语法规则语言意义的能力。

- 英语交际性语法测试对语言输入与输出的关注

传统语法测试中语言输入很少,几乎无语言输出。但正如雷-迪金斯所说,交际性语法测试"不仅认识语法,还必须使用语法表达意义",因而它注意在语言输入与输出中测试语法:一方面,它与听、说、读、写能力测试结合,通过听与读考查在语言输入中理解语法的能力,通过说与写测试在语言输出中实际运用语法的能力;另一方面,交际性语法测试还使用"任务型测试",在任务型教学中作为复习巩固的手段,在非任务型教学中,使学生在完成任务过程中通过语言输入与输出掌握语法规则。

然而,英语交际性语法测试也有其短板:首先,它并不明确英语语法的总体结构,打破了传统语法系统后缺乏系统性,使其结构效度受到质疑;其次,交际性语法测试忽视语法规则基本要素的严密性,导致学生不重视语法规则与降低了语言准确性的反拨效应;最后,不少交际性语法测试采取主观性试题,但未能严谨地测量评分者信度,因而使交际性测试存在效度与信度不足等重要问题。

(3) 21世纪以来"语法能力(grammatical ability)"测试理论的兴起

20世纪90年代后,英语语法理论与研究重振旗鼓,其中韩礼德1994年提出的功能语法,雷-迪金斯1991年提出的句法、语义、语用结合语法与拉森-弗里曼(Larsen-Freeman)1991年与1997年提出的语言形式、语义、语用结合语法从不同角度诠释了英语语法蕴涵的语义与语用及其交际功能,比以往测试理论更深刻地揭示了英语语法本质。

进入21世纪后,英语语法测试研究迅速发展。其中最具代表性的是美国哥伦比亚大学应用语言学与语法测试教授珀普拉(James E. Purpura)提出的评估"语法能力(grammatical ability)"理论(Purpura, 2004)。在珀普拉教授的专著《评估语法》(*Assessing Grammar*)中,他详尽分析与对比了各学派有关英语语法理论与教学实践后指出,长期以来,研究英语语法评估的理论与实践未明确语法构建(或称语法结构,grammatical construct)之内涵,虽然打破了传统语法系统,但在将语法测试与听、说、读、写语言能力结合时,将重心放在语言能力评估上,未能找到需要测试的语法总体构建与系统,而语法构建的主要内容就是"语法能力"。因此,珀普拉认为,英语语法评估应明确语法构建的内涵,关注评估"语法能力",并提出了评估"语法能力"的基本理论与实施途径。由于该理论吸取了传统语法和交际性测试之长处与韩礼德、雷-迪金斯、拉森-弗里曼语法理论中有关语义与语用部分之精髓,评估"语法能力"理论受到了英语语法测试界的高度关注。

- **"语法能力"的界定**

珀普拉指出,英语"语法能力"由语法和语用知识(形式、语义、语用)、使用策略之能力与在不同语用情境中准确和有意义地运用语法知识的能力三部分组成。

第一部分吸取了传统语法、交际性测试与20世纪90年代以来语法中语义和语用的要点,但加强了语义与语用部分,增加了语篇衔接、信息管理、社会文化与心理等方面,内容十分详尽:

语法形式	语法意义	语用意义
句子层面 **语音形式**:单音段、韵律(重音、节奏、语调、音量)、语音-拼写、写作系统 **词汇形式**:拼写、句法特点与限定、不规则词素、词的构成(复合、派生加词缀)、可数与性别限定、共同出现的限定(如depend on, in spite of)、惯用形式 **词素句法形式**:词缀、派生词缀、句法结构、简单句、并列与主从复合句、语态、语气、词序 **语篇与超音段层面** **衔接形式**:指称、替代与省略、词汇重复、逻辑连接、比邻配对 **信息管理形式**:韵律、强语势"do"、标识语序、已知/未知组织、平行 **互动形式**:语篇标记、交际管理策略	**句子层面** **语音意义**:最小配对、疑问、加重/对比、同音异义、同形异义 **词汇意义**:明义与隐义、惯用语意义、语义场、外形具有吸引力之词、一词多义、搭配 **词素句法意义**:时间/期间、反义、疑问、被动、因果、事实、违反事实 **语篇与超音段层面** **衔接意义**:享有、交互、空间或时间或心理的连接、避免冗长的信息连接、添加、对比、构成原因 **信息管理意义**:加强、聚焦与对比意义、强调 **互动意义**:不同意、调整、回避、维持对话、插话、澄清以修补过失	**句子或语篇层面** **上下文意义**:人与人之间 **社会语言学意义**:社会身份标识(性别、年龄、地位、群体成员)、文化身份标识(方言、本族语)、社会意义(权力、礼仪)、语域范围与情态(口语与书面语的语域)、社会准则、优先项、期望、语域与体裁(学术领域、ESP) **社会文化意义**:文化意义(文化参照、比喻含义、隐喻)、文化准则、优先项与期望(自然、重复率与礼貌语、惯用法、搭配的使用)、情态区别(口语与书面语) **心理意义**:情感态度(嘲讽、区别、重要性、愤怒、缺乏耐心、反语、幽默、批评、少说) **修辞意义**:衔接、体裁、组织方式

(节选自 Purpura, 2004:91)。

第二部分包括两方面内容:一是认知策略,即测试考生连接未知与已知信息、连接相关的新信息、阐明语法规则与使用演绎法解决实例的能力;二是借鉴了巴克曼(L. F. Backman)与帕尔默(A. S. Palmer)提出的语法教学与评估中有关元认知策略的观点:在语法评估中需测试考生计划、自我管控与评估掌握语法的能力(Backman & Palmer, 1996, 2010)。

第三部分阐明了不同语用情境中运用语法知识的能力,指出了评估考生根据不同情境运用语用理论规则的重要性,强调运用语法和语用规则的准确性与表达语义的恰当性,克服了交际性测试忽视语言质量的弊端。

- "语法能力"测试的实施

在英语教学中评估语法能力时,可采取检查教学计划执行情况、通过学生问卷获取学生自我评估和对教师教学的反馈、总结教学成效等方法,但主要方法是测试学生掌握与运用上述语法与语用知识的能力,实施语法能力测试时,应做好试卷设计、命题与评分的工作。

试卷设计:语法能力测试应以语法能力理论为基础,设计体现语法能力理论的试卷及试题。设计试卷时,首先必须明确语法能力测试的性质与具体目标,确定该测试属于学业成绩测试、水平测试或诊断测试,并列出测试应达到的目的;其次,应决定测试的内容框架与测试理论和形式结构。例如,学校某年级学期结束时语法能力的总结性测试,其性质是学业成绩测试,目标是检查学生掌握一学期内语法能力教学的程度,内容是该学期语法教学要点,理论结构是教学中的语法与语用知识规则,形式结构为试题类型、安排与数量等。

命题:命题是落实试卷设计的重要环节,它关系到是否能达到测试目标。珀普拉指出,语法能力测试命题的特征为:提供试题的背景,即事物特点、人物与时间;遵守语法命题的基本规则,即试题指示语清晰、时间分配与评分方法合理;试题数量、重点与各部分排序等结构都符合测试目标;无论口语或书面语的语言输入都测试语法与语用知识、元认知与认知策略等内容,试题类型与长短需适当,并要求考生按语言输入中的内容回答问题,考生回答试题是语言输入与输出双向互动的过程(Purpura,2004:114)。试题类型可使用21类题型,包括多项选择等七类客观性试题,综合填空、听写和简短问答等七类有限表述试题,写小结、对话、面试、角色扮演和讲故事等七类主观性试题(同上:127)。

评分:评分方法包括评分标准、常规与清晰说明得分缘由三方面。语法能力测试的评分标准不同于仅根据语法形式正误评分的传统语法测试,它根据全面测试内容(形式、意义与语用)的正误而定;语法能力测试的评分常规也不同于一般语法测试:后者采取正确/错误二选一评分法;但前者除了二选一方法外,还有"部分得分法":如考生在测试"go"过去时的句子试题中写"went",得2分(形式与意义皆正确),写"goed"得1分,如写"going"或其他无关词则得0分。这一评分法也可用于语篇测试中。如下例:

Directions: Complete the conversation the two people are having.

Customer: Excuse me, waiter, but I found a hair in my soup!

Waiter: _____.

Customer: Thank you very much. I'd appreciate that.

如考生回答:"Sorry about that. Let me get you another bowl",语法形式可得2分,交际意义也得2分;如回答是"I sorry. I get you different one",语法形式得0分,交际意义得2分。这样的评分法可从语法形式与意义两方面反映学生掌握语法的情况(Purpura,2004:172)。

在书面作文与口语面试等主观性试题评分中,通常是制定一个等级标准,由语法形式、意义与语用大量错误得1—2分,逐步推进到正确的9—10分。如有多位评分者,则他们需要经过执行标准的培训,并在评分后测试评分者信度,以保证评分的准确性。

- **"语法能力"测试在形成性与总结性测试中的应用**

语法能力测试可用于英语课堂语法教学的形成性与总结性测试。形成性测试的内容取决于一个阶段的教学内容。这类测试不同于传统测试,它们除了关注语法形式外,还关注语法意义与语用。在评分时可使用正误二选一的评分法与部分得分法两种方法。

总结性测试常为期中或期末考试。总体而言,语篇应多于单句,试题难度也大于形成性测试。除了单词或单句填空、匹配与是非题外,还使用问答题与综合填空等形式。在实践中产生了命题省时省力的短篇综合填空,能测试语法形式、意义与语用的应用。例如:

Directions: Complete the paragraph with the best answer for the context.

A gram of salt was first poured into the solution. ___(1)___, the solution was shaken vigorously ___(2)___ it turned green. This took about five minutes.

正确答案:(1) Then, Next, After that   (2) until   (同上:171)

综上所述,英语语法测试从传统语法形式测试发展至交际性测试,再发展至当代语法形式、意义与语用结合的语法能力测试,理论研究与实践正在向纵深方向发展。同时,英语语法测试与教学更加紧密结合,十分有利于提高教师的教学水平与学生运用英语语言知识的能力。

10.3 英语语言能力测试的发展与更新

英语语言能力测试的目标是通过听、说、读、写四方面测定学生运用英语语言知识的能力。作为语言输入测试,听与读的测试考查理解微观与宏观信息的能力;作为语言输出测试,说与写的测试考查口语或书面语表达能力。然而,听与说因都涉及口语而紧密相关,读与写因都涉及书面语而关系密切,因而听、说、读、写能力测试都互相关联,但各有不同的特点。

10.3.1 英语听力测试的发展与更新

英语听力测试产生于教学,其理论和实践的发展与听力教学潮流一致,英语听力测试的特点也体现了英语听力测试与教学的融合。

(1) 起始阶段——心理测量与结构主义的结合

语法翻译法教学大纲中没有独立的听力教学,直接法教学中也无系统的听力教学,这两个时期无听力测试理论与实践可言。英语听力测试理论与实践始于听说法时代,即英语测试领域心理测量与结构主义结合的时代,通过测试语言各个组成部分达到测试整体语言的目的。该学派的奠基人拉多(R. Lado)认为,英语听力测试应包含语音、词汇与语法结构,测验英语口语的音素辨别、释义与反应三个组成部分:

听力测试英语口语的组成部分	试题实例
音素辨别(phonemic discrimination)	Hear: I hear they have developed a better vine here. Read: I hear they have developed a better vine/wine here.
释义(paraphrase recognition)	Hear: John ran into a classmate on his way to the library. Read: a. John exercised with his classmate. 　　　b. John ran to the library. 　　　c. John injured his classmate with his car. 　　　d. John unexpectedly met a classmate.
反应(response evaluation)	Hear: How much time did you spend in Boston? 　　　a. Yes, I did. 　　　b. Almost \$250. 　　　c. Yes, I had to. 　　　d. About four days.

(Buck, 2001:63 - 65)

显然,拉多提倡将听力测试分解成语音、词汇、语法小单位,采取单句与多项选择题等分立式试题测试听力。不久"分立式测试"受到批判,其结构效度与内容效度受到质疑,认为通过语言小单位间接测试听力不能测试真实的听力水平。随后分立式测试学派也推出了生活对话、报告与小故事等语篇测试听力理解能力,但是提出的问题一般仅为表层的事实或情节,其理论基础仍然停留在测验记忆与回想上,未上升至认知的高度。

(2) 综合性听力测试的兴起及其理论与实践

20世纪70年代,以奥勒(J. W. Oller, Jr)为代表的"综合测试学派"发起了对听力测试中分立式测试猛烈的批判。以上提及,奥勒认为,语言测试必须测试语言运用,并提出了"语用预期语法"的新概念,从而提出了"综合测试法"。

综合测试法听力与阅读测试的主要题型都是综合填空与听写。听力测试使用综合填空题时,选择一短篇语篇,每隔数词留一空格供考生填空,按填写正确度评分。综合填空题有固定(5—11词)与不固定词数留空及多项选择等多种命题与评分形式,但由于听力测试时考生不能反复听题多遍,固定词数留空难度很大,因此一般仅采用不固定词数留空形式,而且空格间隔较长,测试时播放2—3遍录音。完整放第一遍后放第二遍,在与空格连接的语义群时发出短高声音频信号并停顿,供考生填写空格,放第三遍时供考生全面检查答案,如下例所示:

> By way of introduction let's have some information on just how far British industry _____ commerce have been computerized//how many machines are in use here compared with other _____ of the world//well the statistics of national computer populations are notoriously difficult to _____//differences in the ways different countries make up their figures lead to further problems _____ making comparisons//　(*//指录音停顿之处,即句子结尾)
> (Templeton, 1977:293)。

以上试题作者坦普尔顿(H. Templeton)曾对这类试题进行研究与评估,结果表明其信度与效度都较高。但是,听力综合测试难度较大,一般适用于英语高级水平的学生。

另一类综合性测试的题型是听写。以往的听写试题主要用于测验拼写,朗读语速很慢,按简短词组停顿,且可重复多遍。但是,综合测试学派提倡的听写与以往不同,其目的是测试考生通过语言的意群理解整个语篇的能力,评分时不计算拼写错误,仅计算正确写出的字数,并接受同义词。测试时朗读的意群较长,最长可在朗读12字后停顿,测试考生根据上下文理解语篇意义的能力,如下例:

Mary lives with her mother and father(7字后停顿)in a small town just outside London

every day from Monday to Friday(6字后停顿)she works in a large office In the centre of London （5字后停顿）

……

after she's finished breakfast she puts on her make-up

gets changed and leaves the house at about eight o'clock （10字后停顿）

it only takes her five minutes to walk to her local station （12字后停顿）

where she catches the twelve-minutes-past-eight train

……(Buck,2001:75)。

综合听写测试中的难题是,朗读语篇时如何停顿。如朗读词组太短,就变成了传统的听写测试;如朗读句子太长、停顿太少,则超出了正常人短期记忆的能力。实践表明,一般可在5—12字之间停顿。开始朗读时停顿可多些,以后逐渐减少,评分时也可根据朗读句子长短计分,如在5—7字停顿时答对给1分,10—12字后停顿时答对得2分等。

综合测试学派提倡的听力测试之重点在于测试理解整体语篇意义与使用语言的能力,而非测试语言各组成部分的知识,这是它与分立式测试的根本不同之处。

(3) 交际性听力测试的特点

在综合性测试兴起的同时,英语测试领域产生了以社会语言学为理论基础的交际测试法。交际测试学派提倡测试交际能力,反对以结构主义与行为主义为基础的理论与实践以及以心理语言学为理论基础的认知学派观点,其听力测试主要特点如下:

首先,交际性听力测试提倡使用实际交际中真实的语言与反映现实的情境,反对分立式测试中人为编写单句的语言。因此,他们提倡根据测试目标选取现实生活中的对话或短篇讲话,或使用电视与电脑上视频作为测试文本。但从现实生活中选择适合的测试材料费时费力,因而一般交际法听力测试文本并非原始的自然口语,而是由英语为本族语人录制的对话或讲演；

其次,交际性听力测试认为,分立式测试的提问不能测试语言的深层意义与交际活动中的听力水平,失去了测试应有的效度。他们提出,听力测试中的提问与回答应为考生与文本的互动,并认为只有从互动中测验听力水平才能达到听力测试的效度,因而有些测试通过考生与主考人对话测试考生实际的听力水平；

最后,交际性听力测试也关注考生理解交际目的与说话人意图的程度。该观点倡导者指出,对话或个人讲演中传达的说话人意图正是交际目的所在,测验理解交际目的应为听力测试的重要内容。经常就交际目的与说话人意图提问也是交际性听力测试的长处。

(4) 以心理学、社会语言学、语用学与语篇分析等理论为基础的听力测试及其网络形式

20世纪90年代后,英语测试领域逐渐形成了以心理学、社会语言学、语用学与语篇分析为基础的听力测试。21世纪以来,这类测试吸取了网络教学的研究成果,取得了瞩目的成效:从心理学的角度,该学派关注减少学生在听力测试中的焦虑情绪,提倡试题的指示与说明语应清晰与友好,测试时间不宜太长,听力测试文本中对话或讲演的长度不应长于5—8分钟。更重要的是,该观点重视思维与心智过程,注意测试考生分析、综合、推理与解决问题的能力；从社会语言学的角度,该观点认同试题语言必须真实的看法,并认为语言内容与风格应符合测试目的与社会文化；从语用学的角度,重视交际情境与语言内在含义,测试内容涵盖说话人的意图与态度；从语篇分析的角度,关注测试语篇的意义,因而重视语言的衔接与连贯；这一时期,由于互联网进入了测试领域,英语听力测试迅速利用计算机与网络更新了测试手段,由此出现了以心理学、社会语言学、语用学与语篇分析等多元理论为基础的网络英语听力测试。这些观点充分体现在TOEFL由纸质版(PBT)更新至互联网版(iBT)的听力测试中:

首先,PBT听力测试的内容泛为美国社会各方面,但考虑到TOEFL的主要目的是为美国大学招收新生,iBT将听力测试的内容聚焦至美国大学师生学校生活对话与课堂教学中教师讲演和师生讨论,体现了语用学重视使用语言的目的、具体情境与社会语言学关注运用真实语言等观点；其次,PBT听力测试中的提问一般仅为听力材料中的事实与主要内容,但iBT中的提问还关注语用学重视的理解语言内在含义和认知心理学重视的分析、综合与推断语言内容的能力；最后,在测试形式方面,PBT包括一问一答单句对话(30题)、稍长会话(10题)与单人说话或讲演(10题)三部分,但iBT

删除了占总测试 3/5 的单句对话,保持了第二部分(2—3 个对话,每个对话 6 个问题)与第三部分(3—4 个讲演,每个讲演 6 个问题),而且两部分都显著增加了长度,显示了对语篇意义的重视。iBT 仍然继承了 PBT 多项选择的题型,理由是多年研究表明,只要命题合理与恰当,使用多项选择题无损测试的信度与效度,在大规模标准化考试中使用客观性题型能充分运用计算机评分,提高测试的效益。

20 世纪 50—60 年代以来,英语听力测试从分立式测试发展至综合性与交际性测试,再更新至以心理学、社会语言学、语用学与语篇分析等理论为基础的线上测试。然而,新潮流的出现并不意味着以往理论与实践的消亡,以往一些测试方法仍可运用于当代各级学校的英语听力测试中。在按教学大纲实施英语听力测试时,如能根据本地与本校具体情况,吸取历来多种测试理论与方法,不断总结经验教训与创新,就能达到英语听力测试的教学目标。

10.3.2 英语阅读能力测试的发展与更新

在英语语言能力测试中,阅读能力测试是实践历史悠久与理论研究最为丰硕的领域,其发展史与整体英语测试的发展阶段一致,并在其中占有重要地位,对同是语言输入测试的听力测试之理论与实践有深刻的影响。20 世纪 90 年代以来,阅读能力测试关注的重心由测试信度向效度转化,促进了阅读能力测试理论与实践的更新,受到应用语言学界的瞩目。

(1) 早期英语阅读测试至 20 世纪中期科学英语阅读测试的诞生

英语阅读测试产生于早期英语教学中的语言测验。由于语言测试界将该时期称为"科学前阶段",人们有时会产生那时一无是处的误解。实际上,早期英语测验是广大教师在实践中创造与积累的理论与方法,是当代阅读测试的基础,有些方法仍可运用于当代英语课堂测试。

- **早期的英语阅读测试**

19 世纪中、后期,国际英语阅读测试常通过朗读与背诵阅读文本测试阅读水平。但是,朗读与背诵不能完全体现阅读水平,且测试效率很低,评分也极主观。随后出现了默读教学与阅读测试,并于 20 世纪初发展成三种形式:一为"复述(reproduction)":阅读短篇后,凭记忆写出短篇全文。该形式的弊端是阅读理解后可能由于记忆力不强而影响复述,因而不能准确测试阅读理解能力;二为解决书面难题(solving written puzzles):整个短篇为一个难题,只有阅读并理解短篇才能正确回答问题,这类测试命题较费时;三为阅读短篇后回答问题(reading a passage followed by questions):1908—1916年桑代克在他倡导的大规模标准化考试中使用了这一题型,无论在测试目标、内容、形式与评分方面它都比其他形式更符合阅读测试要求,从而成为英语阅读测试的标准题型(Readence & Moore,1983:307)。

- 科学英语阅读测试的诞生及其特点

科学阅读测试是指具有科学的理论基础与符合客观需要的阅读测试,它根据理论基础制定测试内容与布局,采取相应的题型命题,客观地评估测试成绩。20世纪中期语言测试形成独立学科后,科学的阅读测试作为其中重要组成部分也在此时诞生,其主要特点是:以心理测量与结构主义为理论基础,由词汇、语法与阅读理解等部分组成,测试内容根据测试目标而定,阅读理解主要测试语篇的中心思想、支持主题的细节与结论;根据测试信度、效度与实用性等标准分析测试的性质与可行性;使用客观性题型,以保证评分客观与公正。

这一时期对英语阅读测试命题提出了具体要求:试题语篇长度为100—250个英文单词,从传记、散文体小说、百科全书、社会与自然科学非专业性文章中选材,内容应清晰与有意义,适合考生水平。为了具备应有的信度,一个标准化阅读测试应有五个语篇,每一语篇可提出4—7个阅读理解问题,总共约提供30个问题(Harris,1969:59—65)。"科学阅读测试"时期的理论与实践为英语阅读测试的发展奠定了基础。

(2) 20世纪70—80年代综合性与交际性英语阅读测试

以上已讨论了综合性与交际性英语测试总体理论基础,它们也是综合性与交际性英语阅读测试的理论基础,这里将讨论体现该理论基础的阅读测试实践活动。

- 综合性英语阅读测试——综合填空题的题型、特性与使用原则

综合性英语阅读测试的主要形式是综合填空题,该题型是留有多个空格的语篇,只有理解了语篇背景与整篇语义才能正确填写空格,这是它有别于分立式测试中的单句填空题之处。

➤ **阅读测试综合填空题的五种题型:**一为固定空格式,每隔固定字数出现空格,间隔为5—11字不等,空格间隔越长,测试难度越小,最常用的是每隔6—7字出现空格,当空格为专有名词时,可保留该词,将空格延后一格。该形式的长处是只需选择语篇,节省命题时间,缺点是空格被固定,不能控制答案的难度,有些空格可能无意义;第二种题型是不固定留空,根据测试目的给出空格,其长处是目的明确,去除了无意义空格;第三种题型是使用多项选择题,为每个空格提供3—4项可选择的答案,其难度略

低于以上两种题型。多项选择题的长处是克服了以上题型评分中采取接受同义词为正确答案时所产生的评分者之间的争议，而且评分客观，可使用计算机评分以提高测试效率，缺点是提供高质量的多项选择题费时费力；第四种题型称为"综合删除题（cloze elide）"，即在试题的语篇中出现多余与不正确的单词或词组，要求考生加以删除。在教学中使用这一题型时，将学生练习中经常产生的错误作为试题，会对学生有所帮助；第五种题型为"综合填空 C-test"，即语篇第一句与最后一句保持完整，从第二句开始，采取固定或不固定词数留空的形式，但在每个空格前给出一个或若干个正确答案起始字母作为提示。当前教学中采用这种题型的测试已不多见。

> **有关综合填空题性质的两种观点**：以奥勒为代表的一派认为，综合填空题测试了考生总体英语语言水平，但是，以奥尔德森（J. C. Alderson）为代表的另一派认为，综合填空题仅为阅读理解能力测试。本书作者根据相关理论、多年参与教学实验和实践结果与认真分析后认为，整体语言水平包括听、说、读、写与语言输入和输出等多方面能力，要求全面分析、综合、推断、理解与运用口语与书面语语篇，而综合填空题提供的是书面语语篇，考生通过阅读理解了语篇就能正确答题，不涉及听力与口语、写作表达能力，语言输出很有限。因此，认为综合填空题的性质是整体语言水平测试的观点缺乏充分的依据。而且，多项研究与实践表明，综合填空题与阅读理解测试相关度很高，因而其性质基本上为阅读理解能力测试。

> **使用综合填空题应遵循的原则**：综合填空题语篇长度一般为 250—500 个英文单词，第一句与最后一句应保持完整。有的观点认为，综合填空题语篇应采用英语为本族语人的自然语言，但是在英语初、中级水平教学中，每一阶段都采用这样的素材比较困难。不少学校由教师根据教学要求撰写语篇或选择地道的改写短篇，也取得了良好的成效。

使用综合填空题时，首先需明确测试目的。在形成性测试中，有时重点是测试阅读中的词汇，有时却需测试分析、推断等阅读能力，因此，选择的语篇与所留空格都应根据测试目的而定；其次，综合填空题内容与难度都需符合考生的阅读水平，难度偏高或偏低都不能真实反映考生的实际水平。使用上述第一、二种题型时，可采取固定答案与可接受答案两种评分方法。实践表明，采取可接受答案法的综合填空题的信度与效度较高，是英语教师频繁使用的方法。

- **交际性英语阅读测试**

交际性测试考查考生语法、社会语言学、语篇与语用等方面的能力，强调提供交际的真实情境与测试实际交际中运用语言的能力。因此，交际性阅读测试中的语篇需选自现实生活中实际运用的语言,阅读测试中的问题与回答也应接近实际生活中的行动。

在英语初级阶段,交际性测试的语篇以短篇故事与有关社会文化的简短散文为主。有时测试内容为日常生活中与社会文化相关的简要活动,如给出一张地图,其中标明各种地名与多处城市建筑物,要求理解地图并完成从一处到达另一处的任务;在中级阶段,测试内容的难度略高于初级阶段,如给出常见的广告、学校布告与学生活动通知等,或将阅读测试与任务型教学结合;在高级阶段,交际性阅读测试不仅考查对一般社会文化现象与观点的理解,而且测试考生在学习或研究领域的实际阅读能力,如给出一篇已出版的文章后所附的参考文献,包括参考书目与文章标题、作者姓名、出版年份、出版社或期刊名称等,要求考生指出该文章的主要内容;或将阅读与写作测试结合,要求考生阅读语篇或图表后写出内容提要。

英语阅读能力是词汇、语法、社会语言学、语用与语篇等多方面结合的能力,但交际性测试仅强调社会语言学方面的能力,未重视词汇与语法的重要作用,不利于全面提高阅读能力。

(3) 20世纪90年代后阅读测试关注焦点从信度到效度的转化

早期的科学英语阅读测试理论指出,衡量测试的标准是信度、效度与可行性(有关信度与效度的概念与运用请参阅本书作者著《外语教育展望》相关章节),当时心理测量十分重视测试的信度,有的观点认为信度是效度的前提。20世纪60—80年代,有关英语阅读测试效度的争议不多,客观上形成了信度成为衡量英语测试的关注焦点。90年代后,英语测试领域围绕"语言能力"等问题展开了基于认知心理学、语用学与语篇分析等多元理论研究,实质上是在探讨测试的结构与内容效度。21世纪以来,英语测试领域更明确了结构与内容效度对测试的重要意义,大量阅读测试将认知心理学、语用学与语篇分析等理论实施于试卷命题中,以提高测试结构与内容效度,标志着英语阅读测试领域关注焦点已从测试信度转化为效度。实际上,测试信度与效度都是测试应关注的标准,在重视阅读测试效度时,也需防止矫枉过正。

- **认知心理学方面的研究**

认知心理学认为,感知器官接收语言信息后,人脑运用分析、推断与综合等能力对语言加工后理解信息意义是成功进行语言输入与输出的条件。根据该理论,有些英语阅读测试改变了以往测试仅就语篇主题、事件发生的时间与地点等简单提问,采取多种题型测试分析、推断与综合语篇意义的能力,如:阅读语篇后需在四选项中找出一个该篇未提到的问题(Which of the following is not mentioned in the passage?),或不符合该篇观点的看法(According to paragraph x, which of the following is not true?);又如:阅读全篇后,要求考生从六选项中选择三项总结语篇内容(From the six choices select three answers that express the most important ideas in the passage.)。这些题型迫使考生理解全篇意义,减少了使用多项选择题时的猜测因素。

- 语用学方面的研究

以语用学理论为依据的英语阅读测试重视检查考生对语言内涵的理解。以往英语阅读测试往往考查理解单词层面上的语言意义,遵循语用学理论原则的英语阅读测试却着重检查考生理解段落与全篇内涵的能力,在提供了阅读短篇后,提出有关某一段落内涵的问题,如:In the third paragraph, there is a statement that implies that(后跟四选项),或提出检查理解全篇内涵的问题:In the passage, it is implied that(后跟四选项)。同时,以语用学理论为理论基础的英语阅读测试还重视检查考生理解语篇作者意图的程度,如:According to the passage, the author's intention is that(后跟四个选项);有时间接以多种方式询问作者意图,如:In paragraph 3, why does the author mention...?(后跟四个选项)。

- 语篇分析理论方面的研究

语篇分析理论重视人们在现实生活中使用的真实与自然的语言、整个语篇结构的连贯性、各组成部分的关联及其社会文化情境与上下文对语篇的意义。21世纪以来,英语阅读测试吸取了语篇分析研究成果,主要体现在测试词汇与语篇结构连贯性部分产生了新题型。

由于词汇与阅读测试相关系数很高,因此,历来阅读测试常包含词汇测试。传统词汇测试通常采用翻译、默写、配对、填空等单词或单句层面上的题型。20世纪90年代后,出现了关注语篇层面上测试词汇的潮流,一些大规模标准化考试将词汇测试并入阅读测试中,考查根据上下文理解词义的能力;根据语篇分析理论更新阅读测试的另一形式是测试理解语篇结构与连贯性。近年来出现了几种新题型,一种题型为:提供一小段语篇,然后以多项选择题形式,要求考生找出能体现该语篇连贯性的最佳句子,如:

The author would most likely continue the passage with which of the following sentences?

A... B... C... D...

另一种题型是：指出在测试语篇中有一处内容不连贯，在语篇中四处标出（A）、(B)、(C)、(D)选项，要求考生在四选项中找出一个不连贯之处，然后给出可使内容连贯的小段语言，要求将该小段插入其中。这一题型要求考生找出语篇不连贯之处并加入语言使它连贯，能更确切测试理解语篇连贯性的能力，达到测试理解整个语篇结构与意义的目的。

综上所述，以多元理论为基础的英语阅读测试在理论研究与实践方面都取得了丰硕成果，促进了英语阅读测试效度的研究，使课堂与大规模标准化考试中英语阅读测试得到了更新。

10.3.3 英语口语能力测试的发展与更新

英语测试界普遍认为，口语能力测试是较难掌握的测试，与其他能力测试相比，其理论研究与实践中争议最多，这主要是因为口语能力测试的特点不同于其他测试及由此带来了挑战。

(1) 英语口语能力测试的特点及其挑战

英语口语能力测试的主要特点体现在它的构建（construct，或称结构）及其各部分间的关系、测试内容、题型与评分方法等方面。早期的英语口语测试将语音、词汇、语法、准确性与流利程度列为口语测试构建与内容的主要组成部分，随着英语教学与测试各学派理论的发展与对口语能力认识的提高，测试构建与内容又增加了对话中听与说的关系、对话人互动、说话人策略、试题中任务类型、题型与评分方法等方面，如何认识与处理口语测试构建与内容中各种因素的关系就形成了严峻的挑战。例如，有些考生口语流利程度达标，但是语言错误多，或语言准确度强，但不流利；有些考生语音较差，但是词汇、语法与内容都掌握得很好，评分者在评估成绩时看法迥异，降低了评分者信度；同时，科学的英语测试强调测试的客观性，但是，当前绝大部分口语能力测试仍采用人工评分的主观性测试，如何提高这些主观性测试中评分的客观性已成为英语口语测试需要面对的重要课题。总体上，英语口语测试的发展就是不断在实践中认识口语测试特点与应对其挑战的过程。

(2) 从传统英语口语测试发展至交际性口语测试

与英语阅读测试一样，英语口语测试也产生于教学，并与英语口语教学几乎同步发展。

● **语法翻译法时期使用的传统口语测试**

语法翻译法时期的教学大纲中除了阅读、语法与翻译外，也含有语法与翻译的口语练习,口语课程中也有口语测试,那时的口语练习与测试仅为巩固与检查教学的手段。例如,采取朗读形式测验考生的语音语调与使用意群的程度;以口头提问与回答形式测验是否理解语言意义;阅读或听故事或短文后口语复述与口头作文,以测试口语语篇表达能力等。虽然传统英语口语测试缺乏理论研究,但是,因其具有实用价值而被长期沿用,构成了口语测试发展的基础。

- **以结构主义为理论基础的英语口语测试**

20世纪初,英语口语教学与直接法兴起后,评估口语能力的重要性开始受到重视。1930年美国首次设计与实施了英语口语能力测试。50—60年代时,以结构主义为理论基础的英语测试提出了口语测试的理论结构、试题类型、评分标准及方法:在理论结构方面,测试语音、词汇、语法、流利程度与对口语主题和重要内容的理解、反应与表达能力;主要题型为面试、问答、复述、小结等直接测试口语形式,同时采用客观性试题测试口语语音、词汇与语法,间接测试口语能力;直接测试的评分标准与方法是:根据语音、词汇、语法、流利程度与语言理解能力等理论结构组成部分,详细列出1—5不同等级的评分标准,评分者至少需两人,通过培训使他们掌握共同的评分准则(Harris,1969:81-85)。总之,这一阶段测试结构与内容表明,英语口语测试已具有体现结构主义理论的测试理念、结构、内容、题型与评分准则,标志着英语口语测试进入了系统的理论与实践阶段。

- **建立在社会语言学等理论基础上的英语交际性口语测试**

口语测试是交际性测试重要的组成部分,故交际性口语测试建立在社会语言学、语用与策略能力理论基础上,强调交际的真实情境与测试实际语用能力,重视交际双方的互动能力。

▷ **理论构建方面**:印尼教授纳萨拉(S. Nazara)分析了英语口语的特点、功能、产生和运用的条件等因素,提出英语口语理论构建应包括三方面内容:语音、词汇、语法等语言知识;在真实交际场合实际运用语言办事与交流互动的口语功能;在不同情境中遵守约定俗成的社会—文化准则(Nazara,2011),纳萨拉的观点得到很多英语口语测试研究者的认同。

▷ **题型方面**:一为交际性测试的面试,其测试内容不同于以结构主义为理论基础、仅测试事实的面试,注重测试掌握语言功能与社会—文化准则的程度;二为角色扮演与模拟,给出不同的角色与测试者对话,如顾客与餐馆服务员等,要求考生根据特定的情境即时对话;三为任务型测试,给出具体任务,测试考生完成任务时掌握语言知识、功能与社会—文化准则方面的表现,如给出图表分析各种产品的优缺点等。

> **评分标准与方法**:根据理论构建的三方面列出每项评分细则,明确1—5等级的评分标准,评分者至少两人,通过预测统计评分者信度,达到信度标准的评分者才能在正式测试中评分。

(3) 20世纪90年代以来英语口语能力测试的更新

20世纪90年代以来,英语口语测试领域以心理学、语用学与语篇分析等多元理论为基础,更新了口语测试的理论与实践。

● **测试理论构建的更新**

理论构建的更新是当代英语口语能力测试理论与实践更新的基础,心理学、语用学与语篇分析等多元理论的发展为当代英语口语能力测试理论构建的更新提供了理论依据。

首先,当代英语口语能力测试构建中仍包含语言知识测试。但是,它不同于注重语言知识形式的传统口语测试构建,而是将语音、词汇与语法列为"语言表达"与"语言使用"之列,强调它们必须为正确表达语言意义服务;其次,当代英语口语能力测试吸取认知心理学重视考生分析、推断、概括、综合等能力的理念,将听力与阅读测试与口语分析和表达能力测试结合,形成了新型综合性口语能力测试;再次,当代英语口语能力测试还注意吸取语用学研究成果,将语用学强调使用语言的目的性、社会情境与重视语言内在含义等观点列入测试构建;最后,当代英语口语能力测试认同语篇分析理论基本观点,其理论构建中关注考生掌握主题、语篇组织与连贯性、单句衔接与语篇标志运用等语篇分析理论要点。总之,英语口语能力测试理论构建已从传统与交际性测试更新至以多元理论为基础的当代英语口语能力测试。

● **试题类型的更新**

20世纪90年代前,口语测试题型主要有三类:通过测试语音、词汇、语法间接测试口语;采用面试与口头作文等方法直接测试口语能力;听与说结合测试口语能力。三类试题中提问的内容一般为事实的叙述或回顾。在多元理论引领与高科技推动下,当代英语口语测试取消了上述第一类题型,在内容与形式上更新了第二、三类题型,并在此基础上创建了听、读、说三结合崭新的题型,形成了三类新题型,实现了英语口语测试题型全面的更新。

> **第一类是两种不同性质的面试**:一种是难度逐步推进的面试,第一步就考生的简要情况提问,第二步就考生经历过的有意义事件或活动提问,第三步要求考生就该

事件或活动发表意见与观点,由浅入深地测试考生的口语语言与认知能力,IELTS 口语考试基本上采取这类面试;第二种面试称为"二选一答题",要求考生对存在两种不同观点的问题发表意见,说明同意与不同意一种观点的依据,这是 TOEFL 口语考试的形式之一。这类面试既测试了口语表达能力,也测试了认知心理学强调的分析、类比、推断、概括与综合事物与观点的能力;

> ➤ **第二类题型为听与说结合测试口语能力**:这一题型与以往听与说结合的口语测试不同,它体现了语用学的基本观点,听力材料内容以测试目的、对象及所需社会情境为依据,使用社会情境中的真实语言,考生听完材料后回答提问时,需理解所涉及的概念与观点内在的含义;

> ➤ **第三类题型是当代英语口语测试的创新**:根据心理学理念设计的听、读、说三结合口语测试,考生先阅读一份短篇材料,再听与阅读相关的对话录音,然后要求他们使用口语回答与阅读和听力材料相关的问题。这一题型的特点是综合测试了听、读、说的能力,并加重了考查语言输入与输出能力的测试,有利于促进学生在使用书面语与口语输入后加强口语输出,因此,该题型不仅可用于大规模标准化考试,而且也是英语课堂测试中较好的题型。

● **评分标准与方法的更新**

随着英语口试理论构建的更新,传统英语口试评分标准也得到了更新。首先,当代口语测试中语音、词汇、语法的评分标准不同于仅注意语言形式正确性的传统口语测试,它还关注是否能恰当地运用语言知识表达意义;其次,当代口语测试评分标准中重视评估考生分析、综合、类比、推断等认知能力;最后,当代口语测试评分时还评估考生正确掌握口语语篇规律的能力,包括口语表达中主题明确、论证清晰、结构连贯与句子合理衔接等方面。

当代英语口试评分方法为:确定多项评分标准后,再将其细化成不同等级,每道题都按各项评分标准的等级评分,然后取每道题平均分为口试总成绩。如 TOEFL iBT 口语测试由四道题组成,在上述每项评分标准都细化成 0—4 五个成绩等级后,对每个等级的表现进行详尽的描述,评分者根据考生的表现,对每道题按评分标准中 0、1、2、3、4 五个等级评分,然后取四道题得分的平均分为口语测试的总分。由于 TOEFL iBT 听、说、读、写四能力测试满分均为 30 分,因此考生在取得了 0—4 五个等级的原始成绩后,还要将其转换成总分为 30 分的成绩(https://www.ets.org)。

10.3.4 英语写作能力测试的发展与更新

英语写作能力测试中有两对重要的概念：一是直接（direct）与间接（indirect）测试，前者指通过写短文直接测试写作能力，后者指通过测试写作组成部分间接测试写作能力；另一对概念是独立（independent）与综合（integrated）测试，前者指仅使用写作测试，后者指综合听、说、读、写能力的写作测试。英语写作测试的发展经历了直接→间接→直接测试的转化，也经历了听写、读写→说、写→听、读、写结合的转化，体现了英语写作测试更新的过程。

(1) 从传统的直接测试发展至基于结构主义理论的间接测试

早期英语写作测试是课堂教学的一部分，采取直接测试的方式，使用作文考试决定写作成绩。作文考试帮助学生复习语言知识与考查他们的写作水平，但是，由于命题与评分都由个别教师掌握，测试的科学性受到质疑。20世纪初，教育心理学家桑代克与他的学生提出了教育测试评分的等级（scale）制，也制定了英语写作评分等级，为写作测试中教师评分提供了参考，也为20世纪后半期写作直接测试制定评分等级奠定了基础。

20世纪50—60年代，以结构主义理论为基础的写作测试发展很快。此时写作测试不再使用直接测试，而是将其分解成写作的多个组成部分，采取多项选择题等客观性试题，通过分别测试各部分内容达到间接测试写作的目的，由此英语写作测试进入了间接测试的阶段。在此期间，乔治城大学哈里斯（D. P. Harris）教授提出，写作测试应涵盖五个组成部分：内容（content）、组织形式（form）、语法（grammar）、风格（style）与标点和大小写等写作基本技术（mechanics）（Harris, 1969: 68-69）。间接测试比直接测试的评分更为具体与省时，客观性试题提高了测试信度，当时被大规模标准化考试普遍使用。

(2) 独立直接写作测试的发展与更新

20世纪70—80年代，间接写作测试受到了抨击，主要原因是：写作组成部分测试不能反映真实写作能力，因此，间接测试逐渐被直接测试所取代。然而，传统时期的作文测试也不能达到时代的要求，80年代后，经写作测试研究者与教师们辛勤努力，更新了写作直接测试的命题与评分。

- **直接写作命题的更新**

传统英语直接写作测试的题目常为生活琐事、人物描写或故事改写等，与学生实际需要无关，而且仅要求写记叙文。20世纪70—80年代交际性测试兴起后，英语写作测试的内容发生了变化,体现了交际性测试重视交际与文化的理念,直接测试题目密切联系学生生活与社交活动,如大学入学申请、与友人通信、不同文化的差异等。90年代以来,英语测试受心理学、语用学与语篇分析等理论影响,写作测试题目拓展至学校、教育、社会乃至全球重要事务,写作体裁从记叙文拓展至议论文。具体写作题目涉及学生参与的社会活动,或要求对学校与社会广泛关注的不同观点发表意见,并论证自己的观点。例如,试题为"何种温课迎考的形式更有效:小组活动还是个人复习"和"求职中你选择怎样的工作:具有挑战性还是谨慎的职位",要求考生二选一并说明原因与给出充分论据等。经不断实践,当代英语写作测试已更新了传统作文考试的命题。

- **直接写作评分的更新**

直接写作评分有两种方法:整体法(holistic scoring method)与分析法(analytic scoring method),前者指从整篇内容与形式角度评价写作,后者指通过分析整篇组成部分后进行评分。两种方法各有所长,经长期争议,写作测试经历了整体法→分析法→改进整体法等阶段,当代写作评分终于进入了整体法与分析法结合的时代。

在传统写作测试时期,写作测试一般由教师采取整体法评分,缺乏统一的科学标准,评分的公正性与准确度都存在问题。自20世纪初桑代克提出了写作评分等级制后,不少教师参考该评分等级,并根据各校情况制定了写作评分等级制,将写作水平分为优(Good)、良(Fair)、及格(Pass)、不及格(Fail)四个等级,并描述了各级的标准,为实施整体评分法提供了依据。

尽管有了评分等级制,但整体写作评分的主观性难以避免,整体评分法的公正性与一致性仍受到质疑。早在20世纪初,一些教师就通过分析内容、语法与修辞等写作组成部分评价学生写作,这种方法得到了结构主义理论的支撑,与评分等级制结合后,发展成通过分析写作内容、结构、语法、风格与标点等基本写作知识评价写作成绩的分析法。在实践中,分析法体现了它的长处:首先,它为写作各组成部分制定了评分标准,减少了整体法依靠评分者个人评价写作的主观性;其次,分析法为写作评分提供了具体与明确依据,培训评分者工作比较简洁与快速,广大教师能较快学会评分法并运用于测试中,解决了合格评分者短缺的困难;最后,通过教师对写作组成部分成绩的分析,学生可了解写作中的强项与弱点,有效提高写作能力。

20世纪70—80年代交际性测试兴起后,写作测试组成部分中增加了社会情境与文化等因素,使分析法内容变得琐碎并引起争议,致使它被认为未能全面评价整体写作能力而受到质疑。此时出现了认可整体法的呼声与改进整体法的尝试,如在一般教师使用整体法评分后,再请一位高水平的专家检查评分结果,纠正可能产生的偏差,并给予教师们实际指导;在学校平行班测试使用整体评分法后,通过提高教师的评分者信度,保证使用整体法的质量。与此同时,大规模标准化考试开始采取直接写作测试的形式,并使用整体法评分,但大力加强了评分者信度以提高评分质量。这样,整体法又被广泛采用。

20世纪90年代以来的实践表明,整体法与分析法各有特点,它们的关系是互补而非互相排斥。写作测试研究者与教师们开始探讨集整体法与分析法于一体的评分法。例如,IELTS考试的一般写作与学术写作测试都具有四条评分细则,第一条是整体评分标准,后三条再从连贯与衔接、词汇、语法与准确性三个部分按九个等级评分,吸取了整体法与分析法两者的长处;又如,1999年产生、21世纪大规模运用的计算机评分写作测试,采取详尽的分析法,从内容分析、词汇复杂性、语法、常用语、写作基本知识、风格、组织结构、地道用语等方面按五个等级评价写作(https://www.ets.org>erater)。具体评分时,先使用人工整体评分法按五个等级评出成绩,然后使用计算机为同一试卷评分,将两者的平均分作为最后成绩;或使用计算机评分作为质量控制标准,如人工与计算机评分成绩无显著差异,即可认为人工评分合格,如两者差异显著,则请另一位评分者再对同一试卷评分,取两位人工评分结果的平均分作为最后成绩(Zhang, 2013)。这些评分法体现了整体法与分析法有机的结合,进一步更新了直接写作评分方法。

(3) 听、读、说、写能力结合的综合写作能力测试之发展与更新

听、读、说、写能力结合的写作能力测试也产生于英语教学,经不断发展至20世纪90年代,这类测试得到了全面的更新。

- **传统英语测试时期奠定的基础**

自传统英语测试时期起,写作能力测试就与听力与阅读能力测试结合,产生了听写与读写测试等形式,随着时代的发展,这些形式都得到了更新。例如,听与写的结合,以往只有听后写所听到的语言测试,如今已产生了听对话或短文后写评论的测试。传统的听写材料以测试听力理解为主,写作方面较重视测试拼写、标点等基本知识,学生无须自己作文,因而听写测试在听力测试领域研究较多,而当代听写测试则加强了写作测试;又如读与写测试的结合,传统测试较多采取读短篇后概括大意或写读后感的形式,当代已更新为测试写作中的分析综合能力;说与写的结合盛行于听说法教学时期,写作测试采取写话的形式,以检查正确写下说话的能力,该形式随着测试理论的发展而不常被使用;当代写作与其他语言能力结合测试最突出的代表是听、读、写三结合测试,这一形式将写作测试理论与实践提高到了更高水平。

- **20世纪90年代以来综合写作能力测试的更新**

20世纪90年代以来,受心理学、语用学与语篇分析等多元理论的影响,英语写作能力测试理论与实践向纵深方向发展,推动了听、读、写能力结合的综合写作能力测试的更新。

> 首先,综合写作能力测试的理论基础得到了更新。传统测试时期出现的听、读与写结合的测试是教师们在实践中积累的测试方法之一,但未深入探讨其理论依据,在教学中可有可无,因而此后综合写作测试并无重大进展。20世纪90年代后,在语用学、心理学与语篇分析理论的影响下,传统听、读与写结合测试的理论得到了创新:在语用学有关社会环境与使用语言的关系等理论启示下,英语写作测试界认识到,在实际进行交际时,特别是在学校与学术领域的环境中,经常将写作与其他语言能力结合在一起,因而应更新传统的听、读与写结合的测试,推出听、读、写结合的崭新理论与形式;受到心理学强调分析、推理与综合等认知能力在使用语言中重要意义的启示,当代英语综合写作测试在传统读写测试写大意的基础上,加强了分析阅读测试中不同观点,并使用口语和书面语阐述与论证主观意见等能力的测试;根据语篇分析理论,当代英语综合写作测试在评分标准中突出了测试主题清晰、结构合理、连贯和衔接使用正确等语篇写作的要素;最后,当代英语综合写作测试还检查考生如何将听、读与写作有机结合,运用相关语言输入正确进行语言输出,克服了传统综合写作测试简单测试听、读与写作能力的弊端。这样,当代英语综合写作测试实现了对传统写作测试在理论上的更新。

> 其次,传统综合写作测试形式得到了更新。当代听、读、写综合写作测试吸取了当代听写与读写测试中新的形式:例如,当代听写测试选择的听力材料不是一般的演讲、报告、双人或多人会话,而是有两种或多种不同意见的材料,听后不仅要求写大意,而且须写出同意或反对观点,并论证其合理性,这一新形式已被听、读、写综合写作测试采用;又如,当代读写结合测试有多种题型:一为提供一篇议论文及相关问题,要求考生写大意后对该文主题发表意见,并回答提出的问题;二为提供两个观点相反的短篇,要求考生写一篇文章,说明两个观点的主题与自己同意与反对的意见;三为提供一封信或电子邮件,提出一些个人遇到的问题,要求考生回复与回答问题,并说明原

因;四为提供一张图表,要求考生指出数据的意义,分析图表的含义,并根据自己经验发表意见。这些形式也被听、读、写综合写作测试所采用。近年来,TOEFL iBT 写作测试就体现了上述听、读、写综合写作测试的特点:该测试先给出一篇文章供阅读,再出示一个与阅读材料题目相同但观点不同的视频演讲,然后出示阅读文章并提出问题,要求考生根据阅读材料与听到的演讲书面回答问题,写出两者的主要内容、相互关联与自己的意见,以测试考生听、读、写综合写作能力,显示了当代综合写作测试的创新思维与行动。

> **最后,综合写作测试评分标准与方法也得到了更新**。当代综合写作测试的评分方法采取整体法或分析法或两者结合法,评分标准除了包括写作内容、主题展开、组织结构、语言使用(语法与词汇)等与独立写作标准相同的因素外,还考虑考生在写作中对听力或阅读材料使用的确切程度和是否正确表达听、读材料内容与写作主题的关系,充分测试了考生综合运用听、读、写三种能力的水平,进一步体现了"综合写作测试"的特质。

综上所述,当代英语综合写作测试无论在理论、形式或评分方面都得到了创新,全面更新了传统的听、读、写结合的写作测试。

结语

英语测试的发展围绕着课堂教学评估、测试与大规模标准化考试两个主轴展开。在此过程中,英语教学理论、心理学、语用学、语篇分析与教育测量等理论与实践对英语测试发展产生了重大影响。这是认识与了解英语测试发展的基本要点。

英语测试源于教学,发展至今依然是巩固与评估教学的手段。自早期教学起,传统的英语教学就积累了评估与测试的方法,在语法翻译法时期,每阶段对教学的检查与评估都很频繁,包括语音、词汇、语法的语言知识测试已产生多种形式,在语言能力测试方面,也形成了听写、口语问答、阅读后回答问题与作文等测试形式,对英语测试的发展奠定了基础。

20 世纪 50—60 年代,英语教学中的结构主义理论与以心理和教育测量为理论基础的大规模标准化考试的结合大力促进了英语测试的发展,并使语言测试形成了一门独立学科。此后直至 80 年代,由于英语大规模标准化考试戴上了"科学测试"的桂冠,又成为进入高等院校的入学考试,理论与实践迅速发展,对课堂教学产生了指挥棒的效应,很多课堂测试也按照大规模标准化考试的要求进行,削弱了全面评估教学的功能,有时甚至忽视课堂教学评估,将大规模标准化测试等同于整体英语教学中的测试。

20世纪90年代以来,特别是进入21世纪后,在应用语言学、心理学、语用学与语篇分析等理论影响下,英语教学测试回归至形成性与总结性教学评估;大规模标准化考试利用高科技更新了测试内容、形式与题型,无论在英语教学或大规模标准化考试的语言知识与能力测试中都出现了以心理学、语用学与语篇分析等多元理论为基础、多种知识与能力结合的新型综合性测试,使测试目标更明确,内容更充实,试题更具有挑战性,实现了对传统与近代英语教学评估与测试全面的更新。

由于历来英语教学评估、测试与英语教学紧密结合,英语教学评估与测试的更新不仅加强了它们对提高英语教学质量的保证作用,而且促进了整体英语教学的发展与更新。

参考文献

中文部分

辞海编辑委员会.(1979).辞海.上海:上海辞书出版社.
查明建.(2019).西南联大的外语学习观:学外语到底是学什么？在线教育,云教育评论,2019-08-31.
常俊跃,董海楠,赵秀艳,夏洋,李莉莉,李前宽.(2008).英语专业基础阶段内容依托教学问题的实证研究.外语与外语教学,2008年,第5期:37-40.
崔刚.(2015).神经语言学.北京:清华大学出版社.
恩格斯.(2009).马克思恩格斯文集,第9卷,自然辩证法.北京:人民出版社.
付克.(1986).中国外语教育史.上海:上海外语教育出版社.
顾明远.(1998).教育大辞典.上海:上海教育出版社.
洪堡特著,姚小平译注.(2011).洪堡特语言哲学文集.北京:商务印书馆.
胡壮麟.(1994).语篇的衔接与连贯.上海:上海外语教育出版社.
教育部师范教育司.(2006).张思中与十六字外语教学法.北京:北京师范大学出版社.
刘润清.(2013).西方语言学流派.北京:外语教学与研究出版社.
罗劲,应小萍.(2005).思维与语言的关系:来自认知神经科学的证据.心理科学进展(*Advances in Psychological Science*),2005,13(4),454-465.
马克思.(2009A).马克思恩格斯文集,第1卷,经济学哲学手稿.北京:人民出版社.
马克思.(2009B).马克思恩格斯文集,第8卷,政治经济学批判.北京:人民出版社.
马克思,恩格斯.(1960).马克思恩格斯全集,第3卷,德意志意识形态.北京:人民出版社.
马克思,恩格斯.(2009).马克思恩格斯文集,第1卷,德意志意识形态.北京:人民出版社.
沈龙明.(2004).中小学课堂教学艺术.北京:高等教育出版社.
王德春.(2000).神经语言学.上海:上海外语教育出版社.
王蔷.(2015).从综合语言运用能力到英语学科核心素养——高中英语课程改革的新挑战.百度文库＞教育专区＞外语学习＞英语学习.
维果茨基著,李维译.(2010).思维与语言.北京:北京大学出版社.
卫志强(主编).(2015).马克思、恩格斯、列宁、斯大林论语言.北京:中国社会科学出版社.
文秋芳.(2019).新中国外语教学理论70年发展历程.翻译教学与研究网,2019-10-12.

叶澜(主编).(2002).中国教师新百科中学教育卷.北京:中国大百科全书出版社.

叶澜.(2004).世纪初中国基础学校教育"转型性变革"的理论与实践:"新基础教育"发展性研究报告集.北京:中国轻工业出版社.

叶澜.(2006).新基础教育论——关于当代中国学校变革的探究与认识.北京:教育科学出版社.

叶澜.(2010)."新基础教育"理论简述.百度文库＞专业资料＞人文社科＞教育学/心理学.

叶澜.(2016).叶澜终身教授报告:"'生命·实践'教育学派的教育信条".上海:华东师范大学教育学部/学部要闻.

中国社会科学院语言研究所词典编辑室.(1983).现代汉语词典.北京:商务印书馆.

中华人民共和国教育部.(2001).全日制义务教育普通高级中学英语课程标准.北京:北京师范大学出版社.

中华人民共和国教育部.(2017).义务教育英语课程标准.百度文库网.

朱智贤,林崇德.(1986).思维发展心理学.北京:北京师范大学出版社.

左焕琪.(1990).全国中学英语教学调查与分析.上海:华东师范大学出版社.

左焕琪.(2000).大学英语6级口语教程.上海:华东师范大学出版社.

左焕琪.(2007).英语课堂教学的新发展.上海:华东师范大学出版社.

英文部分

Afflerbach, P., Pearson, P. D. & Paris, S. D. (2008). Clarifying differences between reading skills and reading strategies. *The Reading Teacher*, 61(5), 364–373.

Alderson, J. C. (2005). *Diagnosing foreign language proficiency: The interface between learning and assessment.* London: Continuum.

Allen, V. F. (1971). Teaching intonation, from theory to practice. *TESOL Quarterly*, 5(1), 73–81.

American Sociology Association. (2020). *Culture.* https://asanet.org＞topics＞culture.

Anderson, J. R. (1995). *Cognitive psychology and its implications* (4th Ed.). New York: Freeman.

Anderson, N. J. (1991). Individual differences in strategy use in second language reading and testing. *Modern Language Journal*, 75, 460–472.

Anderson, R. C. (1977). *Schema-directed processes in language comprehension.* (University of Illinois at Urbana-Champaign Library Large-scale Digitization Project, 2007). Urbana, Illinois: Center for the Study of Reading, University of Illinois at Urbana-Champaign.

Anderson, R. C. & Pearson, P. D. (1988). A schema-theoretic view of basic processes in reading comprehension. In P. L. Carrell, J. Devine, D. E. Eskey, *Interactive approaches to second language reading.* pp.37–55. Cambridge: Cambridge University Press.

Artz, A. F. & Newman, C. M. (1990). Cooperative learning. *Mathematics Teacher*, 83, 448–449.

Bachman, L. F. (1990). *Fundamental considerations in language testing.* Oxford: Oxford University Press.

Bachman, L. F. & Palmer, A. S. (1996, 2010). *Language assessment in practice.* Oxford: Oxford University Press.

Badger, R. & Write, G. (2000). A process genre approach to teaching writing. *ELT Journal*, 54(2), 153–160.

Bahazig, A. (2016). Cohesive devices in written discourse: A discourse analysis of a student's essay writing. *English language Teaching*, 9(7), 112–119.

Bahrani, T & Nekoueizadeh, M. (2014). The role of input in second language acquisition. *Journal of Advances in Linguistics*, 1(1), 1–6.

Bailey, K. M. & Savage, L. (Eds.). (1994). *New ways in teaching speaking*. Alexandria, VA: TESOL.

Baker, W. (2011). Intercultural awareness: Modelling an understanding of cultures in intercultural communication through English as a lingua franca. *Language and Intercultural Communication*, 11(3), 197–214.

Bavelas, J. B., Kenwood, C. & Phillips, B. (2002). Discourse analysis. In M. Knapp & J. Daly (Eds.), *Handbook of Interpersonal Communication* (3rd Ed.). pp. 102–129. Newbury Park, CA: Sage.

Benzoukh, H. (2017). Cohesive ties in English at a glance. *Research Result, Theoretical and Applied Linguistics*, 3(3), 3–6.

Berlin, B. & Kay, P. (1969). *Basic color terms: Their universality and evolution*. Berkeley, CA: University of California Press.

Black, P. J. & Wilian, D. (1998). Inside the black box: Raising standards through classroom assessment. *Phi Delta Kappan*, 80(2), 139–148.

Blake, N. F. (1996). *A history of the English language*. Houndmills, UK: Macmillan.

Bradbury, N. A. (2016). *Attention span during lectures: 8 seconds, 10 minutes, or more?* https:/journals. physiology. org>doi

Britton, C. (2016). *The science behind spaced repetition*. www. blog. wranx. com.

Brown, G. & Yule, G. (1983). *Teaching the spoken language*. Cambridge: Cambridge University Press.

Brown, H. D. (2000). *Principles of language learning and teaching* (4th Ed.). White Plains, NY: Longman.

Buck, G. (2001). *Assessing listening*. Cambridge: Cambridge University Press.

Burns, A. (2012). A holistic approach to teaching speaking in the language classroom. In M. Olofsson (Ed.), *Symposium 2012*. pp. 165–178. Symposium conducted at University of Stockholm.

Bygate, M. (1998). Theoretical perspectives on speaking. *Annual Review of Applied Linguistics*, 18, 20–42.

Byram, M. (1997). *Teaching and assessing intercultural communicative competence*. Clevendon: Multilingual Matters.

Canale, M. & Swain, M. (1980). Theoretical bases of communicative approaches to second language teaching and testing. *Applied Linguistics*, 1(1), 1–47.

Carrell, P. L., Devine, J. & Eskey, D. E. (1988). *Interactive approaches to second language reading*. Cambridge: Cambridge University Press.

Celce-Murcia, M. (1987). Teaching pronunciation as communication. In J. Morley, *Current perspectives on pronunciation: Practices anchored in theory.* pp. 5 - 12. Washington, D.C.: Teachers of English to Speakers of Other Languages.

Celce-Murcia, M. (Ed.). (2001). *Teaching English as a second or foreign language.* Boston: Heinle & Heinle.

Celce-Murcia, M., Brinton, D. M. & Goodwin, J. M. (1999). *Teaching pronunciation: A reference for teachers of English to speakers of other languages.* Cambridge: Cambridge University Press.

Celce-Murcia, M. & Larsen-Freeman, D. (1983). *The grammar book: An ESL/EFL teacher's course.* Rowley, Mass: Newbury House Publishers.

Chomsky, N. (2000). *New horizons in the study of language and mind.* Cambridge: Cambridge University Press.

Clark, R. & Mayer, R. (2011). *E-learning and the science of instruction* (3rd Ed.). Hoboken, New Jersey: John Wiley & Sons, Inc.

Cope, B. & Kalantzis, M. (1993). Background to genre teaching. In B. Cope & M. Kalantzis (Eds.), *The powers of literacy: A genre approach to teaching writing.* London: Falmer Press.

Corson, D. J. (1995). *Using English words.* Dordrecht, the Netherlands: Kluwer Academic Publishers.

Cowan, N. (2001). The magical number 4 in short-term memory: A reconsideration of mental storage capacity. *Behavioral and Brain Sciences*, 24(1), 87 - 114.

Crystal, D. (1985). *A dictionary of linguistics and phonetics.* Oxford, UK: Basil Blackwell Ltd.

Crystal, D. (1997). English as a global language. Cambridge: Cambridge University Press.

Crystal, D. (2006). English Worldwide. In R. Hogg & D. Denison (Eds.), *A History of the English Language.* pp. 420 - 439. Cambridge: Cambridge University Press.

Dale, E. (1965). Vocabulary measurement: Techniques and major findings. *Elementary English*, 42(8), 895 - 901.

Day, R. R. (2015). Extending extensive reading. *Reading in a Foreign Language*, 27(2), 294 - 301.

Day, R. R. & Bamford, J. (1998). *Extensive reading in the second language classroom.* Cambridge: Cambridge University Press.

Day, R. R. & Bamford, J. (2002). Top ten principles for teaching extensive reading. *Reading in a Foreign Language*, 14(2), 136 - 141.

Deardorff, D. K. (2006). Identification and assessment of intercultural competence as a student outcome of internationalization. *Journal of Studies in International Education*, 10(3), 241 - 266.

Deci, E. L. (1975). *Intrinsic motivation.* New York: Plenum.

Deci, E. L. & Ryan, R. M. (1985). *Intrinsic motivation and self-determination in human behavior.* New York: Plenum.

Derwing, T. M. & Munro, M. J. (2005). Second language accent and pronunciation teaching: A research-based approach. *TESOL Quarterly*, 39(3), 379-397.

Dewey, J. (1933). *How we think*. Buffalo, NY: Prometheus Books.

Dornyei, Z. & Otto, I. (1998). *Motivation in action: A process model of L2 motivation*. www.academia.edu.

Doyle, W. (2006). Ecological approaches to classroom management. In C. M. Evertson & C. S. Weinstein (Eds.), *Handbook of classroom management: Research, practice, and contemporary issues*. pp. 97-125. Mahwah, New Jersey: Lawrence Erlbaum.

EAP Foundation. (2021). *Cohesion and coherence*. https://www.eapfoundation.com.

Ellis, N. C. (2001). Memory for language. In P. Robinson, *Cognition and second language instruction*. pp. 33-68. Cambridge: Cambridge University Press.

Ellis, R. (2003). *The study of second language acquisition*. Oxford: Oxford University Press.

Ellis, R. (2006). *Current issues in the teaching of grammar:* An SLA perspective. *TESOL Quarterly*, 40(1), 83-107.

Eskey, D. E. (2005). Reading in a second language. In E. Hinkel (Ed.), *Handbook of research in second language teaching and learning*. pp. 563-579. Mahwah, New Jersey: Lawrence Erlbaum.

Eskey, D. E. & Grabe, W. (1988). Interactive models for second language reading: Perspectives on instruction. In Carrell, P. L., J. Devine, D. E. Eskey, *Interactive approaches to second language reading*. pp. 223-238. Cambridge: Cambridge University Press.

Fanselow, M. S. & Poulos, A. M. (2004). The Neuroscience of Mammalian Associative Learning. *Annual Review of Psychology*, 56(1), 207-234.

Fill, A. & Muhlhausler, P. (Eds.). (2001). *The ecolinguistics reader: Language, ecology and environment*. New York: Continuum.

Fitzgerald, J. & Shanahan, T. (2000). Reading and writing relationships and their development. *Educational Psychologist*, 35(1), 39-50.

Flavell, J. H. (1976). Metacognitive aspects of problem solving. In L. Resnick (Ed.), *The nature of intelligence*. pp. 231-235. Hillsdale, NJ: Lawrence Erlbaum.

Flavell, J. H. (1979). Metacognition and cognitive monitoring: A new area of cognitive-developmental inquiry. *American Psychologist*, 34, 906-911.

Flower, L. & Hayes, J. R. (1981). A cognitive process theory of writing. *College Composition and Communication*, 32(4), 365-387.

Flowerdew, J. & Miller, L. (2005). *Second language listening: Theory and practice*. Cambridge: Cambridge University Press.

Fotos, A. S. (2006). The cloze test as an integrative measure of EFL proficiency: A substitute for essays on college entrance examination? *Language Learning*, 41(3), 313-336.

Frank, M. C., Everett, D. L., Fedorenko, E. & Gibson, E. (2008). Number as a cognitive technology: Evidence from Pirahã language and cognition. *Cognition*, 108(3), 819-824.

Fries, C. C. (1945). *Teaching and learning English as a foreign language.* Ann Arbor, Michigan: The University of Michigan Press.

Friesen, N. (2012). *Report: Defining blended learning.* https://www.normfriesen.info.

Gardner, H. (1993). *Creative minds.* New York: Basic Books.

Gardner, R. C. & Lambert, W. E. (1972). *Attitudes and motivation in second language learning.* Rowley, Mass: Newbury House.

Garrison, D. R. & Vaughan, N. D. (2008). *Blended learning in higher education: Framework, principles and guidelines.* San Francisco, CA: John Wiley & Sons.

Gelderen, E. V. (2006). *A history of the English language.* Amsterdam: John Benjamins Publishing Company.

Glaser, E. M. (1941). *An experiment in the development of critical thinking.* New York: Teacher's College, Columbia University.

Goh, C. C. M. (2016). Teaching speaking. In W. A. Renandya, H. P. Widodo, (Eds.). *English language teaching today.* pp.143-159. Singapore: Springer.

Goh, C. C. M. & Burns, A. (2012). *Teaching speaking: A holistic approach.* New York: Cambridge University Press.

Goodman, K. S. (1967). Reading: a psycholinguistic guessing game. *Journal of the Reading Specialist,* 6(4):126-135.

Goodman, K. S. (1988). The reading process. In P. L. Carrell, J. Devine & D. E. Eskey, *Interactive approaches to second language reading.* pp. 11 - 21. Cambridge: Cambridge University Press.

Grabe, W. (1988). Reassessing the term "interactive". In P. L. Carrell, J. Devine, D. E. Eskey, *Interactive approaches to second language reading.* pp. 56 - 70. Cambridge: Cambridge University Press.

Grabe, W. (2004). Research on teaching reading. *Annual Review of Applied Linguistics,* 24, 44-69.

Grabe, W. (2009A). Teaching and testing reading. In M. H. Long & C. J. Doughty, *The handbook of language teaching.* pp.441-462. West Sussex, UK: Wiley-Blackwell.

Grabe, W. (2009B). *Reading in a second language: Moving from theory to Practice.* Cambridge: Cambridge University Press.

Graham, C. R. (2006). Blended learning systems: Definition, current trends, and future directions. In C. J. Bonk & C. R. Graham (Eds.), *The handbook of blended learning: Global perspectives, local designs.* pp.3-21. San Francisco: Jossey Bass/Pfeiffer.

Grant, L. (2018). *Suprasegmentals: An overview.* https://www.pronunciationforteachers.com.

Green, A. (2014). *Exploring language assessment and testing: Language in action.* London: Routledge.

Guilford, J. P. (1967). *The nature of human intelligence.* New York: McGraw-Hill.

Halliday, M. A. K. (1989). *Spoken and written English.* Oxford: Oxford University Press.

Halliday, M. A. K. (1992). The act of meaning. In J. Alatis (Ed.), *Language, communication and social meaning, Georgetown University Roundtable on Languages and*

Linguistics. pp. 7 – 21. Washington, D.C.: Georgetown University Press.

Halliday, M. A. K. (2004). *An introduction to functional grammar* (3rd Ed.). London: Arnold.

Halliday, M. A. K. & Hasan, R. (1976). *Cohesion in English*. London: Longman.

Harmer, J. (2001). *The practice of English language teaching*. Essex, England: Longman.

Harris, D. P. (1969). *Testing English as a second language*. NY: McGraw-Hill.

Haugen, E. (1972). *The ecology of language*. Standford, CA: Standford University Press.

Hawkins, E. (1987). *Modern languages in the curriculum*. Cambridge: Cambridge University Press.

Hidi, S. & Renninger, K. A. (2006). The four-phase model of interest development. *Educational Psychologist*, 41(2), 111 – 127.

Hinkel, E. (Ed.). (2005). *Handbook of research in second language teaching and learning*. Mahwah, New Jersey: Lawrence Erlbaum.

Hinkel, E. & Fotos, S. (2002). *New perspectives on grammar teaching in second language classrooms*. Mahwah, New Jersey: Lawrence Erlbaum.

Hoijer, H. (1953). The relation of language to culture. In A. L. Kroeber (Ed.), *Anthropology today*, pp. 554 – 573. Chicago: University of Chicago Press.

Holec, H. (1981). *Autonomy in foreign language learning*. Oxford: Pergamon.

Horwitz, E. K. (2001). Language anxiety and achievement. *Annual Review of Applied Linguistics*, 21, 112 – 126.

Horwitz, E. K., Horwitz, M. B. & Cope, J. (1986). Foreign Language classroom anxiety. *The Modern Language Journal*, 70(2), 125 – 132.

Huddleston, R. (1988). *English Grammar: An outline*. Cambridge: Cambridge University Press.

Hughes, A. (2003). *Testing for language teachers* (2nd Ed). Cambridge: Cambridge University Press.

Hutzel, J. (2016). *3 modes of effective listening*. https://thinkedc.com.

Hymes, D. (1972). On communicative competence. In J. B. Pride and J. Holmes, *Sociolinguistics*. pp. 269 – 293. Harmondsworth: Penguin.

Ilma, R. (2016). *Speech acts in English language teaching*. https://www.univ-tridinanti.ac.id.

Jensen, E. (2008). *Brain-based learning: The new science of teaching and training*. San Diego: The Brain Store.

Jiang, X. & Grabe, W. (2007). Graphic organizers in reading instruction: Research findings and issues. *Reading in a Foreign Language*, 19, 34 – 55.

Johnson, D. W. & Johnson, R. T. (2017). *Cooperative learning*. www.ecoasturias.com.

Jones, K. (1982). *Simulations in language teaching*. Cambridge: Cambridge University Press.

Jones, R. H. & Richards, J. C. (2016). *Creativity in language teaching: Perspectives from research and practice*. New York: Routledge.

Kaplan, R. (1966). Cultural thought patterns in intercultural education. *Language Learning,* 16, 1-20.

Kelley, T. L. (1927). *Interpretation of educational measurements.* Yonkers, NY: World Book Company.

Kim, S. H. (1990). *Essence of creativity: A guide to tackling difficult problems.* New York: Oxford University Press.

Kispal, A. (2008). Effective teaching of inference skills for reading (Research report DCSF - RR031). Washington, DC: National Foundation for Educational Research.

Koda, K. (2005). *Insights into second language reading: A cross-linguistic approach.* Cambridge: Cambridge University Press.

Kramsch, C. (1993). *Context and culture in language teaching.* Oxford: Oxford University Press.

Kramsch, C. (Ed.). (2002). *Language acquisition and language socialization.* New York: Continuum.

Krapp, A., Hidi, S. & Renninger, K. A. (1992). Interest, learning and development. In K. A. Renninger, S. Hidi & A. Krapp (Eds.), *The role of interest in learning and development.* pp.3-25. Hillsdale, NJ: Lawrence Erlbaum Associates, Inc.

Krashen, D. S. (1985). *The input hypothesis: Issues and implications.* New York: Longman.

Krashen, D. S. (2004). *The power of reading: Insights from the research* (2nd Ed). Westport, CT: Libraries Unlimited.

Kroeber, A. L. & Kluckhohn, C. (1952). *Culture: A critical review of concepts and definitions.* Cambridge, Mass: Peabody Museum.

Kumaravadivelu, B. (1994). The Postmethod condition: Emerging strategies for second/foreign language teaching. *TESOL Quarterly,* 28(1), 27-48.

Kumaravadivelu, B. (2001). Toward a postmethod pedagogy. *TESOL Quarterly,* 35 (4), 537-560.

Kumaravadivelu, B. (2006). TESOL methods: Changing tracks, challenging trends. *TESOL Quarterly,* 40(1), 59-81.

Lado, R. (1961). *Language testing.* New York: McGraw-Hill.

Ladoussee, G. P. (1987). *Role play.* Oxford: Oxford University Press.

Lambert, R. D. (Ed.). (1994). *Educational exchange and global competence.* New York, NY: Council on International Educational Exchange.

Lange, D. L. & Paige, R. M. (2003). *Culture as the core: Perspectives on culture in second language learning.* Greenwich, Connecticut: Information Age Publishing.

Larsen-Freeman, D. (2001). Teaching Grammar. In M. Celce-Murcia (Ed.), *Teaching English as a second or foreign language.* pp.251-266. Boston: Heinle & Heinle.

Larsen-Freeman, D. (2009). *Teaching and testing Grammar.* In M. H. Long & C. J. Doughty, *The handbook of language teaching.* pp.518-542. West Sussex, UK: Wiley-Blackwell.

Leech, G. (2000). Grammars of spoken English: New outcomes of corpus-oriented research. *Language Learning*, 50(4), 675-724.

Levelt, W. J. M. (1995). The ability to speak: From intention to spoken words. *European Review*, 3(1), 13-23.

Liddicoat, A. J. & Scarino, A. (2013). *Intercultural language teaching and learning*. Malden, MA: Wiley-Blackwell.

Long, M. H. (1985). A role for instruction in second language acquisition: Task-based language teaching. In K. Hyltenstam & M. Pienemann (Eds.), *Modelling and assessing second language development*. pp. 77-99. Clevedon: Multilingual Matters.

Long, M. H. (1996). The role of the linguistic environment in second language acquisition. In W. Ritchie & T. Bhatia (Eds.), *Handbook of second language acquisition*. pp. 413-468. San Diego, CA: Academic Press.

Long, M. H. & Doughty, C. J. (2009). *The handbook of language teaching*. West Sussex, UK: Wiley-Blackwell.

Lopes, A. & Cecilia, R. R. (2018). *New trends in foreign language teaching: Methods, education and innovation*. Newcastle upon Tyne: Cambridge Scholars Publishing.

Lucy, J. A. (1997). Linguistic relativity. *Annual Review of Anthropology*, 26, 291-312.

Lynch, T. (2009). *Teaching second language listening*. Oxford: Oxford University Press.

McCarthy, M. & Carter, R. (2002). Ten criteria for a spoken grammar. In E. E. Hinkel & S. Fotos, *New perspectives on grammar teaching in second language classrooms*. pp. 51-75. Mahwah, New Jersey: Lawrence Erlbaum.

Melton, A. W. (1963). Implications of short-term memory for a general theory of memory. *Journal of Verbal Learning and Verbal Behavior*, 2(1), 1-21.

Miller, G. A. (1956). The magical number seven plus or minus two: Some limits on our capacity for processing information. *Psychology Review*, 63, 81-97.

Miller, G. A., Galanter, E. & Pribram, K. H. (1960). *Plans and the structure of behavior*. New York: Holt, Rinehart and Winston.

Moore, D. W. & Readence, J. C. (1984). A quantitative and qualitative review of graphic organizer research. *Journal of Educational Research*, 78(1), 11-17.

Moran, P. R. (2001). *Teaching culture: Perspectives in practice*. Boston: Heinle & Heinle.

Morley, J. (Ed.). (1987). *Current perspectives on pronunciation: Practices anchored in theory*. Washington, D.C.: Teachers of English to Speakers of Other Languages.

Muhlhausler, P. (2003). *Language of environment, environment of language: A course in ecolinguistics*. London: Battlebridge Publications.

Munro, M. J. & Derwing, T. M. (1995). Foreign accent, comprehensibility and intelligibility in the speech of second language learners. *Language Learning*, 45(1), 73-97.

Nasr, R. T. (1997). *Applied English phonology*. Lanham, Maryland: University Press of America.

Nation, I. S. P. (1990). *Teaching and learning vocabulary*. Boston, Mass: Heinle and

Heinle.

Nation, I. S. P. (2001). *Learning vocabulary in another language.* Cambridge: Cambridge University Press.

Nation, I. S. P. (2004). Vocabulary learning and intensive reading. *EA Journal* 21, 2, 20-29.

Nation, I. S. P. (2005). Teaching and learning vocabulary. In E. Hinkel, *Handbook of research in second language teaching and learning.* pp. 581-595. Mahwah, New Jersey: Lawrence Erlbaum.

Nation, I. S. P. (2007). The four strands. *Innovation in language learning and teaching,* 1 (1), 1-12.

Nation, I. S. P. & Chung, T. (2009). Teaching and testing vocabulary. In M. H. Long & C. J. Doughty(Eds.), *The handbook of language teaching.* pp. 543-559. West Sussex, UK: Wiley-Blackwell.

Nazara, S. (2011). Students' perception on EFL speaking skill development. *Journal of English Teaching,* 1(1), 28-43.

Nelson, T. O. & Narens, L. (1990). Metamemory: A theoretical framework and new findings. In G. H. Bower (Ed.), *The psychology of learning and motivation.* Vol. 26, pp. 125-173. New York: Academic Press.

Odlin, T. (1994). *Perspectives on pedagogical grammar.* Cambridge: Cambridge University Press.

Oller, J. W. Jr. (1971). Dictation as a device for testing foreign language proficiency. *English Language Teaching,* 25(3), 254-259.

Oller, J. W. Jr. (1979). *Language tests at school: A pragmatic approach.* London, UK: Longman Group Limited.

Olsen, R. E. W. B & Kagan, S. (1992). About cooperative learning. In C. Kessler (Ed.), *Cooperative language learning: A teacher's resource book.* pp. 1-30. Englewood Cliffs, NJ: Prentice Hall.

Oxford English Dictionary. (1989). www.oed.com.

Oxford, R. L. (2003). Toward a more systematic model of L2 learner autonomy. In D. Palfreyman & R. C. Smith, *Learner autonomy across cultures.* pp. 75-91. New York: Palgrave MacMillian.

Oxford, R. L. (2015). *Expanded perspectives on autonomous learners.* https://doi.org/10.1080/1750122.2014.995765.

Palmer, H. E. (1921). *The principles of language study.* London: George G. Harrap & Co.

Palmer, H. E. (1931). Second interim report on vocabulary selection submitted to the Eighth Annual Conference of English Teachers under the auspices of the Institutes for Research in English Teaching, Tokyo. In Selected Writings, Vol. 9. Tokyo: IRET.

Palmer, H. E. (1933). *Second interim report on English collocations.* Tokyo: Kaitakusha.

Papalia, D. E. & Feldman, R. D. (2011). *A child's world: Infancy through adolescence*

(12th Ed.). New York: McGraw-Hill.

Paris, S. G., Wasik, B. A. & Turner, J. C. (1991). The development of strategic readers. In R. Barr, M. L. Kamil, P. B. Mosenthal & P. D. Pearson (Eds.), *Handbook of reading research* (Vol.2). pp.609–640. New York: Longman.

Paulston, C. B. (1971). The sequencing of structural pattern drills. *TESOL Quarterly*, 5(3), 197–208.

Pearson, R. & Pennock-Speck, B. (2005). Coherence in English essay written by non-native students of sociology. *Quarders de Filologia. Estudis Linguistics*. Vol. X (2005), 261–278.

Phipps, A. & Gonzales, M. (2004). *Modern languages: Learning and teaching in an intercultural field*. London: Sage.

Pike, L. W. (1979). An evaluation of alternative item formats for testing English as a foreign language. *TOEFL Research Reports No. 2*. Princeton, N. J.: Educational Testing Service.

Pincas, A. (1982). *Teaching English writing*. London: Macmillan.

Prabhu, N. S. (1987). *Second language pedagogy*. Oxford: Oxford University Press.

Purpura, J. E. (2004). *Assessing grammar*. Cambridge: Cambridge University Press.

Raine, P. (2010). *A discussion of the notional-functional syllabus*, Appendix 1. https://www.birmingham.ac.uk.

Rea-Dickins, P. & Germaine, K. (2003). *Evaluation*. Oxford: Oxford University Press.

Readence, J. & Moore, D. (1983). Why questions? A historical perspective on standardized reading comprehension tests. *Journal of Reading*, 26(4), 306–313.

Renandya, W. A. & Widodo, H. P. (Eds.). (2016). *English language teaching today*. Singapore: Springer.

Richards, J. C. (1998). *Developing classroom speaking activities: From theory to practice*. www.professorjackrichards.com.

Richards, J. C. (2005). Second thoughts on teaching listening. *RELC Journal*, 36(1), 85–92.

Richards, J. C. (2015). *Key issues in language teaching*. Cambridge: Cambridge University Press.

Richards, J. C. & Cotterall, S. (2016). Exploring creativity in language teaching. In R. Jones & J. C. Richards (Eds.), *Creativity in language teaching: Perspectives from research and practice*. pp.97–113. New York: Routledge.

Richards, J. C. & Eckstut-Didier, S. (2012). *Strategic reading* (2nd Ed.). Cambridge: Cambridge University Press.

Richards, J. C. & Lockhart, C. (1994). *Reflective teaching in second language classrooms*. New York: Cambridge University Press.

Richards, J. C. & Renandya, W. A. (Eds.). (2003). *Methodology in language teaching: An anthology of current Practice*. Cambridge: Cambridge University Press.

Richards, J. C. & Rodgers, T. S. (2003). *Approaches and methods in language teaching*

(2nd Ed.). Cambridge: Cambridge University Press.

Risager, K. (1998). Language teaching and the process of European integration. In M. Byram & M. Fleming (Eds.), *Language learning in intercultural perspective: Approaches through drama and ethnography.* pp. 242 - 254. Cambridge: Cambridge University Press.

Samuel, S. J. & Kamil, M. L. (1988). Models of the reading process. In P. Carrell, J. Devine, D. E. Eskey, *Interactive approaches to second language reading.* pp. 22 - 36. Cambridge: Cambridge University Press.

Scarcella, R. C. & Oxford, R. L. (1992). *The tapestry of language learning: The individual in the communicative classroom.* Boston: Heinle & Heinle.

Schmitt, N. (2010). *Researching vocabulary.* Hampshire, UK: Palgrave Macmillan.

Schmitt, N. (2012). *Vocabulary in language teaching.* New York: Cambridge University Press.

Scriven, M. (1967). The methodology of evaluation. In R. Tyler, R. Gagne & M. Scriven (Eds.), *Respectives of curriculum evaluation (AERA Monograph Series on curriculum evaluation, No 1).* pp. 39 - 83. Chicago: Rand McNally.

Scriven, M. (1991). *Evaluation thesaurus* (4th Ed.). Newbury Park, Calif.: Sage.

Scriven, M. & Paul, R. (1987). *Critical thinking as defined by the National Council for Excellence in Critical Thinking,* 1987. www.criticalthinking.org > pages/defining-critical-thinking-foundation-for-critical-thinking.

Scrivener, J. (2012). *Classroom management techniques.* Cambridge: Cambridge University Press.

Searle, J. R. (1969). *Speech acts.* Cambridge: Cambridge University Press.

Searle, J. R. (1979). *Expression and meaning: Studies in the theory of speech acts.* Cambridge: Cambridge University Press.

Shanahan, T. (1988). The reading-writing relationship: Seven instructional principles. *The Reading Teacher,* 41(7), 636 - 647.

Shanahan, T. & Lomax, R. (1986). An analysis and comparison of theoretical models of the reading-writing relationship. *Journal of Educational Psychology,* 78(2), 116 - 123.

Singer, M. (1994). Discourse inference processes. In M. A. Gernsbacher (Ed.), *Handbook of Psycholinguistics.* pp. 479 - 515. Cambridge, Mass: Academic Press.

Siyanova-Chanturia, A. & Webb, S. (2016). Teaching vocabulary in the EFL context. In W. A. Renandya & H. P. Widodo, *English language teaching today.* pp. 227 - 239. Singapore: Springer.

Smith, F. (1994). *Understanding reading* (5th Ed). Hillsdale, NJ: Lawrence Erlbaum.

Smith, L. E. & Nelson, C. L. (1985). International intelligibility of English: Directions and resources. *World Englishes,* 4, 333 - 342.

Snasta (from Elearning Council). (2010). *Overcoming the Ebbinghaus effect — How soon we forget.* www.elearningcouncil.com.

Spear, N. & Riccio, D. C. (1994). *Memory: Phenomena and principles.* Boston: Allyn and Bacon.

Stalker, H. & Horn, M. B. (2012). *Classifying K-12 blended learning*. Mountain View, CA: Innosight Institute, Inc.

Stanford Encyclopedia of Philosophy. (2006, 2019). *Pragmatics*. https://plato.stanford.edu>entries.

Stern, H. H. (1983). *Fundamental concepts of language teaching*. Oxford: Oxford University Press.

Swain, M. (1985). Communicative competence: Some roles of comprehensible input and comprehensible output in its development. In S. Gass & C. Madden (Eds.), *Input in second language acquisition*. pp.235-253. Rowley, Mass: Newbury House.

Swain, M. (2005). The output hypothesis: Theory and research. In E. Hinkel (Ed.), *Handbook of research in second language teaching and learning*. pp.471-483. Mahwah, NJ: Lawrence Erlbaum.

Swales, J. (1990). *Genre analysis: English in academic and research settings*. Cambridge: Cambridge University Press.

Takac, V. P. (2008). *Vocabulary learning strategies and foreign language acquisition*. Clevedon: Multilingual Matters LTD.

Tannen, D. (2022). *Discourse analysis — What speakers do in conversation*. https://www.linguisticsociety.org.

Taylor, R. (1980). *The computer in the school: Tutor, tool, tutee*. New York: Teachers College Press.

Templeton, H. (1977). A new technique for measuring listening comprehension. *ELT Journal*, 31(4), 292-299.

Tomlin, R. S. (1994). Functional grammars, pedagogical grammars, and communicative language teaching. In T. Odlin, *Perspectives on pedagogical grammar*. pp. 140-178. Cambridge: Cambridge University Press.

Tomlinson, B. & Masuhara, H. (2004). Developing cultural awareness. *Modern English Teacher*, 13(1), 5-11.

Tsurutani, C. (2013). Computer-assisted pronunciation training and assessment (CAPTA) programs: Requirements, the current state of affairs, and challenges for the future. In Zou, Xing, Xiang, Wang & Sun, *Computer-assisted foreign language teaching and learning: Technological advances*. pp.276-288. Hershey, PA: Information Science Reference.

Tylor, E. B. (1871). *Primitive culture: Research into the development of mythology, philosophy, religion, art, and custom*. Volume 1. London: John Murray.

Ur, P. (2006). *A course in English Language teaching*. Cambridge: Cambridge University Press.

Ur, P. (2012). *A course in English Language teaching*. Cambridge: Cambridge University Press.

VanPattern, B. (1996). *Input processing and grammar instruction in second language acquisition*. Norwood, NJ: Ablex.

Vandergrift, L. & Goh, C. C. M. (2012). *Teaching and learning second language listening:*

Metacognition in action. New York: Routledge.

Warschauer, M. (1996). Computer assisted language learning: An introduction. In S. Fotos (Ed.), *Multimedia language teaching*. pp. 3–20. Tokyo: Logos International.

Weinstein, C. E. & Mayer, R. E. (1986). The teaching of learning strategies. In M. R. Wittrock (Ed.), *Handbook of research on teaching (3rd Ed.)*. pp 315–327. New York: Macmillan.

White, R. V. (Ed.). (1995). *New ways in teaching writing*. Alexandria, VA: TESOL.

Wiliam, D. (2000). *Integrating formative and summative functions of assessment*. https://dylanwiliam.org.

Wilkins, D. A. (1972). *Linguistics in language teaching*. London: Edward Arnold.

Wilkins, D. A. (1976). *Notional syllabuses*. Oxford: Oxford University Press.

Willis, J. (1996). A flexible framework for task-based learning. In J. Willis & D. Willis (Eds.), *Challenge and change in language teaching*. pp. 52–62. Oxford: Heinemann.

Woodward, T. (2001). *Planning lessons and courses: Designing sequences of work for the language classroom*. Cambridge: Cambridge University Press.

Wragg, E. C. (1993). *Class management*. London: Routledge.

Wright, T. (2005). *Classroom management in language education*. Houndmills, Basingstoke, Hampshire, England: Palgrave Macmillan.

Zhang, M. (2013). *Contrasting automated and human scoring of essays*. R&D connections, 21. Princeton, NJ: Educational Testing Service (https://www.ets.org)